通鑑節要增損校註

三

국립중앙도서관 출판예정도서목록(CIP)

通鑑節要增損校註. 3

原著者: 江贄 ; 編著者: 時習學舍.
서울 : 다운샘, 2016 p. ; cm

ISBN 978-89-5817-363-2 94910 : ₩32000
ISBN 978-89-5817-미정-3 (세트) 94910

중국 고대사[中國古代史]

912.03-KDC6
951.01-DDC23 CIP2016029866

通鑑節要增損校註

三

卷十六～卷二十五

江 贄 原著

社團法人 時習學舍 編著

도서출판
다운샘

目 次

凡 例

1. 本書以江贄所著通鑑節要，爲增補刪削校勘集註，使覽者便於讀解耳.
2. 本書所用底本，用己卯新刊春坊藏板，而其刊本之情況，如下.
   通鑑節要(天地人3册)，學民文化社，1992. 大田. 影印本.
3. 文段過長者分之，以資辨別焉.
4. 各文段之中，抽出其小題目，顯示於其文段之上，以要約之文句，使便於誦讀.
5. 本文之中，摘取主要事件與文句，而與小題目俱提示於該頁面之左側，使便於考覽且誦讀.
6. 各句讀處，皆標點之.
7. 甲子乙丑等各干支之後，用括弧，竝記西紀年度，使備於參考.
8. 集註採錄於通鑑類，在於同年度者，不錄其年度. 而或在於不同年度者，錄其公元年度，使知其出處. 其例如'(胡前111年)'者，謂在於資治通鑑胡註本之公元前111年，如'(新33年)'者，謂在於資治通鑑新註本之公元33年也.
9. 又添加附錄，而主要記事以年度順配列之，爲一覽表，載於各册之末，以供一覽之資焉.
10. 出典表示亦用略號，而其正名提示於參考文獻矣. 其例如下.
    (春)：≪通鑑節要≫，學民文化史，春坊藏板，1999. 影印本.(底本)
    (胡)：≪資治通鑑≫，司馬光 編撰，胡三省 音注，洪氏出版社，臺北，民國69.
11. 增損校註之實例，各擧其一端，如下.
    增補："葬始皇於驪山，下⁋錮三泉⁋."(【辛卯(前210) 始皇帝三十七年】)
    (新注)云，"下錮，灌熔銅使錮塞." 則下錮三泉者，謂灌注銅液以塞深泉之水也. 而(春)作'葬始皇於驪山下'，則'下'謂'驪山之下'，其文義不合矣. 於是不可不增補於資治通鑑等書以完其文也.
    刪削："皇°·子弗陵生."(【丁亥(前94) 太始三年】)
    (春)作'皇太子弗陵生'，則有一'太'字添書焉者. 此時皇太子，卽衛太子

(戾太子)劉據也. 弗陵(衛太子之異母弟. 後日爲昭帝)之爲皇太子, 定於甲午(前87 後元二年), 則'太'字爲衍文, 當削.

校勘(特擧誤字之例) : "… 徙而從者七°千˙餘家."(【丙寅(前355) 顯王十四年】)

(春)作'徙而從者七十餘家', 則'十'是'千'之誤. 當改.

集註 : "諸生傳相告引, 乃自除犯禁者四百六十餘人, 皆坑之咸陽."(【己丑(前212) 始皇帝三十五年】)

(新注)云, "自, 始皇親自. 除, 判決." 則'乃自除犯禁者四百六十餘人'者, 謂于是始皇親自判決犯法之人四百六十餘名, 而非謂于是諸生親自脫出於犯法之人四百六十餘名也.

其外, 又有句讀彝整者, 頗頻有之, 而亦擧其一端, 如下.

"以司徒掾潁川韓韶爲嬴長. … 韶曰, '長活溝壑之人, 而以此伏罪, 含笑入地矣.'"(【丙申(156) 桓帝 永壽二年】)

漢語大詞典云, "長活, 使生存." 則長活溝壑之人者, 謂使生存瀕死之人也, 故長非謂縣長之長矣. 而諺解口訣與飜譯云, "長이 活溝壑之人ᄒᆞ고/長이 溝壑의 人을 活ᄒᆞ고" 則'長'謂'縣長之長', 其文義亦不合矣. 於是提示其註釋'使生存', 因以解之, 不使謂縣長使生存瀕死之人也.

12. 本書一帙編成六冊五十卷矣. 此爲其第三冊, 其收錄卷者, 自第十六卷至第二十五卷, 凡十卷, 而其年數者, 自後漢光武帝建武元年(公元25)至晋咸寧五年(公元279), 凡二百五十五年間也.

符 號

【　】: 年度標示符.

○ : 文段標示符. 文段過長者分之之處, 則不標之, 使屬在上之○下.

【某】: 小題目符. 此與年度標示符同.

例如

【韓信背水陣】: 韓信與趙軍對敵時, 以背水陣大破趙軍, ………

此以'韓信背水陣'爲題目, 顯示於文頭也. 而以'韓信背水陣', 又提示於該頁面之左側.

⁋某¶ : 增補符

例如

⁋朝聞道¶ : 指以'朝聞道'爲增補焉者.

°˙ : 刪削符

例如

百姓無°˙賦 : 指以°˙符爲刪削焉者.

其被刪削之字句, 則以脚註明示之.

°某˙ : 改正符

例如

°道˙ : 指以'道'爲改正焉者. °˙符指刪削, 而°˙符中有字, 指其改正字加焉. 其被刪削之字句, 則亦以脚註明示之. 此與刪削符同, 而刪削符則但有°˙符, 無改正字, 改正符則有°˙符, 又有改正字加焉.

°☜˙ °☞˙ ⁋¶ : 移記符

例如

˚☜˙ : 指以在此之文句移記於前面者. 其前面被移記之文句, 則以 ⁋ ¶ 符標示之, 使知移記焉.

˚☞˙ : 指以在此之文句移記於後面者. 其後面被移記之文句, 則以⁋ ¶ 符標示之, 使知移記焉.

①②③… : 同一字句之重複註釋番號.

⊙ : 註釋者之自註符.

出典及略號

(春) : ≪通鑑節要≫(3冊), 學民文化社, 春坊藏板, 1999. 影印本. (底本)

(國) : ≪少微家塾點校附音通鑑節要≫(15冊), 江贄 編, 史炤 音譯, 王逢輯義, 劉剡 增校. 古活字本(戊申字), 刊寫者未詳[1674～1720 추정], 고서, 국립중앙도서관고전운영실(보존). 청구기호 한古朝50-163.

(國1) : ≪少微家塾點校附音通鑑節要≫, 江贄 編, 國立中央圖書館所藏本, 刊寫者未詳, 刊寫者未詳. 청구기호 한古鮮50-171. (此本間或有所缺漏處, 則以同種古書代用之.)

≪集註通鑑節要≫(2冊), 金都鍊 編著 亞細亞文化社, 1986.

(要) : ≪通鑑要解≫, 學民文化社, 1994.

≪標點索引 少微通鑑節要≫, 뿌리문화사, 1999.

(諺) : ≪註釋通鑑諺解≫, 池松旭, 唯一書館, 京城, 大正7. (學民文化社, 大田, 1992. 影印本, 3冊)

≪通鑑節要≫, 李忠九 譯註, 뿌리문화사, 1993.

≪懸吐完譯通鑑節要≫1, 金都鍊・鄭珉 譯註, 傳統文化研究會, 1997.

≪譯註通鑑節要≫(9冊), 成百曉 譯註, 傳統文化研究會, 2011.

≪資治通鑑≫(3冊), 金忠烈 譯解, 三省出版社, 1987.

≪新譯通鑑≫, 趙洙翼 譯解, 홍신문화사, 1991.

(資治) : ≪資治通鑑≫

(胡) : ≪資治通鑑≫(11冊), 司馬光 編撰, 胡三省 音注, 洪氏出版社, 臺北, 民國69.

(今) : ≪資治通鑑今註≫(15冊), 司馬光 著作, 李宗侗等 校註, 臺灣商務印書官, 臺北, 民國74.

(新) : ≪資治通鑑新註≫(10冊), 自治通鑑新註編纂委員會, 陝西人民出版社, 西安, 1998.

(目) : ≪資治通鑑綱目≫(4冊), 朱熹 撰(思政殿訓義), 保景文化社, 1987.

(目標) : ≪資治通鑑綱目≫(4冊), 朱熹 撰, 朱子全書(共27冊, 8・9・10・11冊. 標點本), 新華書店上海發行所, 2002.

(輯) : ≪歷代通鑑輯覽≫(4冊), 臺灣商務印書館股份有限公司, 民國61.

(綱鑑) : ≪綱鑑易知錄≫(10冊), 吳楚材 編纂, 新興書局, 臺北, 民國44.

(綱合) : ≪綱鑑合編≫(4冊), 北京市新華書店, 1985.

(中白) : ≪白話資治通鑑≫(20冊), 沈志華・張宏儒 主編, 中華書局, 北京, 1997.

(文白) : ≪傳世經典文白對照 資治通鑑≫(18冊), 沈志華・張宏儒 主編, 中華書局, 北京, 2012.

(岳白) : ≪白話資治通鑑≫(5冊), 周國林・顧志華 主編, 岳麓書社, 湖南省長沙市, 2005.

(白楊) : ≪資治通鑑≫(36冊), 白楊 譯(白楊白話版), 北岳文藝出版社, 太原市, 2006.

≪通鑑故事全集≫(4冊), 尹黎雲 主編, 崑崙出版社, 北京, 2006.

(日資) : ≪國譯資治通鑑≫(4冊), 加藤繁・公田連太郎 譯幷註, 景仁文化社, 1996.

≪二十四史全譯≫(88冊), 世紀出版集團・漢語大詞典出版社, 上海, 2004.1.

≪資治通鑑大辭典≫, 施丁・沈志華 主編, 吉林人民出版社, 1994.

(和) : ≪大漢和辭典≫(13冊), 諸橋轍次, 大修館書店, 東京, 昭和43年. 縮寫版第2刷.

(中) : ≪中文大辭典≫(10冊), 中文大辭典編纂委員會, 中國文化學院華岡出版有限公司, 臺北市, 民國 68年. 4版.

(漢) : ≪漢語大詞典≫(13冊), 漢語大詞典編輯委員會漢語大詞典編纂處, 漢語大詞典出版社, 上海, 1993. 1版.

(漢字典) : ≪漢語大字典≫(9冊), 漢語大字典編輯委員會, 湖北辭書出版社・四川辭書出版社, 湖北省・四川省, 1990. 1版.

≪中華字海≫(1冊), 冷玉龍 等, 中國友誼出版公司, 北京. 1994.

(檀) : ≪漢韓大辭典≫(16冊), 檀國大學校東洋學研究所, 檀國大學校出版部, 서울, 2008. 初版.

(形) : ≪正中形音義綜合大字典≫, 高樹藩, 正中書局, 臺北市, 民國18年, 增訂3版.

(人) : ≪中國歷代人名大辭典≫(2冊), 張撝之・沈起煒・劉德重 主編, 上海古籍出版社, 2006. 6.

(華典) : ≪重篇國語辭典修訂本≫, 中華民國教育部. 1994. http : //dict.revised.moe.edu.tw

百度百科, http : //www.baidu.com

어학사전, http : //www.naver.com

어학사전, http : //www.daum.net

通鑑節要增損校註 卷十六

後漢紀[1)]

▪ 世祖光武皇帝 上[2)]

在位三十三年, 壽六十二.

---

1) 後漢紀 : (春)作'東漢紀', 而自19卷以後作'後漢紀', 則本書以'後漢紀'爲一致焉. 17卷與18卷之'東漢紀'亦改焉.(◉)
東漢世系表.(今) '⑬少帝', (今)誤作'沙帝', '沙'當作'少'. 少帝諱辯.(◉)

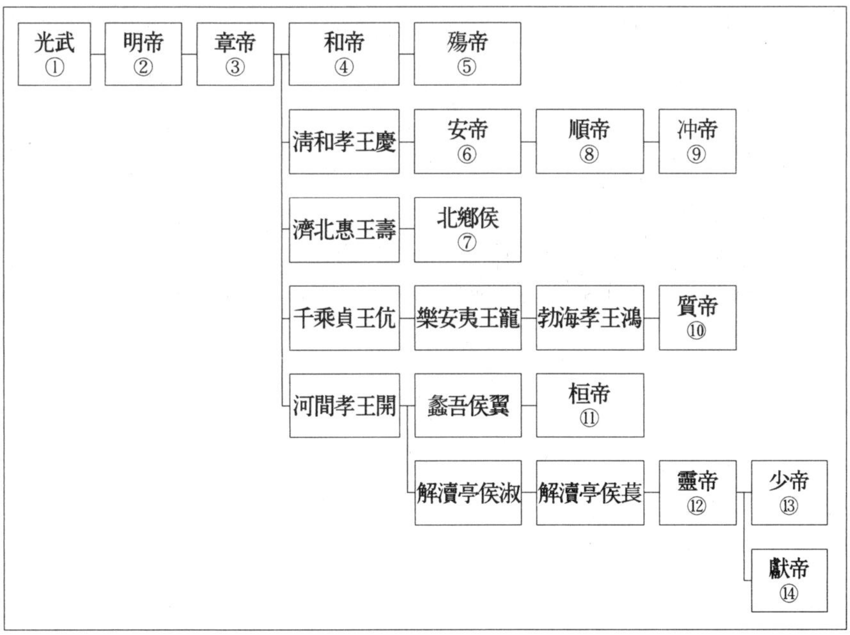

2) 世祖光武皇帝 : 諱秀, 字文叔. 禮, 祖有功而宗有德, 光武中葉興, 故廟稱世祖. 諡法能紹前業曰光, 克定禍亂曰武. 伏侯古今註曰, 秀之字曰茂, 伯仲叔季, 兄弟之次. 長兄伯升, 次仲, 故字文叔焉.(胡)

名秀，字文叔，南陽人．漢景帝七世孫，長沙定王發之後，南頓令欽之子也．

恢廓大度，才明勇略，故能芟刈羣雄，克復舊物．未及下車，先訪儒雅，[3] 表行義，興學校，東漢之俗，於斯爲美．然不任三公，事歸臺閣，[4] 建武永平之間，[5] 吏事刻深，所以中興之美，蓋未盡焉．

【乙酉(25) 建武元年】

【公孫述建成家國】

公孫述建成家國 ▸四月，公孫述卽帝位，號成家，[6] 改元龍興．◂

○【蕭王連破尤來諸賊】

蕭王連破尤來諸賊 蕭王北擊尤來大槍五幡於元氏，[7] 追至北平，連破之．

---

3) 未及下車 先訪儒雅 : ① 及光武中興，愛好經術，未及下車，而先訪儒雅.(後漢書 儒林列傳) ② 武王克殷反商，未及下車，而封黃帝之後於薊.(禮記 樂記)
4) 臺閣 : 漢時指尙書臺. 後亦泛指中央政府機構.(漢)
5) 建武永平 : 建武是東漢光武帝年號，永平是東漢明帝年號.(◉)
6) 成家 : 以起成都，故號成家.(胡)
7) 尤來大槍五幡於元氏 : 初，諸賊並起 各以軍容强盛爲號，故鐵徑大槍五幡三者并尤來四者，皆賊之名也.(春) 元氏 : 地理志，元氏縣屬常山郡. 闞駰曰，"趙公子元之封邑，故曰元氏."(胡)

○【馮異吳漢等擊諸賊】

馮異吳漢等擊諸賊

馮異寇恂擊走朱鮪, 吳漢率耿弇景丹等十三將軍追尤來等,[8] 斬首萬三千餘級. 賊散入遼西遼東, 爲烏桓貊人所鈔擊略盡.[9]

○【蕭王恤賈復之孤】

蕭王恤賈復之孤

都護將軍賈復與五校戰於眞定,[10] 復傷瘡甚,[11] 王大驚曰, "我所以不令賈復別將者,[12] 爲其輕敵也,[13] 果然, 失吾名將. 聞其婦有孕, 生女耶, 我子娶之, 生男耶, 我女嫁之, 不令其憂妻子也." 復病尋愈,[14] 追及▸王◂於薊,[15] 相見甚讙.[16]

○【諸將請上尊號】

諸將請上尊號

還至中山,[17] 諸將請上尊號,[18] 王不聽. 行到南平

---

8) 弇 : 音甘.(綱鑑24)
9) 鈔擊 : 襲擊也.(中) 略 : 取也.(春) 烏桓 : 古代族名. 東胡的一支. 漢初匈奴冒頓滅東胡, 其中一支退居烏桓山, 後稱烏桓.(新) 貊 : 古稱居于東北地區的民族爲貊.(新)
10) 都護將軍 : 漢宣帝置西域都護, 盡護南北道諸國. 甘延壽之擊郅支也, 自謂爲都護將軍, 漢朝未以爲將軍號也, 至光武, 乃以命未復.(胡) 五校 : 西漢末高扈率領的農民起義軍稱號.(漢)
11) 瘡 : 與'創'通.(中) 傷創 : 卽創傷.(新)
12) 將 : 卽亮翻.(胡)
13) 爲 : 于僞翻.(胡)
14) 尋 : ① 俄也.(中) ② 不久.(新)
15) 薊 : 薊縣.(中白)
16) 讙 : (資治)作'驩', 而(中)曰, "讙, 與'歡'通. 驩, 與'歡'通." 則'讙'與'驩'通矣.(◉)
17) 中山 : 中山縣.(中白)

棘,[19] 諸將固請之, 王不許. 耿純進曰, "天下士大夫, 捐親戚,[20] 棄土壤,[21] 從大王於矢石之間者,[22]

攀龍附鳳以成其志

其計固望攀龍鱗, 附鳳翼,[23] 以成其志耳. 今大王留時逆衆,[24] 不正號位,[25] 純恐士大夫望絶計窮, 則有去歸之思, 無爲久自苦也. 大衆一散, 難可復合." 王深感曰, "吾將思之." 行至鄗,[26] 召馮異, 問四方動靜. 異曰, "更始必敗, 宗廟之憂在於大王,[27] 宜從衆議." 會儒生彊華自關中奉赤伏符來詣王曰,[28] "劉秀發兵捕不道, 四夷雲集龍鬪野,[29]

四七之際火爲主

四七之際火爲主."[30] 羣臣因復奏請.

---

18) 上 : 時掌反.(胡) 尊號 : 尊崇帝后之稱號也.(中)
19) 南平棘 : 縣名, 屬常山郡, 今趙州縣, 故城在縣南.(胡)
20) 捐 : 棄也.(春)
21) 土壤 : 土地. 此指鄕里.(新)
22) 矢石 : 箭和壘石. 爲古時守城的武器. 此言身冒矢石, 跟隨劉秀征戰.(新)
23) 攀龍鱗 附鳳翼 : ① 攀龍附鳳, 舊以龍鳳喩人主, 謂從英主以建立功業也. 亦以喩趨附權貴也.(中) ② 喩指依附帝王以成就功業. 語出揚雄法言淵騫.(新)
24) 留時 : 延誤時日.(新) 逆衆 : 違背衆望.(新)
25) 號位 : 稱號與爵位也.(中)
26) 鄗 : ① 呼各翻.(胡) ② 常山郡有鄗邑, 光武於鄗南, 卽帝位, 改曰高邑.(春)
27) 在於大王 : 指寄希望于劉秀.(新)
28) 彊華 : 姓名, 光武同舍生也. 彊, 其兩反.(春) 赤伏符 : ① 方士編造的讖語.(新) ② 讖記之書曰符, 赤伏, 其符之名. 漢德尙火, 赤, 火色. 伏, 藏也.(春)
29) 龍鬪野 : 謂群雄角力也, 易坤卦云, "龍戰于野."(春)
30) 四七之際火爲主 : ① 四七, 二十八也. 自高祖至光武初起, 合二百二十八年, 卽四七之際也. 或謂光武以二十八歲起兵, 故云四七之際. 又二十八將亦應, 四七之數. 漢火德. 故火爲主也.(春) ② 四七, 指二十八年. 自劉邦建漢至劉秀起兵反莽爲二百二十八年(前206~22), 卽所謂四七之際, 漢爲火德, 所以說火爲主.(新)

【蕭王卽皇帝位】

蕭王卽皇帝位

六月, 王卽皇帝位于鄗南,[31] 改元, 大赦.

○【赤眉立劉盆子】

赤眉立劉盆子

赤眉西向帝城, 以名爲羣賊, 不可以久. 乃立宗室劉盆子,[32] 爲上將軍.

○【鄧禹爲大司徒 年二十四】

鄧禹爲大司徒年二十四

七月, 帝使使持節拜鄧禹爲大司徒,[33] 封酇侯,[34] 禹時◗年◖二十四. 又議選大司空, 帝以赤伏符曰, "王梁主衛作玄武",[35] 以野王令王梁爲大司空, 吳漢爲大司馬.

○【伏湛以循良見用】

伏湛以循良見用

初, 更始以伏湛爲平原太守,[36] 時天下兵起, 湛獨

---

31) 卽皇帝位于鄗南 : 設壇於鄗南千秋亭五城之陌. 其地在今趙州栢鄉縣.(胡)
32) 劉盆子 : 太山式人, 城陽景王章之後也. 李賢注, 章, 高帝孫朱虛侯也.(後漢書 卷41 劉盆子傳)
33) 司徒 : 官名. 相傳少昊始置, 唐虞因之. 周時爲六卿之一, 曰地官大司徒. 掌管國家的土地和人民的教化. 漢哀帝元壽二年, 改丞相爲大司徒. 與大司馬大司空並列三公. 東漢時改稱司徒, 歷代因之, 明廢. 後別稱戶部尙書爲大司徒.(漢)
34) 封酇侯 : ① 酇, 卽蕭何舊所封, 屬南陽郡.(春) ② 蓋以(鄧)禹功比蕭何, 故封之酇.(胡)
35) 衛 : 古衛國. 前239年, 衛自濮陽徙居野王. 所以此以衛指野王. 主衛, 爲衛之主, 此指野王縣令.(新)　玄武 : 古代神話中的北方之神名. 其形爲龜, 或龜蛇合體, 龜是水中動物, 所以玄武又爲水神之名. 司空爲主水土之官, 所以此以玄武指司空.(新)
36) 伏湛 : ?~37. 字惠公, 琅邪郡東武縣人. 王莽時爲後隊屬正, 劉玄時爲平原太守, 光武時官至大司徒.(新)　湛 : 宅減切.(佩文韻府 上聲29 豏韻 伏湛)

晏然，撫循百姓.[37] 門下督謀爲湛起兵湛收斬之,[38] 於是吏民信向，平原一境賴湛以全．帝徵湛爲尙書，使°典˙定舊制.[39] 又以鄧禹西征，拜湛爲司直,[40] 行大司徒事,[41] 車駕每出征伐,[42] 常留鎭守.[43]

○【封更始爲淮陽王】

封更始爲淮陽王

九月，赤眉入長安，更始走，將相皆降．詔封更始爲淮陽王.[44]

○【卓茂仁政】

卓茂仁政

初，宛人卓茂,[45] 寬仁恭愛，恬°蕩˙樂道,[46] 雅實[47] 不爲華貌，行己在於淸濁之間,[48] 自束髮至白首,[49] °未嘗與人˙有爭競.[50] 鄕黨故舊,[51] 雖行能與茂不

---

37) 撫循 : 謂撫慰也.(中)
38) 門下督 : 官名．郡屬吏，職掌兵衛.(新) 爲 : 于僞翻.(胡)
39) 典 : (春)作'與'，誤.(◉) 典定 : 主持勘定.(新)
40) 司直 : 丞相司直.(今)
41) 大司徒 : 東漢之司徒，卽西漢之丞相.(今)
42) 車駕 : 謂天子也.(中)
43) 鎭守 : 鎭重守衛也.(中)
44) 詔封更始爲淮陽王 : 出本紀及劉玄傳，後爲赤眉所殺.(春)
45) 宛 : 於元翻.(胡) 卓茂 : ?~28．字子康，南陽郡宛縣人．西漢末期，初辟丞相府史，後爲密縣令．劉玄時爲侍中祭酒．劉秀稱帝，爲太傅，封褒德侯.(新)
46) 蕩 : (春)作'淡'，誤.(◉) 恬蕩 : 淡泊坦蕩.(新)
47) 雅實 : 雅正充實.(漢)
48) 行己 : 謂一個人的立身行事.(新) 行 : 下孟翻.(胡) 淸濁 : 喩指人事的優劣善惡等.(新)
49) 束髮 : ① 成童束髮爲飾，因爲成童之稱.(今) ② 束紮髮髻．古代男孩子由幼兒到童年時要束發爲髻，因以'束發'代指成童之年.(新)

同,[52] 而皆愛慕欣欣焉.[53] 哀平間爲密令,[54] 視民如子, 擧善而敎, 口無惡言, 吏民親愛, 不忍欺之. 民°嘗˙有言"部亭長受其米肉遺"者,[55] 茂曰, "亭長爲從汝求乎, 爲汝有事囑之而受乎?[56] 將平居自以恩意遺之乎?" 民曰, "往遺之耳." 茂曰, "遺之而受, 何故言耶?" 民曰, "切聞賢明之君,[57] 使民不畏吏, 吏不取民. 今我畏吏, 是以遺之, 吏旣卒受,[58] 故來言耳." 茂曰, "汝爲敝民矣.[59] 凡人所以羣居不亂, 異於禽獸者, 以有仁義禮愛,[60] 知相敬事也.[61] 汝獨不欲修之, 寧能高飛遠走, 不在人間耶! 吏顧不當乘威力彊°請求˙耳.[62] 亭長素善

50) 未嘗與人 : (春)作'與人未嘗', 據(資治)改.(◉) 爭競 : 爭執, 計較.(新)
51) 鄕黨 : 鄕黨皆指周代社會基層組織名稱. 周代二十五家爲閭, 四閭爲族, 五族爲黨, 五黨爲州, 五州爲鄕. 後以'鄕黨'泛指鄕里.(新)
52) 行能 : 品行與才能.(新) 行 : 下孟翻.(胡)
53) 而皆愛慕欣欣焉 : 却全都很愛慕他.(中白)
54) 密 : 密縣, 古鄶國密國之地. 左傳, 諸侯伐鄭, 圍新密. 漢爲縣, 屬河南郡. 今縣東南三十里有故密城, 卽漢理所.(胡)
55) 嘗 : (春)作'常', (資治)作'嘗'. '常'通'嘗', 而'曾經'之義, 今多用'嘗', 則當作'嘗'.(◉) 部亭長 : 部謂所部也. 亭者停留行旅宿食處, 猶今之驛舘也.(要) 遺 : 弋季反, 贈也.(春)
56) 囑 : 之欲翻, 託也, 私請也.(胡)
57) 切 : ① (資治)作'竊'.(◉) ② 切, 同'竊'.(漢)
58) 卒 : 終也. 音子恤翻.(胡)
59) 敝民 : ① 謂敝壞之民.(春) ② 德行不高的人.(新)
60) 仁義禮愛 : (資治)作'仁愛禮義'.(◉)
61) 敬事 : 恭敬奉事.(中)
62) 顧 : 發語辭.(要) 請求 : (春)作'求請', 據(資治)改.(◉)

吏，歲時遺之，[63] 禮也.” 民曰，“苟如此，律何故禁之?” 茂笑曰，“律設大法，禮順人情. 今我以禮教汝，汝必無怨惡，[64] 以律治汝，[65] 汝何所措其手足乎! 一門之內，[66] 小者可論，[67] 大者可殺也. 且歸念之.”

【褒寵卓茂】

褒寵卓茂 初，茂到縣，有所廢置，[68] 吏民笑之，隣城聞者皆嗤其不能.[69] 河南郡爲置守令，[70] 茂不爲嫌，[71] 治事自若.[72] 數年，敎化大行，道不拾遺，[73] 遷京部丞，[74] 密人老少皆涕泣隨°送˙.[75] 及王莽居攝，[76] 以病免歸.[77] 上卽位，先訪求茂，茂時七十餘. 甲

63) 歲時 : 每年一定的季節或者時間.(新)
64) 怨惡 : 怨恚憎惡也.(中)
65) 治 : 直之翻.(胡)
66) 一門 : 謂一律也.(中)
67) 論 : 定罪.(新)
68) 廢置 : 革除或興作.(新)
69) 隣城 : 鄰近之縣.(新) 嗤 : ① (資治)作‘蚩’.(◉) ② 蚩，通‘嗤’，嘲笑.(新)
70) 爲置守令 : 爲，去聲. 茂正爲令，郡復置守令使與茂並居.(胡) 河南郡 : 密縣屬河南郡(漢書地理志 上)，則河南是卓茂之上級官廳也.(◉)
71) 嫌 : 妨礙. 不爲嫌，不認爲有妨礙.(新)
72) 自若 : 像自己平日一樣，不變常態. 正令在而置守令，卓茂卻認爲於己無碍，治事自若，作者敘此以見卓茂之賢.(新)
73) 道不拾遺 : 言雖遺棄於道，人不拾之，言其俗淳也.(春)
74) 京部丞 : 王莽秉政，置大司農部丞十三人，勸課農桑. 京部丞，主司隸所部.(胡)
75) 送 : (春)作‘從’，誤.(◉)
76) 居攝 : 天子年幼，臣代居天子之位，而行其事曰居攝.(中)

名冠天下 當受天下重賞

申, 詔曰, "夫名冠天下,[78] 當受天下重賞. 今以茂爲太傅[79], 封褒德侯."[80]

○【光武知所先務 得其本原】

光武知所先務得其本原

溫公曰, "孔子稱'擧善而敎不能則勸.'[81] 是以舜擧皐陶,[82] 湯擧伊尹, 而不仁者遠, 有德故也. 光武卽位之初, 群雄競逐, 四海鼎沸,[83] 彼摧堅陷敵之人, 權略詭辯之士,[84] 方見重於世, 而獨能取忠厚之臣, 旌循良之吏,[85] 拔於草萊之中,[86] 置諸群公之首,[87] 宜其光復舊物,[88] 享祚久長, 蓋由知所先務而得其本原故也."[89]

---

77) 免歸 : 卓茂因病辭官, 回歸故里.(中白)
78) 冠天下 : 超過天下衆人居于首位, 爲天下第一.(新) 冠 : 古玩翻.(胡)
79) 太傅 : ① 東漢太傅位上公.(今) ② 東都之制, 太傅位上公, 絶席, 在三公之右.(胡)
80) 褒德侯 : 光武獨能取忠厚之臣, 旌循良之吏, 拔於草萊之中, 置諸群公之首. 宜其光復舊物, 享祚久長, 蓋由知所先務, 而得其本源故也.(綱鑑)
81) 擧善而敎不能則勸 : 論語孔子答季康子之言.(胡) 勸 : 鼓勵, 勉勵. 此言受到鼓勵. 語出論語爲政.(新)
82) '是以舜擧皐陶'句 : 論語顔淵 記子夏的話說, "舜有天下, 選於衆, 擧皐陶, 不仁者遠矣. 湯有天下, 選於衆, 擧伊尹, 不仁者遠矣."(新) 陶 : 音遙.(胡)
83) 鼎沸 : 形容形勢動蕩群情激揚的狀況如同鼎中的開水翻滾沸騰一樣.(新)
84) 權略 : 權謀, 謀略.(新)
85) 循良 : 奉公守法.(新)
86) 草萊 : 此指民間.(新)
87) 置 : 安置.(新) 群公之首 : 東漢上公, 僅置太傅一人, 位在三公上. 卓茂爲太傅, 所以說"置諸群公之首".(新)
88) 光復舊物 : 指收復故土或恢復舊時典章制度.(新)
89) 先務 : 首要的事務.(新) 本原 : 根本, 事物的最重要部分.(新)

○【光武定都洛陽】

光武定都洛陽 帝遣諸將, 圍洛陽, 朱鮪出降. 十月, 車駕入洛陽, 幸南宮,[90] 遂定都焉.

○【更始降赤眉】

更始降赤眉 ⁋更始遣劉恭請降, 赤眉使其將謝祿往受之. 更始隨祿, 肉袒,[91] 上璽綬於盆子.⁋

○【鄧禹名震關西】

鄧禹名震關西 劉盆子數暴°掠˙吏民.[92] 百姓不知所歸, 聞鄧禹乘勝獨克而師行有紀,[93] 皆望風相携負以迎軍,[94] 降者日以千數, 衆號百萬. 禹所止, 輒停車°拄˙節以勞來之,[95] 父老童穉,[96] 垂髮戴白滿其車下,[97] 莫不感悅, 於是名震關西.[98] 諸將豪傑皆勸禹徑攻長

---

90) 南宮 : ① 漢宮殿名.(中) ② 南宮至北宮, 中央作大屋複道, 三道行, 天子從中道, 從官夾左右, 十步一衛, 兩宮相去七里.(胡)
91) 肉袒 : 去衣露體. 古代在祭祀或謝罪時表示恭敬和惶懼.(漢)
92) 數 : 所角翻.(胡) 掠 : (春)作'虐', 據(資治)改.(◉)
93) 師行有紀 : ① 謂軍師之行, 有紀律.(春) ② 言有條貫, 而不殘暴.(胡) 紀 : 紀律.(今)
94) 携 : '攜'之俗字.(中) 攜負 : 牽挽背負.(新)
95) 拄 : (春)作'駐', 據(資治)改.(◉) 拄節 : ① 持節.(新) ② 竪立符節.(岳白) 勞來 : 慰問勸勉前來的人.(新) 勞 : 力到翻.(胡) 來 : 力代翻.(胡)
96) 穉 : 幼穉也. 與'稚'同.(春)
97) 垂髮戴白 : 垂髮, 謂小兒髮之垂者, 戴白, 謂老人頭戴白髮者.(春)
98) 關西 : 指函谷關以西之地而言.(中)

安,[99] 禹曰, "不然. 今吾衆雖多, 能戰者少, 前無可仰之積,[100] 後無轉饋之資, 赤眉新拔長安, 財穀充實, 鋒銳未可當也. 夫盜賊羣居無終日之計, 財穀雖多, 變故萬端, 寧能堅守者也. 上郡北地安定三郡, 土廣人稀, 饒穀多畜,[101] 吾且休兵北道,[102] 就糧養士,[103] 以觀其敝, 乃可圖也." 於是引軍北至栒邑,[104] 所到, 諸營堡郡邑皆開門歸附.[105]

○【隗囂稱西州上將軍】

隗囂稱西州上將軍

初, 成紀隗囂起兵應漢,[106] 更始徵囂, 囂至長安, ⁋更始以囂爲右將軍.⁋ 後逃歸天水,[107] 復招聚其衆, 興修故業, 自稱西州上將軍. 三輔士大夫避亂者多歸囂, 囂傾身引接,[108] 爲布衣交,[109] 以馬援

99) 徑 : 直.(中) 徑攻 : 直接攻打.(新)
100) 仰 : ① 猶恃也.(中) ② 魚向翻.(胡) 積 : 子智反, 韻會訓聚也.(春)
101) 畜 : 謂六畜也.(胡)
102) 北道 : 泛指上郡北地安定也.(集註通鑑節要)
103) 就糧 : 就多糧之地, 以給食也.(中)
104) 栒邑 : ① 在扶風.(春) ② 縣名. 縣治在今陝西旬邑縣東北.(新)
105) 堡 : ① (資治)作'保'.(◉) ② '保'與'堡'通.(中) 營保 : 卽'營堡', 堡壘.(新)
106) 成紀 : 縣名. 屬天水郡.(要)
107) 天水 : 今改爲泰州.(綱合)
108) 傾身 : 身體向前傾. 用以形容對人謙卑恭順.(新) 引接 : 召見接待.(新)
109) 布衣交 : ① 謂貧時故交也.(中) ② 布衣, 布制的衣服. 布衣一般爲平民所服, 所以用'布衣'借指平民. 布衣交, 指猶如平民不拘身分地位高低那様的朋友.(新)

班彪之屬爲賓客，由此名震西州，聞於山東.

○【馬援老當益壯】

馬援老當益壯 馬援少時，[110] 以家用不足辭其兄況，欲就邊郡田牧.[111] 況曰，"汝大才，當晚成，良工不示人以朴，[112] 且從所好."[113] ▸援◂遂之北地田牧.[114] 常謂賓客曰，"丈夫爲志，窮當益堅，老當益壯." 後有畜數千頭，穀數萬斛，既而嘆曰，"凡殖財產，[115] 貴其能賑施也，[116] 否則守錢虜耳." 乃盡散於親舊.[117] 聞隗囂好士，往從之. 囂甚敬重，與決籌策.[118]

(大才晚成)

【丙戌(26) 建武二年】

○【陰識辭加爵邑】

---

110) 馬援 : 前14-49 字文淵，扶風茂陵縣人，王莽時爲新成大尹. 莽敗，避亂河西，隗囂以爲綏德將軍. 後歸光武，歷任隴西太守虎賁中郎將伏波將軍等，封新息侯.(新)
111) 田牧 : 蓄牧也.(中)
112) 朴 : ① 與'樸'同.(春) ② 未經加工的原材料.(新)
113) 良工不示人以樸 且從所好 : 不示人以樸，謂不令他人見其短長也. 況此語，謂援齒雖少，而才器遠大，不能窺其際. 今雖不好學而欲就田牧，然將來或不可測，以故從所請.(敬齋古今黈 卷3) 從所好 : ① 從其所請也. 好，呼到翻.(胡) ② 意謂從人所好，制作成人們喜愛的良器.(新)
114) 援 : 據後漢書馬援傳補.(◉)
115) 殖 : 常職反，興生財利曰殖.(春)
116) 賑施 : 救濟施與.(新) 賑 : 贍也.(中) 施 : 式鼓翻.(胡)
117) 親舊 : 親戚與古舊也.(中)
118) 籌策 : 謀劃.(新)

陰識辭加爵邑 悉封諸功臣爲列侯. 陰鄕侯陰識,[119] 貴人之兄也, 以軍功當增封. 識叩頭讓曰, "臣托屬掖庭,[120] 仍加爵邑,[121] 不可以示天下." 帝從之.

○【以孝廉爲尙書郎】

以孝廉爲尙書郎 故事, 尙書郎以令史久次補之,[122] 帝始用孝廉爲尙書郎.[123]

○【起高廟於洛陽】

起高廟於洛陽 起高廟於洛陽,[124] 四時合°祀˙高祖太宗世宗,[125] 建社稷于宗廟之右, 立郊兆於城南.[126]

○【赤眉殺掠】

赤眉殺掠 長安城中糧盡, 赤眉縱火殺掠, 遂入安定北地.

---

119) 識 : 音志.(要)
120) 掖庭 : 亦作'掖廷'. 宮中旁舍, 妃嬪居住的地方.(漢) 托屬掖廷 : 意謂厠身于外戚的行列.(新)
121) 仍 : 重也.(綱鑑)
122) 令史 : 尙書令史, 官名. 地位次於尙書郎.(新) 久次 : 久居此官位.(新)
123) 孝廉 : 孝, 指孝悌者. 廉, 淸廉之士. 分別爲統治階級選拔人才的科目, 始於漢代, 在東漢尤爲求仕者必由之途, 後往往合爲一科. 亦指被推選的士人.(漢) 尙書郎 : 百官志, 尙書令史十八人, 秩二百石, 侍郎三十六人, 秩四百石, 主作文書起草. 蔡質漢儀曰, 尙書郎, 初從三署詣臺試, 初上臺, 稱守尙書郎中, 歲滿, 稱尙書郎, 三年, 稱侍郎.(胡)
124) 起 : 興建.(新)
125) 合祀 : 合于一處祭祀.(新) 祀 : (春)作'祭'.(◉) 高祖太宗世宗 : 高帝是劉邦, 文帝是劉恒, 武帝是劉徹.(◉)
126) 郊兆 : 設于城郊祭祀天地的祭壇.(新) 兆 : 四郊之祭處也.(中)

○【鄧禹入長安】

鄧禹入長安

鄧禹引兵南至長安，軍昆明池，[127] 謁◗祠◖高廟，收十一帝神主，[128] 送詣洛陽，因巡行園陵，[129] 爲置吏士奉守焉.[130]

○【糟糠之妻不下堂】

糟糠之妻不下堂

以宋弘爲大司空. 湖陽公主新寡，[131] 帝與共論朝臣，微觀其意.[132] 主曰，"宋公威容德器，[133] 羣臣莫及." 帝曰，"方且圖之."[134] 後弘被引見，[135] 帝令

貴易交富易妻

主坐屛風後，[136] 因謂弘曰，"諺言'貴易交，富易妻'人情乎?" 弘曰，"臣聞貧賤之知不可忘，[137] 糟糠之妻不下堂."[138] 帝顧謂主曰，"事不諧矣!"[139]

---

127) 昆明池 : 湖沼名. 漢武帝時開鑿，位於長安西南郊.(新)

128) 十一帝神主 : 高惠文景武昭宣元成哀平，十一帝. 賢曰，神主，以木爲之，方尺二寸，穿中央，達四方. 諸侯王長一尺. 虞主用桑，練主用栗. 衛宏漢舊儀曰，已葬，收主爲木函，藏廟太室中西壁坎中，去地六尺一寸，祭則立主於坎下.(胡)

129) 園陵 : 帝王的墓地.(新)　行 : 下孟翻.(胡)　爲 : 于僞翻.(胡)

130) 奉守 : 供奉祭祀，守護墓地.(新)

131) 湖陽公主 : 光武之姊，鄧晨妻也. 晨初喪，故云新寡.(綱合)

132) 微觀 : 暗中觀察.(新)

133) 威容 : 莊重的儀容.(新)　德器 : 道德修養與才識度量.(新)

134) 方且 : 將要.(新)

135) 引見 : 引導入見. 舊指皇帝接見臣下或賓客時由有關大臣引導入見.(漢)　見 : 賢遍翻.(胡)

136) 屛風 : 室內障蔽之物，可以障風，可以隔形.(今)

137) 貧賤之知 : 貧賤時的知交好友.(漢)

138) 糟糠之妻 : 謂與共食糟糠時之妻，卽共艱苦之妻也.(中)　下堂 : ① 降階至堂下也.(中) ② 謂出妻也.(中)

139) 不諧 : 不成.(新)

○【彭寵反】

彭寵反

帝之討王郎也, 彭寵發突騎以助軍, 轉糧食, 前後不絶. 自負其功,[140] 帝接之不能滿其意.[141] 以此懷不平,[142] 遂發兵反, 攻朱浮於薊.

○【賈復擊郾 吳漢擊宛】

賈復擊郾 吳漢擊宛

更始諸大將時在南方未降者尙多. 遣賈復擊郾, 破之, 尹尊降. 吳漢擊宛, 宛王賜降.

○【寇恂屈賈復】

寇恂屈賈復

秋, 賈復南擊召陵新息,[143] 平之. 復部將殺人於°潁˙川,[144] °潁˙川太守寇恂捕得, 繫獄. 時尙草創,[145] 軍營犯法, 率多相容, 恂戮之於市. 復以爲恥, 過°潁˙川, 謂左右曰, "吾與寇恂並列將帥, 而爲其所陷, 今見恂, 必手劍之!" 恂知其謀, 不與相見.

---

140) 負 : 恃也.(胡)
141) 帝接之不能滿其意 : (資治)作'帝接之不能滿', 而無'其意', 據(胡)注, 補'其意'兩字.(◉)
滿 : 指滿足意願.(新)
142) 帝接之不能滿, 以此懷不平 : 不能滿其望, 故心不平也. 按寵傳, 先是吳漢北發兵, 帝遣寵以所服劍, 倚爲北道主人. 及追銅馬北至薊, 寵來謁, 謂當迎閤, 握手交歡並坐. 帝接之, 不能滿其意, 所以失望.(胡)
143) 召陵新息 : 召陵新息二縣, 並屬汝南郡. 賢曰, 新息故城在今豫州新息縣西南.(胡)
144) 潁 : (春)作'穎', 誤. 下同.(◉)
145) 草創 : 初創也.(中)

姊子谷崇曰, "崇, 將也. 得帶劒侍側, 卒有變,[146] 足以相當." 恂曰, "不然, 昔藺相如不畏秦王而屈於廉頗者,[147] 爲國也."[148] 乃敕屬縣盛供具,[149] 儲酒醪,[150] 執金吾軍入界,[151] 一人皆兼兩人之饌.[152] 恂出迎於道, 稱疾而還. 復勒兵欲追之,[153] 而吏士皆醉, 遂過去.

【寇賈結友】

寇賈結友 恂遣谷崇以狀聞. 帝乃徵恂, 恂至, 引見, 時賈

兩虎安得私鬪 復先在坐,[154] 欲起相避. 帝曰, "天下未定, 兩虎安得私鬪! 今日朕分之."[155] 於是並坐極歡, 遂共車同出, 結友而去.

○【馮異代鄧禹】

---

146) 卒 : 通'猝', 突然.(新)
147) 藺相如不畏秦王而屈於廉頗者 : 事見周赧王三十六年.(今) '昔藺相如'句 : 藺相如與廉頗事見本書卷四周赧王三十六年.(新)
148) 爲 : 于僞翻.(胡)
149) 供具 : 陳設酒食的器具, 此指酒食.(新)
150) 酒醪 : 汁滓混合之酒. 此指酒.(新)
151) 執金吾 : 指賈復. 此時復任執金吾之職.(新)
152) 兩 : (資治)作'二'.(◉) 饌 : ① 飲食.(今) ② 饌, 具也. 雛晥翻, 又音雛戀翻.(胡)
153) 勒兵 : 治兵也 整編隊伍也.(中)
154) 坐 : ① 與'座'通.(中) ② 坐, 徂臥翻.(胡)
155) 分 : 猶解也.(胡)

馮異代鄧禹

鄧禹自馮愔叛後,[156] 威名稍損, 又乏糧食, 戰數不利, 歸附者日益離散. 赤眉暴亂三輔, 郡縣大姓各擁兵衆, 禹不能定. 帝乃遣偏將軍馮異代禹討之,[157] 車駕送至河南,[158] 敕異曰, "三輔遭王莽更始之亂, 重以赤眉延岑之酷,[159] 元元塗炭,[160] 無所依訴. 將軍今奉辭討諸不軌,[161] 營堡降者,[162] 遣其渠帥詣京師,[163] 散其小民, 令就農桑, 壞其營壁, 無使復聚. 征伐非必畧地屠城, 要在平定安集之耳.[164] 諸將非不健鬪, 然好虜掠.[165] 卿本能御吏士, 念自修敕,[166] 無爲郡縣所苦." 異頓首受命, 引而西, 所至布威信,[167] 羣盜多降.

○【王者之志在布陳威德安民】

156) 馮愔叛 : 建武元年, 鄧禹以馮愔宗歆守栒邑, 爭權相攻, 愔遂殺歆, 因反擊禹.(綱鑑) 馮愔 : 禹之部長也.(要)
157) 偏將軍 : 副將軍也.(中)
158) 河南 : 今河南洛陽縣西北五里.(今)
159) 重 : 直用翻.(胡) 酷 : (資治)作'醜', 後漢書馮異傳作'酷'.(◉)
160) 元元 : 百姓. 庶民.(漢) 塗炭 : ① 民陷於塗, 爇於炭.(春) ② 此喩極困苦的景況.(新)
161) 奉辭 : 秦命.(新) 不軌 : 不循法度也.(中)
162) 堡 : 小城也.(春)
163) 渠 : 大也.(要) 帥 : 所類翻.(胡)
164) 安集 : 安定集聚也.(中)
165) 好 : 呼到翻.(胡)
166) 修敕 : 整頓.(漢)
167) 威信 : 威嚴與信用也.(中)

王者之志在布陳威德安民

溫公曰, 昔周人頌武王之德曰,[168] '鋪時繹思,[169] 我徂惟求定.'[170] 言王者之志在布陳威德安民而已. 觀光武所以取關中, 用是道也. 豈不美哉!

○【光武詔徵鄧禹】

光武詔徵鄧禹

又詔徵鄧禹還曰, "愼毋與窮寇爭鋒![171] 赤眉無穀, 自當來⁍東⁌, 吾以飽待飢, 以逸待勞,[172] 折箠笞之,[173] 非諸將憂也. 無得復妄進兵."

【丁亥(27) 建武三年】

○【立四親廟】

立四親廟

立四親廟於雒陽.[174]

○【馮異大破赤眉於崤底】

馮異大破赤眉於崤底

馮異與赤眉約期會戰, 使壯士變服與赤眉同, 伏

---

168) 曰 : 引詩見詩經周頌賚.(新)
169) 鋪時繹思 : 周頌賚之詩也. 鋪, 布也. 繹, 陳也. 徂, 往也. 求定, 謂安天下也.(胡) 時 : 是, 此, 指恩德.(新) 思 : 語氣助詞, 無義. 此言布陳恩德.(新)
170) 我徂惟求定 : 徂, 往. 此言我前往征伐是爲了求得天下安定.(新)
171) 窮寇 : ① 言其勢已窮, 勢必致死也. 兵法曰, "窮寇勿追."(胡) ② 處境困窘的敵人.(新)
172) 以飽待飢, 以逸待勞 : 孫武子之言也.(今)
173) 折箠笞之 : 箠, 杖, 折杖笞之, 言其容易.(今) 笞 : 鞭打, 杖擊.(新)
174) 四親廟 : 禮天子立親廟四. 光武以立高祖父春陵節侯, 曾祖父鬱林太守, 祖父鉅鹿都尉, 父南頓令之廟.(今) 雒陽 : 雒本作'洛', 成周洛陽也. 光武以漢火行忌水, 故去水加佳, 自光武以後, 改爲'雒'字.(春)

於道側. 旦日,[175] 赤眉使萬人攻異前部, 異少出兵以救之,[176] 賊見勢弱, 遂悉衆攻異, 異乃縱兵大戰. 日昃,[177] 賊氣°˙衰,[178] 伏兵卒起,[179] 衣服相亂, 赤眉不復識別,[180] 衆遂驚潰, 追擊, 大破之於°崤˙底,[181] 降男女八萬人.[182] 帝降璽書勞異曰,[183]

垂翅回谿奮翼澠池

"始雖垂翅回谿,[184] 終能奮翼澠池,[185] 可謂失之東

失之東隅收之桑榆

隅,[186] 收之桑榆.[187] 方論功賞,[188] 以答大勳."[189]

【待劉盆子以不死】

待劉盆子以不死

赤眉餘衆東向宜陽. 帝親勒六軍,[190] 嚴陳以待之.[191]

---

175) 旦日 : 明日.(今)
176) 異少出兵以救之 : 所以示弱也.(胡)
177) 日昃 : 日過中也.(春)
178) °˙ : (春)有'旣'字, 據(資治)削.(◉)
179) 卒 : 通'猝', 突然.(新)
180) 復 : 扶又翻.(胡)
181) 崤底 : 崤谷之底也. 賢曰, 卽崤阪也, 在今洛州永寧縣西北.(胡) 殽 : 河交反, 通作'崤'. 山名也.(春)
182) 降 : ① 下達.(新) ② 戶江翻.(胡)
183) 勞 : ① 慰勞.(新) ② 刀到翻.(胡)
184) 垂翅 : 垂翼, 謂鳥翅下垂不能高飛. 此喩指人受挫折, 才力未能施展.(新) 翅 : 施知反, 翼也.(春) 回谿 : 回谿在澠池之北谷名回坑.(春)
185) 奮翼 : 振翼高飛. 此喩指人奮力有爲. 奮翼澠池, 指于崤底大破赤眉軍.(新) 澠 : 彌兗翻.(胡)
186) 東隅 : ① 東方日出之地, 謂早也.(今) ② 東方. 日出東隅, 所以用以指早晨. 早晨爲一天的開始, 所以引申爲始初.(新)
187) 桑榆 : ① 日將夕, 在桑榆間, 謂晚也.(今) ② 桑樹與榆樹. 日落時光照桑榆, 所以用以指日暮. 日暮爲一天的最後, 所以引申爲後.(新)
188) 方 : 正在.(新) 論 : 議定.(新)
189) 答 : 報答.(新) 大勳 : 大功.(新)

赤眉忽遇大軍，驚震不知所謂，[192] 乃遣劉恭乞降曰，"盆子將百萬衆降陛下，[193] °·何以待之."[194] 帝

赤眉降

曰，"待汝以不死耳." 盆子及丞相徐宣以下三十餘人肉袒降，[195] 上所得傳國璽綬. 積兵甲宜陽城西，與熊耳山齊. 赤眉衆尙十餘萬人，帝令縣廚皆賜食.[196]

○【劉永稱帝】

劉永稱帝

初，梁王劉永據國起兵，[197] 以董憲張步爲將軍，專據東方稱帝睢陽，復立步爲齊王. 帝方北憂漁陽，南事梁楚，故步得專集齊地，[198] 據郡十二焉.[199]

○【張豐反】

張豐反

涿郡太守張豐反，與彭寵連兵. 時關中衆寇猶盛，馮異且戰且行，屯°軍˙上林苑中.[200] 以擊豪傑不從

---

190) 勒：統御之意.(今)
191) 嚴陳：嚴陣.(新) 陳：陣也.(今)
192) 所謂：所爲. 謂，通'爲'.(新)
193) 盆子：赤眉立劉盆子爲天子.(後漢書 卷1上 光武帝紀第1上)
194) °·：(春)有'將'字，據(資治)削.(◉)
195) 肉袒：謂袒衣露體也. 表示降服而從順.(今)
196) 縣廚：宜陽縣廚也.(胡) 縣：指宜陽縣.(新) 廚：主管糧餉的官員.(新)
197) 劉永：文帝子梁孝王武八世孫.(要)
198) 專集：聚集.(新)
199) 郡十二：指城陽琅邪高密膠東東萊北海齊千乘濟南平原泰山淄川等十二郡國.(新)

令者, 威行關中.

○【斬劉永】

斬劉永

蓋延圍睢陽,[201] 斬劉永. 蘇茂奔垂惠,[202] 共立永子紆爲梁王.[203]

○【耿弇自請遠征】

耿弇自請遠征

耿弇從容言於帝,[204] 自請北收上谷兵, 定彭寵於漁陽, 取張豐於涿郡, 還收富平獲索, 東攻張步, 以平齊地. 帝壯其意,[205] 許之.

【戊子(28) 建武四年】

○【吳漢王梁擊破五校】

吳漢王梁擊破五校

吳漢王梁擊破五校於臨平.

○【耿弇祭遵禽張豐】

耿弇祭遵禽張豐

耿弇祭遵等討張豐於涿郡禽之.[206]

---

200) 軍 : (春)作'兵', 據(資治)改.(◉)
201) 蓋 : 古盍翻.(胡)
202) 垂惠 : 垂惠聚, 安徽蒙城縣北.(今)
203) 紆 : 劉紆, 劉永子. 劉永被殺, 其部下立紆爲梁王. 建武五年(29), 紆被部下軍上所殺.(新)
204) 從 : 千容翻.(胡)
205) 壯 : 推崇, 贊許.(新)
206) 祭 : 側界翻.(胡)

○【侯霸保全臨淮】

侯霸保全臨淮 王莽末，天下亂，臨淮大尹侯霸獨能保全其郡.[207] 帝徵霸會壽春，拜尙書令. 時朝廷無故典,[208] 又少舊臣，霸明習故事，收錄遺文,[209] 條奏前世善政法度,[210] 施行之.

○【公孫述井底蛙】

公孫述井底蛙 更始之末，公孫述卽皇帝位於成都. 隗囂使馬援往觀述，援素與述同里閈,[211] 相善，以爲旣至，當握手歡如平生,[212] 而述盛陳陛衛以延援入,[213] 交拜禮畢,[214] 使出就舘. 更爲援製都布單衣交讓冠,[215] 會百°官˙於宗廟中,[216] 立舊交之位，述鸞旗旄騎,[217]

---

207) 臨淮 : 臨淮郡，漢置，東漢廢. 故治在今安徽盱眙縣西北.(今) 侯霸 : ?~37. 字君房，河南郡密縣人. 官至大司徒，封關內侯.(新)

208) 古典 : 舊的規章制度等.(新)

209) 遺文 : 散逸的詩文.(漢)

210) 條奏 : 逐條上奏.(新)

211) 里閈 : ① 里門，指鄕里.(新) ② 閈，閭也. 援與述同爲茂陵人.(今)

212) 平生 : 謂平時也.(今)

213) 陛衛 : 陛側的侍衛.(新) 陛 : 殿壇的臺階.(新) 延 : 請.(新)

214) 交拜 : 相對而拜. 舊時的見面禮節.(漢)

215) 製 : ①(資治)作'制'(◉) ② 制同'製'.(漢) 都布 : 布名.(今) 單衣 : 禪('襌'之誤)衣，江淮南楚之間謂之襟，關之東西謂之襌衣.(今) 交讓冠 : 冠名.(新)

216) 官 : (春)作'僚'，據(資治)改.(◉)

217) 鸞旗 : 天子軍上之旗. 赤色，編以羽毛，上繡鸞鳥.(新) 旄騎 : 皇帝儀仗中的一種擔任先驅的騎兵.(新)

警蹕就車,[218] 磬折而入,[219] 禮饗官屬甚盛, 欲授援以封侯大將軍位. 賓客皆樂留,[220] 援曉之曰, "天下雌雄未定,[221] 公孫不吐哺走迎國士,[222] 與圖成敗, 反修飾邊幅,[223] 如偶人形,[224] 此子何足久稽天下士乎!"[225] 因辭歸, 謂囂曰, "子陽,[226] 井底蛙耳,[227] 而妄自尊大. 不如專意東方."[228]

【光武大度同高祖】

光武大度同高祖

馬援遨遊二帝間

囂乃使援奉書洛陽, 援初到, 帝在宣德殿南廡下,[229] 但幘,[230] 坐, 迎笑, 謂援曰, "卿遨遊二帝間,[231] 今見卿, 使人大慙."[232] 援頓首辭謝, 因曰, "當今之

218) 蹕 : 蹕, 必吉反, 所警者戒肅也, 蹕, 止人行也.(春)
219) 磬折 : 屈身如磬的曲折, 以表示謙恭.(新)
220) 賓客 : 指馬援的隨從.(新) 樂留 : 樂意留下.(新) 樂 : 音洛.(胡)
221) 雄雌 : 喩指勝負.(新)
222) 吐哺走迎國士 : 按魯世家 周公戒伯禽曰, 我嘗一沐三握髮, 一飯三吐哺, 起以待士, 猶恐失天下之賢人.(春) 哺 : 口中所含的食物. 相傳周公爲接待士人一飯三吐哺. 極言隱勤待士, 求賢心切.(新)
223) 邊幅 : ① 小節.(今) ② 邊, 畔也, 田有界畔, 布帛廣曰幅, 修飾者若布帛之修整邊幅也.(春)
224) 偶人形 : 與偶人同. 土木製之人像也.(中)
225) 此子 : 指公孫述.(新) 稽 : 留也.(今)
226) 子陽 : 公孫述之字.(◉)
227) 蛙 : 蛙, 烏瓜反, 水蟲形似蝦蟆, 言與蛙坐井中, 所見者小也.(春)
228) 東方 : ① 謂雒陽.(胡) ② 光武都雒邑, 在天水之東.(綱合)
229) 廡 : 音武, 堂下周屋也.(胡)
230) 幘 : 包髮之巾.(今)
231) 遨遊 : 奔走, 周旋.(新) 二帝 : 指自己與公孫述. 述于更始三年(25)四月稱帝.(新)
232) 大慙 : 言自慙德薄而稱帝也.(要)

非但君擇臣 臣亦擇君

世, 非但君擇臣, 臣亦擇君耳.233) 臣與公孫述同縣,234) 少相善,235) 臣前至蜀, 述陛戟而後進臣.236) 臣今遠來, 陛下何知非刺客姦人, 而簡易若是!"237) 帝復笑曰,238) "卿非刺客, 顧說客耳."239) 援曰, "天下反復,240) 盜名字者不可勝數,241) 今見陛下恢廓

帝王自有眞

大度,242) 同符高祖,243) 乃知帝王自有眞也."244)

【己丑(29) 建武五年】

○【光武才明勇畧 非人敵】

光武才明勇畧非人敵

帝使來歙持節送馬援歸隴右.245) 隗囂與援共臥起, 問以東方事曰,246) "前到朝廷, 上引見數十,247) 每

233) 耳 : (資治)作'矣'.(◉)
234) 援述 : 皆扶風茂陵人.(綱合)
235) 相善 : 猶相好也.(綱合)
236) 陛戟 : 謂陳列棨戟於階陛之下, 以爲儀衛.(春) 陛戟 : 近臣持戟侍衛陛側.(新)
237) 簡易 : 指光武岸幘迎笑也.(綱合) 易 : 以豉翻.(胡)
238) 復 : 扶又翻.(胡)
239) 顧 : ① 反也, 乃也.(綱合) ② 只是.(新) 說客 : 游說的人.(新) 說 : 去聲.(胡)
240) 復 : ① (資治)作'覆'.(◉) ② 復, 通'覆'.(漢) 反覆 : 亦作'反復'.(漢)
241) 盜名字者 : 謂譏竊名號以稱帝稱王者.(今) 名字 : 名號. 盜名字, 指占據一地, 自建名號, 稱帝稱王.(新) 勝 : 音升.(胡)
242) 恢廓大度 : 胸懷開闊, 寬宏大量.(新)
243) 同符 : 相合.(漢)
244) 乃知帝王自有眞也 : 指光武而言.(綱合)
245) 歙持節送馬援歸隴右 : 考異曰, "援與拒蜀侯國遊先俱奉使, 遊先至長安, 爲仇家所殺, 其弟爲囂雲旗將軍. 來歙恐其怨恨, 與援俱還長安." 按囂使被殺者, 周遊也, 不在此時.(胡)
246) 問以東方事 : 謂囂見援問光武之事也.(綱合)
247) 引見 : 引導入見. 舊指皇帝接見臣下或賓客時由有關大臣引導入見.(漢) 數十 : 數十次.

接燕語,[248] 自夕至旦,[249] 才明勇略, 非人敵也.[250] 且開心見誠, 無所隱伏, 闊達多大節, 略與高帝同, 經學博覽, 政事文辨,[251] 前世無比." 囂曰, "卿謂何如高帝?" 援曰, "不如也. 高帝無可無不可,[252] 今上好吏事,[253] 動如節度,[254] 又不喜飮酒." 囂意不懌曰,[255] "如卿言, 反復勝邪!"[256]

○【馬武王霸擊蘇茂周建破之】

馬武王霸擊蘇茂周建破之

馬武王霸擊蘇茂周建破之, 建於道死, 茂犇下邳,[257] 與董憲合, 劉紆犇佼彊.[258]

○【封子密爲不義侯】

封子密爲不義侯

彭寵, 蒼頭子密等三人,[259] 殺寵以降. 帝封子密

(中白)
248) 接 : 接觸, 此指會面.(新) 燕語 : ① 交談, 閑談.(新) ② 非正式的接見談話.(今)
249) 自夕至旦 : 從夜晩到早晨.(岳白)
250) 非人敵 : 不是其他人能敵得上的.(新)
251) 文辨 : 卽文辯, 能文善辯.(新)
252) 高帝無可無不可 : ① 此論語孔子自言已之所行也.(胡) ② 倜儻不泥也.(綱合)
253) 吏事 : 政事.(今)
254) 動如節度 : 行動符合規矩.(新) 如 : 符合.(新) 節度 : 法度.(新)
255) 不懌 : 不悅也.(綱合)
256) 反復勝邪 : 反更勝高祖乎.(綱合) 復 : ① 又.(新) ② 扶又切.(國) 勝 : 勝於, 超過.(新)
257) 犇 : '奔之'古字.(中) 下邳 : 邳, 符悲反, 東海邑 本在薛, 其後徙, 此有上邳, 故曰下邳.(春)
258) 彊 : (春)作'疆', 誤.(◉) 佼彊 : 梁王永之將.(綱合) 佼 : 姓也, 或作姣.(春)
259) 蒼頭 : 奴僕謂之蒼頭.(今)

爲不義侯.°☞˙

○【以郭伋爲漁陽太守】

以郭伋爲漁陽太守

帝以郭伋爲漁陽太守.[260] 伋承離亂之後. 養民訓兵, 開示威信, 盜賊銷散, 匈奴遠迹, 在職五年, 戶口增倍.

○【吳漢破富平獲索賊】

吳漢破富平獲索賊

◖ 吳漢率耿弇等擊富平獲索◗賊◖於平原[261], 大破之, 上因詔弇進討張步.◗

○【光武自將討龐萌】

光武自將討龐萌

平敵將軍龐萌,[262] 爲人遜順, 帝信愛之, 常稱曰, "可以°託˙六尺之孤, 寄百里之命者,[263] 龐萌是也." 使與蓋延共擊董憲. 時詔書獨下延而不及萌, 萌以爲延譖已,[264] 自疑, 遂反襲延軍, 破之, 與董憲

---

260) 郭伋 : 前39~47. 字細侯, 扶風茂陵縣人. 歷任尙書令漁陽太守潁川太守並州牧等.(新)

261) 富平獲索賊 : 富平賊帥徐少, 獲索賊帥古師郎等, 並見東觀記(胡24) 平原 : 郡國志, 平原郡, 在雒陽北一千三百里.(胡)

262) 平敵將軍 : 前作平狄將軍.(胡)

263) 託六尺 … 百里之命 : 論語太白孔子之言. 呂與叔曰, 託六尺之孤, 謂輔幼主, 寄百里之命, 謂爲諸侯(胡) 託六尺之孤 : 指輔佐幼主.(新) 託 : ① (春)作'托'.(◉) ② 託, 亦作'托'.(漢) 寄百里之命 : 指封爲諸侯.(新)

264) 譖 : 誣陷.(新)

連和, 自號東平王, 帝聞之, 大怒, 自將討萌, 與

龐萌社稷臣 諸將書曰, "吾°嘗˙以龐萌爲社稷臣,[265] 將軍得無笑其言乎! 老賊當族,[266] 其各厲兵馬,[267] 會睢陽!"[268]

○【班彪謂漢必復興】

班彪謂漢必復興 隗囂問於班彪曰, "往者周亡, 戰國並爭, 數世然後定. 意者從橫之事復起於今乎?[269] 將承運迭興,[270] 在於一人也?" 彪曰, "周之廢興, 與漢殊異. 昔周

本根既微, 枝葉彊大 爵五等,[271] 諸侯從政,[272] 本根既微, 枝葉彊大,[273] 故其末流有從橫之事,[274] 勢數然也.[275] 漢承秦制, 改立郡縣,[276] 主有專己之威,[277] 臣無百年之柄.[278]

---

265) 嘗 : ① 章十二行本'嘗'作'常', 乙十一行本同, 孔本同.(胡) ② (春)作'常', (資治)作'嘗'. '常'通'嘗', 而'曾經'之義, 今多用'嘗', 則當作'嘗'.(◉)
266) 族 : 滅族.(新)
267) 厲兵馬 : 卽厲兵秣馬, 謂磨利兵器, 喂飽馬匹. 指作好戰爭准備.(新)
268) 睢 : 音雖.(綱鑑)
269) 從橫 : 合縱連橫.(漢) 意者 : 與下句'將'呼應, 構成'意者 … 將 …'的句式, 表示選擇, 意爲'是 … 還是 …'.(新)
270) 承運 : 承受天命.(新) 迭興 : 交替興起, 相繼興起.(漢)
271) 周爵五等 : 公侯伯子男.(今)
272) 諸侯從政 : 言諸侯之國各自爲政.(胡) 從政 : 此言周朝的諸侯國各自爲政.(新)
273) 强 : 亦作'彊'.(漢) 本根既微 枝葉强大 : 謂周室力量減少, 諸侯力量增大.(今) 本根 : 指周王室.(新) 枝葉 : 指諸侯國.(新)
274) 末流 : 周朝末年.(岳白)
275) 勢數 : 形勢和命運.(新)
276) 改立郡縣 : 漢初係郡國並行制. 但國有限制, 卽劉氏封王, 有功者封侯.(今)
277) 專已 : 獨斷專行.(新)
278) 百年之柄 : 謂長久之權柄也.(中)

至於成帝，假借外家，[279] 哀平短祚，[280] 國嗣三絶，[281] 故王氏擅朝，[282] 能竊號位，危自上起，傷不及下，[283] 是以卽眞之後，[284] 天下引領而歎.[285] 十餘年間，中外騷擾，遠近俱發，假號雲合，[286] 咸稱劉氏，不謀同辭. 方今雄桀帶州域者，皆無六國世業之資，[287] 而百姓謳吟思仰，[288] 漢必復興，已可知矣." 囂曰，"生言周漢之勢可也，[289] 至於但見愚人習識劉氏姓號之故，[290] 而謂漢復興，疎矣![291] 昔秦失其鹿，[292] 劉季逐而掎之，[293] 時民復知漢乎?"

(秦失其鹿 劉季逐而掎之)

【班彪著王命論】

(班彪著王命論) 彪乃爲之著王命論以風切之曰，[294] "昔堯之禪舜

---

279) 假借外家 : ① 假借，並去聲. 外家，王氏也，謂以權勢假貸與諸舅.(春) ② 給予. 此指朝政大權掌握在外戚手中.(新)
280) 哀平短祚 : 哀帝在位六年，平帝在位五年，所以說'短祚'.(新)
281) 國嗣三絶 : 成哀平三帝皆無子，所以說'三絶'.(新)
282) 擅朝 : 獨攬朝政.(漢) 朝 : 直遙翻.(胡)
283) 危自上起 傷不及下 : 成帝威權借於外家，是危自上起也. 漢不得罪於百姓，是傷不下也.(胡)
284) 卽眞 : ① 指王莽做了眞皇帝.(今) ② 由攝政而正式卽皇帝位. 此指王莽廢漢建新稱帝.(新)
285) 引領 : 伸頸遠望. 多以形容期望殷切.(漢)
286) 假借雲合 : 假借名號，聚集士衆.(今) 雲合 : 喩指群聚.(新)
287) 六國 : 戰國時，齊楚燕韓魏趙稱六國，並在函谷關以東，秦倂天下，皆爲所滅.(中)
288) 謳吟 : 歌唱吟詠.(漢)
289) 生 : '先生'的省稱.(新)
290) 習識 : 熟知.(新)
291) 疏 : ① 見聞孤陋.(今) ② 指班彪的看法粗略而不精密.(新)
292) 失其鹿 : 失去帝位.(新)
293) 劉季 : 劉邦.(新) 掎 : 牽，拉. 逐而掎之，意卽逐鹿，指爭奪天下.(新)

曰,[295] '天之曆數在爾躬.'[296] 舜亦以命禹.[297] 洎于稷契,[298] 咸佐唐虞, 至湯武而有天下. 劉氏承堯之祚,[299] 堯據火德而漢紹之,[300] 有赤帝子之符,[301] 俗見高祖興於布衣, 不達其故, 至比天下於逐鹿, 幸捷而得之.[302] 不知神器有命,[303] 不可以智力求也. 悲夫, 此世所以多亂臣賊子也![304] 夫°餓˙饉流隸,[305] 飢寒道路, 所願不過一金,[306] 然終轉死溝壑,[307] 何則? 貧窮亦有命也. 況乎天子之貴, 四海之富, 神明之祚,[308] 可得而妄處哉![309] 故雖遭

---

294) 風 : 通'諷', 微言勸告.(新) 切 : 批評.(新)
295) 禪 : 以帝位讓人.(新)
296) 曆數 : 天運也 借謂帝王遞嬗易姓之序.(中) 爾躬 : 爾, 汝也. 躬, 身也.(今)
297) 舜亦以命禹 : 論語所載.(胡)
298) 洎 : ① 至.(新) ② 其冀反, 及也.(春) 稷 : 姬姓, 名棄, 周人祖先. 堯舜時爲主農之官, 號后稷.(新) 契 : 商人祖先. 堯舜時爲司徒, 封于商.(新)
299) 劉氏承堯之祚 : 劉邦建漢取得天下, 上繼唐堯的國統. 此說始于劉向. 漢書高帝紀贊語引劉向說, "漢帝本系, 出自唐帝."(新)
300) 堯據火德而漢紹之 : 炎帝堯和漢一系統代表火德, 故云堯據火德而漢紹之. 紹, 繼續也.(今)
301) 赤帝子之符 : 事見秦二世之元年.(胡)
302) 捷 : 獲也, 勝也.(春)
303) 神器 : 代表國家政權的實物, 如玉璽寶鼎之類, 此借指帝位, 政權.(新)
304) 此世 : 這就是世上.(白話)
305) 餓 : (春)作'餞', 誤.(◉) 餓饉 : 餓死於道路.(漢) 流隸 : 指流亡他鄉的微賤之民.(新)
306) 金 : 古代計算貨幣單位名稱.(新)
307) 溝壑 : 溪谷也.(今)
308) 神明 : 天地間一切神靈的總稱.(漢)
309) 妄 : 非分.(新) 處 : ① 享有, 據有.(新) ② 昌呂翻.(胡)

離阨會,[310] 竊其權柄, 勇如信布,[311] 彊如梁籍,[312] 成如王莽,[313] 然卒潤鑊伏質,[314] 烹醢分裂,[315] 又況么麽不及數子,[316] 而欲闇奸天位者乎![317] 昔陳嬰之母以嬰家世貧賤,[318] 卒富貴不祥,[319] 止嬰勿王, 王陵之母知漢必得天下,[320] 伏劍而死, 以固勉陵.[321] 夫以匹婦之明,[322] 猶能推事理之致, 探禍福之機,[323] 而全宗祀於無窮,[324] 垂策書於春秋,[325] 而況大丈夫之事乎! 是故窮達有命,[326] 吉凶由人, 嬰母知

窮達有命 吉凶由人

---

310) 離 : ①(資治)作'罹'.(◉) ②離, 遭受. 遭遇. 後多作'罹'.(漢) 遭罹 : 遭遇, 遭受.(新) 阨會 : 災厄, 災難.(漢)

311) 勇如信布 : 像韓信英布一樣的勇敢.(今) 信 : 韓信. ?~前196. 佐助劉邦滅項羽建漢稱帝.(新) 布 : 英布. ?~前195. 一名黥布. 西漢初年人.(新)

312) 彊如梁籍 : 像項梁項籍一樣的剛暴.(今) 梁 : 項梁. 項羽的叔父.(新) 籍 : 項羽. 項羽名籍, 字羽.(新)

313) 成如王莽 : 謂王莽纂位其勢已成也.(春) 成 : 成功, 實現. 指王莽已建新稱帝.(新)

314) 卒 : 終於.(新) 潤鑊伏質 : ① 鑊, 大鍋. 潤鑊, 受烹刑. 質, 通'鑕', 古刑具, 腰斬時所用砧板. 伏質, 古代有腰斬的死刑, 施刑時罪犯裸身伏在砧上, 所以稱伏質. 這裏用以指被處死.(新) ② 潤, 滋益之意, 鑊, 鼎之無足者. 秦用商鞅, 有鑊亨之刑, 卽置人於鑊而烹之也. 質, 刑具, 亦作鑕或櫍, 古時斬人先伏於質上. 皆被殺之意.(今)

315) 亨醢分裂 : 亨, 烹本字, 煮也. 醢, 搗成肉醬. 分裂, 卽車裂, 將人體縛於東上而曳裂之. 皆古酷刑.(今)

316) 么麽 : 微小的意思, 指西漢末年, 起兵割據各地者.(今) 數子 : 指韓信英布項梁項籍王莽.(今)

317) 闇奸 : 妄想求取.(今) 闇 : ① 隱晦貌奸犯非禮也.(春) ② 通'奄', 遽然.(新)

318) '昔陳嬰'句 : 事見(資治)8卷秦二世2年.(新)

319) 卒 : 猝也. 突然之意.(今)

320) '王陵' 句 : 事見本(資治)9卷高祖元年.(新)

321) 固勉 : 堅定與激勵.(新)

322) 匹婦 : 凡言匹夫匹婦, 謂凡庶之人.(胡)

323) 探 : 探究.(新) 機 : 事物變化的由來.(新)

324) 宗祀 : 對祖宗的祭祀. 全宗祀, 是說保全宗族不遭禍難.(新)

325) 垂 : 流傳.(新) 策書 : 指用以記錄事實的簡冊.(新) 春秋 : 史書記事之總稱.(胡)

廢, 陵母知興, 審此二者,[327] 帝王之分決矣.[328] 加之高祖寬明而仁恕, 知人善任使, 當食吐哺, 納子房之策,[329] 拔足揮洗, 揖酈生之說,[330] 擧韓信於行陳,[331] 收陳平於亡命,[332] 英雄陳力,[333] 羣策畢擧, 此高帝之大畧所以成帝業也.[334] 若乃靈瑞符應,[335] 其事甚衆, 故淮陰留侯謂之天授非人力也.[336] 英雄誠知覺寤,[337] 超然遠覽, 淵然深識,[338] 收陵嬰之明分,[339] 絶信布之覬覦,[340] 則福祚流於子孫,[341] 天

326) 窮達 : 困頓與顯達(新)
327) 審 : 明白.(今)
328) 分 : 扶問翻.(胡) 決 : 定.(新)
329) 當飯吐哺 納子房之策 : 食其欲立六國後以樹黨, 漢王刻印, 將遣食其立之, 以問張良. 良發八難, 漢王輟飯吐哺曰, "豎儒! 幾敗乃公事."(漢書 卷1上 高帝紀 第1上) 子房 : 張良字.(◉)
330) 拔足揮洗 揖酈生之說 : 酈食其謂(爲)監門, 曰, "諸將過此者多, 吾視沛公大人長者." 乃求見說沛公. 沛公方踞猒, 使兩女子洗足. 酈生不拜, 長揖, 曰, "足下必欲誅無道秦, 不宜踞見長者." 於是沛公起, 攝衣謝之, 延上坐. 食其說沛公襲陳留, 得秦積粟.(史記 卷8 高祖本紀)
331) 擧韓信于行陳 : 行陳卽行陣. 指漢高祖拜韓信爲大將之事.(今) 行 : 戶剛翻.(胡) 陳 : 讀曰陣.(胡)
332) 收陳平於亡命 : 陳平會事項羽, 奉羽命擊降殷王. 後漢王攻下殷, 羽怒, 平懼, 乃亡歸漢王. 漢王拜平爲都尉.(今)
333) 陳力 : 陳其才力也.(中)
334) 大畧 : 遠大的謀略.(新)
335) 若乃 : 至于.(新) 靈瑞 : 祥瑞, 卽吉祥的徵兆.(新) 符應 : 上天顯示的與人事相應的徵兆(新)
336) 淮陰留侯謂之天授非人力 : 事見(春)前208年之"張良曰, '沛公殆天授.'" 與前201年之"韓信曰, '且陛下, 所謂天授, 非人力也.'"之句.(◉) 淮陰留侯 : 淮陰, 韓信, 留侯, 張良.(國)
337) 覺寤 : 覺悟.(漢)
338) 淵然 : 形容深遠的情狀.(新)
339) 明分 : 明白天分, 地道天命.(新)

班彪爲竇融畫策

祿其永終矣!"[342] 囂不聽. 彪遂避地河西,[343] 竇融以爲從事,[344] 甚禮重之.[345] 彪遂爲融畫策,[346] 使之專意事漢焉.

○【竇融歸漢】

竇融歸漢

初, 竇融自守河西聞帝威德,[347] 心欲東向, 以河西隔遠, 未能自通, 乃從隗囂受建武正朔,[348] 囂

隗囂內懷異心

皆假其將軍印綬.[349] 囂外順人望, 內懷異心, 使辯士張玄說融等曰,[350] "更始事已成,[351] 尋復亡滅,[352]

一姓不再興之效

此一姓不再興之效.[353] 當各據土宇,[354] 與隴蜀合

340) 覬覦 : 非分的希望.(新)
341) 福祚 : 福祿.(新) 流 : 傳.(新)
342) 天祿其永終矣 : 按天祿, 謂大所授之祿籍. 此則言天祿其永年之意, 與書大禹謨所云, 天祿永終之意, 相異.(集註通鑑節要) 天祿 : 天賜的福祿.(新) 永終 : 長久.(新)
343) 避地 : 猶言避世隱居.(漢) 河西 : 泛稱黃河以西地方, 今陝西甘肅省及綏遠省一部分.(今)
344) 從事 : 官名.(今)
345) 禮重 : 禮敬尊重.(新)
346) 爲 : 于僞翻.(胡)
347) 竇融自守河西聞帝威德 : 後漢書竇融傳曰, 咸以融世任河西爲吏, 人所敬向 乃推融行河西五郡大將軍事.(後漢書 卷53 竇融傳)
348) 受建武正朔 : 古時改朝換代, 每一統一天下者, 必欲改正朔, 易服色, 以新天下耳目. 如所制定之正朔服色被接受, 則表示此新成立之政權已得到承認. 竇融受建武正朔, 則表示接受東漢的政令.(今) 建武 : 光武年號.(國)
349) 假 : 授予代理官職.(新)
350) 張玄 : 辯士名. 後爲梁統派人刺殺.(新) 說 : 輸芮翻.(胡)
351) 更始事 : 更始元年二月, 劉玄卽皇帝位. 建武元年冬, 劉玄降劉盆子, 奉長沙王.(今)
352) 復 : 扶又翻.(胡)
353) 一姓 : 指劉姓.(新) 效 : 徵驗也.(今)
354) 土宇 : 土地.(今)

從,[355] 高可爲六國,[356] 下不失尉佗."[357] 融等召豪傑議之,[358] 其中識者皆曰, "今皇帝姓名見於圖書,[359] 漢有再受命之符.[360] 融遂決策東向, 遣長史劉鈞等奉書詣洛陽.[361]

【光武明見萬里之外】

光武明見萬里之外
光武賜融璽書

帝見鈞懽甚,[362] 禮饗畢, 乃遣◖令◗還, 賜融璽書曰, "今益州有公孫子陽, 天水有隗將軍. 方蜀漢相攻, 權在將軍,[363] 舉足左右, 便有輕重.[364] 以此言之, 欲有相厚豈有量哉![365] 欲遂立桓文,[366] 輔

---

355) 隴蜀合從 : 隴, 謂隗囂, 蜀, 謂公孫述. 從以和合爲從威勢, 以相脅爲橫.(春)

356) 六國 : 戰國時韓魏趙燕楚齊, 戰國之世, 各據其地.(春) 高可爲六國 : 好的結果是可以成爲像戰國時的諸侯.(新)

357) 尉佗 : ① 尉, 官名. 南海尉. 佗, 名也. 姓趙, 秦二世時, 南海尉任囂病且死, 召龍川令趙佗, 語曰, "聞項羽劉季等各起兵, 中國擾亂 吾欲與兵自備." 會病甚, 且南海東西數千里, 可以立國. 卽以佗行南海尉事, 囂死, 佗卽自立. 爲南粵武王.(春) ② ?~前137. 秦漢之際眞定縣人. 本姓趙, 秦時爲南海郡龍川縣令, 秦末行南海尉事, 稱尉佗. 秦亡, 趁內地動亂之機, 自立爲南越王. 劉邦建漢, 立佗爲南越王.(新)

358) 傑 : ① (資治)作'桀'.(◉) ② 桀, 與'傑'通.(中)

359) 皇帝姓名 : 劉秀.(綱鑑) 見 : 賢遍翻.(胡) 圖書 : ① 指術數瑞應之書.(今) ② 指圖讖讖文河圖赤伏符曰, 劉秀發兵捕不道.(新)

360) 再受命 : 受命, 謂受天子之命而爲天子. 再受命猶云中興.(今)

361) 長史 : 融爲大將軍, 故置長史. 官名.(今)

362) 懽 : ① (春)作'歡'.(◉) ② 懽, 同'歡'.(漢)

363) 權 : 執, 掌握. 此言權柄掌握在竇融手中.(新)

364) 舉足左右 便有輕重 : ① 言蜀漢成均等之勢, 關鍵在竇融之去向. 助蜀則蜀勢力增大, 助漢則漢勢力增大.(今) ② 左右, 指蜀漢. 此言竇融支持哪一方, 對時局舉足輕重.(新) ③ 舉足向左則蜀重, 向右則漢重.(岳白)

365) 厚 : 指交情深厚.(新) 量 : 限量.(新)

366) 桓文 : ① 指春秋齊桓公晉文公.(新) ② 周室微弱, 齊桓晉文輔之以霸天下.(後漢書 卷53

微國,[367] 當勉卒功業,[368] 欲三分鼎足,[369] 連衡合從,[370] 亦宜以時定.[371] 天下未并,[372] 吾與爾絶域,[373] 非相呑之國. 今之議者, 必有任囂教尉佗制七郡之計.[374] 王者有分土, 無分民,[375] 自適己事而已."[376] 因授融爲涼州牧. 璽書至河西, 河西皆驚, 以爲天子明見萬里之外.

王者有分土無分民

河西皆驚

○【耿弇破張步】

耿弇破張步

張步聞耿弇至, 使其將軍歷下,[377] 又分兵屯祝阿,[378]

竇融列傳)

367) 輔微國 : 輔佐我這個弱小的政權.(中白)

368) 勉卒 : 努力完成.(新)

369) 三分鼎足 : ① 指一分爲三, 如鼎足並立.(新) ② 蒯通說韓信曰, "參分天下, 鼎足而立, 其執莫敢先動."(漢書 卷45 蒯通傳)

370) 連衡合從 : 戰國時, 張儀說各諸侯國共事秦, 稱連衡. 蘇秦說各諸侯國聯合拒秦, 稱合從.(新) 衡 : 讀曰橫.(胡)

371) 以時定 : ① 根據時勢決定.(新) ② 開兩說以觀融去就.(胡)

372) 并 : 統一.(新)

373) 絶域 : 極遠的地區.(新)

374) 任囂教尉佗制七郡之計 : ① 秦二世時, 南海尉任囂病且死, 教趙佗, 以制七郡之謀. 尉佗之時, 未置七郡, 光武據後來置郡言之, 按七郡南海鬱林蒼梧合浦交趾九眞日南, 是也.(目) ② 任囂, 秦朝南海郡尉, 秦二世時病死. 死前對尉佗說. 南海僻遠, 負山阻海, 東西數千里, 可以立國. 囂死, 佗行南海尉事, 不久自稱南越王.(新) 制 : 控制, 占據.(新)

375) 王者有分土 無分民 : 王, 于況反. 分, 扶問反. 凡裂土以封諸侯, 其受封者, 各有分也. 地志註, 有分土者, 謂立封彊也, 無分民者, 謂通往來, 不常厥居.(春) 分土 : 分封土地.(新) 無分民 : 古時分封土地, 其地居民隨同劃歸受封者管轄, 謂之分民. 所謂無分民, 是說人民的活動區域并不局限於一地.(新)

376) 自適己事而已 : 謂宜自謀順適己身之事.(春) 適 : 滿足, 安於.(新)

377) 歷下 : 今山東歷城縣.(今)

378) 分 : (資治)作'令', 後漢書耿弇傳作'分'.(◉) 祝阿 : 縣名. 縣治在今山東齊河縣東南.(新)

別於泰山鍾城列營數十以待之.[379] 弇渡河, 先擊祝阿, 拔之. 時張步都劇,[380] 弇至臨淄城,[381] 出不意,[382] 半日拔之, 入據其城, 以激怒步.[383] 步兵二十萬, 至臨淄大城東, 將攻弇, 弇大破之. 是時帝在魯,[384] 聞弇爲步所攻, 自往救之. 未至, 陳俊謂弇曰, "劇虜兵盛,[385] 可且閉營休士, 以須上來." 弇曰, "乘輿且到,[386] 臣子當擊牛釃酒以待百官,[387] 反欲以賊虜遺君父耶!"[388] 乃出兵大戰. 自旦及昏, 復大破之, 殺傷無數, 溝塹皆滿. 弇知步困將退, 豫置左右翼爲伏以待之.[389] 人定時,[390] 步果引去, °伏兵起˙縱擊,[391] 追至鉅昧水上,[392] 八九十里, 僵

臣子當擊牛釃酒以待百官

379) 鍾城 : 在今濟南府禹城縣, 漢時地屬泰山郡, 故曰泰山鍾城.(輯)
380) 劇 : 劇縣.(◉)
381) 臨淄 : ① 今靑州府臨淄縣.(綱鑑) ② 臨菑, 與臨淄同.(中)
382) 不意 : 謂空虛無防備. 多用於軍事攻守.(漢)
383) 激怒 : 因受刺激而發怒.(中)
384) 帝在魯 : 今兗州曲阜縣, 古魯國也. 括地志故城今兗州許昌縣, 南四十里, 本魯之朝宿邑.(春)
385) 劇虜 : 時張步都劇. 故呼爲劇虜.(春)
386) 乘輿 : 指天子.(今)
387) 擊牛 : 殺牛.(新) 釃酒 : 斟酒.(新) 釃 : 去糟取淸也.(今)
388) 遺 : 去聲, 贈遺.(國)
389) 豫 : 事先作准備.(新) 左右翼 : 兩旁伏兵如鳥之舒翼.(胡)
390) 人定 : ① 中夜人皆寢息之時也.(中) ② 時辰名. 古代一日分爲十二時辰, 每一時辰相當于今天的兩小時. 今天的21時至23時爲亥時, 又稱人定.(新)
391) 伏兵起 : (春)作'復起兵', 誤.(◉)
392) 鉅昧 : 水名. 一名巨洋, 在靑州樂安國.(春)

尸相屬,[393] 收得輜重二千餘兩.[394]

【耿弇比韓信】

耿弇比韓信

步還劇, 後數日, 車駕至臨淄, 自勞軍, 羣臣大會. 帝謂弇曰, "昔韓信破歷下以開基,[395] 今將軍攻祝阿以發迹,[396] 此皆齊之西界, 功足相方.[397] 而韓信襲擊已降,[398] 將軍獨拔勍敵,[399] 其功又難於信也.[400] 又, 田横烹酈生,[401] 及田横降, 高帝詔衛尉不聽爲仇,[402] 張步前殺伏隆,[403] 若步來歸命,[404]

393) 僵尸 : 不動不朽謂之僵. 人死未葬謂之尸.(今) 相屬 : 相連接.(新) 屬 : 之欲翻.(胡)

394) 重二千餘兩 : 重, 直用翻. 兩, 音亮. 車一乘爲一兩. 箱轅及輪兩兩而偶, 故稱兩.(胡) 兩 : 古'輛'字. 一車爲一輛.(新)

395) 韓信破歷下 : ① 齊屯田於歷下以備漢, 信擊破之.(後漢書卷49 耿弇傳 '昔韓信破歷下以開基' 李賢注) ② 事見本書(資治通鑑)十卷高祖四年.(新) 開基 : 開創基業.(新)

396) 發跡 : 指立功揚名.(新)

397) 方 : ① 齊等也.(中) ② 比擬. 相方, 相比.(新)

398) 韓信襲擊已降 : 酈食其說齊王田廣, 廣降之. 乃與食其縱酒, 罷守備. 韓信聞齊已降, 欲止, 蒯通說信令擊之. 食其, 音異基也.(後漢書 耿弇傳 李賢注)

399) 勍 : 强也. 亦作勁.(今)

400) 難 : 盛. 此言耿弇功大於信.(新)

401) 田横 : ?~前202. 秦末狄人. 田榮弟. 秦末從田儋起兵反秦. 儋榮死, 收齊散兵, 復定齊, 立榮子廣爲齊王, 自爲相. 後廣爲劉邦部將韓信擊殺, 自立爲王. 旋爲漢軍所破. 高帝立, 横率徒屬五百餘人入居海島. 後應召與二客詣洛陽, 道中自殺. 其留居海島者聞訊亦皆自殺.(人) 烹酈生 : 在4卷戊戌(前203)年.(國)

402) 高帝詔衛尉不聽爲仇 : 齊旣破, 横走居海島, 高帝召之. 横曰, "臣烹陛下之使酈食其, 今聞其弟商爲衛尉, 臣恐懼, 不敢奉詔." 高帝詔酈商曰, "横卽至, 敢動者, 族之."(後漢書) 衛尉 : 指酈商. 商是食其弟, 時爲衛尉.(新) 不聽 : 不允許. 劉邦爲使田横前來歸降, 詔商不得報烹兄之仇.(新)

403) 殺伏隆 : 帝使伏隆於張步, 步殺之.(要)

404) 歸命 : 歸順.(新)

吾當詔大司徒釋其怨,[405] 又事尤相類也. 將軍前

有志者事竟成 在南陽, 建此大策,[406] 常以爲落落難合,[407] 有志者事竟成也!"

【耿弇未嘗挫折】

耿弇未嘗挫折 帝進幸劇. 耿弇復追張步,[408] 步犇平壽,[409] 蘇茂將萬餘人來救之. 帝遣使告步茂, 能相斬降者, 封爲列侯. 步遂斬茂, 詣弇軍門降. 弇入據其城,[410] 衆尙十餘萬, 輜重七千餘兩, 皆罷遣歸鄕里, 封步爲安丘侯.[411] 弇復引兵至城陽,[412] 降五校餘黨, 齊地悉平, 振旅還京師.[413] 弇爲將, 凡所平郡四十六, 屠城三百, 未嘗挫折焉.[414]

○【初起太學】

---

405) 大司徒 : 指伏湛. 湛是隆的父親, 時爲大司徒.(新)
406) '將軍'句 : 建武三年, 耿弇從容言於帝, '自請北收上谷兵未發者, 定彭寵於漁陽, 取張豐於涿郡, 還收富平獲索, 東攻張步, 以平齊地.'(今)
407) 常以爲落落難合 : 我常以爲志氣很大, 怕疏闊得難以實現.(岳白) 落落難合 : 落落, 猶疏闊. 難合, 難以施行.(今) 合 : 成功.(新)
408) 復 : 扶又翻.(胡)
409) 犇 : '奔'之古字.(中) 平壽 : 縣名, 屬北海郡, 故城在今青州北海縣.(胡)
410) 城 : 指平壽城.(今)
411) 安丘侯 : 地理志, 安丘, 侯國, 屬琅邪郡, 又北海郡有安丘縣. 宋白曰, 密州有安丘縣, 古根牟國城, 漢爲安丘, 縣有渠丘亭, 故莒渠丘公所居也.(胡)
412) 城陽 : 地理志, 城陽國, 都莒. 賢曰, 城陽故城, 在今沂州臨沂縣南.(胡)
413) 振旅 : 凱旋整隊而歸也.(中)
414) 挫折 : 謂戰而失利也.(中)

初起太學 初起太學.[415] 車駕還宮,[416] 幸太學,[417] 稽式古典,[418] 修明禮樂,[419] 煥然文物可觀矣.[420]

○【馮異惶懼】

馮異惶懼 馮異治關中,[421] 出入三歲,[422] 上林成都,[423] 人有上章言,"異威權至重, 百姓歸心, 號爲咸陽王." 帝以章示異, 異皇懼,[424] 上書陳謝. 詔報曰,"將軍之於國家, 義爲君臣, 恩猶父子, 何嫌何疑, 而有懼意!"

○【隗囂持二心】

隗囂持二心 隗囂自比西伯 隗囂矜己飾智,[425] 每自比西伯.[426] 其將王元說囂曰,"天水完富,[427] 士馬最强, 元請以一丸泥爲大

415) 初起太學 : 初者何? 志始也. 帝卽位, 於是五年, 日不暇給而能留意學校, 親臨視之, 帝可謂知所先後矣.(綱合)
416) 還宮 : 還, 音旋. 幸魯, 祀孔子而還宮也.(要)
417) 太學 : ① 太學在洛陽城故開陽門外, 去宮八里, 講堂長十丈, 廣三丈.(胡) ② 一作'大學', 國學也.(中)
418) 稽式 : ① 模倣.(今) ② 取法.(新) 古典 : 古制.(新)
419) 修明 : 闡明.(新)
420) 煥然 : 明顯的樣子.(新) 文物 : 指禮樂制度.(新)
421) 治 : 直之翻.(胡)
422) 出入 : 前後.(新)
423) 成都 : ① 成爲都市. 此言前往歸附的人很多.(新) ② 時異屯軍上林苑中, 成都言歸附者衆也.(國) 上林 : 指上林苑.(新)
424) 皇懼 : 驚慌恐懼. 皇, 通'惶'.(漢)
425) 飾智 : 粉飾智慧, 指施要心計以弄巧設詐.(新) 矜己 : 誇耀自己.(新)
426) 西伯 : 文王也.(胡)

一丸泥東封函谷關 神龍失勢 與蚯蚓同 隗囂遣子入質

王東封函谷關.428) 圖王不成, 其敝猶足以霸.429) 要之,430) 魚不可脫於淵,431) 神龍失勢, 與蚯蚓同."432) 囂心然元計,433) 雖遣子入°質˙,434) °猶˙負其險阨,435) 欲專制方面.436)

○【周黨嚴光等不屈】

周黨嚴光等不屈

是歲, 詔徵處士太原周黨會稽嚴光等至京師.437) 黨入見,438) 伏而不謁,439) 自陳願守所志. 博士范升奏曰, "伏見太原周黨東海王良山陽王成等,440) 蒙受

---

427) 天水 : 天水郡.(岳白)
428) 一丸泥爲大王東封函谷關 : 形容極少的力量. 此言用極少的力量卽可防守函谷關, 封鎖關口.(新) 一丸泥 : 意欲塞函谷關之路, 以絶東兵也.(要)
429) 敝 : 指不好的結果.(新)
430) 要之 : 總之.(新)
431) 脫 : 離開.(新)
432) 魚不可脫於淵 神龍失勢 與蚯蚓同 : 脫, 失也, 失泉則涸矣. 愼子曰, 騰蛇游霧, 飛龍乘雲, 雲罷霧除, 與蚯蚓同, 失其所乘故也.(胡)
433) 然 : 認爲正確.(新)
434) 雖遣子入質 : 此句之上, (資治)先言'帝復遣來歙說囂遣子入侍, 囂聞劉永彭寵皆已破滅, 乃遣長子恂隨歙詣闕'之句, 以解其狀況.(◉) 質 : ① 音致.(胡) ② (春)作'侍', 據(資治)改.(◉)
435) 猶 : (春)作'然', 據(資治)改.(◉) 負 : 仗恃.(新)
436) 欲專制方面 : 在某一地區稱覇.(今)
437) 處士 : 有道德學問之人而隱居不仕者.(今) 周黨 : 字伯况, 太原郡廣武縣人. 建武初年召爲議郎, 以病去職. 後隱居黽池, 終生不仕.(新) 嚴光 : ① 字子陵, 會稽郡余姚縣人. 少時曾與光武同學. 光武稱帝, 變名姓隱而不見. 遣使聘至雒陽, 光武與之共臥敍舊, 然終不肯仕. 後耕釣于富春山. 終年八十.(新) ② 本姓莊, 避明帝諱, 改姓嚴. 光, 一名遵.(要)
438) 見 : 賢遍翻.(胡)
439) 伏而不謁 : ① 凡朝謁者, 必拜稽首, 以姓名自言.(胡) ② 伏地而不通報姓名. 古時謁見尊者, 要伏地通報姓名.(新)
440) 王良 : 字仲子, 東海郡蘭陵縣人. 歷任諫議大夫沛郡太守大司徒司直等. 晩年家居不任.(新)

厚恩，使者三聘，乃肯就車，及陛見帝°廷˙，[441] 黨不以禮屈，伏而不謁，偃蹇驕悍，[442] 同時俱逝.[443] 黨等文不能演義，[444] 武不能死君，[445] 釣采華名，[446] 庶幾三公之位.[447] 臣願與坐雲臺之下，[448] 考試圖國之道. 不如臣言，伏虛妄之罪，[449] 而敢私竊虛名，誇上求高，[450] 皆大不敬."[451] 書奏，詔曰，"自古明王聖主，必有不賓之士.[452] 伯夷叔齊不食周粟，[453] 太原周黨不受朕祿，亦各有志焉. 其賜帛四十匹，罷之." 帝少與嚴光同遊學.[454] 及卽位，以物色訪之，[455] 得於齊國，累徵乃至.[456] 拜諫議大

文不能演義 武不能死君

明王聖主 有不賓之士

---

441) 陛見 : 指謁見天子.(新) 見 : 賢遍翻.(胡) 廷 : (春)作'庭', 誤.(◉)
442) 偃蹇驕悍 : 偃蹇, 驕傲貌. 悍, 侯肝反, 猛也.(春)
443) 逝 : 離去.(新)
444) 演義 : 闡發義理.(新)
445) 武不能死君 : 言其武勇不能爲君盡死節.(春)
446) 釣采 : 用虛僞的作爲求取名譽.(新)
447) 庶幾 : 希望.(新) 三公 : 東漢以太尉司徒司空爲三公.(新)
448) 與 : 讀作'預.(春) 雲臺 : ① 周家之所造, 圖書術籍珍玩寶怪皆藏焉.(胡) ② 漢宮中高臺名. 漢光武帝時, 用作召集群臣議事之所, 後用以借指朝廷.(漢)
449) 伏 : 通'服'承當.(新) 虛妄 : 荒誕無稽.(新)
450) 誇上 : 在君主面前誇大其詞, 言過其實.(新) 求高 : 求取美名以抬高自己.(新)
451) 大不敬 : 指不敬皇帝. 封建時代重罪之一.(新)
452) 不賓之士 : ① 不以賓客之禮待之, 謂敬之甚也.(今) ② 不賓, 不臣服, 不歸順. 不賓之士, 指不愿爲官的隱士.(新)
453) 伯夷叔齊不食周粟 : 相傳伯夷叔齊爲孤竹君的兩個兒子. 周武王伐紂, 二人叩諫阻. 武王滅商後, 二人義不食周粟, 隱居首陽山, 采薇而食, 最後餓死山中.(新)
454) 遊學 : 離鄉至他方就學也.(中)
455) 物色訪之 : 畵象其人物顔色以訪求之.(春)
456) 累徵 : 累次徵召.(新)

嚴光耕釣於富春山中 夫，不肯受，去，耕釣於富春山中，以壽終於家.

【王良連徵不應】

王良連徵不應 王良後歷沛郡太守大司徒司直,[457] 在位恭儉,[458] 布被瓦器,[459] 妻子不入官舍. 後以病歸，一歲復徵. 至滎陽，疾篤,[460] 不任進道,[461] 過其友人.[462] 友人不肯見曰，"不有忠言奇謀而取大位，何其往來屑屑不憚煩也!"[463] 遂拒之. 良慙，自後連徵不應，卒於家.

○【嚴光被羊裘釣澤中】

嚴光被羊裘釣澤中 本傳曰,[464] 光字子陵. 少與光武同遊學. 及光武卽位，光乃變姓名，隱身不見. 帝思其賢，乃令以物色訪之. 後齊國上言，"有一男子，被羊裘釣澤中."[465] 帝疑其光，乃備安車玄纁,[466] 遣使聘之. 三

457) 司徒司直 : 官名.(今)
458) 恭儉 : 恭謹儉約.(新)
459) 布被瓦器 : 以布爲被，以瓦爲器，喩儉樸也.(中)
460) 篤 : 病勢沉重.(新)
461) 不任進道 : 任，音壬，堪也，不堪登途也.(春)
462) 過 : 訪也.(中)
463) 屑屑 : ① 煩瑣也.(今) ② 往來貌.(胡) ③ 勞累匆迫的樣子.(新)
464) 本傳 : 後漢書 卷83 嚴光傳.(◉)
465) 羊裘 : 指隱者或隱居生活.(漢) 被 : (資治)作'披'，披，'被'之今字.(◉)
466) 安車 : 安坐之車也(中) 玄纁 : ① 黑色赤色之幣帛也(中) ② 天地之正色，幣帛之色.(要)

反而後至. 車駕卽日幸其舘. 光臥不起. 帝卽其臥所, 撫光腹曰, "咄咄子陵,[467] 不可相助爲理耶!"[468]

唐堯著德 巢父洗耳

光乃張目熟視曰, "昔唐堯著德, 巢父洗耳.[469] 士故有志, 何至相迫乎!" 帝曰, "子陵, 我竟不能下汝耶?" 於是升輿歎息而去.

【嚴光以足加光武腹上】

嚴光以足加光武腹上

客星犯御座

嚴光耕於富春山

嚴陵瀨

復引光入, 論道舊故,[470] 相對累日. 因共偃臥, 光以足加帝腹上. 明日, 太史奏客星犯御座甚急.[471] 帝笑曰, "朕故人嚴子陵共臥爾." 除爲諫議大夫, 不屈, 乃耕於富春山, 後人名其釣處爲嚴陵瀨焉.[472]

---

467) 咄咄 : 嗟嘆聲. 驚怪聲.(中)

468) 理 : 治也.(中)

469) 巢父洗耳 : ① 堯讓天下於許由, 由逃之, 巢父聞而洗耳於池濱.(記纂淵海 卷98 牛) ② 堯聘許由爲九州長, 由惡聞, 洗耳於河. 巢父見謂之曰, "豫章之木生於高山, 工雖巧而不能得, 子避世, 何不藏身?"(太平御覽 卷957 豫章)

470) 舊故 : 談論過去的事情.(二十四史全譯 後漢書 卷113 嚴光列傳)

471) 太史 : 官名. 西周春秋時太史掌記載史事編寫史書起草文書, 兼管國家典籍和天文曆法等. 秦漢曰太史令, 漢屬太常, 掌天時星曆.(漢)　客星 : 對天空中新出現的星的統稱, 如新星超新星等.(漢)

472) 嚴陵瀨 : 七里瀨, 在東陽江下, 與嚴陵瀨相接. 有嚴山, 桐廬縣南有嚴子陵漁釣處. 今山邊有石, 上平可坐十人, 臨水, 名爲嚴陵釣壇也.(後漢書 卷113 嚴光傳 李賢注)　瀨 : 水流沙上也.(中)

通鑑節要增損校註 卷十七

後漢紀

▪ 世祖光武皇帝 下

【庚寅(30) 建武六年】

○【吳漢平江淮山東】

吳漢平江淮山東

吳漢等拔朐,[1] 斬董憲龐萌, 江淮山東悉平.[2]

○【光武騰書隴蜀 告示禍福】

光武騰書隴蜀告示禍福

帝積苦兵間,[3] 以隗囂遣子內侍, 公孫述遠據邊陲,[4] 乃謂諸將曰, "且當置此兩子於度外耳."[5] 因休諸將於雒陽, 分軍士於河內, 數騰書隴蜀,[6] 告

---

1) 朐 : ① 今江蘇東海縣名.(今) ② 其于反.(春)
2) 吳漢等…山東悉平 : 據范紀, 是年馬成等拔舒, 獲李憲, 吳漢等拔朐, 斬董憲龐萌. 蓋獲李憲則江淮平, 斬董憲龐萌, 則山東平也. 拔朐之上, 逸拔舒事.(胡) 江淮山東悉平 : 長江淮河崤山以東全部平定.(中白)
3) 積苦 : 長期勞苦.(新) 積 : 久也.(國)
4) 陲 : ① (資治)作'垂'.(◉) ② 垂, 通'陲'. 邊垂, 邊地.(新)
5) 度外 : 心意計慮之外. 置度外, 猶言不介意.(漢)
6) 數 : ① 屢次.(新) ② 所角翻.(胡) 騰書 : 傳遞書信.(新)

示禍福.[7)]

○【詔慰馮異】

詔慰馮異 馮異自長安入朝, 帝謂公卿曰, "是我起兵時主簿也.[8)] 爲吾披荊棘,[9)] 定關中." 旣罷, 賜珍寶錢帛, 詔曰, "倉卒蕪蔞亭豆粥,[10)] 滹沱河麥飯,[11)] 厚意久不報." 異稽首謝曰, "臣聞管仲謂齊桓公曰,[12)] '願君無忘射鉤, 臣無忘檻車.'[13)] 齊國賴之. 臣亦願國家無忘河北之難,[14)] 小臣不敢忘巾車之恩."[15)] 留十餘日, 令與妻子還西.

(豆粥麥飯之報 / 無忘射鉤檻車 / 馮異不忘巾車之恩)

○【隗囂反】

---

7) 告示禍福 : 告訴他們禍福利害.(中白)
8) 起兵時主簿 : 光武起兵, 狥潁川, 馮異降, 光武以爲主簿.(今)
9) 爲 : 于僞翻.(胡) 披荊棘 : 披, 開也. 荊棘, 榛梗之謂也.(春) 荊棘 : 以喩紛亂.(國)
10) 蕪蔞(亭豆)粥 : 後漢書馮異傳:"光武自薊東南馳, 晨夜草舍, 至饒陽無蔞亭. 時天寒烈, 衆皆飢疲, 異上豆粥, 明旦, 光武謂諸將曰:'昨得公孫豆粥, 飢寒俱解.'" 後因以"蕪蔞粥"指在困乏中及時的濟助.(漢)
11) 滹沱(河)麥飯 : 後漢書馮異傳載:劉秀稱帝前, 自薊東南馳至饒陽無蔞亭, 衆皆饑疲. 馮異上豆粥. 及至南宮, 遇大風雨, 異復進麥飯菟肩, 因復渡滹沱河至信都.(漢)
12) '管仲謂桓公'句 : 春秋齊襄公統治時期, 政局不穩, 鮑叔牙隨同公子小白逃到莒國. 襄公被殺, 管仲與召忽隨同公子糾逃到魯國. 管仲曾在小白回國途中伏擊小白, 射中小白的帶鉤. 結果小白搶先回國爲君, 就是齊桓公. 桓公逼魯殺死公子糾, 召忽自殺, 管仲被囚, 用檻車送回齊國. 桓公任之爲相, 輔佐桓公稱霸諸侯. 此言應常想困窘苦難之時, 以使自己愼而不驕, 永有天下.(新)
13) 檻車 : 載囚人之車也, 車上著板四周如檻形, 載囚其中.(春)
14) 國家 : 指天子.(新)
15) 巾車之恩 : 謂漢光武帝劉秀於巾車鄕(今河南寶豐東)擒獲馮異, 旋卽赦而錄用的故事.(漢)

隗囂反

⁋五月⁋, 隗囂發兵反.

○【幷省縣國 減損吏員】

幷省縣國減損吏員

六月, 詔曰, "夫張官置吏,[16] 所以爲民也.[17] 今百姓遭難, 戶口耗少,[18] 而縣官吏職,[19] 所置尙繁. 其令司隷州牧各實所部,[20] 省減吏員, 縣國不足置長吏者幷之."[21] 於是幷省四百餘縣, 吏職減損, 十置其一.

○【朱浮上疏 使牧守易代頗簡】

朱浮上疏使牧守易代頗簡

執金吾朱浮上疏曰, "昔堯舜之盛, 猶加三考,[22] 大漢之興, 亦累功效,[23] 吏皆積久, 至長子孫.[24] 間者

---

16) 張官 : 設官.(今)
17) 爲 : 于僞翻.(胡)
18) 少 : 詩沼翻.(胡)
19) 縣官 : 國家.(中白)
20) 司隷 : 卽司隷校尉, 官名. 負責督察京師百官, 並領京畿一州. 東漢司隷州領河南河內右扶風左馮翊京兆河東弘農等七郡.(新) 各實所部 : 各於所部各縣考覈實在.(今) 所部 : 管轄的部門或官屬.(新)
21) 縣國 : 縣與國.(◉)
22) 加 : 施行.(新) 三考 : ① 考, 謂考其功最也. 尙書舜典曰, 三載考績, 三考黜陟幽明.(胡) ② 古代考核官吏政績的制度. 經三次考核, 決定升降賞罰.(新)
23) 累 : 積聚.(新)
24) 吏皆積久 至長子孫 : ① 如倉氏庫氏之類是也. 長, 知兩翻.(胡) ② 意謂胥吏長期居於其職, 直到他們的子孫長大, 還在原任, 而未調動或升遷. 積久, 指經歷很長時間.(新) ③… 甚至傳給長子長孫.(中白) ④'長子孫'之解釋者, 或曰'子孫長大', 或曰'長子長孫', 其意義逈別. 蓋胥吏長期居於其職, 遂以其職爲氏, 則傳代之'長子長孫'之久, 爲勝於當代之'子孫長大'之短.(◉)

守宰數換易,[25] 迎新相代, 疲勞道路. 尋其視事日淺,[26] 未足昭見其職,[27] 旣加嚴切,[28] 人不自保, 願陛下遊意於經年之外,[29] 望治於一世之後,[30] 天下幸甚." 帝采其言, 自是牧守易代頗簡.[31]

○【三十稅一】

三十稅一 十二月, 詔曰, "頃者師旅未解, 用度不足, 故行什一之稅.[32] 今糧儲°差˙積,[33] 其令郡國收見田租,[34] 三十稅一, 如舊制."[35]

○【馬援極陳滅囂之術】

馬援極陳滅囂之術 先是,[36] 馬援聞隗囂欲貳於漢,[37] 數以書責譬之,[38]

隗囂反 囂得書增怒. 及囂發兵反, 援乃上書▸曰◂, "願聽

25) 間者 : 近來.(新) 數 : 所角翻.(胡)
26) 視事 : 治事.(新) 日淺 : 時間短.(新)
27) 昭見 : 明察.(新)
28) 嚴切 : 嚴厲.(新)
29) 願陛下遊意於經年之外 : 希望陛下放寬要求在一年之上.(岳白) 遊意 : 留意.(新)
30) 望治於一世之後 : 孔子曰, "如有王者, 必世而後仁". 三十年爲一世.(胡) 治 : 直吏翻.(胡)
31) 易代 : (資治)作'代易', 後漢書朱浮傳作'易代'.(◉) 頗簡 : 大爲減少.(中白)
32) 什一之稅 : 謂十分而稅其一也.(胡)
33) 差 : ① 略微.(新) ② (春)作'稍', 據(資治)改.(◉)
34) 見 : ① '現' 的本字.(新) ② 賢遍翻.(胡)
35) 舊制 : 漢景帝二年, 令田租三十稅一. 今依景帝之制, 故云'舊制'.(新)
36) 先 : 悉薦翻.(胡)
37) 貳 : 懷有二心.(新)
38) 數 : 所角翻.(胡) 責譬 : 指責批評, 說明道理.(新)

詣行在所,[39] 極陳滅囂之術."[40] 帝乃召之. ▸馬援◂具言謀畫.

【辛卯(31) 建武七年】

○【上書者不得言聖】

上書者不得言聖 三月, 晦, 日有食之. 詔百僚各上封事,[41] 其上書者不得言聖.

○【鄭興諫嚴急】

鄭興諫嚴急 太中大夫鄭興上疏曰, "頃年日食每多在晦, 先時
日君象月臣象 而合,[42] 皆月行疾也. 日君象月臣象, 君亢急則臣促迫,[43] 故月行疾. 今陛下高明而群臣惶促,[44] 宜留思柔克之政,[45] 垂意洪範之法."[46] 帝躬勤政事, 頗傷嚴急,[47] 故興奏及之.

39) 聽 : 準許.(新)
40) 極陳 : 詳盡一一述說.(新)
41) 上 : 時掌翻.(胡)
42) 先時而合 : 先, 去聲. 謂不俟朔日而會合.(春) 先時 : 先於時, 早于正常運行的應食時間.(新) 合 : 指太陽月球地球運行到一條直線上.(新)
43) 亢急 : ① 亢, 高極也, 謂君之行過於嚴急.(春) ② 謂嚴峻急迫.(漢) 則 : (資治)作'而', 後漢書鄭興傳作'則'.(◉) 促迫 : 急迫, 不寬容.(新)
44) 惶促 : 惶恐拘謹.(新)
45) 留思 : 留心, 注意考慮.(新) 柔克 : 柔, 和, 克, 能, 謂和柔而能立事.(今)
46) 垂意 : 留意.(新) 洪範之法 : 洪範所闡述的治國大法.(新)
47) 傷 : 失於, 受到 … 損害.(新)

○【陳元諫令司隸察三公】

陳元諫令司隸察三公

師臣者帝 賓臣者霸

大司農江馮上言, “宜令司隸校尉督察三公.”[48] 司空°掾˙陳元上疏曰,[49] “臣聞師臣者帝, 賓臣者霸.[50] 故武王以太公爲師, 齊桓以夷吾爲仲父, 近則高帝優相國之禮,[51] 太宗假宰輔之權.[52] 陛下宜修文武之聖典, 襲祖宗之遺德, 勞心下士, 屈節待賢, 誠不°宜˙使有司察公輔之°名˙.”[53] 帝從之.

○【鄭興非讖】

鄭興非讖

帝好圖讖,[54] 與鄭興議郊祀事, 帝曰, “吾欲以讖斷之, 何如?” 對曰, “臣不爲讖!” 帝怒曰, “卿不爲讖, 非之耶.”[55] 興皇恐曰,[56] “臣於書有所未學, 而無所非也.” 帝意乃解.

---

48) 督察三公 : ① 司隸校尉無所不糾, 唯不察三公.(東漢會要 卷20 司隸校尉). ② 實際上, 西漢已有司隸糾察三公之例. 此時東漢初建, 一切草創, 故有此議.(新)
49) 陳元 : ① 字長孫, 蒼梧郡廣信縣人. 通曉左傳, 爲當時著名學者.(新) ② 王莽厭難將軍陳欽之子.(胡)
50) 師臣者帝 賓臣者霸 : 言以臣爲師, 以臣爲賓也.(胡) 帝 : 成就帝業.(新)
51) 高帝優相國之禮 : 蕭何爲相國, 高祖賜劍履上殿, 入朝不趨.(今)
52) 太宗假宰輔之權 : 太宗, 孝文也. 申屠嘉召責鄧通, 孝文令人謝嘉, 故曰假權也.(胡) 假 : 給予.(新)
53) 宜 : (春)作'可', 誤.(◉) 名 : ① 功業.(新) ② (春)作'罪', 誤.(◉)
54) 圖讖 : 圖, 河圖, 讖, 驗也, 言爲王者受命之徵驗.(今) 讖 : 楚譖翻.(胡)
55) 耶 : ① (資治)作'邪'.(◉) ② 耶, 與'邪'同.(中)
56) 皇恐 : 驚惶. 恐懼. 皇, 通'惶'.(漢)

○【召父杜母】

召父杜母

南陽太守杜詩政治淸平,[57] 百姓便之. 又修治陂池,[58] 廣拓土田,[59] 郡內比室殷足,[60] 時人以方於召信臣.[61] 南陽爲之語曰, “前有召父, 後有杜母.”

【壬辰(32) 建武八年】

○【光武親征隗囂】

光武親征隗囂

夏, 帝自將征隗囂, 光祿勳郭憲諫曰,[62] “東方初定, 車駕未可遠征.” 乃當車拔佩刀以斷車靷.[63] 帝不從, 西至漆.[64]

【馬援聚米爲山谷】

馬援聚米爲山谷

諸將多以王師之重, 不宜遠入險阻, ⁋計⁋猶豫未決,[65] 帝召馬援問之. 援因說隗囂將帥有土崩之

---

57) 治 : 直吏翻.(胡)
58) 陂池 : 蓄水之處.(今) 池 : 池塘.(新)
59) 斥 : 開也.(國)
60) 比室 : 猶言家家戶戶.(新) 殷足 : 富裕.(新) 殷 : 盛也.(國)
61) 方 : 比.(新) 召信臣 : 先爲南陽太守, 後遷河南, 治行常第一. 視民如子, 好爲民興利, 躬勸耕稼, 開通溝瀆, 戶口增倍. 吏民親愛, 號曰“召父.”(本書 2冊 戊子(前33) 竟寧元年)
62) 郭憲 : 字子橫, 汝南郡宋縣人. 王莽時任爲郞中, 不受. 光武時, 歷任博士光祿勛等.(新)
63) 當 : 阻擋.(新) 靷 : 約於馬胸之革帶.(今)
64) 漆 : 漆縣, 屬右扶風, 以漆水名縣.(胡)
65) 猶 : ① (資治)作‘冘 ’(◉) ② 冘, 與‘猶’同.(胡)

勢,[66] 兵進有必破之狀, 又於帝前聚米爲山谷,[67] 指畫形勢,[68] 開示衆軍所從道徑, 往來分析, 昭然可曉. 帝曰, "虜在吾目中矣!" 明旦, 遂進軍, 數道上隴.[69] 使王遵以書招牛邯,[70] 下之, 拜邯太中大夫. 於是囂大將十三人屬縣十六衆十餘萬皆降.[71] 囂將妻子犇西城,[72] 詔告隗囂曰, "若束手自詣, 父子相見,[73] 保無他也."[74] 囂終不降, ◖於是誅其子恂.◗

虜在吾目中

°潁˙川盜賊群起,[75] 寇沒屬縣,[76] 河東守兵亦叛,[77] 京師騷動. 帝聞之曰, "吾悔不用郭子橫之言."[78]

光武悔不用郭子橫之言

○【得隴望蜀】

66) 說 : 如字.(胡)
67) 爲山谷 : 爲山爲谷.(新)
68) 指畫形勢 : 指點規劃敵我雙方的形勢.(岳白)
69) 上 : 時掌翻.(胡) 隴 : 隴山.(中白)
70) 牛邯 : 隗囂將也.(要)
71) 屬縣十六 : 天水郡十六縣.(胡)
72) 將 : 帶領, 携帶.(新) 犇 :'奔'之古字.(中) 西城 : 西邑名, 屬隴西郡, 有嶓冢山漢水所出.(春)
73) 父子 : 指隗囂與其子恂.(今)
74) 無他 : 猶無恙, 無害.(漢)
75) 潁 : (春)作'穎', 誤. 下同.(◉)
76) 寇沒 : 猶攻陷, 攻占.(新)
77) 河東 : 河東郡在雒陽西北五百里.(胡)
78) 吾悔不用郭子橫之言 : 先是郭憲嘗諫曰, 東方初定, 車駕未可遠征.(春) 郭子橫 : 卽郭憲. 憲字子橫.(新)

得隴望蜀

秋八月, 帝自上邽晨夜東馳, 賜岑彭等書曰, "兩城若下, 便可將兵南擊蜀虜. 人苦不知足,[79] 既平隴, 復望蜀.[80] 每一發兵, 頭須爲白."[81]

每一發兵頭須爲白

○【復借寇君一年】

復借寇君一年

九月, 車駕還宮. 帝謂執金吾寇恂曰, "°潁˙川迫近京師, 當以時定. 惟念獨卿能平之耳, 從九卿復出以憂國可也!"[82] 對曰, "°潁˙川聞陛下有事隴蜀, 故狂狡乘間相詿誤耳.[83] 如聞乘輿南向, 賊必惶怖歸死,[84] 臣願執銳前驅."[85] 帝從之. 庚申, 車駕南征, °潁˙川盜賊悉降. 寇恂竟不拜郡,[86] 百姓遮道曰, "願從陛下復借寇君一年!"[87] 乃留恂長社,[88] 鎭撫吏民, 受納餘降.

---

79) 苦 : 甚也.(要)

80) 既平隴 復望蜀 : (漢)載'得隴望蜀'之語, 而引用此句焉, 釋曰"喩貪心不足."(◉)

81) 頭須爲白 : ① 苦心於軍事也, 須與鬚同, 古字通用.(胡) ② 頭須, 頭發與胡須. 爲白, 爲之變白.(新)

82) 從九卿復出以憂國可也 : 請你爾九卿的身分, 再次出征爲國解憂.(岳白) 從九卿復出 : 寇恂現在執金吾, 卿職. 恂于建武二年至三年, 曾任潁川太守. 此言欲謙恂解卿職, 再次出任潁川太守.(新) 可也 : 猶言可乎.(春)

83) 狂狡 : 狂妄狡詐, 此指叛亂者.(新) 乘間 : 趁機.(新) 間 : 隙.(今) 詿 : 亦誤也, 音卦.(胡)

84) 怖 : 普布翻.(胡) 歸死 : 受死, 請死.(新)

85) 執銳 : 銳亦稅反, 執銳謂利兵也.(春)

86) 拜郡 : 任命爲郡守.(新)

87) 復借 : 寇恂曾爲潁川太守, 故云'復借'.(今)

88) 長社 : 長社縣, 屬潁川郡. 宋人圍長葛是也, 其社中樹暴長, 更名長社.(胡) 長 : 讀如字.(胡)

【耿純降盜】

耿純降盜 東郡濟陰盜賊亦起, 帝遣李通王常擊之. 以耿純嘗爲東郡太守,[89] 威信著於衛地,[90] 遣使拜太中大夫, 使與大兵會東郡. 東郡聞純入界, 盜賊九千餘人皆詣純降, 大兵不戰而還, 璽書復以純爲東郡太守.

【癸巳(33) 建武九年】

○【祭遵憂國奉公】

祭遵憂國奉公 祭遵薨, 遵爲人, 廉約小心, 克己奉公, 賞賜盡與士卒, 約束嚴整, 所在吏民不知有軍. 取士皆用儒術, 對酒設樂, 必雅歌投壺.[91] 臨終, 遺戒薄葬,[92] 問以家事, 終無所言. 其後朝會, 帝每歎曰, "安得憂國奉公如祭征虜者乎!"[93]

○【隗囂恚憤而卒】

89) 東郡 : 衛地也.(胡)
90) 衛地 : 東郡所轄, 爲古衛國地.(新)
91) 雅歌 : 雅歌, 謂歌雅詩也. 禮記投壺經曰, 壺頸脩七寸, 腹脩五寸, 口徑二寸半, 容斗五升. 壺中實小豆焉, 爲其矢之躍而出也. 矢以柘若棘, 長二尺八寸, 無去其皮, 取其堅而重. 投之, 勝者飮不勝者, 以爲優劣也.(胡)
92) 遺戒 : 囑咐.(中白)
93) 祭征虜 : 祭遵建武二年被任命爲征虜將軍.(新)

隗囂恚憤而卒 隗囂°病˙且餓,[94] 恚憤而卒. ◤王元周宗立囂少子純爲王,[95] 總兵據冀.[96]◥ 秋, 來歙率馮異等五將軍討隗純於天水.

【甲午(34) 建武十年】

○【隗純降】

隗純降 十月, 隗純降, 隴右遂安.

【乙未(35) 建武十一年】

○【岑彭破蜀兵】

岑彭破蜀兵 ◤三月,◥ 岑彭數攻田戎等, 不克. 帝遣吳漢, 發荊州兵, 與彭會荊門. 彭裝戰船◤數◥千艘.[97] ◤閏月, 岑彭令軍中募攻浮橋, 先登者上賞. 於是偏將軍魯奇應募而前, 時東風狂急, 魯奇船逆流而上,[98]◥ 直衝浮橋, ◤因飛炬焚之,[99] 風怒火盛, 橋樓崩燒. 岑彭悉軍,◥ 順風並進, 所向無前.[100] 蜀

94) 病 : (春)作'疾', 據(資治)改.(◉)
95) 純 : 卽仲舒. 隗純, 字仲舒.(新)
96) 冀 : 冀縣.(中白)
97) 數千艘 : 據章校, 有的版本'千'作'十'.(新) 艘 : 蘇刀反, 船之總名.(春)
98) 上 : 時掌翻.(胡)
99) 飛炬 : 投擲火炬.(漢)

兵大亂，溺死者數千人，長驅入江關.[101] 令軍中無得虜掠，百姓大喜，爭開門降.

○【來歙被刺】

來歙被刺

⁋公孫述以王元爲將軍，使與領軍環安拒河池.¶[102] 六月，來歙與蓋延等進攻元安，大破之. 蜀人大懼，使刺客刺歙，[103] ⁋未殊，[104] 馳召蓋延. 延見歙，因伏悲哀，不能仰視. 歙叱延曰，“虎牙何敢然！[105] 今使者中刺客，[106] 無以報國，故呼巨卿，[107] 欲相屬以軍事，[108] 而反效兒女子涕泣乎！ 刃雖在身，不能勒兵斬公邪！”[109] 延收淚强起，[110] 受所誡.[111] 歙自書表曰，“臣夜人定後，[112] 爲何人所賊傷，[113] 中

100) 所向無前 : 所指向的地方，誰也阻擋不住.(新)
101) 江關 : 湖北省枝城市的荊門與宜昌縣的虎牙二山夾江對峙，稱江關.(漢)
102) 領軍 : 軍官名.(新)
103) (客)刺 : 七亦翻.(胡)
104) 未殊 : 謂未絕也.(胡) 殊 : 死亡.(新)
105) 虎牙 : 指蓋延. 此時蓋延爲虎牙大將軍.(新) 然 : 這樣.(新)
106) 使者 : 來歙自指.(新) 中 : 竹仲翻. 下同.(胡)
107) 巨卿 : 蓋延字.(胡)
108) 屬 : 之欲翻.(胡)
109) 刃雖在身 不能勒兵斬公邪 : 刺客的刀雖然還札在我身上，難刀不能命令士兵殺你麽!(二十四史全譯(2004) 後漢書 來歙傳)
110) 强 : 其兩翻.(胡)
111) 誡 : 告，命.(今)
112) 人定 : 日入而羣動息，故甲夜謂之人定.(胡)
113) 何人 : 謂不知何人也.(胡) 賊傷 : 殺傷，傷害.(新)

臣要害.[114] 臣不敢自惜, 誠恨奉職不稱,[115] 以爲朝廷羞. 夫理國以得賢爲本, 太中大夫段襄, 骨鯁可任,[116] 願陛下裁察.[117] 又臣兄弟不肖,[118] 終恐被罪,[119] 陛下哀憐, 數賜教督."[120] 投筆抽刃而絶.[121] 帝聞, 大驚, 省書攬涕.[122] 以揚武將軍馬成守中郎將代之. 歛喪還洛陽, 乘輿縞素臨吊,[123] 送葬.¶

【貴戚斂手以避二鮑】

貴戚斂手以避二鮑

趙王良[124] 從帝送歛喪還, 入夏城門,[125] 與中郎將張邯爭道, 叱邯旋車,[126] 又詰責門候,[127] 使前走數十步. 司隷校尉鮑永劾奏, "良無藩臣禮,[128] 大不

114) 要害 : 謂人體中有關生命之處也.(中)
115) 不稱 : 不勝任, 不稱職.(新) 稱 : 尺證翻.(胡)
116) 骨鯁 : 謂正直也.(胡)
117) 裁察 : 裁斷明察.(新)
118) 不肖 : 不賢.(新)
119) 被罪 : 獲罪.(新)
120) 數 : 所角翻.(胡) 教督 : 教導督促.(新)
121) 抽刃而絶 : 凡爲人所刺者, 刃在身, 猶未死, 抽刃則氣絶矣.(胡)
122) 省 : ① 悉景翻.(胡) ② 閱.(新) 攬涕 : 揮淚.(新)
123) 縞素 : 白色的喪服.(新)
124) 趙王良 : 趙王劉良, 帝叔也.(要)
125) 夏城門 : 卽夏門, 洛陽城門名. 洛陽城十二門, 每面三門, 北面中門爲谷門, 谷門之西爲夏門.(新)
126) 旋車 : 掉轉車駕行駛方向.(新)
127) 詰責門候 : 詰責, 指責. 門候, 官名, 洛陽城十二門, 置城門校尉一人職掌, 每門設候一人, 稱門候.(新)
128) 藩臣 : 指諸侯.(新)

敬." 良°尊戚貴˙重,[129] 而永劾之, 朝廷肅然.[130] 永辟扶風鮑恢爲都官從事,[131] 恢亦抗直, 不避彊禦.[132] 帝常曰, "貴戚且斂手以避二鮑."[133]

○【公孫述使刺客殺岑彭】

公孫述使刺客殺岑彭

公孫述使其將延岑拒廣漢, 侯丹拒黃石.[134] 岑彭襲擊侯丹, 大破之, 因晨夜倍道兼行二千餘里,[135] 徑拔武陽.[136] 使精騎馳擊廣都, 去成都數十里, 勢若風雨, 所至皆犇散. 初, 述聞漢兵在平曲, 故遣大兵逆之.[137] 及彭至武陽, 繞出延岑軍後,[138] 蜀地震駭. 述大驚, 以杖擊地曰, "是何神也!"[139] ◗

公孫述驚曰是何神也

十月, 公孫述◖°˙使刺客詐爲亡奴,[140] 降岑彭, 夜,

---

129) 尊戚貴 : (春)作'貴戚尊', 據(資治)改.(◉)
130) 肅然 : 形容敬畏的樣子.(新)
131) 辟 : 徵召.(新) 都官從事 : 官名. 司隸校尉屬官, 職掌察擧百官犯法者.(新)
132) 彊禦 : 豪强. 有勸勢的人.(漢)
133) 斂手 : 縮手. 表示不敢妄爲.(新)
134) 黃石 : 長江灘名. 在今重慶涪陵縣與豊都縣之間.(新)
135) 倍道兼行 : 以加倍的速度趕路.(新)
136) 逕拔 : 直取.(新) 武陽 : 縣名. 縣治在今四川彭山縣東. 此言岑彭命臧宮自墊江逆涪水而上到平曲, 自己自墊江順涪水而下到江州, 然後由江州逆長江而上進入岷江, 再溯岷江而上襲擊侯丹, 直取武陽.(新)
137) 逆 : 迎, 此指抵擋, 迎戰.(新)
138) 繞出延岑軍後 : 武陽爲犍爲郡治所, 在成都西南. 延岑等軍在廣漢, 資中, 而廣漢在成都東, 資中在武陽東, 所以說岑彭繞到了延岑等軍的背後.(新)
139) 新 : 神速.(中白)
140) °˙ : (春)有'乃'字. 據(資治)削.(◉)

刺殺彭.[141)]

○【馬成平武都】

馬成平武都 馬成等破河池, 遂平武都.

○【郭伋諫用南陽人】

郭伋諫用南陽人 郭伋爲幷州牧, 過京師,[142)] 帝問以得失, 伋曰, "選補衆職, 當簡天下賢俊,[143)] 不宜專用南陽人." 是時在位多鄕曲故舊,[144)] 故伋言及之.

【丙申(36) 建武十二年】

○【吳漢八戰八克】

吳漢八戰八克 吳漢將步騎二萬進逼成都, 與公孫述戰於廣都成都之間, 八戰八克.

○【高午刺公孫述 述死】

高午刺公孫述述死 十一月, 臧宮軍咸陽門,[145)] 述自將數萬人攻吳漢, 使延岑拒宮. 大戰, 岑三合三勝, 自旦及日中, 軍

141) 刺殺彭 : 刺殺之刺, 七亦翻.(胡)
142) 過 : 古禾翻.(胡)
143) 簡 : ① 選用.(新) ② 簡, 與'揀'通.(國)
144) 鄕曲 : 窮鄕之地, 僻處一隅, 謂之鄕曲.(今)
145) 咸陽門 : 臧宮傳俱作'咸門'. 此衍'陽'字. 成都北面有二門, 其西者曰咸門.(今)

士不得食, 並疲. 漢因使護軍高午唐邯將銳卒數萬擊之,[146] 述兵大亂, 高午犇陳刺述,[147] 洞胸墮馬, 左右輿入城.[148] 述以兵屬延岑,[149] 其夜, 死, 明旦, 延岑以城降.

○【李業等不事公孫述】

李業等不事公孫述 初, 述徵廣漢李業爲博士,[150] 業固稱疾不起.[151] 述羞不能致, ◗使大鴻臚尹融奉詔命以劫業, "若起則受公侯之位, 不起◖賜以毒酒." 業乃嘆曰,[152] "古人危邦不入, 亂邦不居,[153] 爲此故也." 遂飮毒而死. 述又聘巴郡譙玄,[154] 玄不詣, 亦遣使者以毒

保志全高 藥劫之, ◗太守自詣玄廬, 勸之行, 玄曰, "保志全

146) 邯 : 戶甘翻.(胡) 之 : 公孫述.(中白)
147) 陳刺 : 陳, 讀曰陣. 刺, 七亦翻.(胡)
148) 高午奔陳刺述, 洞胸墮馬, 左右輿入城 : ① 華陽國志曰, '述兵敗, 漢騎士高平以戟刺述, 中頭, 卽墜馬, 叩心者數十人, 都知是述, 前取其首'與後漢書異.(今) ② 奔陳, 猛沖敵陣. 洞, 穿透. 輿, 擡.(新)
149) 屬 : 之欲翻.(胡)
150) 李業 : ?~36. 字巨游, 廣漢郡梓潼縣人. 漢平帝時曾爲郎官. 王莽時辭官家居. 公孫述欲徵爲博士, 遂以死拒.(新)
151) 業固稱疾不起 : 業, 平帝元始中除爲郎, 會王莽居攝, 以病去官, 杜門不應州郡之命. 王莽以業爲酒士, 病不之官, 遂隱藏山谷, 絶匿名迹. 夫旣不仕於莽, 其肯爲述起乎.(胡)
152) 嘆 : ① (資治)作'歎'.(◉) ② 歎, 與'嘆'通.(中)
153) 危邦不入 亂邦不居 : 論語孔子曰, '危邦不入, 亂邦不居, 天下有道卽見, 無道卽隱.'(今)
154) 譙玄 : ?~35. 字君黃, 巴郡閬中縣人. 西漢末年, 歷任漢郎太常丞繡衣使者. 王莽時家居不仕. 不應公孫述徵聘, 遂隱遁鄉野.(新)

高, 死亦奚恨!" 遂受毒藥. 玄子瑛泣血叩頭於太守,[155] 願奉家錢千萬以贖父死, 太守爲請, 述許之.◖[156] 述徵蜀郡王皓王嘉,[157] 恐其不至, 先繫其妻子,[158] 皓嘉皆自殺, 犍爲費貽不肯仕述,[159] 漆身爲癩,[160] 陽狂以避之.[161] 同郡任永馮信皆托青盲以辭徵命.[162]

漆身爲癩

【擢用西土賢士】

擢用西土賢士

帝既平蜀, 譙玄已卒, 祠以中牢,[163] 敕所在還其家錢, 而表李業之閭.[164] 徵費貽任永馮信, 會永信病卒, 獨貽仕至合浦太守.

○【任延言忠臣不私】

任延言忠臣不私

帝以睢陽令任延爲武威太守,[165] 親見, 戒之曰, "善

155) 泣血 : 無聲痛哭, 淚如血涌. 一說, 淚盡血出. 形容極度悲傷.(漢)
156) 爲 : 于僞翻.(胡)
157) 王皓王嘉 : 漢平帝時, 皓爲美陽縣令, 嘉爲郎. 王莽廢漢建新, 二人皆棄官歸鄉.(新)
158) 繫 : 拘禁.(新)
159) 犍爲 : 郡名.(國)
160) 漆身 : 以漆塗身.(新)
161) 陽狂 : 假裝瘋癲.(新)
162) 任 : 音壬.(胡) 托 : ①(資治)作'託'.(◉) ②託 : 亦作'托'.(漢) ③託, 假托.(新) 青盲 : 眼病名. 俗稱青光眼, 重者失明.(新)
163) 中牢 : 中牢卽少牢, 謂羊豕也.(胡)
164) 表李業之閭 : 在李業的里門刻石以表彰其功德. 閭, 里門.(新)
165) 睢 : 音雖.(胡) 任延 : 5~67. 字長孫, 南陽郡宛縣人. 歷任會稽都尉九眞太守睢陽令武威太守河內太守等.(新) 任 : 音壬.(胡)

事上官, 無失名譽." 延對曰, "臣聞忠臣不私, 私臣不忠.[166] 履正奉公,[167] 臣子之節, 上下雷同, 非陛下之福.[168] 善事上官, 臣不敢奉詔."[169] 帝歎息曰, "卿言是也!"

【丁酉(37) 建武十三年】

○【不貴名馬寶劍】

不貴名馬寶劍 時異國有獻名馬者, 日行千里, 又°進˙寶劍,[170] 價直百金.[171] 詔以劍賜騎士, 馬駕鼓車.[172] 上雅不喜聽音樂,[173] 手不持珠玉.

【郅惲拒關】

郅惲拒關 嘗出獵, 車駕夜還, 上東門候郅惲拒關不開.[174] 上

---

166) 忠臣不私 私臣不忠 : ① (資治)作'忠臣不和, 和臣不忠.', 後漢書卷106任延傳作'忠臣不私, 私臣不忠.'(◉) ② 考異曰, 延傳作'忠臣不私, 私臣不忠', 按高峻小史作'忠臣不和, 和臣不忠', 意思爲長, 又與上語相應. 今從之.(胡) 和 : 附和.(新)
167) 履正 : 躬行正道.(新) 奉公 : 奉行公事而不徇私.(新)
168) 上下雷同 非陛下之福 : 毋雷同. 雷之發聲, 物無不同時應者, 人之言當各由己, 不當然也.(胡) 雷同 : 隨聲附和.(新)
169) 奉詔 : 接受皇帝的命令.(新)
170) 進 : (春)作'獻', 據(資治)改.(◉)
171) 直 : ① (綱鑑)作'值'.(◉) ② 直, 與'值'同.(中)
172) 鼓車 : ① 載鼓之車, 古代皇帝出外時的儀仗之一.(新) ② 載黃門鼓吹樂人也. 漢樂人皆曰鼓員, 見前書禮樂志, 故車亦曰鼓車, 實卽鼓吹軍.(今)
173) 雅 : 平素.(新)
174) 上東門 : ① 洛陽城東面北頭門也.(胡) ② 洛陽十二門, 按十二支, 每一方三門, 上東者寅方門也, 每門候一人, 秩六百石, 屬城門校尉司啓閉出入.(春) 郅惲 : 字君章, 汝南郡

令從者見面於門間,[175] 惲曰, "火明遼遠."[176] 遂不受詔. 上乃回, 從°東中門˙入.[177] 明日, 惲上書諫曰, "昔文王不敢盤于游田,[178] 以萬民惟正之供.[179] 而陛下遠獵山林, 夜以繼晝, 如社稷宗廟何!"[180] 書奏, 賜惲布百匹, 貶°東中門˙候爲參封尉.[181]

【褒封功臣】

褒封功臣

大饗將士功臣, 定封鄧禹爲高密侯, 食四縣,[182] 李通爲固始侯,[183] 賈復爲膠東侯, 食六縣,[184] 餘°各˙有差.[185]

西平縣人. 歷任洛陽上東門候長沙太守等.(新)

175) 上令從者見面於門間 : 惠棟曰, "袁宏紀云, '上令從門擧火射帝面', 故下云, '火明遼遠'. 案漢時城門有離載下帷之禁, 以防姦非, 故帝令擧火射面也."(今) 見 : 賢遍翻.(胡)

176) 火明遼遠 : 燈火太遠, 看不淸是誰.(中白)

177) 東中門 : ① 東面中門也.(胡) ② (春)作'中東門', 誤'. 下同.(◉)

178) 文王 : 指周文王.(新) 盤 : ① (資治)作'槃'.(◉) ② 槃, 通'盤', 快樂.(新) 游 : 遊玩.(新) 田 : 通'畋', 打獵.(新)

179) 正 : 通'徵', 賦稅.(新) 供 : 進獻. 惟正之供, 卽'惟供正', 這是一個賓語前置的句式. 此言周文王不敢用民衆所供賦稅游獵玩樂.(新) 昔文王 …惟正之供 : 尙書無逸之辭.(胡)

180) 如社稷宗廟何 : 如何對待社稷宗廟呢.(新) 宗廟 : 宗, 尊也, 廟, 皃也, 尊先祖皃也.(國)

181) 貶東中門候爲參封尉 : 雒陽十二城門, 每門候一人, 秩六百石. 叅封縣, 屬琅邪郡.(胡)

182) 定封禹爲高密侯 食四縣 : 禹食昌安夷安淳于高密四縣. 高密, 國名, 今密州縣. 余據西漢以高密爲王國, 東漢爲侯國, 屬北海國, 賢所云蓋侯國也.(胡) 定封 : 確定爵位封地.(新)

183) 固始侯 : 固始卽固陵. 本屬陳州, 後改固始, 今屬光州.(春)

184) 賈復爲膠東侯 食六縣 : 膠東, 西漢以爲王國, 帝以爲侯國, 併屬北海, 食郁秋壯武下密卽墨挺胡觀陽, 凡六縣.(胡)

185) 各 : (春)作'皆', 據(資治)改.(◉)

【光武隴蜀平後 不言兵】

光武隴蜀平後不言兵

帝在兵間久，厭武事，且知天下疲耗，[186] 思樂息肩，[187] 自隴蜀平後，非警急，未嘗復言軍旅．皇太子嘗問攻戰之事，[188] 帝曰，"昔衛靈公問陳，孔子不對．[189] 此非爾所及．"[190] 鄧禹賈復知帝偃干戈，[191] 修文德，不欲功臣擁衆京師，[192] 乃去甲兵，[193] 敦儒學．[194]

【保全功臣】

保全功臣

帝亦思念，欲完功臣爵土，[195] 不令以吏職爲過，[196] 遂罷左右將軍官．耿弇等亦上大將軍將軍印綬，[197]

奉朝請

皆以列侯就第，加位特進，奉朝請．[198] 鄧禹內行淳

---

186) 疲耗 ： 困頓損耗.(新)
187) 思樂息肩 ： 樂，音洛.(胡)　息肩 ： 謂休養生息.(新)
188) 皇太子 ： 指劉强(25~58)．郭皇后生．建武二年立爲皇太子，十九年廢，封爲東海王.(新)
189) 衛靈公問陳，孔子不對 ： 論語，衛靈公問陳於孔子，孔子曰，"俎豆之事，則嘗聞之矣，軍旅之事，未之學也." 陳，讀曰陣.(胡)
190) 非爾所及 ： 不是備應該考慮的.(新)
191) 偃 ： 停息.(新)
192) 擁衆 ： 擁有軍隊.(新)
193) 去 ： 抛棄.(新)
194) 敦 ： 崇尙.(新)
195) 完 ： 保全．此言不使功臣因犯過失而喪失爵位封地.(新)
196) 以吏職爲過 ： 恐其以職事有過而失爵邑也.(胡)
197) 上 ： 時掌翻.(胡)
198) 奉朝請 ： 春朝曰朝，秋朝曰請，言奉朝會請召而已.(春)

鄧禹有子十三人各使守一藝

備,[199] 有子十三人, 各使守一藝, 修整閨門, 教養子°孫˙,[200] 皆可以爲後世法, 資用國邑,[201] 不修産利.[202] 賈復爲人剛毅方直, 多大節, 旣還私第, 闔門養威重.[203] 朱°祜˙等薦復宜爲宰相,[204] 帝方以吏事責三公,[205] 故功臣並不用.

功臣不用

是時, 列侯唯高密固始膠東三侯與公卿參議國家大事, 恩遇甚厚. 帝雖制御功臣, 而每能回容,[206] 宥其小失.[207] 遠方貢珍甘,[208] 必先徧賜諸侯, 而太官無餘,[209] 故皆保其福祿, 無誅譴者.

○【天下少事】

天下少事

時兵革旣息, 天下少事, 文書調役,[210] 務從簡寡,

199) 內行 : 平日家居的操行.(新) 行 : 下孟翻.(胡) 淳備 : 爲純美無缺.(新)
200) 孫 : (春)作'弟', 誤.(◉)
201) 國邑 : 指諸侯的封地. 此言用度皆取資于封地的收入.(新)
202) 修 : 治.(新) 産利 : 産業.(新)
203) 闔門 : 廢門.(新) 威重 : 威嚴持重的神態氣度.(新)
204) 祜 : ① (春)作'祐'.(◉) ② 考異曰, 范書表紀朱祜皆作'祜'. 按東觀記, '祜'皆作'福', 避安帝諱. 許愼說文祜字無解, 云上諱. 然則祜名當作示旁古古今之古, 不當作左右之右也.(胡24)
205) 帝方以吏事責三公 : ① 劉秀正責成三公整頓官吏制度.(中白) ② 太尉公掌四方兵事, 司徒公掌人民孝弟謙儉事, 司空公掌水土營城起邑浚溝恤修墳坊事.(春)
206) 回容 : ① 猶今言回護也. 回, 曲也, 曲法以容也.(胡) ② 曲法寬容.(新)
207) 宥 : 寬恕.(新)
208) 珍甘 : 指珍貴甘美的食品.(新)
209) 太官 : 官名. 秦有太官令丞, 屬少府. 兩漢因之. 掌皇帝膳食及燕享之事.(漢)
210) 文書 : 公文.(新) 調役 : 徵發徭役.(新)

至乃十存一焉.

【戊戌(38) 建武十四年】

○【梁統更請定律】

梁統更請定律 梁統上疏曰, "臣竊見元帝初元五年, 輕殊死刑三十四事,[211] 哀帝建平元年, 輕殊死刑八十一事,[212] 其四十二事手殺人者, 減死一等.[213] 自是以後,[214] 著爲常準,[215] 故人輕犯法,[216] 吏易殺人.[217] 經曰, '爰制百姓, 于刑之衷.'[218] 衷之爲言, 不輕不重之謂也. 自高祖至于孝宣, 海內稱治,[219] 至初元建平而盜賊浸多,[220] 皆刑罰不衷,[221] 愚人易犯之所致也. 由此觀之, 則刑輕之作, 反生大患, 惠加

211) 輕 : 減輕.(新) 殊死刑 : ① 斬首的死刑.(新) ② 韋昭曰, 殊死, 斬刑也. 師古曰, 殊, 絶也, 異也. 言其身首離絶而異處.(胡前202)
212) 死 : 指死刑. 漢代死刑, 根據施刑對象手段和屍體處理方法的不同, 分爲夷三族殊死梟首腰斬棄市等幾種.(新)
213) 減死一等 : 此漢法所謂減死徙邊也. 減死者, 罪至死而特爲末減也. 減死罪一等, 爲城旦舂.(胡前5)
214) 以 : (資治)作'之'. 後漢書梁統傳作'以'.(◉)
215) 著 : 編寫.(新) 常準 : 定法.(新)
216) 輕 : 輕視.(新)
217) 易 : ① 輕易.(新) ② 易, 以豉翻.(胡)
218) 爰制百姓 於刑之衷 : 爰, 助詞, 無義. 制, 控制. 百姓, 百官. 語出尙書呂刑, 今本作'士制百姓, 于刑之中'.(新) 衷 : 與'中'通, 去聲.(要)
219) 治 : 直吏翻.(胡)
220) 浸多 : 漸多.(新) 浸 : 漸也.(要)
221) 刑罰不衷 : 謂淫刑濫罰也.(要)

奸軌,[222] 而害及良善也!" 事寢,[223] 不報.[224]

【己亥(39) 建武十五年】

○【韓歆以直諫死】

韓歆以直諫死

春, 大司徒韓歆免. 歆好直言, 無隱諱, 帝每不能容. 歆於上前證歲將饑凶, 指天畫地,[225] 言甚剛切, 故坐免歸田里. 帝猶不釋, 復遣使宣詔責之, 歆及子嬰皆自殺.[226] 歆素有重名,[227] 死非其罪, 衆多不厭,[228] 帝乃追賜錢穀, 以成禮葬之.[229]

○【韓歆死 爲仁明之累】

韓歆死爲仁明之累

溫公曰, "昔高宗命說曰,[230] '若藥弗瞑眩, 厥疾弗瘳.'[231] 夫切直之言, 非人臣之利, 乃國家之福也. 是以人君夙夜求之, 唯懼弗得聞. 惜乎, 以光武

222) 奸軌 : 即'奸宄', 指違法作亂的人.(新) 奸 : 亦作'姦'.(漢)
223) 寢 : ① 息也.(要) ② 擱置.(新)
224) 不報 : 不批復.(新)
225) 指天畫地 : 講話時助以手勢, 態度激切.(漢)
226) 嬰 : 歆子名.(新)
227) 重名 : 大名.(新)
228) 不厭 : 不服.(新) 厭 : 一葉翻.(胡)
229) 成禮 : ① 具禮也, 言不以非命而降其葬禮.(胡) ② 規定的禮儀規格.(新)
230) 高宗 : 指殷高宗武丁.(新) 說 : ① 傅說. 殷朝人. 相傳原隱於傅巖之地, 武丁訪得, 擧之爲相, 致使殷朝衰而復興. 於是命之以傅爲姓, 號傅說.(新) ② 傅說也, 音悅.(胡)
231) 藥弗瞑眩厥疾弗瘳 : 如服藥必瞑眩極, 其病乃除, 欲其出切言以自警. 瞑眩, 困極也.(胡)

之世而韓歆用直諫死，豈不爲仁明之累哉!"[232]

○【檢覈州郡墾田】

檢覈州郡墾田

帝以天下墾田多不以實自占,[233] 又戶口年紀互有增減,[234] 乃詔下州郡檢覈.[235] 於是刺史太守多爲詐巧, 苟以度田爲名,[236] 聚民田中, 并度廬屋里落,[237] 民遮道啼呼, 或優饒豪右, 侵刻羸弱.[238] 時諸郡各遣使奏事, 帝見陳留吏牘上有書,[239] 視之

河南南陽不可問

云, "°潁˙川弘農可問,[240] 河南南陽不可問."[241] 帝詰吏由▸趣◂,[242] 吏不肯服, 抵言"於長壽街上得之,"[243] 帝怒. 時皇子東海公陽年十二,[244] 在幄後言曰,[245] "吏受郡敕,[246] 當欲以墾田相方耳."[247] 帝曰, "卽如

---

232) 墾 : 康根反, 闢也.(春) 累 : 損失, 傷害.(新)
233) 占 : ① 計數上報.(新) ② 之贍翻.(胡)
234) 年紀 : 年齡.(中白)
235) 檢覈 : 檢查覈實.(新) 覈 : 下革反, 實也.(春)
236) 度田 : 丈量土地.(新) 度 : 徒洛翻.(胡)
237) 里落 : 村落.(新)
238) 羸弱 : 指貧弱無依的百姓.(新)
239) 陳留吏 : 陳留郡奏事之吏也.(要) 牘 : ① 寫字用的木板.(新) ② 音讀.(春) 書 : 字.(新)
240) 潁 : (春)作'穎', 誤.(◉)
241) 潁川弘農可問 河南南陽不可問 : 謂此二郡多有近臣近親, 不可得而理問也.(春)
242) 由趣 : 來源和意向.(新)
243) 抵言 : 猶曰誑言.(今) 抵 : 欺也.(胡) 長壽街 : 陽城中街名.(新)
244) 東海公 : 陰貴人子也.(要)
245) 幄 : 帷帳, 此指幄坐, 卽垂帳的帝侯座位.(新)
246) 受郡敕 : 接受郡守的命令.(新)

此,[248] 何故言河南南陽不可問." 對曰, "河南帝城, 多近臣, 南陽帝鄕, 多近親, 田宅踰制, 不可爲準." 帝令虎賁將詰問吏,[249] 吏乃首服,[250] 如東海公對. 上由是益奇愛陽. 遣謁者考實二千石長吏阿枉不平者.[251]

○【張堪爲政 樂不可支】

張堪爲政 樂不可支 桑無附枝 麥穗兩歧

張堪拜漁陽太守. 堪視事八年, 匈奴不敢犯塞, 勸民耕稼, 以致殷富. 百姓歌曰, "桑無附枝, 麥穗兩歧.[252] 張君爲政, 樂不可支."[253]

○【徵側忿怨】

徵側忿怨

▶交趾麊泠縣雒將女子徵側,[254] 甚雄勇. 交趾太守

---

247) 相方 : 相比. 此言陳留吏該是想求問潁川弘農二郡的墾田數目來相比較.(新) 方 : 比也.(春)

248) 卽 : 假若.(新)

249) 虎賁將 : 虎賁中郎將也.(胡)

250) 首服 : 首, 式救反. 謂首陳其非而服其罪.(春)

251) 長吏 : 指俸祿多職位高的官吏.(新)

252) 桑 : 禾類植物開化抽穗. 據章校, 有的版本'秀'作'穗'.(新) 歧 : ①(資治)作'岐'(◉). ②岐, 同'歧', 分支, 分岔. 蠶月采桑, 砍去繁枝, 留下特長的枝條, 以待來年桑葉生長茂盛, 麥子一般是一莖一穗, 很少有一莖兩穗的. 如今桑無附生在主枝上的細小枝條, 麥子一莖上端分爲兩支, 長出兩個麥穗, 所以示爲祥端.(新)

253) 樂不可支 : 謂高興得了不得.(新) 樂 : 音洛.(胡)

254) 麊泠 : 音糜零. 交州外域記曰, 交趾昔未有郡縣之時, 土地有雒田, 民墾食其田, 因名爲雒民. 設雒王雒侯, 主諸郡縣. 縣有雒將, 銅印青綬. 宋白曰, 峯州, 漢麊泠縣地.(胡39年) 雒將 : 土地有雒田, 民墾食其田, 因名爲雒民. 設雒王雒侯, 主諸郡縣. 縣有雒將, 銅印青綬.(胡) 徵側 : 麊泠縣雒將之女. 建武十六年(40)春, 與妹徵貳起事反漢, 攻占六十餘城, 自立爲王.

蘇定以法繩之,[255] 徵側忿怨.¶

【庚子(40) 建武十六年】

○ 【徵側反】

徵側反 ⁋春二月, 徵側與其妹徵貳反, 凡略六十五城, 自立爲王, 都麊泠. 交趾刺史及諸太守僅得自守.¶

○ 【遣使解散群盜】

遣使解散群盜 郡國群盜處處並起, 郡縣追討, 到則解散, 去復屯結,[256] 青徐幽冀四州尤甚. 冬十月, 遣使者下郡國, 聽群盜自相糾擿,[257] 五人共斬一人者, 除其罪, 於是更相追捕, 賊並解散, 徙其魁帥於他郡, 賦田受稟,[258] 使安生業. 自是牛馬放牧不收,[259] 邑門不閉.[260]

五人共斬一人者 除其罪

【辛丑(41) 建武十七年】

十九年(43)爲馬援擊敗, 二徵被殺.(新)

255) 繩 : 糾正.(新)

256) 屯結 : 集結.(新)

257) 聽 : 聽任, 任憑.(新) 糾擿 : 檢擧揭發.(新)

258) 賦田 : 分給土地.(新) 受 : 通'授', 賜給.(新) 稟 : 讀曰廩.(要)

259) 放牧不收 : 放牧到野外, 晚上不趕回欄廐.(新)

260) 邑門 : 城門.(新)

○【郭后廢 陰氏爲后】

郭后廢陰氏爲后

郭后寵衰，數懷懟，[261] 上怒之．廢皇后郭氏，立貴人陰氏爲皇后．

○【以柔道治天下】

以柔道治天下

帝幸章陵，[262] 修園廟，[263] 祠舊宅，觀田廬，置酒作樂，賞賜．時宗室諸母因酣悅相與語曰，[264] “文叔少時謹信，與人不款曲，[265] 唯直柔耳，今乃能如此.” 帝聞之，大笑曰，“吾治天下，[266] 亦欲以柔道行之.”[267]

○【馬援擊交趾】

馬援擊交趾

⁋徵側等寇亂連年，⁋ 拜馬援爲伏波將軍，⁋以扶樂侯劉隆爲副，[268] 南⁋擊交趾．°☞˙

⁋【壬寅(42) 建武十八年】⁋

261) 數 : 所角翻.(胡)　懟 : 直類翻，懟亦怨也.(春)
262) 章陵 : ①故春陵，帝更名.(胡) ②縣名．光武建武元年，以章春陵鄉爲章陵縣，復其徭役.(綱合)
263) 園廟 : 帝王墓地所建的宗廟.(漢)
264) 酣悅 : 飮酒而樂.(新)
265) 款曲 : 殷勤應酬.(新)　款 : (春)作欵，欵，‘款’之俗字.(◉)
266) 治 : 直之翻.(胡)
267) 柔道 : 指溫和撫的治理方法.(新)
268) 扶樂侯劉隆 : 扶樂，縣名，屬九眞郡.(今)

○【馬援大破徵側】

馬援大破徵側

◗馬援緣海而進，隨山刊道千餘里，[269] 至浪泊上，[270] 與徵側等戰◖，◖大破之.◗

【癸卯(43) 建武十九年】

○【廢彊立陽】

廢彊立陽

郭后既廢，太子彊意不自安．郅惲說太子曰，“久處疑位，[271] 上違孝道，[272] 下近危殆，不如辭位以奉養母氏.” 太子從之，數因左右及諸王陳其懇誠，願備藩國.[273] 上不忍，遲回者數歲.[274] 六月，詔曰，“春秋之義，立子以貴.[275] 東海王陽，皇后之子，宜承大統．皇太子彊，崇執謙退，[276] 願備藩國，父子之情，重久違之.[277] 其以彊爲東海王，立

---

269) 刊道 ： 開闢道路.(漢)

270) 浪泊 ： 在交趾封溪縣界．按馬援既平交趾，奏分西里置封溪望海二縣．水經曰，葉榆水過交趾麊泠縣北，分爲五水，絡交趾郡中，其南水自麊泠縣東，逕封溪縣北，又東逕浪泊．馬援以其地高，自西里進屯焉．宋白曰，馬援自九眞以南，隨山刊木至日南.(胡)

271) 疑位 ： 被猜忌的職位.(新)

272) 上違孝道 ： 母廢而子居位，是有違孝養之道也.(今)

273) 願備藩國 ： 退居藩國.(中白)

274) 遲回 ： 遲疑不決.(新)

275) 春秋之義 立子以貴 ： 公羊傳云，隱元年，立嫡以長不以賢，立子以貴不以長．註云，適，謂適夫人之子，尊無與敵，故以齒．子，謂左右媵及姪娣之子，位有貴賤，又防其同時而生，故以貴也.(春)

276) 崇執 ： 崇尚和堅持.(新)

277) 重 ： 難也.(胡)

陽爲皇太子, 改名莊."

○【幸太學】

幸太學

上以桓榮爲議郞,[278] 使授太子經. 車駕幸太學, 會諸博士論難於前,[279] 榮辨明經義, 儒者莫之及, 特加賞賜.

○【董宣彊項】

董宣彊項

陳留董宣爲雒陽令.[280] 湖陽公主蒼頭白日殺人,[281] 因匿主家, 吏不能得. 及主出行, 以奴驂乘, 宣於

以刀畫地, 大言數主之失

夏門亭候之,[282] 駐車叩馬,[283] 以刀畫地, 大言數主之失,[284] 叱奴下車, 因格殺之.[285] 主卽還宮訴帝, 帝大怒, 召宣, 欲箠殺之.[286] 宣叩頭曰, "願乞一言而死." 帝曰, "欲何言?" 宣曰, "陛下聖德中興,

---

278) 桓榮 : 字春卿, 沛郡龍亢縣人. 研治歐陽尙書, 講論授徒. 建武十九年, 已六十餘歲, 始召至大司徒府任職. 後歷任議郞博士太子少傅太常五更等, 封關內侯. 明帝永平初年去世.(新)

279) 論難 : 辯論詰難.(新) 難 : 乃旦翻.(胡)

280) 董宣 : 字少平, 陳留郡圉縣人. 歷任北海相懷縣令江夏太守洛陽縣令等.(新)

281) 蒼頭 : 指奴僕.(新)

282) 夏門亭 : 夏門, 洛陽城門名. 洛陽城四面, 每面三門, 每門外有一亭. 夏門是洛陽城北面西頭門, 門外有萬壽亭.(新) 候 : 等候.(新)

283) 駐車 : 停住車.(新) 叩馬 : 勒住馬.(新) 叩 : 近也.(胡)

284) 大言 : 大聲.(新) 數 : 所具翻.(胡)

285) 格殺 : 謂不用器械而白手殺之.(春)

286) 箠殺 : 用棍棒打死.(新) 箠 : ① 止蕊翻.(胡) ② 與'捶'通. 又作'棰'.(中)

縱奴殺人 而縱奴殺人,[287] 將何以治天下乎? 臣不須箠,[288] 請
得自殺!" 卽以頭擊楹,[289] 流血被面.[290] 帝令小黃
門持之,[291] 使宣叩頭謝主, 宣不從, 彊使頓之,[292] 宣
兩手據地,[293] 終不肯俯. 主曰, "文叔爲白衣時,[294]
威不能行一令 藏亡匿死,[295] 吏不敢至門, 今爲天子, 威不能行
天子不與白衣同 一令乎?" 帝笑曰, "天子不與白衣同!" 因敇, "彊
項令出!"[296] 賜錢三十萬, 宣悉以班諸吏.[297] 由是
能搏擊豪彊,[298] 京師莫不震°慄˙.[299]

【甲辰(44) 建武二十年】

○【吳漢願無赦】

吳漢願無赦 廣平忠侯吳漢病篤,[300] 車駕親臨, 問所欲言, 對曰,

---

287) 縱奴 : 放縱奴僕.(中白)
288) 臣不須箠 : 我不等着被打死.(中白)
289) 楹 : 廳堂前部的柱子.(新)
290) 被 : 覆蓋.(新)
291) 小黃門 : 漢代低於黃門侍郞一級的宦官.(漢)
292) 彊 : ①强, 亦作'彊'.(漢) ② 其兩翻.(胡) 頓 : 以頭叩地.(新)
293) 據地 : ① 兩手按地.(新) ② 撑着地面.(中白)
294) 白衣 : 指平民.(新)
295) 藏亡匿死 : 亡, 謂亡命, 死, 謂犯死罪者.(胡)
296) 强項令 : 指董宣. 董宣執法忠君, 剛正耿直, 不爲湖陽公主屈身低頭, 所以得到'强項令'的美稱.(新)
297) 班 : 分賜.(新)
298) 搏擊 : 懲處打擊.(新)
299) 慄 : (資治)作'慓'.(◉) 慓 : 胡注, "'慓', 當作'慄'." 據章校, 有的版本, 慓作慄. 後漢書董宣傳作慄. 震慄, 恐懼顫抖. 慄, 今作栗.(新)

“臣愚, 無所知識, °惟˙願陛下愼無赦而已.”[301]

○【郭況金穴】

郭況金穴 以郭況爲大鴻臚,[302] 帝數幸其第,[303] 賞賜金帛, 豊盛莫比, 京師號況家爲‘金穴’.

○【馬援願以馬革裹尸】

馬援願以馬革裹尸 男兒要當死於邊野 秋九月, 馬援自交趾還, 孟冀迎勞之. 援曰, “方今匈奴烏桓尙擾北邊, 欲自請擊之, 男兒要當死於邊野, 以馬革裹尸還葬耳,[304] 何能臥床上, 在兒女子手中耶!”[305] 冀曰, “諒![306] 爲烈士當如是矣!”[307]

【乙巳(45) 建武二十一年】

○【不受西域】

不受西域 莎車王賢,[308] 欲兼并西域, 諸國愁懼. 車師等十八國俱遣子入侍,[309] 願得都護,[310] 帝以中國初定,

300) 病篤 : 病重.(新)
301) 惟 : ①(春)作‘唯’.(◉) ②唯, 亦寫作‘惟’‘維’.(漢) 愼無赦 : 赦有罪者害良善故.(要)
302) 郭況 : ?~59. 郭皇后的弟弟. 歷任黃門侍郎城門校尉大鴻臚特進等職, 封陽宴侯.(新)
303) 帝數幸其第 : 數恩況者, 以慰后心耳. 數, 所角翻.(胡)
304) 馬革裹屍 : 意謂戰死沙場.(新)
305) 耶 : 通‘邪’.(◉)
306) 諒 : 確實.(新)
307) 烈士 : 有氣節有壯志的人.(新)
308) 莎車 : 本城名, 後因國名.(春)

還侍子 北邊未服，皆還其侍子，[311] 厚賞賜之.

【丙午(46) 建武二十二年】

○【劉昆反風滅火 虎北渡河】

劉昆反風滅火虎北渡河 初，劉昆爲江陵令，[312] 縣有火災，昆向火叩頭，火尋滅，後爲弘農太守，虎皆負子渡河. 帝聞而異之，徵昆爲光祿勳. 帝問昆曰，"前在江陵，反風滅火，後守弘農，虎北渡河，行何德政而致是事?" 對曰，"偶然耳." 左右皆笑，帝嘆曰，"此長者之言也." 顧命書諸策.[313]

○【閉關謝西】

閉關謝西 西域諸國侍子久留敦煌，皆愁思亡歸.[314] 莎車王賢知都護不至，擊破鄯善，攻殺龜茲王.[315] 鄯善

更請都護 王安上書. "願復遣子入侍，更請都護，都護不出，

309) 車師 : 卽姑師國也.(春)
310) 都護 : 官名. 漢宣帝置西域都護，總監西域諸國，並護南北道，爲西域地區最高長官.(漢)
311) 侍子 : 古代屬國之王或諸侯遣子入朝陪侍天子，學習文化，所遣之子稱侍子.(漢)
312) 劉昆 : ?~57. 字桓公，陳留郡東昏縣人. 歷任江陵令侍中弘農太守光祿勛騎都尉等.(新)
313) 顧命 : 回過頭來命令.(新) 策 : 簡策，編簡爲之. 漢制，天子策書，長二尺. 國史亦用簡策. 此書諸策，卽史策也. 尙書古文書以八寸策.(胡)
314) 亡歸 : 逃回.(新)
315) 龜茲 : 音丘茲. 龜茲，西域小國，在大宛國西天竺國東.(春)

誠迫於匈奴." 帝報曰, "今使者大兵未能得出,[316] 如諸國力不從心,[317] 東西南北自在也."[318] 於是鄯善車師復附匈奴.

東西南北自在

【戊申(48) 建武二十四年】

○【匈奴款塞】

匈奴款塞

匈奴八部大人共議立日逐王比爲呼韓邪單于,[319] 款五原塞,[320] 願永爲藩蔽, 扞禦北虜.[321] 事下公卿,[322] 議者皆以爲"天下初定, 中國空虛, 夷狄情僞難知, 不可許." 五官中郎將耿國獨以爲[323] "宜如孝宣故事,[324] 受之. 令東扞鮮卑, 北拒匈奴, 率

316) 使者大兵 : 使節和軍隊.(中白)
317) 力不從心 : 想做某事而力量達不到.(漢)
318) 東西南北 : 指四方.(新) 自在 : 自由. 此言歸附何人, 任其其便.(新)
319) 比爲呼韓邪單于 : 日逐王比自立爲單于, 匈奴始分爲南北二部, 以其祖父呼韓邪單於稽侯珊依漢得安, 故襲用舊號, 南依于漢. 地位鞏固後稱醢落屍逐鞮單于, 48至56年在位.(新) 呼韓邪 : 耶, 以遮切. 亦語助, 本作'邪'. 韻會又匈奴號.(佩文韻府 卷21之5 下平聲 6痲韻 耶)
320) 款五原塞 : 叩五原塞門來降. 五原塞, 漢五原郡之楡抑塞. 在今山西五原縣地.(今) 款 : 叩關內附.(新) 五原塞 : 塞名, 在今內蒙古包頭市西.(新)
321) 扞 : 保衛, 亦作捍.(今)
322) 事下公卿 : 漢制, 軍國大事, 下移三公卿廷議, 再奏皇帝裁決, 稱事下公卿. 此指就南匈奴內附事進行廷議.(新) 下 : 遐稼翻.(胡)
323) 五官中郎將 : 官名. 掌五官郎. 漢制, 中郎置五官左右三將, 年五十以上屬五官, 其次分屬左右中郎將.(新)
324) 宜如孝宣故事 : 應該依照漢宣帝接受呼韓邪稽侯珊內附的先例, 接受呼韓邪單于比的歸附.(新)

厲四夷,[325] 完復邊郡."[326] 帝從之.

○【馬援矍鑠】

馬援矍鑠 秋七月, 武陵蠻寇臨沅.[327] 馬成討之,[328] 不克. 馬援請行,[329] 帝愍其老,[330] 未許, 援曰, "臣尙能被甲上馬." 帝令試之. 援據鞍顧眄,[331] 以示可用, 帝笑曰, "矍鑠哉是翁!"[332] 遂遣援將四萬餘人征五溪.[333] 援謂友人杜愔曰,[334] "吾受°˙厚恩,[335] 年迫日

甘心瞑目 索,[336] 常恐不得死國事. 今獲所願, 甘心瞑目."

○【日逐王稱藩】

日逐王稱藩 冬十月, 匈奴日逐王比自立爲南單于, 遣使詣闕奉藩稱臣.[337] 上以問朗陵侯臧宮.[338] 宮曰, "匈奴

325) 率厲 : 表率榜樣. 厲, 通礪 .(新)
326) 完復邊郡 : 時邊郡皆創殘, 有南匈奴爲扞蔽, 則可以完復矣.(胡)
327) 臨沅 : 縣名, 屬武陵郡, 故城在今朗州武陵縣.(胡)
328) 馬成 : ?-56. 東漢開國功臣之一, 封全椒侯.(新)
329) 馬援 : 前14-49. 東漢開國功臣之一, 封新息侯.(新)
330) 愍 : 憐恤.(今)
331) 顧眄 : 回視.(今)
332) 矍鑠 : 勇健貌.(今)
333) 五溪 : 武陵境內有五溪, 卽雄溪朗溪酉溪潕溪辰溪. 全是武陵蠻族所居之地.(新)
334) 愔 : 於今翻.(胡)
335) °˙ : (春)有'國'字, 據(資治)削.(◉)
336) 年迫日索 : ① 年近垂暮.(新) ② 索, 昔各翻, 盡也, 謂歲月老也.(春)
337) 奉藩 : 謂歸順稱臣.(漢)
338) 朗陵 : 縣名, 屬汝南郡, 故城在今豫州朗山縣西南.(胡) 臧宮 : ?-58. 東漢開國功臣之一, 封朗陵侯.(新)

常勝之家難與慮敵

飢疫分爭, 臣願得五千騎以立功.” 帝笑曰, “常勝之家, 難與慮敵, 吾方自思之.”

【己酉(49) 建武二十五年】

○【馬援萬里還書誡兄子】

馬援萬里還書誡兄子

馬援軍至臨鄉,[339] 擊破蠻兵, 斬獲二千餘人. 援兄子嚴敦並喜譏議,[340] 通輕俠, 援前在交趾, °還˙書誡之曰,[341]

聞人過失如聞父母之名

“吾欲汝曹聞人過失, 如聞父母之名,[342] 耳可得聞, 口不可得言也. 好議人長短,[343] 妄是非政法,[344] 此吾所大惡也,[345] 寧死, 不願聞子孫有此行也.[346] 龍伯高敦厚周愼,[347] 口無擇言,[348] 謙約節儉, 廉公有威, 吾愛之重之, 願汝曹效之. 杜季良豪俠好義,[349] 憂人之憂, 樂人之樂,[350] 父喪致

---

339) 臨鄉 : ① 武陵郡沅南縣, 建武中所置縣, 在沅水之陰, 因此沅南爲名, 縣治故城, 昔馬援討臨鄉所築也.(胡) ② 鄉名. 建武二十六年(50)置縣, 名沅南縣, 縣治在今湖南桃源縣東沅水南岸.(新)

340) 嚴敦 : 馬嚴馬敦, 馬援兄馬餘之子.(新) 譏議 : 論人是非.(新)

341) 還 : (春)作‘遺’, 據(資治)改.(◉)

342) 聞人過失 如聞父母之名 : 聽到別人的過失, 如同聽人呼父母之名一樣深戀痛絶. 卽不願聞人之過, 古人避諱, 不得呼父母之名.(新)

343) 好 : 呼到翻.(胡)

344) 妄是非政法 : ① 謂譏刺時政也.(胡) ② 輕率地譏刺時政.(新)

345) 此吾所大惡 : 這是我最痛恨的事.(新) 惡 : 烏路翻.(胡)

346) 行 : 下孟翻.(胡)

347) 龍伯高 : 龍述之字.(新)

348) 口無擇言 : 絶不說讓人挑剔的話.(新)

效伯高不得 刻鵠不成尙類鶩 效季良不得 畫虎不成反類狗

客，數郡畢至，吾愛之重之，不願汝曹效也．效伯高不得，猶爲謹敕之士，所謂‘刻鵠不成尙類鶩’者也，效季良不得，陷爲天下輕薄子，所謂‘畫虎不成反類狗’者也．”[351]

【馬援餌薏苡】

馬援餌薏苡 馬援卒後被譖

初，援在交趾，常餌薏苡實，[352] 能輕身，勝瘴氣，[353] 軍還，載之一車．及卒後，有上書譖之者，以爲前所載還皆明珠文犀．[354] 帝怒．援妻孥惶懼，[355] 不敢以喪還舊塋，[356] 稾葬城西．[357]

【庚戌(50) 建武二十六年】

○【作壽陵】

349) 杜季良 ： 杜保之字.(新)
350) 樂 ： 音洛.(胡)
351) 刻鵠不成尙類鶩 … 畫虎不成反類狗 ： 鵠鶩皆鳥而略相似，虎狗皆獸而大不同．故刻鵠類鶩，人猶不以爲非，畫虎類狗，則人爭笑而招辱矣．終篇以此設喩，所以深警之也.(小學 嘉言 ‘刻鵠不成 …’ 集解)
352) 薏苡實 ： 薏米仁，可入葯．薏苡，俗稱薏米苡米，或薏米仁．禾木科，果實成橢圓形，仁白色．食薏米 可預防瘟疫.(新)
353) 瘴 ： (資治)作‘障’.(胡) 勝障氣 ： 阻止瘴氣侵襲．障，通‘瘴’.(新)
354) 明珠文犀 ： 明珠，謂夜明珠．文犀，犀之有文采者.(今)
355) 孥 ： 音奴，兒子.(今)
356) 舊塋 ： 祖墳.(新)
357) 稾葬城西 ： (資治)作‘稾葬域西’.(◉) 稾葬域西 ： ① 以草席裹尸，權且葬在祖塋西側．域，指塋地範圍.(新) ② 稿，草也，以不歸舊塋，時權葬，故稱稿．馬援傳作‘城西’．章，乙十一行本正作‘城西’．張校云，‘域’作‘城’，誤．說文曰，塋，墓地．廣雅曰，塋域，葬地也.(胡)

作壽陵

初作壽陵.[358] 帝曰, "古者帝王之葬, 皆陶人瓦器木車茅馬,[359] 使後世之人不知其處. ⁋太宗識終始之義,[360] 景帝能述遵孝道, 遭天下反覆,[361] 而霸陵獨完受其福, 豈不美哉![362]⁋ 今所制地不過二三頃, 無爲山陵, 波池裁令流水而已.[363] 使迭興之後,[364] 與丘隴同體."[365]

霸陵獨完受其福

【辛亥(51) 建武二十七年】

○【勿受北匈奴使】

勿受北匈奴使

北匈奴遣使詣武威求和親,[366] 帝召公卿廷議, 不決. 皇太子言曰,[367] "南單于新附, 而反交通北虜,

358) 壽陵 : ① 指帝后生前預築的陵墓.(漢) ② 漢自文帝始, 皇帝豫作陵墓, 通稱壽陵, 取久長之義. 皇帝死後入葬, 才加陵名. 光武帝劉秀墓稱原陵, 在今河南孟津西.(新)
359) 陶人 : 謂陶瓦爲人之形也.(春)
360) 太宗 : 卽漢文帝.(新) 識終始之義 : ① 懂得人生壽考的眞義.(新) ② (文帝)治霸陵, 皆瓦器, 不得以金銀銅錫爲飾, 因其山, 不起墳.(漢書 文帝紀) 終始 : 死生.(中白)
361) 天下反覆 : 指兩漢的際的動亂.(新)
362) 豈不美哉 : 謂赤眉入長安, 惟霸陵不掘.(胡)
363) 陂 : ① (春)作'波'. (資治)作'陂'.(◉) ② 波, 通'陂'.(漢) 無爲山陵陂 波池裁令流水而已 : ① 不要人工堆造山陵陂池, 依自然地勢, 只求不積水就行. 據章校, 有的版本'無'下有'爲'字.(新) ② 陂池, 當讀如坡陀, 猶言靡迤耳, 言不須高作山陵, 且令小隆起坡陀然, 裁得流泄水潦耳. 今讀者謂爲波池, 令得流水, 誤矣. 裁令, 僅令也.(春) ③ 言不起山陵, 裁令封土陂池不停水而已. 陂, 音普何翻, 池, 音徒河翻.(胡)
364) 迭興 : ① 指未來的改朝換代. 諱東漢之亡.(新) ② 易姓而王者.(胡)
365) 丘隴同體 : 丘, 小山也, 隴, 大阪也, 謂異時易姓受命之後, 庶使陵墓與丘隴之形體無別也.(春)
366) 北匈奴遣使詣武威求和親 : 自北地以東南部分居塞內, 北使不敢至塞下, 故詣武威求和. 賢曰, 武威郡故城, 在今涼州姑臧縣西北, 故涼城是也.(胡)

臣恐南單于將有二心." 帝然之, °告˙武威太守勿受其使.[368]

○【臧馬請伐匈奴】

臧馬請伐匈奴

臧宮馬武上書曰, "匈奴貪利, 無有禮信, 窮則稽首, 安則侵盜. ⁋虜⁋今人畜疫死, 旱蝗赤地,[369] 疲困乏力, 不當中國一郡, 今命將臨塞, 厚縣購賞,[370] 北虜之滅, 不過數年."

【不事邊功】

不事邊功

柔能制剛 弱能制彊

詔報曰, "黃石公記曰,[371] '柔能制剛, 弱能制彊.[372] 舍近謀遠者, 勞而無功, 舍遠謀近者,[373] 逸而有終. 故曰, 務廣地者荒,[374] 務廣德者彊.'[375] 今國無善政, 災變不息, 而復欲遠事邊外乎? 誠能擧天下之半以滅大寇,[376] 豈非至願! 苟非其時, 不如

---

367) 皇太子 : 光武帝第四子劉莊, 建武十九年立爲皇太子.(新)
368) 告 : (春)作'詔', 據(資治)改.(◉)
369) 赤地 : 空盡無物曰赤, 言在地之物皆盡也.(春)
370) 厚縣購賞 : 縣, 讀曰懸.(胡)
371) 黃石公記 : 兵書名. 卽西漢張良在下邳圯上所得老父書, 已佚.(新)
372) 强 : 亦作'彊'.(漢)
373) 舍 : 讀曰捨.(胡)
374) 務廣地者荒 : 致力于開彊拓土的人, 將導致自己空虛.(新)
375) 務廣德者彊 : 發揚光大仁德的人, 必定茁壯强大.(新)
376) 誠能擧天下之半以滅大寇 : 果眞能以一半國力消滅大敵.(中白)

息民.” 自是諸將莫敢復言兵事者.

【壬子(52) 建武二十八年】

○【桓榮稽古之力】

桓榮稽古之力 以博士桓榮爲太子少傅,[377] 賜以輜車乘馬.[378] 榮大會諸生, 陳其車馬印綬曰,[379] “今日所蒙, 稽古之力也.”[380]

【甲寅(54) 建武三十年】

○【却封禪之請】

却封禪之請 車駕東巡. 群臣上言, “卽位三十年, 宜封禪泰山.” 詔曰, “卽位三十年, 百姓怨氣滿腹, ‘吾誰欺, 欺天乎!’[381] ‘曾謂泰山不如林放乎!’[382] 何事汚七十二

377) 桓榮 : ?-59. 尙書博士. 傳見後漢書卷37.(新)
378) 輜車 : 軿車有衣蔽無後轅者謂之輜車也.(春)
379) 印綬 : 印, 雙印. 長寸二分 方六分. 黑犀爲文有刻文光明章表轉相結綬 故謂之綬 可以雙印之飾.(春)
380) 稽古之力 : 得力於研究古書.(新)
381) 吾誰欺 欺天乎 : 我欺騙誰呢? 難道欺騙上天嗎? 引語見論語子罕篇. 孔子生重病, 子路以諸侯禮組織治喪班子, 孔子病愈後, 對這一僭禮行爲很不滿意, 認爲這是把他置於欺天的地步.(新)
382) 曾謂泰山不如林放乎 : ① 難道泰山之神還不如林放懂禮嗎? 他是不會接受僭越人的祭祀的. 引語見論語八佾篇. 林放, 魯人, 曾向孔子請教禮的本質. 季孫氏僭越禮制祭祀泰山, 孔子提出了這一批評. 光武帝在詔書中引用孔子這兩段話, 意謂上天是不會接受未達太平盛世皇帝的封禪的. 表明光武帝謙遜不欲封禪.(新) ② 禮諸侯祭山川, 在其封內者. 泰山在魯地, 魯公所當祭. 今季氏祭之, 非禮也. 孔子意謂神不享非禮, 林放尙知問禮, 誰道泰山之神, 反

代之編錄!"[383] 於是群臣不敢復言.

【乙卯(55) 建武三十一年】

○【第五倫嘆 一見決聖主】

第五倫嘆 一見決聖主

京兆掾第五倫領長安市,[384] 公平廉介,[385] 市無奸枉.[386] 每讀詔書, 常嘆息曰, "此聖主也, 一見決矣."[387]

【丙辰(56) 中元元年】[388]

○【封禪】

封禪

上讀河圖會昌符曰,[389] "赤劉之九,[390] 會命岱宗."[391]

不如林放耶! 欲誣而祭之, 今光武擧此語者, 謂泰山不可欺也.(春)

383) 何事汚 : 什麽事要去玷汚.(岳白) 七十二代之編錄 : ① 相傳古代有七十二位君王上泰山封禪.(新) ② 賢曰, 莊子曰, 易姓而王, 封於泰山, 禪於梁父者, 七十有二代, 其有形兆垠堮, 勒石凡千八百餘處. 許愼說文序曰, 蒼頡之初作書, 皆依類象形, 故謂之文, 其有形聲相益, 卽謂之字. 字者, 言孳乳而滋多也. 著於竹帛, 謂之書. 書者, 如也. 以迄五帝三王之世, 改易殊體, 封於泰山者, 七十有二代, 靡有同焉.(胡) 編錄 : 依次著錄之文.(漢)

384) 掾 : 兪絹翻.(胡) 第五倫 : ① 字伯魚, 京兆長陵人. 歷任光武帝明帝章帝三朝, 官至司空.(新) ② 第五, 複姓也. 倫其名也, 本出於齊諸田之後, 田氏徙園陵者多, 故以次第爲氏.(春) 領長安市 : 兼管長安交易市長.(新)

385) 廉介 : 廉潔耿直.(新)

386) 奸枉 : 奸邪枉屈.(岳白)

387) 一見決矣 : 第五倫胸懷治國經綸, 不爲人所知, 故長歎說, 只要能見聖主光武帝一面, 定能得到識拔.(新)

388) 中元元年 : (綱目)冠以建武中元元年, …只書中元者, 從簡易耳.(要)

389) 河圖會昌符 : 用豫言方式宣揚天命的符命書.(新) 會昌符 : 會昌, 其書之名也. 符者, 讖記之書.(春)

390) 赤劉之九 : 赤, 火色. 漢姓劉, 以火德王, 故尙赤. 赤劉, 猶言炎正也. 九, 世數也, 光

赤劉之九會命岱宗

上感此文, 乃詔梁松等按索河雒讖文,[392] 言九世當封禪者三十六事. 於是張純等復奏請封禪, 上乃許焉. 登山, 以璽親封玉牒檢.[393]

○【不納祥瑞】

不納祥瑞

京師醴泉湧出,[394] 又有赤草生於水涯,[395] 郡國頻上甘露.[396] 群臣奏言, "靈物仍降,[397] 宜令太史撰集,[398] 以傳來世." 帝不納. 常自謙無德, 郡國所上, 輒抑而不當,[399] 故史官罕得記焉.

○【桓譚諫用讖文】

桓譚諫用讖文

是歲, 起靈臺明堂辟雍,[400] 宣布圖讖於天下. 帝以

武, 高帝九世孫故云.(春)

391) 會命岱宗 : 指上泰山封禪.(新) 岱宗 : 岱, 始也. 泰山, 山之尊者, 一曰岱宗. 岱, 始也, 宗, 長也. 萬物之始, 陰陽交代, 故爲五岳之長.(胡)

392) 按索 : (資治)作'按察'.(◉) 按察 : 據章校, 有的板本, '察'作'索'.(新) 河雒讖文 : 又一種豫言書.(新)

393) 以璽親封玉牒檢 : 此句抄出於(資治)之'尙書令奉玉牒檢, 天子以寸二分璽親封之.'之句. 寸二分璽者, (新注)云, "卽玉檢圖章." 之, 指玉牒檢.(◉) 玉牒檢 : 玉檢玉牒的合稱.(新) 玉檢 : 在金泥上壓出標識的圖章.(新) 玉牒 : 古代帝王封禪郊祀的玉簡文書.(漢)

394) 醴泉 : 甘雨時降, 萬物以嘉, 謂之醴泉.(胡)

395) 赤草 : 象徵吉祥的朱草. 日生一葉, 至十五日, 日落一葉, 周而復始.(新) 涯 : 水邊也.(中)

396) 上 : ① 時掌翻.(胡) ② 上報(中白) ③ 獻上.((岳白) 甘露 : 甛美的露水. 古人認爲天下太平則天降甘露.(新)

397) 靈物仍降 : 祥端不斷降臨. 仍, 多次.(新)

398) 太史 : 史官之長也.(胡) 撰 : 雛免翻.(胡)

399) 抑 : 謙抑.(新)

400) 靈臺明堂辟雍 : (資治)作'明堂靈臺辟雍'.(◉) 明堂 : 天子宣明政教的殿堂.(新) 靈臺

宣布圖讖 赤伏符卽位,[401] 由是信用讖文, 多以決定嫌疑. 桓譚上疏極言讖之非經.[402] 帝大怒曰, "桓譚非聖無法, 將下, 斬之!"[403] 譚叩頭流血, 良久, 乃得解.[404] 出爲六安郡丞.[405]

【丁巳(57) 中元二年】

○【光武恢復前烈】

光武恢復前烈 二月, 帝崩, 年六十二. 帝每旦視朝, 日仄乃罷,[406] 數引公卿郎將講論經理,[407] 夜分乃寐.[408] 皇太子見帝勤勞不怠, °承˙間諫曰,[409] "陛下有禹湯之明, 而失黃老養性之福, 願頤愛精神, 優遊自寧." 帝

樂此不爲疲 曰, "我自樂此, 不爲疲也!" 雖以征伐濟大業, 及

: 司天臺.(新) 辟雍 : 太學.(新) 賢曰, 漢官儀, 明堂去平城門二里所, 天子出從平城門, 先歷明堂, 乃至郊祀. 又曰, 辟雍, 去明堂三百步, 車駕臨辟雍, 從北門入, 三月九月, 皆於中行鄉射禮. 辟雍, 以水周其外, 以節觀者. 漢宮闕疏曰, 靈臺, 高三丈, 十二門. 楊衒之雒陽記曰, 平昌門直南, 大道東是明堂, 大道西是靈臺.(胡)

401) 赤伏符 : ① 圖讖書名. 豫言劉秀當爲天子.(新) ② 事詳本書乙酉(25)建武元年.(◉)

402) 極言讖之非經 : 言讖文不合經典.(春)

403) 將下 斬之 : 猶言領去斬首.(今) 將 : 資良翻, 持也, 領也.(胡)

404) 乃得解 : 光武帝之怒才告平息.(中白)

405) 六安 : 故治卽今安徽六安縣.(今)

406) 仄 : 資治作'昃', 後漢書(卷1下 光武帝紀 第1下)作'仄'. 昃與仄通.(◉) 日昃 : 日過中午漸向西偏時分.(新)

407) 數 : 所角翻.(胡) 經理 : 謂五經之義理.(春)

408) 夜分 : 午夜.(新) 分 : 猶半也.(胡)

409) 承間諫 : 找一個好機會進諫.(新) 承 : (春)作'垂', 誤.(◉)

天下既定，乃退功臣而進文吏，明愼政體，總攬權綱，[410] 量時度力，[411] 擧無過事，故能恢復前烈，[412] 身致太平.

○ 太子卽皇帝位.

○ ◖三月丁卯，葬光武皇帝於原陵.◗

○ 【光武一札十行】

光武一札十行 ◖後◗漢書循吏傳敍曰，"光武長於民間，頗達情僞，[413] 見稼穡艱難，百姓病害，至天下已定，務用安靜，解王莽之繁密，還漢世之輕法.[414] 身衣大練，[415] 色無重綵，耳不聽鄭衛之音，[416] 手不持珠玉之玩，宮房無私愛，左右無偏恩. 其以手迹賜方國者，皆一札十行，[417] 細書成文. 勤約之風，行於上下. 故能

---

410) 權綱 : 朝廷大權(漢)
411) 度 : 徒洛翻.(胡)
412) 恢復前烈 : 發揚光大了前朝高帝的功業.(新)
413) 頗達情僞 : 左傳，楚子曰，"晉侯在外十九年矣，人之情僞盡知之矣."(後漢書 循吏列傳 李賢注)
414) 還漢世之輕法 : 前書曰，"莽春夏斬人於市，一家鑄錢，保伍人沒入爲官奴婢，男子檻車，女子步，鐵鎖琅鐺其頸，愁苦死者十七八." 輕法，謂高祖約法三章，孝文除肉刑也.(後漢書 循吏列傳 李賢注)
415) 大練 : 粗帛.(漢)
416) 鄭衛之音 : 亂世之音也.(禮記 樂器)
417) 札 : 牒也.(後漢書 循吏列傳 李賢注) 行 : 胡郎切.(韻府羣玉)

內外匪懈, 百姓寬息. 然建武永平之間, 吏事刻深, 亟以謠言單辭, 轉易守長. 故朱浮數上°諫書˙,[418] 而鍾離意亦規諷殷勤,[419] 以長者爲言, 而不能得也.[420] 所以中興之美, 蓋未盡焉.

---

418) 諫書 : (春)作'書諫', 據後漢書循吏列傳改.(◉)

419) 規諷 : 規勸諷諭.(漢)

420) … 不能得 : 時明帝性褊察, 好以耳目隱發爲明, 又引杖撞郎, 朝廷悚慄, 爭爲苛刻, 唯意獨敢諫爭, 數封還詔書.(後漢書 循吏列傳 李賢注)

通鑑節要增損校註 卷十八

後漢紀

▪ 顯宗孝明皇帝

在位十八年，壽四十八.

名莊，光武第四子.

建武永平之政，爲東都之稱首，然鍾離意宋均之徒，常以察慧爲言，夫豈弘人之度未優乎![1)]

【戊午(58) 永平元年】

○【東平王請修禮樂】

東平王請修禮樂

東平王蒼以爲中興三十餘年,[2)] 四方無虞，宜修禮樂，乃與公卿共議定南北郊冠冕車服制度及光武廟登歌八佾舞數,[3)] 上之.

---

1) 常以察慧爲言 夫豈弘人之度未優乎 : 常以聰明知慧察慧敢進諫言，難道是偉人之度勢尙不周全嗎?(二十四史全譯 後漢書 卷2 明帝紀 論)

2) 東平王蒼 : 光武之子，帝之兄也.(要) 中興 : 中途振興，轉衰爲盛. 特指恢復并非由本人失去的帝位.(漢)

3) 定 : 制定. 這裏指制定南郊祭天，北郊祭地，以及祭祀光武廟的禮儀，所用官帽車馬禮服樂曲等制度.(新) 南北郊冠冕車服制度 : 光武建武二年，立南郊. 中元元年，立北郊於洛陽省北四里. 今定其冠冕車服制度.(胡) 登歌 : 升堂而奏歌也，後用作祭祀燕饗，堂上所奏之歌之

【己未(59) 永平二年】

○【宗祀光武於明堂】

宗祀光武於明堂

春正月，宗祀光武於明堂，[4] 禮畢，登靈臺，[5] 望雲物.[6]

○【辟雍大射】

辟雍大射

三月，臨辟雍，初行大射禮.[7]

○【初行養老禮】

初行養老禮

三老五更

冬十月，上幸辟雍，[8] 初行養老禮，[9] 以李躬爲三老，桓榮爲五更.[10] 禮畢，引桓榮及弟子升堂，上自爲

稱，亦作升歌.(中) 八佾舞 : 天子舞樂八行八列也.(中) 佾 : 舞列也，天子八，諸侯六，大夫四，士二. 每佾人數，如其佾數.(春)

4) 宗祀 : 宗，尊也，尊而祀之以配上帝.(胡) 明堂 : ① 明政教之堂也.(中) ② 夏曰世室，商曰重室，周曰明堂，後世皆因之. 明堂者，所以明諸侯之尊卑，制禮作樂，頒度量而天下服，此古制也. 三輔黃圖云，'明堂者，大道之堂，所以順四時行月令，宗祀先王，祭五帝也.'(春)

5) 靈臺 : 古時觀察天文氣象之臺也.(中)

6) 雲物 : ① 物，色也.(春) ② 日旁雲氣之色也，古時用以辨吉凶水旱.(中)

7) 大射禮 : ① 儀禮曰，'大射之禮，王將祭射弓，擇士而助祭也. 張虎侯熊侯豹侯，其制若今之射的.'(今) ② 大射者，爲祭祀射. 王將有郊廟之事，以射擇諸侯及群臣與邦國所貢之士可以與祭者，… 而中多者得與於祭.(周禮 天官 司裘 '王大射 則共虎侯' 鄭玄注)

8) 辟雍 : 亦作'辟廱'. 辟，通'璧'. 本爲西周天子所設大學，校址圓形，圍以水池，前門外有便橋. 東漢以後，歷代皆有辟雍，除北宋末年爲大學之豫備學校(亦稱'外學')外，均爲行鄉飮大射或祭祀之禮的地方.(漢)

9) 養老禮 : 謂尊年老而有學德之人，召饗酒食，敬禮之也.(中)

10) 三老五更 : 古天子設三老五更，以父兄之禮養之. 鄭康成按漢制以爲三老五更各爲一人，取象三辰五星，天所以照明天下者. 三老五更皆老人，均爲深知三德(正直剛柔)與五事(貌言視聽思)者.(今)

°下˙說,[11] 諸儒執經問難於前,[12] 冠帶縉紳之人圜橋門而觀聽者,[13] 蓋億萬計.[14]

○【明帝尊師】

明帝尊師 上自爲太子, 受尙書於桓榮, 及卽帝位, 猶尊榮以師禮.

【庚申(60) 永平三年】

○【馬后大練】

馬后大練 立貴人馬氏爲皇后.[15] 后, 援之女也, 德冠後宮,

德冠後宮 旣正位宮闈,[16] 愈自謙肅, 好讀書. 常衣大練,[17] 裙不加緣.[18] 朔望諸姬主朝°請˙,[19] 望見后袍衣踈

11) 下 : (春)作'辨', 誤.(◉) 下說 : ① 謂下語而講說之意.(今) ② 自先爲諸儒下一問難之說.(綱鑑)

12) 問難 : 詰問駁辯.(漢) 難 : 去聲, 謂學所疑而難問也.(春) 前 : ① 明帝前面.(中白) ② 桓榮之前也.(綱鑑) ③明帝自爲下說, 則解'明帝前面'者, 意思爲長.(◉)

13) 冠帶縉紳 : 士大夫之代稱. 縉, 通搢, 插. 紳, 插笏的赤色腰帶.(新) 圜橋門 : ① 辟雍四門外, 水圜繞以節觀者. 門外皆有橋, 觀者在水外, 故曰圜橋門.(春) ② 辟雍有四箇大門, 門外有護城河環繞, 有橋通門, 護城河阻隔閑雜人靠近辟雍.(新)

14) 億萬計 : 誇張之辭. 這裏是說, 環繞辟雍大門外, 護城橋頭的士大夫這樣的聽衆, 成千上萬.(新)

15) 貴人 : ① 嬪妃之稱, 位僅次皇后.(新) ② 女官名. 後漢光武帝置, 位次皇后.(中) 馬氏皇后 : 漢章帝劉炟養母, 顯宗明德馬皇后, 伏波將軍馬援小女. 史失其名, 稱馬氏.(新)

16) 宮闈 : 帝王的後宮, 后妃的住所.(漢)

17) 大練 : 厚而寬大之絲織衣.(今)

18) 緣 : ① 沿衣邊而飾之也.(中) ② 衣純也.(要)

19) 請 : (春)作'謁', 誤.(◉) 朔望諸姬主朝請 : 每月初一和十五, 嬪妃和公主入宮給皇后請安.(新) 朝請 : 漢律, 諸侯春天朝見皇帝叫朝, 秋天朝見皇帝叫請. 泛稱朝見皇帝.(漢)

麤,[20] 以爲綺穀,[21] 就視, 乃笑.[22] 后曰, "此繒特宜染色, 故用之耳."

○【圖畫功臣於雲臺】

圖畫功臣於雲臺

帝思中興功臣, 乃圖畫二十八將於南宮雲臺,[23] 以鄧禹爲首, 次馬成吳漢王梁賈復陳俊耿弇杜茂寇恂傅俊岑彭堅鐔馮異王霸朱祐任光祭遵李忠景丹萬修蓋延邳彤銚期劉植耿純臧宮馬武劉隆,[24] 又益以王常李通竇融卓茂, 合三十二人. 馬援以椒房之親,[25] 獨不與焉.[26]

馬援不與雲臺

○【劉平以善政被徵】

劉平以善政被徵

鍾離意薦全椒長劉平,[27] 詔徵拜議郎.[28] 平在全椒, 政有恩惠, 民或增貲就賦, 或減年從役.[29] ◗刺史◖

20) 袍衣 : 上衣也.(中) 麤 : ① (資治)作'粗'.(◉) ② 粗, 與'麤'通.(中)
21) 綺穀 : ① 厚重的高級綢緞.(新) ② 綺, 有文彩之絲. 縠, 絲之有縐襞促縮者.(今)
22) 就視 乃笑 : 走到跟前仔細視察, 見是粗綢, 嬪妃公主們忍不住笑起來.(新)
23) 圖畫二十八將 : 爲了與天官圖畫二十八宿之數吻合, 故只圖畫二十八人.(新) 南宮 : 洛陽漢宮名.(新) 雲臺 : 宮中高臺, 圖畫當世功臣于殿堂, 以爲楷模.(新)
24) 耿弇 : ① 弇, 音甘.(綱鑑) ② 弇, 古南切.(佩文韻府 下平聲 覃韻 耿弇) 堅鐔 : 鐔, 音覃.(胡) 祭遵 : 祭, 音債.(綱鑑) 蓋延 : 蓋, 音蛤.(綱鑑) 銚期 : 銚, 音姚.(胡)
25) 椒房之親 : 指馬援爲國丈.(新) 椒房 : 椒房在未央宮, 皇后所居, 椒實多而香, 皇后宮多以椒塗壁. 取其溫暖, 故漢世皇后亦稱椒房.(今)
26) 與 : ① 讀曰預.(胡) ② 所以唯獨他不在其內.(中白)
27) 鍾離 : 複姓(綱鑑) 全椒 : 縣名. 縣治在今安徽全椒縣.(新) 長 : 縣長.(中白)
28) 議郎 : 官名. 秦置, 掌論議.(中)
29) 民或增貲就賦 或減年從役 : 平民中有的自動多報資產(貲), 爲的是多納賦稅, 有的減輕自

太守行部,[30] 獄無繫囚,[31] 人自以得所,[32] 不知所問,[33] 唯班詔書而去.[34]

○【明帝撞郎】

明帝撞郎

帝性褊察,[35] 好以耳目隱發爲明,[36] 公卿大臣數詆毁,[37] 近臣尙書以下至見提曳.[38] 嘗以事怒郎藥崧,[39] 以杖撞之,[40] 崧走入床下, 帝怒甚, 疾言⁌曰⁍, "郎出!" 崧乃曰, "天子穆穆, 諸侯皇皇,[41] 未聞人君, 自起撞郎." 帝乃赦之. 是時朝廷莫不悚慄, 爭爲嚴切以避誅責, 唯鍾離意獨敢諫爭, 數封還詔書,[42] 臣下過失, 輒救解之.

己年歲, 爲的是繼續替國家服役.(新)

30) 刺史 : 州部行政長官.(新) 太守 : 郡行政長官.(新) 行部 : 巡視分區(部)各縣.(新)
31) 繫囚 : 羈押待審的囚犯.(新)
32) 人自以得所 : 人自以爲得所也.(今)
33) 不知所問 : 人民安樂, 刺史太守不知糾察什麽.(新)
34) 唯班詔書而去 : 只得宣布詔書, 然後離去.(中白)
35) 褊察 : 便聽小報告.(新)
36) 好以耳目隱發爲明 : 謂喜以耳目聞見間, 密地發人陰私爲明.(春) 好 : 呼到翻.(胡) 隱發 : 帝好以耳目窺其隱而發之.(胡)
37) 被詆毁 : 被辱罵.(中白)
38) 尙書 : 官名.(中) 提曳 : 提, 讀如冐絮提文帝之提, 音大計翻, 擲物以擊之也. 曳, 讀曰拽, 音奚結翻, 拖也, 引也. 一說, 提曳, 讀皆如字.(胡)
39) 藥崧 : 藥, 姓, 崧, 名.(胡)
40) 郎 : 官名. 漢時光祿勳屬官有議郎中郎侍郎中郎統稱曰郎.(中)
41) 天子穆穆 諸侯皇皇 : 記曲禮之文, 鄭曰, '皆行容止之貌也'. 李賢曰, '穆穆, 美也. 皇皇, 盛也.'(今)
42) 封還 : 封緘奉還也.(中)

○【郭賀行部去襜帷】

郭賀行部去襜帷

荊州刺史郭賀，官有殊政，[43] 上賜以三公之服，黼黻冕旒，[44] 敕行部去襜帷，[45] 使百姓見其容服，以章有德.

【甲子(64) 永平七年】

○【北匈奴遣使求合市】

北匈奴遣使求合市

◖ 北匈奴遣使求合市.[46] 上冀其交通，不復爲寇，[47] 許之.◗

○【宋均無復虎患】

宋均無復虎患

以東海相宋均爲尙書令.[48] 初，均爲九江太守，五日一聽事，[49] 悉省掾°史˙，[50] 閉督郵府內，[51] 屬縣無

---

43) 官有殊政 : 政績優異.(中白)
44) 黼黻 : 黼，音甫，象斧形，白與黑相次. 黻，兩已相背，黑與青相次(春) 冕旒 : 以絲繩貫玉垂冕前之謂.(今)
45) 襜帷 : 車之前帷.(今)
46) 合市 : ① 互通貿易.(今) ② 卽互市. 當時中國與周邊民族在邊境上指定地點進行雙邊貿易的通稱.(新)
47) 復 : 扶又翻.(胡)
48) 宋 : (資治)作'宗'.(◉) 宗均 : 又名宋均，傳見後漢書卷41.(新)
49) 聽事 : 猶治事.(漢)
50) 史 : (春)作'吏'，誤.(◉) 掾史 : 官名. 漢以後中央及各州縣皆置掾史，分曹治事. 多由長官自行辟擧. 唐宋以後，掾史之名漸移于胥吏.(漢)
51) 督郵 : ① 官名. 漢置，軍的重要屬吏，代表太守督察縣鄕，宣達敎令，兼司獄訟捕亡，唐以後廢.(漢) ② 今閉其府門，示無事也.(春) ③ 宋均恐督郵滋事擾民，將五部督郵閉守在府中，不派到地方上去.(新)

事, 百姓安業. 九江舊多虎暴,[52] 常募設檻穽,[53] 而猶多傷害. 均下記屬縣曰,[54] “夫江淮之有猛獸, 猶北土之有雞豚也, 今爲民害, 咎在殘吏, 而勞勤張捕,[55] 非憂恤之本也.[56] 其務退姦貪, 思進忠善, 可一去檻穽, 除削課制.”[57] 其後無復虎患.[58] 帝聞均名, 故任以樞機.[59]

【乙丑(65) 永平八年】

○【鄭衆不拜單于】

鄭衆不拜單于 °☜˙ 遣越騎司馬鄭衆使北匈奴,[60] 單于欲令衆拜, 衆不爲屈.[61] ◗單于圍守, 閉之不與水火, 衆拔刀自誓,◖[62] 單于恐而止, 乃◗更發使, 隨衆◖還京師.

---

52) 多虎暴 : 多虎害.(中白)
53) 檻 : 捕捉猛獸的柵欄.(新) 穽 : 捕獸的陷穽.(新)
54) 下記 : 頒下訓令.(新)
55) 張捕 : 張, 舖設, 張捕, 設機穽以捕鳥獸.(今)
56) 非憂恤之本也 : 也不符合憐憫体恤百姓的原則.(中白)
57) 除削課制 : 除, 免除. 削, 減收. 課制, 額定的租賦.(新)
58) 復 : 扶又翻.(胡)
59) 任以樞機 : 指任命宋均爲尙書令.(今)
60) 遣 : (資治)無'遣'字, 後漢書明帝紀有'遣'字.(◉) 越騎司馬 : 武官名. 越騎校尉屬官, 掌軍政, 參謀議.(新49年) 越騎 : 由才力超群的內附越人組成的宿衛騎兵團, 吏員一百二十人, 騎士七百人.(新49年)
61) 屈 : 屈從.(中白)
62) 自誓 : 以死自誓, 不爲單于屈辱.(今)

○【置度遼營】

置度遼營

南匈奴知漢與北虜交使,[63] 內懷嫌怨, 欲畔, 密使人詣北虜, 令遣兵迎之. 鄭衆出塞, 得其使人.[64] 乃上言"宜更置大將, 以防二虜交通."[65] 由是始置度遼營.[66]

○【求天竺佛法】

求天竺佛法

初, 帝聞西域有神, 其名曰佛, 因遣使之天竺求其道,[67] 得其書及沙門以來.[68] 其書大抵以虛無爲宗,[69] 貴慈悲不殺, 以爲人死, 精神不滅, 隨復受形, 生時所行善惡, 皆有報應, 故所貴修練精神,[70] 以至爲佛. 善爲宏闊勝大之言,[71] 以勸誘愚俗,[72] 精於其道者, 號曰沙門.[73] 於是中國始傳其術, 圖

63) 北虜 : 北匈奴.(今)
64) 得其使人 : 獲得南匈奴使者.(◉)
65) 二虜 : 指南匈奴及北匈奴.(今)
66) 度遼 : 漢將軍名號. 其以時渡遼水擊匈奴, 故名. 武帝時拜范明友爲度遼將軍, 率度遼營.(中)
67) 天竺 : 今印度.(今)
68) 沙門 : 卽佛教之僧.(今)
69) 其書大抵以虛無爲宗 : 佛經大抵以一切虛無爲本.(中白)
70) 修練 : ①(資治)作'修煉'.(◉) ② 修煉, 亦作'修練'. 亦作'修鍊'.(漢)
71) 宏闊勝大之言 : 高深莫測的言論.(新)
72) 勸誘 : 以勸化誘導.(中白)
73) 沙門 : ① 梵語的譯音. 或譯爲'娑門''桑門''喪門'等. 一說'沙門'等非直接譯自梵語, 而是吐火羅語的音譯. 原爲古印度反婆羅門敎思潮各個派別出家者的通稱, 佛敎盛行後, 專指佛敎僧侶.(漢) ② 浮屠者, 佛也. … 其精者, 號爲沙門. 沙門者, 漢言息心, 蓋息意去欲而歸於無

楚王英最先好佛 其形像, 而王公貴人, 獨楚王英最先好之.[74]

【丙寅(66) 永平九年】

○【明帝崇尙儒學】

明帝崇尙儒學 帝崇尙儒學, 自皇太子諸王侯及大臣子弟功臣子孫, 莫不受經. 又爲外戚樊氏郭氏陰氏馬氏諸子

四姓小侯 立學於南宮, 號四姓小侯.[75] 置五經師, 搜選高能以授其業.[76] 自期門羽林之士,[77] 悉令通孝經章句.[78]

匈奴遣子入學 匈奴亦遣子入學.

【戊辰(68) 永平十一年】

○【東平王爲善最樂】

東平王爲善最樂 東平王蒼來朝,[79] 月餘, 還國. 帝遣使手詔賜東平

爲也.(後漢紀 明帝紀下)

74) 楚王英 : 明帝兄也.(要)

75) 四姓小侯 : 四姓指樊氏(光武帝母族)郭氏陰氏(光武帝皇后外戚)馬氏(明帝馬皇后外戚). 明帝爲四姓外戚子弟, 專辦一所南宮貴戚學校, 入學子弟被稱爲四姓小侯(新) 小侯 : 以非列侯, 故曰小侯.(胡)

76) 搜選 : 網羅選擇.(今)

77) 期門 : 官名. 漢武帝時置, 掌執兵扈從護衛. 武帝喜微行, 多與西北六郡良家子能騎射者期約在殿門會合, 故稱. 漢平帝時更名虎賁郎.(漢) 羽林 : 禁衛軍名. 漢武帝時選隴西天水安定北地上郡西河等六郡良家子宿衛建章宮, 稱建章營騎. 後改名羽林騎, 取爲國羽翼, 如林之盛之意.(漢)

78) 章句 : ① 章者, 明也. 總義包體, 所以明情者也. … 章者, 積句所爲, 不限句數也.(讀詩質疑 卷首9 章句音韻) ② 凡經書, 成文語絶處, 謂之句, 語未絶而點分之, 以便誦詠, 謂之讀.(別雅 卷4)

國中傅曰,[80] "日者問東平王,[81] '處家何°等·最樂'[82]

送列侯印十九枚

王言'爲善最樂', 其言甚大, 今送列侯印十九枚, 諸王子年五歲已上能趨拜者, 皆令帶之."[83]

【己巳(69) 永平十二年】

○【天下安平】

天下安平

是時, 天下安平, 人無徭役, 歲比登稔,[84] 百姓殷富,[85] 粟斛三十,[86] 牛羊被野.[87]

【庚午(70) 永平十三年】

○【楚王英廢徙丹陽】

楚王英廢徙丹陽

金龜玉鶴

楚王英與方士◗作金龜玉鶴, 刻文字爲符瑞.[88] 男子燕廣告英與漁陽王平顔忠等◖造作圖書,[89] 有逆

79) 東平王蒼 : ① 劉蒼, 亦明帝劉莊同母弟.(新) ② 光武第二子.(綱合)
80) 手詔 : 帝王親手寫的詔書.(漢) 中傅 : 官名. 輔導王侯的師傅.(新)
81) 日者 : 往日也.(綱合)
82) 等 : (春)作'事', 誤.(◉) 何等 : ① 做什麽事.(中白) ② 怎樣.(岳白)
83) 趨拜 : 指行禮儀. 趨, 小跑. 古人行禮, 至尊長面前, 要趨步上前, 以示尊重.(新)
84) 登稔 : ① 稔, 穀熟. ② 言豊收.(今) 比 : 毗至翻.(胡)
85) 殷富 : 殷實富足也.(中)
86) 粟斛三十 : 一斛三十文.(要)
87) 被 : 皮義翻.(胡)
88) 刻文字爲符瑞 : 指在金龜玉鶴上刻下顯示文祥瑞的文字.(新) 符瑞 : 吉祥的徵兆.(漢)
89) 男子燕廣 : 一个名叫燕廣的男子.(白楊) 燕廣 : 姓譜, 燕召公之後, 爲秦所滅, 子孫以國爲氏. 燕, 於賢翻.(胡) 圖書 : 符讖之書.(中白)

謀. 廢徙丹陽.[90] °☞˙

⁋【辛未(71) 永平十四年】⁋

○【楚王英之獄】

楚王英之獄

⁋楚王英至丹陽⁋自殺. 是時, 窮治楚獄,[91] 至累年. 其辭語相連, 自京師親戚諸侯州郡豪傑及考安吏,[92] 阿附坐死徙者以千數,[93] 而繫獄者尙數千人. 是時, 上怒甚, 吏皆惶恐,[94] 諸所連及, 率一切陷入,[95] 無敢以情恕者.[96] 侍御史寒朗心傷其寃,[97] 上疏力言其無辜, 帝意解, 詔遣朗出. 後二日, 車駕自幸洛陽獄錄囚徒,[98] 理出千餘人.[99] 時天旱, 卽大雨. 馬后亦以楚獄多濫, 乘間爲帝言之.[100] 帝

寒朗上疏訟寃

---

90) 廢徙丹陽 : 廢英, 徙丹陽.(胡) 丹陽 : 郡名. 治所宛陵, 在今安徽宣城縣.(新)
91) 窮治楚獄 : 窮迫, 深掘楚王英案, 卽擴大打擊面.(新) 治 : 直之翻. 下同.(胡)
92) 京師親戚 : 皇親國戚.(新) 傑 : ① (資治)作'桀'.(◉) ② 桀, 與'傑'通.(中) 考按吏 : 審問官.(新)
93) 阿附坐死徙者以千數 : 因阿附楚王而被處死流放的以千數.(岳白) 坐死 : 判死罪.(新) 徙者 : 流放.(新)
94) 吏 : 審案官員.(中白)
95) 率 : 大都.(新) 一切陷入 : 一律卷入楚獄一案被定罪.(新)
96) 無敢以情恕者 : 沒有一介審判官敢替冤枉的人開釋. 情, 冤情.(新)
97) 侍御史 : 官名. 御使大夫屬官, 掌監察.(新) 寒朗 : 考異曰, 范書作'寒', 陸龜蒙離合詩云, '初寒朗詠徘徊立'. 袁紀作'寒'. 按今有寋姓, 音件, 與袁紀合. 今從之. 余按姓譜有寒姓, 以爲夏諸侯后寒之後. 又曰, 周武王子寒侯之後.(胡)
98) 錄囚徒 : 省察囚徒情狀而記錄之也.(中)
99) 理出 : 平反釋放.(新) 理 : 審理.(岳白)
100) 乘間 : 找機會.(新) 間 : 古莧翻.(胡)

惻然感悟，夜起彷徨，[101] 由是多所降宥.[102]

○【作壽陵】

作壽陵 初作壽陵，[103] 制，[104] "令流水而已，▶無得起墳."◀[105]

▶【壬申(72) 永平十五年】◀

○【耿秉請擊匈奴】

耿秉請擊匈奴 ◖耿秉數請擊匈奴，帝從之.◗

【癸酉(73) 永平十六年】

○【班超以三十六人立功西域】

班超以三十六人立功西域 °☜˙ 遣秉與竇固等分道並出，伐北匈奴，固獨有功. 固使假司馬班超與從事郭恂俱使西域，[106] 超行到鄯善.[107] 鄯善王廣奉°超˙禮敬甚備，[108] 後忽更疎

101) 彷徨 : 釋徘徊也，莊子註，猶翶翔也. 余謂彷徨，不自安之貌.(胡)
102) 宥 : 寬宥，赦免.(新)
103) 初作壽陵 : 蘇輿曰，建武二十六年，初作壽陵. 此明帝預自制陵，書法宜有別. 後又云，帝初作壽陵，裁令流水而已 卽用光武制. 以文核之，並不當云初作.(今) 壽陵 : 謂生前預築之陵也.(中)
104) 制 : 制書，帝者制度之名也. 其文曰帝.(漢)
105) 令流水而已 : ① 言不起山陵，裁令封土，陂池不停水而已.(今) ② 制令勿起山陵，但使小隆起，可流泄水潦而已.(春)
106) 假者 : 權攝之義，謂軍司馬之副也.(春) 班超 : 32~102. 東漢名將，威行西域，封定遠侯.(新) 從事 : 大將軍之屬官也. 從事職參謀議.(春)
107) 鄯善 : 本西域樓蘭國，昭帝元鳳四年改爲鄯善.(今)
108) 鄯善王廣 : 廣其王之名也.(春) 超 : (春)作'詔'，誤.(◉) 甚備 : 很齊全，很周到.(漢)

懈.[109] 超謂其官屬曰, "此必有北虜使來,[110] 明者睹未萌, 況已著耶!"[111] 乃會其吏士三十六人曰, "不入虎穴, 不得虎子." 因夜以火攻虜營, 斬其使及從士三十餘級, 餘衆百許人悉燒死. 明日乃還, 召鄯善王廣, 以虜使首示之, 一國震怖. 廣叩頭, "願屬漢, 無二心." 遂納子爲質.[112] 還白竇固, 固大喜, 具上超功效, 復使超使于窴,[113] 其王廣德降. 於是諸國皆遣子入侍, 西域與漢絶六十五載, 至是乃復通焉.[114]

不入虎穴, 不得虎子

西域與漢絶六十五載乃復通焉

○【廉范破匈奴】

北匈奴大入雲中,[115] 太守廉范拒之, 吏以衆少, 欲移書傍郡求救, 范不許. 會日暮, 范令軍士各交縛兩炬, 三頭爇火,[116] 營中星列. 虜謂漢兵救至,

廉范破匈奴

交縛兩炬 三頭爇火

---

109) 踈 : ①(資治)作'疏'.(◉) ②踈, '踈'之譌字. 踈與'疏'同.(中) 疏懈 : 怠慢.(漢)
110) 北虜 : 指北匈奴.(新)
111) 耶 : ①(資治)作'邪'.(◉) ②與'邪'同.(中)
112) 質 : 音致.(今)
113) 于窴 : 西域國名, 在今新疆和田.(新) 窴 : 音田, 本作闐.(國)
114) 西域…復通焉 : 王莽天鳳三年, 焉耆擊殺王駿, 西域遂絶, 至此五十八載耳. 此言與漢絶六十五載, 蓋自始建國元年數之, 謂莽簒位而西域遂與漢絶也.(胡) 復 : 扶又翻.(胡) 載 : 子亥翻.(胡)
114) 疏勒城 : 在車師後部, 非疏勒國城也.(胡)
115) 雲中 : 郡名. 治所雲中, 在今內蒙古呼和浩特示西南.(新)
116) 交縛兩炬 三頭爇火 : 用兩炬交縛如十字, 燃其三頭, 手持一端, 使敵人望之, 疑兵士之

大驚，待旦將退．范令軍中蓐食，[117] 晨，往赴之，斬首數百級，虜自相轔藉，[118] 死者千餘人，由此不敢復向雲中．

【甲戌(74) 永平十七年】

○【遠夷內附】

遠夷內附 益州刺史朱輔宣示漢德，[119] 威懷遠夷，自汶山以西，[120] 前世所不至，正朔所未加，[121] 白狼槃木等百餘國，[122] 皆擧種稱臣奉貢．[123]

唐菆歌頌漢德 白狼王唐菆作詩三章，[124] 歌頌漢德，輔使譯而獻之．

○【戊己校尉】

戊己校尉 竇固耿秉擊西域，平車師，[125] °奏復·置西域都護及戊己校尉．[126]

多.(今) 爇 : ①(資治)作'焫'.(◉) ②爇，'焫'之本字.(中) ③焫，燃燒.(新)
117) 蓐食 : 謂早起，就床蓐中食也．蓐，只是軍行時，燒臥草蓐也.(春) 蓐 : 草席.(新)
118) 轔 : 互相蹈藉.(今)
119) 宣示 : 宣揚.(漢)
120) 汶山 : 卽岷山，主峰在四川茂汶縣東南(新) 汶 : 晉書音讀曰岷.(胡)
121) 正朔所未加 : 漢政令所不及.(今)
122) 白狼槃木 : ①益州西部西夷種族名.(新) ②皆西南夷遠國，在木牛徼外.(春)
123) 擧種 : 全種族，全部落.(今) 種 : 章勇翻.(胡)
124) 唐菆 : 白狼王也.(春)
125) 平 : 定.(胡)
126) 奏復 : (春)作'復奏'，據(資治)改.(◉) 奏復置西域都護及戊己校尉 : 宣帝置都護，元帝置戊己校尉．自王莽之亂，西域與中國絶，不復置．今通西域，復置之.(胡) 戊己校尉 :

【乙亥(75) 永平十八年】

○【北單于擊車師】

北單于
擊車師

北單于遣左鹿蠡王, 率二萬騎擊車師.[127)]

○【耿恭穿井得水】

耿恭穿
井得水

耿恭以䟽勒城傍有澗水可固,[128)] 引兵據之. 匈奴擁絶澗水,[129)] 恭於城中穿井十五丈, 不得水, 吏士渴乏, 至笮馬糞汁而飮之.[130)] 恭身自率士輓籠,[131)] 有頃, 水泉犇出,[132)] 乃令吏士揚水以示虜, 虜出不意, 以爲神明,[133)] 遂引去.

率士
輓籠

○【明帝遵奉建武制度】

明帝遵
奉建武
制度

八月, 帝崩, 年四十八. 帝遵奉建武制度,[134)] 無所

---

① 漢代官名, 掌管西域屯田事務.(漢) ② 師古曰, 甲乙丙丁庚辛壬癸, 皆有正位, 惟戊己寄治耳. 今所置校尉, 亦無常居, 故取戊己以爲名也. 有戊校尉, 有己校尉. 一說, 戊己居中, 鎭覆四方, 今所置校尉, 亦處西域之中, 撫諸國也.(漢書 卷19上 百官公卿表 顔師古注)

127) 左鹿蠡王 : 鹿, 或作谷. 匈奴之官, 有左右鹿蠡王.(春)

128) 䟽勒城 : 在車師後部, 非䟽勒國城也.(胡) 固 : 持久固守.(新)

129) 擁絶 : 築堤截斷. 擁, 通壅.(新)

130) 笮 : 壓, 音窄. 袁宏後漢紀作'柞'.(今)

131) 輓籠 : 前牽曰輓. 籠, 盛土之器.(今)

132) 犇 : 奔, 古作'犇'.(中) 水泉奔出 : 整衣服, 向井再拜, 爲吏士禱, 有頃水泉奔出.(後漢書 卷49 耿恭傳)

133) 神明 : 天地間一切神靈的總稱.(漢)

134) 建武制度 : ① 持光武帝抑制外戚的定規.(新) ② 光武閔傷前世權臣太盛, 外戚與政, 上燭明主, 下危臣子, 后族陰郭之家, 不過九卿, 親屬榮位, 不能及許史王氏之半耳.(今)

后妃之家不得封侯與政 郎官上應列宿 反支日不受章奏

變更，后妃之家不得封侯與政.[135] 館陶公主爲子求郎,[136] 不許，而賜錢°千˙萬,[137] 謂羣臣曰，"郎官上應列宿,[138] 出宰百里，苟非其人，則民受其殃，是以難之."[139] 公車以反支日不受章奏,[140] 帝聞而怪之曰，"民廢農桑，遠來詣闕，而復拘以禁忌，豈爲政之意乎!" 於是遂蠲其制.[141] ⁍帝爲後宮親屬，竟不用⁌ 是以吏得其人，民樂其業,[142] 遠近畏服，戶口滋殖焉.[143]

○ 太子卽位，年十八.

---

135) 后妃之家 … 封侯與政 : 至永平，后妃外家，貴者裁家一人，備列將校尉，在兵馬官，充奉宿衛闔門而已，無封侯豫朝政者.(今) 后妃 : 指皇后妃嬪.(漢) 與 : 讀曰預.(胡)

136) 館陶公主 : 光武女，適駙馬都尉韓光.(今) 爲子求郎 : 爲其子求爲郎也.(春)

137) 千 : (春)作'十'，據(資治)改.(◉)

138) 郎官上應列宿 : 史記天官書云，太微宮後二十五星，郎位也.(今)

139) 是以難之 : 因此我纔難從公主之願.(二十四史全譯 後漢書 卷2，明帝劉莊.)

140) 公車 : 官署名. 主受章奏者，亦上書者所詣也.(中) 反支日 : ① 非吉日，宮禁是日不受理章奏.(新) ② 凡反支日用月朔爲正，戌亥朔一日反支，申酉朔二日反支，午未朔三日反支，辰巳朔四日反支，寅卯朔五日反支，子丑朔六日反支.(今)

141) 蠲 : 除去.(今)

142) 樂 : 音洛.(胡)

143) 殖 : 殖，常識反，生也，多也.(春)

▪ 肅宗孝章皇帝

在位十三年, 壽三十一.

名炟,[144] 明帝太子. 厭明帝苛切,[145] 每事務從寬厚, 然寵任竇憲, 以啓外戚用權之漸, 此其所短也.

【丙子(76) 建初元年】

○【楊終請罷邊兵】

楊終請罷邊兵

楊終上蹏曰[146], "間者北征匈奴, 西開三十六國,[147] 百姓頻年服役, 轉輸煩費, 愁困之民足以感動天地,[148] 陛下宜留念省察." 帝下其章, 第五倫亦同終議. 牟融鮑昱皆以爲, "孝子無改父之道,[149] 征伐匈奴, 屯戍西域, 先帝所建, 不宜回異."[150] 終復上書曰,[151] "秦築長城, 功役繁興, 胡亥不革,

---

144) 炟 : ① (春)作'咺', 誤. 後漢書卷3章帝紀曰, "肅宗孝章皇帝諱炟, 顯宗第五子也."(◉) ② 母賈貴人, 以馬后母養爲嫡, 卽位. 諡法, 溫克令儀曰章. 伏侯古今註, '炟'之字曰'著'.(胡)
145) 苛切 : 苛刻嚴峻.(漢)
146) 蹏 : 同'疏'. 下同.(漢字典)
147) 三十六國 : 漢武帝時歸附漢朝的西域共有三十六個城邦小國. 東漢時分爲五十五國.(新)
148) 感動天地 : 知移變陰陽, 招致災異.(今)
149) 孝子無改父之道 : 引自論語學而孔子之言. 孔子曰, '父在觀其志, 父沒觀其行. 三年無改於父之道, 可謂孝矣'.(新)
150) 回異 : 反其道而異, 卽改變, 更易.(新)
151) 書 : (資治)作'疏', (後漢書楊終傳)作'書'.(◉)

卒亡四海, 故孝元棄珠厓之郡,[152] 光武絶西域之

不以介鱗易我衣裳

國, 不以介鱗易我衣裳."[153] 帝從之.

○【陳寵請尙寬厚】

陳寵請尙寬厚

⁋春正月,⁋ 丙寅, 詔, "二千石勉勸農桑. 罪非殊死,[154] 須秋按驗.[155] 有司明愼選擧,[156] 進柔良, 退貪猾,[157] 順時令,[158] 理冤獄."[159] 是時承永平故事, 吏政尙嚴切, 尙書決事, 率近於重. 尙書陳寵以帝新卽位, 宜改前世苛俗, 乃上疏曰, "臣聞先王之

賞不僭刑不濫

政, 賞不僭, 刑不濫. 與其不得已, 寧僭無濫.[160]

寧僭無濫

往者斷獄嚴明,[161] 所以威懲姦慝,[162] 姦慝旣平, 必宜濟之以寬.[163] 夫爲政猶張琴瑟, 大絃急者小絃

---

152) 珠厓 : 郡名. 在今海南省. 漢武帝元鼎六年(前111)置.(新)
153) 介鱗易我衣裳 : 介鱗, 喩遠夷, 其人與魚鼈, 無異也. 衣裳, 謂中國也.(胡)
154) 殊死 : 指必判死刑的大罪.(新)
155) 按 : 通'案'.(漢) 案驗 : 復審.(新)
156) 選擧 : 選賢任能, 考選吏員.(新)
157) 猾 : 戶八反, 狡也.(新)
158) 順時令 : 順應天時節令.(中白)
159) 理冤獄 : 平反寃案.(新)
160) … 與其不得已 寧僭無濫 : ① 引自左傳襄公二十九('六'之誤)年蔡大夫聲子之言, 曰, "善爲國者, 賞不僭, 而刑不濫. … 若不幸而過, 寧僭無濫." 意謂政寬比起嚴苛來, 寧寬無嚴.(新) ② 以左傳所載'若不幸而過, 寧僭無濫, 與其失善, 寧其利淫.'之文, (資治)改'與其不得已 寧僭無濫', 則'與其'之後, 當有'失善', 而不當有'不得已'矣. 以左傳之'若'易(資治)之'與其', 以作'若不得已', 則文理順矣.(◉) 僭 : 過度, 過分. 不當賞而賞, 有如僭越, 故謂之僭.(新) 濫 : 泛濫. 不當罰而罰謂之濫.(新)
161) 往者 : 指永平年間.(今)
162) 姦慝 : 奸巧邪惡.(新)

絶.[164] 陛下宜隆先王之道, 蕩滌煩苛之法, 輕薄箠楚以濟群生,[165] 全廣至德以奉天心!" 帝深納寵言, 每事務於寬厚.

【丁丑(77) 建初二年】

○【馬廖勸成德政】

馬廖勸成德政 太后兄衛尉馬廖慮美業難終,[166] 上疏勸成德政曰, "夫改政移風, 必有其本. 傳曰,[167] '吳王好劍客, 百姓多創瘢,[168] 楚王好細腰, 宮中多餓死.'[169] 長安語曰,[170] '城中好高結,[171] 四方高一尺, 城中好廣眉, 四方且半額, 城中好大袖, 四方全匹帛.'[172] 斯言如戲, 有切事實." 太后深納之.

好劍客多創瘢好細腰多餓死

○【第五倫請尙寬政】

163) 濟 : 益.(今)
164) 夫爲政 … 小弦絶 : 賢曰, 新序, 臧孫魯大夫, 行猛政. 子貢非之曰, 夫政猶張琴瑟也, 大絃急則小絃絶矣, 故曰, 罰得則姦邪止, 賞得則下歡悅.(胡)
165) 輕薄箠楚 : 減輕酷刑.(新)
166) 美業 : 指馬太后倡節儉政治.(新)
167) 傳 : 泛指古書(新)
168) 吳王 … 多創瘢 : 瘢, 蒲官翻, 痕也. 好劍客, 蓋指吳王闔閭也.(胡) 創 : 刀傷.(綱鑑)
169) 楚王 … 多餓死 : 墨子曰, 楚靈王好細腰, 而國多餓人.(胡) 楚王 : 指春秋時楚靈王.(新)
170) 長安語 : 當時諺語.(胡) 城中 : 長安城中.(新)
171) 高結 : 高髻.(今) 結 : 讀曰髻.(胡)
172) 全匹帛 : 衣袖用了整匹布帛.(新)

第五倫請尙寬政

第五倫上疏曰,"光武承王莽之餘,頗以嚴猛爲政,後代因之,遂成風化,郡國所擧,類多辨職俗吏,[173] 殊未有寬博之選以應上求者也.秦以酷急亡國,王莽亦以苛法自滅,故勤勤懇懇,[174] °實˙在於此."[175] 上善之.倫雖天性峭直,[176] 然常疾俗吏苛刻,論議每依寬厚云.

【己卯(79) 建初四年】

○【楊終請議五經】

楊終請議五經

校書郎楊終建言,[177] "宣帝博徵群儒,論定五經於石渠閣.[178] 方今天下少事,學者得成其業,而章句之徒,[179] 破壞大體.宜如石渠故事,永爲後世則."帝從之.

【白虎觀議五經同異】

173) 辨職俗吏 : 能治辦事務的庸俗之吏.(新)
174) 勤勤懇懇 : 我所以懇切地上書勸諫.(中白)
175) 實 : (春)作'寔',據(資治)改.(◉)
176) 峭 : 峻急.(今)
177) 校書郎 : 官名.掌校圖書,以郎官爲之,稱校書郎.(新)
178) 論定 : 寫定標準本,頒行天下.漢宣帝集諸儒于石渠閣,校定五經,事見通鑑第二十七,甘露三年.(新) 石渠閣 : 在未央殿北,以藏秘書也.(前漢書 儒林傳)
179) 章句之徒 : 指只懂字句意義,解說曼衍,支離煩瑣的迂闊儒生.此等儒生被斥爲'破碎大道'的'章句小儒.'(新) 章句 : 分章斷句,并逐字逐句解說經義.(新)

白虎觀議五經同異

⁋十一月,⁋ 詔太常, "博士郎官及諸儒會白虎觀,[180] 議五經同異." 帝親稱制臨決,[181] 作白虎議奏,[182] 名儒丁鴻樓望成封桓郁班固賈逵及廣平王羨皆與焉.[183]

【辛巳(81) 建初六年】

○【廉范五絝】

廉范五絝

廉范遷蜀郡太守.[184] 成都民物豐盛, 邑宇逼側.[185] 舊制, 禁民夜作以防火災. 范乃毁削先令, 但嚴使儲水而已. 百姓以爲便, 歌之曰, "廉叔度, 來何暮, 不禁火, 民安作.[186] 昔無襦,[187] 今五袴."[188]

廉叔度來何暮

°☞˙

【癸未(83) 建初八年】

○【切責竇憲】

---

180) 白虎觀 : 漢北宮中殿名.(新)
181) 帝親稱制臨決 : 章帝親自批復并出席白虎觀裁決.(新)
182) 白虎議奏 : 卽白虎通議, 簡稱白虎通.(今)
183) 與 : 參預.(今)
184) 廉范 : 字叔度.(胡)
185) 逼側 : 民舍建制過密, 緊密逼隣.(新)
186) 作 : 則護反.(春)
187) 襦 : 短衣也.(胡)
188) 袴 : ① (資治)作'絝'.(◉) ② 袴, 與'絝'同.(中) ③ 絝, 脛衣也.(胡) ④ 絝, 讀褲.(新)

切責竇憲

中郎將竇憲恃宮掖°聲˙勢,[189] 以賤直請奪沁水公主園田,[190] ◗主逼畏不敢計.[191] 後◖發覺, 帝大怒, 召憲切責曰, "深思前過奪主田園時,[192] 何用愈趙高指鹿爲馬乎![193] 久念使人驚怖. 國家棄憲,[194] 如孤雛腐鼠耳!" 憲大懼, 皇后爲毁服深謝,[195] 良久乃得解.[196]

棄憲如孤雛腐鼠

○【竇憲何異指鹿爲馬】

竇憲何異指鹿爲馬

溫公曰, "人臣之罪, 莫大於欺罔, 是以明君疾之. 孝章謂竇憲何異指鹿爲馬, 善矣. ◗然◖卒不能罪憲,[197] 則姦臣安所懲哉![198] 夫人主之於臣下, 患在不知其姦, 苟或知之而復赦之, 則不若不知之爲愈也. 何以言之? 彼或爲姦而上不之知, 猶有

---

189) 竇憲恃宮掖聲勢 : 竇憲仗恃皇親的威勢.(新) 聲 : (春)作'之', 誤.(◉)
190) 賤直 : 賤價.(新) 沁水公主 : 明帝女也. 沁水, 在懷州北, 源出上黨羊頭山.(春)
191) 計 : 猶今言計較也.(胡)
192) 深思前過奪主田園時 : 我深思前次經過你所占奪的沁水公主田園的時候.(岳白)
193) 愈 : ① 超過.(新) ② 差也.(胡) 乎 : (資治)無'乎'字.(◉) 趙高指鹿爲馬 : 秦二世時權奸中車府令趙高, 憑借權勢, 在秦二世面前當着朝臣指鹿爲馬, 威壓朝臣附和自己, 以孤立秦二世, 欲謀大逆. 事見通鑑卷八秦二世三年. 這裏章帝切責竇憲, 指斥說, '想想你强奪沁水公主莊園的罪過, 你的氣焰簡直超過了趙高的指鹿爲馬, 長久地使人驚駭害怕.'(新)
194) 國家 : 猶言官家, 指皇帝.(漢)
195) 爲 : 于僞翻.(胡) 毁服深謝 : 脫去皇后之服, 深深陪罪求饒.(新) 毁服 : 猶降服也.(胡)
196) 良久乃得解 : 過了很長時間, 章帝才消了怒氣.(新)
197) 罪憲 : 治憲之罪.(新)
198) 懲 : ① 戒懼.(新) ② 懲罰.(岳白)

所畏，旣知而不能討，彼知其不足畏也，則放縱而無所顧矣！是故知善而不能用，知惡而不能去，此人主之深戒也.”

知惡而不能去人主之深戒

○【周紆問大姓主名】

周紆問大姓主名

◖周紆爲雒陽令,[199] 下車,[200] 先問大姓主名,[201] 吏數閭里豪强以對.[202] 紆厲聲怒曰,“本問貴戚若馬竇等輩，豈能知此賣菜傭乎!”[203] 於是部吏望風旨,[204] 爭以激切爲事,[205] 貴戚跼蹐,[206] 京師肅淸.◗

先問大姓主名

豈能知此賣菜傭

【甲申(84) 元和元年】

○【韋彪上議貢擧法】

韋彪上議貢擧法

陳事者多言“郡國貢擧,[207] 率非功次,[208] 故守職益懈,[209] 而吏事寖疏,[210] 咎在州郡.”有詔下公卿朝

199) 周紆 : ?-97. 字文通，下邳徐縣人，… 執法不阿，權貴疾之.(新) 紆 : 邕具翻.(胡)
200) 下車 : 乘公車赴任，稱下車.(新)
201) 大姓主名 : 指豪强首領.(新)
202) 數 : 所具翻.(胡)
203) 賣菜傭 : 賣蔬菜者. 比喩卑微平庸的人.(漢)
204) 望風旨 : 望，了解. 風旨，讀諷旨，指周紆暗示的打擊豪强的意圖.(新)
205) 爭以激切爲事 : 爭相使用嚴厲的手段打擊不法貴戚爲能事.(新)
206) 貴戚跼蹐 : ① 言貴戚不敢肆無忌憚.(今) ② 謂天高而有雷霆，地厚而有陷淪，上下皆可畏怖也. 跼，曲也. 蹐，累足也.(春)
207) 貢擧 : 保擧任用的人才. 漢制，公卿及群國守相，都有責任向朝廷擧薦人才，貢擧得人有賞，貢擧不得人有罰.(新)
208) 功次 : 按功績實效，依次擧用.(新)

臣議. 大鴻臚韋彪上議曰, "夫國以簡賢爲務,[211] 賢以孝行爲首, 是以求忠臣必於孝子之門.[212] 夫人才行少能相兼,[213] 是以孟公綽優於趙魏老, 不可以爲滕薛大夫.[214] 忠孝之人, 持心近厚,[215] 鍛鍊之吏,[216] 持心近薄.[217] 士宜以才行爲先, 不可純以閥閱.[218] 然其要歸,[219] 在於選二千石.[220] 二千石賢, 則貢擧皆得其人矣."

孟公綽優於趙魏老

○【彊直自遂 南陽朱季】

彊直自遂 南陽朱季

°十月˙,[221] 幸宛.[222] 召前臨淮太守朱暉,[223] 拜尚書僕射.[224] 暉在臨淮, 有善政, 民歌之曰, "彊直自

209) 守職益解 : 指郡國所貢擧的人, 不稱職, 日益不負責任.(新)
210) 蹠 : 同'疏'.(漢字典)
211) 簡賢 : 選賢.(新) 爲務 : 爲政的首要任務.(新)
212) 求忠臣必於孝子之門 : 孝經緯之文.(今)
213) 才行 : 才能與品德.(新)
214) 孟公綽 … 薛大夫 : 孔子語, 見論語憲問篇. 家臣稱老. 趙魏, 晉卿之邑. 孟公綽, 魯大夫. 公綽性過欲, 趙魏老優閑無事, 故優爲之, 而滕薛小國, 大夫職繁, 故不能勝其任.(今)
215) 持心 : 用心.(新) 厚 : 仁厚.(新)
216) 鍛鍊之吏 : 酷吏.(今) 鍛鍊 : 成熟.(胡)
217) 薄 : 刻薄寡恩.(新)
218) 閥閱 : 明其等曰閥, 積功曰閱.(胡)
219) 要歸 : 關鍵, 根本.(新)
220) 二千石 : 指郡國守相.(新)
221) 十月 : (春)作'九月', 誤.(◉)
222) 宛 : ①縣名, 爲南陽郡郡治, 在今河南南陽市.(新) ② 於元翻.(胡)
223) 朱暉 : 4~91. 字朱季, 爲人剛正, 官至尚書令.(新)
224) 尚書僕射 : 官名. 主領尚書, 位次尚書令.(新)

遂,[225] 南陽朱季,[226] 吏畏其威, 民懷其惠." 時坐法免,[227] 家居,[228] 故上召而用之.

○【朱暉諫行均輸】

朱暉諫行均輸 尙書張林上言, "縣官經用不足,[229] 宜自煮鹽,[230] 及復修武帝均輸之法."[231] 朱暉固執以爲不可曰, "均輸之法, 與賈販無異,[232] 鹽利歸官, 則下民窮怨, 誠非明主所宜行."

○【毛義捧檄】

毛義捧檄 廬江毛義,[233] 東平鄭均,[234] 皆以行義稱於鄉里. 南陽張奉慕義名, 往候之,[235] 坐定而府檄適至,[236] 以義守安陽令,[237] 義捧檄而入, 喜動顔色, 奉心賤

---

225) 彊 : 同'强'.(漢) 强直自遂 : 剛正自進.(新)
226) 朱季 : 朱暉字文季, 故曰朱季, 南陽郡宛邑人(春)
227) 坐法免 : 東觀漢記曰, 坐考長吏囚死獄中, 州奏免官.(今)
228) 家居 : 指辭去官職或無職業, 在家裏閑住.(漢)
229) 縣官 : 朝廷.(新) 經用 : 經常費用.(今)
230) 自煮鹽 : 國家鹽鐵專賣, 由政府經營制鹽. 前119年漢武帝施行.(新)
231) 修 : 通'脩'.(漢) 均輸之法 : ① 謂州郡所出租賦幷雇運之直, 官總取之, 市其土地所出之物, 官自轉輸於京, 謂之均輸.(胡) ② 郡國進獻皇帝貢品, 不運於京師, 而運於價高處賣之, 謂之均輸, 此法創始於武帝.(今)
232) 賈 : 音古.(胡)
233) 毛義 : 廬江人, 字少節, 孝子, 官安陽令.(中)
234) 鄭均 : 字仲虞, 東平任城人.(新)
235) 候之 : 謂伺候謁見也.(綱合)
236) 檄 : ① 召書也(胡) ② 此指委任狀.(新)
237) 守 : 代理.(新) 令 : 守令也.(胡)

之,[238] 辭去. 後義母死, 徵辟皆不至,[239] 奉乃歎

賢者固不可測 曰, "賢者固不可測. 往日之喜, 乃爲親屈也."[240]

帝下詔褒寵義均.

【乙酉(85) 元和二年】

○【詔戒俗吏矯飾】

詔戒俗吏矯飾 詔曰, "夫俗吏矯飾外貌, 似是而非, 朕甚厭之, 甚

日計不足 月計有餘 苦之![241] 安靜之吏, 悃愊無華,[242] 日計不足, 月計

有餘.[243] 如襄城令劉方,[244] 吏民同聲謂之不煩,[245]

雖未有他異, 斯亦殆近之矣.[246] 夫以苛爲察, 以

刻爲明, 以輕爲德, 以重爲威, 四者或興, 則下

有怨心. 吾詔書數下,[247] 冠蓋接道,[248] 而吏不加

---

238) 奉心賤之 : 張奉見毛義喜動顔色, 遂輕賤義有貪求利祿之意.(綱合)
239) 徵辟 : 有詔召之者曰徵, 郡國舉擢者曰辟.(綱合)
240) 爲親屈 : 指毛義爲博母親歡心而屈身爲縣令.(新) 爲 : 于僞翻.(胡)
241) 章, 甲十六行本 '曰'下有 '夫俗吏矯飾外貌, 似是而非, 朕甚饜之, 甚苦之!' 十八字, 乙十一行本同, 孔本同, 張校同, '饜'本作'厭'.(胡)
242) 悃愊無華 : 悃愊, 至誠也. 無華, 謂不事文采也.(春)
243) 日計不足 月計有餘 : 謂以日計功, 若不足者, 然久而計之, 則民安其生, 家給人足, 固沛然而有餘裕.(今) 計 : 考校.(新)
244) 襄城 : 在今河南襄城縣西.(今)
245) 不煩 : 政令不煩苛, 不擾民.(新)
246) 雖未有他異 斯亦殆近之矣 : 雖然沒有其他特出表現, 但這就差不多接近我的要求. 斯, 指像劉方這樣的官吏. 殆, 庶幾, 差不多.(新)
247) 數 : 所角翻.(胡)
248) 冠蓋接道 : 謂奉詔出使者相接於道也.(胡) 冠蓋 : 指戴官帽.(新)

治,[249] 民或失職,[250] 其咎安在?[251] 勉思舊令,[252] 稱朕意焉."

○【祠孔子於闕里】

祠孔子於闕里

⁋二月,¶ 乙丑, 帝耕於定陶,[253] ⁋三月, 己丑,¶ 進幸魯,[254] ⁋庚寅,¶ 祠孔子於闕里.[255]

⁋【丙戌(86) 元和三年】¶

○【曹褒定漢禮】

曹褒定漢禮

博士魯國曹褒上疏,[256] 以爲"宜定文制, 著成漢禮." 太常巢堪以爲,[257] "一世大典, 非褒所定,[258] 不可許." 帝知諸儒拘攣,[259] 難與圖始, 朝廷禮憲, 宜以時立, 乃拜褒侍中. 玄武司馬班固以爲,[260] "宜

---

249) 吏不加治 : 政風未走上正軌.(新)
250) 失職 : 失公民之職, 指犯法.(新)
251) 咎 : 過失.(新)
252) 舊令 : 謂故府之籍所疏載者.(胡)
253) 定陶 : 縣名.(新)
254) 進 : (資治)無'進'字, 後漢書(卷3章帝紀)有'進'字.(◉) 魯 : 縣名.(新)
255) 祠 : 祭奠.(新) 闕里 : ① 里名.(新) ② 魯縣古曲阜有闕里, 孔子所居.(胡)
256) 博士 : 官名. 奉常屬官, 備朝廷顧問, 爲太學講官.(新) 曹褒 : ?~102. 魯國薛人, 字叔通. 擧孝廉, 爲圉令. 徵拜博士. 官至侍中.(人) 䟽 : 同'疏'.(漢字典)
257) 太常 : 九卿之一, 掌宗廟禮儀.(新) 巢堪 : 巢姓, 有巢氏之後, 春秋有巢牛臣.(胡)
258) 非褒所定 : 言非褒所能定.(今)
259) 拘攣 : 猶拘束也.(胡)
260) 玄武司馬 : 官名. 掌宮城玄武門護衛.(新) 班固 : 32~92. 東漢史學家, 文學家, 著漢書行于世.(新)

作舍道旁 三年不成 會禮之家 名爲聚訟

廣集諸儒, 共議得失." 帝曰, "諺言, '作舍道旁,[261] 三年不成.'[262] 會禮之家,[263] 名爲聚訟,[264] 互生疑異, 筆不得下, 昔堯作大章,[265] 一夔足矣."[266]

【丁亥(87) 章和元年】

○【召褒 授以叔孫通漢儀】

召褒 授以叔孫通漢儀

春, 正月, 帝召褒, 授以叔孫通漢儀十二篇曰,[267] "此制散略,[268] 多不合經, 今宜依禮條正, 使可施行."

【戊子(88) 章和二年】

○【竇憲專權】

竇憲專權

正月, 帝崩, 年三十一. 太子卽位, 年十歲. 竇太后臨朝,[269] 竇憲兄弟皆在親要之地.[270]

---

261) 旁 : ①(資治)作'邊', 後漢書曹褒傳作'傍'.(◉) ② 傍, 亦作'旁'.(中)
262) 作捨道旁 三年不成 : 王氏曰, 謂彼是此非. 故久而無成也.(春)
263) 會禮 : 言會而議禮.(今)
264) 聚訟 : ① 言相爭不定.(今) ② 衆說紛紜, 久無定論.(漢)
265) 大章 : ① 堯樂名也.(春) ② 堯作樂曰大章.(胡)
266) 夔 : 舜時典樂者也.(春)
267) 漢儀 : 通制漢儀, 見十卷高帝六年七年, 其書與律令同藏於理官.(胡)
268) 散略 : 疏略.(今)
269) 太后臨朝 : ① 竇太后攝政稱制.(新) ② 少帝卽位, 太后卽代攝政, 臨前殿, 朝群臣, 太后東面, 少帝西面. 群臣上書奏事, 皆爲兩通, 一詣太后, 一詣少帝.(胡) 臨朝 : 臨御朝廷.(處理政事) 特指太后攝政稱制.(漢)

○【竇憲伐北匈奴】

竇憲伐北匈奴 北匈奴飢亂.[271] 以竇憲爲車騎將軍, 伐北匈奴.

---

270) 竇憲 : ?~92. 字伯度, 竇太后之兄.(新) 親要之地 : 指侍中中常侍爲親近皇帝的顯要之地.(新)

271) 飢 : ①(資治)作'饑'.(◉) ②饑, 與'飢'通.(中)

通鑑節要增損校註 卷十九

後漢紀

▪ 孝和皇帝

在位十七年, 壽二十七.

名肇, 章帝第四子. ◗母梁貴人所生, 竇皇后養之. 諡法不剛不柔曰和.◖[1] 宦官外戚, 迭爲消長, 漢家之禍, 自此始矣.

【己丑(89) 永元元年】

○【竇憲破北單于】

竇憲破北單于 六月, 竇憲耿秉將精騎萬餘, 與北單于戰于稽°洛˙山,[2] 大破之. 降者, 前後八十一部二十餘萬人.

登燕然山刻石勒功 憲秉出塞三千餘里, 登燕然山,[3] 命中護軍班固刻石勒功,[4] 紀漢威德而還.

---

1) 母梁貴人所生 … 不剛不柔曰和 : 據(綱合)補.(◉)
2) 洛 : (春)作'落', 誤.(◉) 稽洛山 : 在燕然山南, 匈奴中山也.(春)
3) 燕然山 : 在匈奴速耶烏地中, 稽洛山之北.(春)
4) 中護軍 : ① 官名, 禁軍將領.(新) ② 西都有護軍都尉, 今始有中護軍.(胡)

【辛卯(91) 永元三年】

○【漢兵出塞五千餘里】

漢兵出塞五千餘里

正月，竇憲以北匈奴微弱，欲遂滅之．◤二月，◥ 遣耿夔任尙，圍於金微山，[5] 大破之，出塞五千餘里而還，自漢出師所未嘗至也．

○【竇憲受賂】

竇憲受賂

竇憲旣立大功，威名益盛，刺史守令，多出其門，競賦斂吏民，[6] 共爲賂遺．[7]

【壬辰(92) 永元四年】

○【竇憲伏誅】

竇憲伏誅

竇氏父子兄弟，充滿朝廷，是時，憲兄弟專權．帝以朝臣上下莫不附憲，獨中常侍鄭衆，[8] 謹敏有心幾，[9] 遂與衆定議誅憲．帝以太后故，不欲名誅憲，[10]

---

5) 金微山 : 當在外蒙與西伯利亞界上.(今)
6) 斂 : 力贍翻.(胡)
7) 賂遺 : 以財物贈送或買通他人.(漢)
8) 鄭衆 : ?~114. 字季產. 南陽犨人, 與和帝定策誅竇憲, 以功遷大長秋, 封剿鄉侯. 東漢宦官用權, 自鄭衆始.(新)
9) 心幾 : ① 幾, 事也, 心幾, 謂心事也, 今人謂人胸中有城府者爲有心事. 幾, 居希翻.(胡) ② 心計, 有城府.(新)
10) 名誅 : 正名誅之, 卽判罪正法.(新)

迫令自殺.

○【班固著漢書 班昭踵成之】

班固著漢書班昭踵成之

班固, 以竇氏賓客,[11] 收捕, 死獄中. 固嘗著漢書, 尙未就, 詔固女弟曹壽妻昭踵而成之.[12]

○【宦官用權】

宦官用權

帝策勳班賞, 鄭衆每辭多受少, 帝由是賢之, 常與之議論政事, 宦官用權自此始矣.

【丁酉(97) 永元九年】

○【梁氏自此盛】

梁氏自此盛

皇太后竇氏崩.[13] 追尊母梁貴人爲⁋皇⁋太后.[14] ⁋追封諡皇太后父竦爲褒親愍侯,⁋ 封梁竦三子爲侯,[15] 梁氏自此盛矣.

【壬寅(102) 永元十四年】

---

11) 以竇氏賓客 : 兢因逮考竇氏賓客.(胡)

12) 曹壽妻昭 : 班固姉妹, 爲曹壽妻, 名班昭. 東漢史學家, 繼班固續成漢書的八表及天文志. 又作女誡, 論婦女子之行, 在中國歷史上有限大影響, 和帝召班昭入宮給皇后及諸貴人講學, 賜號大家, 故史稱曹大家. 傳見後漢書卷84.(新)

13) 皇太后竇氏 : 東漢功臣竇融之曾孫, 章帝竇皇后.(新)

14) 梁貴人 : 和帝劉肇生母, 爲竇皇后迫害憂死.(新)

15) 梁竦 : 帝母梁貴人之父.(要) 封梁竦三子爲侯 : '梁氏自此盛矣'之前, (資治)有'封子棠爲樂平侯, 棠弟雍爲乘氏侯, 雍弟翟爲單父侯, 位皆特進.'之句.(◉)

○【徵班超 還京師】

徵班超還京師 不敢望到酒泉郡 但願生入玉門關

班超久在絶域,[16] 年老思土, 上書乞歸曰, "臣不敢望到酒泉郡,[17] 但願生入玉門關."[18] 乃徵超還, 以戊己校尉任尙代爲都護.[19]

【乙巳(105) 元興元年】

○【鄧太后臨朝】

鄧太后臨朝

十二月, 帝崩. ⁌長子勝, 有痼疾,⁍ 少子隆, 生始百餘日. 卽皇帝位, 太后臨朝.[20]

▪ 孝殤皇帝

在位一年, 壽二歲.

名隆, 和帝少子. ⁌生僅百餘日, 太后立之, 在位一年, 壽二歲而崩. 謚法, 短折不成曰殤.⁍[21]

---

16) 班超久在絶域 : 超始出西域見四十五卷明帝永平十六年(73年)(今)
17) 酒泉郡 : ① 去長安二千八百五十里.(胡) ② 在今甘肅酒泉.(新)
18) 玉門關 : ① 去長安三千六百里.(胡) ② 在今甘肅敦煌縣西北.(今)
19) 戊己校尉 : 官名, 掌西域屯田兵.(新) 都護 : 官名. 漢宣帝置西域都護, 總監西域諸國, 并護南北道, 爲西域地區最高長官. 其後廢置不常.(漢)
20) 太后 : 鄧皇后被尊稱爲皇太后, 臨朝攝政.(中白) 臨朝 : 臨御朝廷.(處理政事) 特指太后攝政稱制.(漢)
21) 生僅百餘日 … 短折不成曰殤.(綱鑑)

【丙午(106) 延平元年】

○【鄧太后猶臨朝】

鄧太后猶臨朝 八月, 帝崩,[22] 太后迎清河王慶子祜,[23] 爲孝和皇帝嗣, 卽皇帝位, 太后猶臨朝.[24]

○【樊準論儒風】

樊準論儒風 尙書郞樊準以儒風寖衰,[25] 上疏曰,[26] "人君不可以不學.[27] 光武皇帝受命中興,[28] 東西誅戰, 不遑啓處,[29] 然猶投戈講藝,[30] 息馬論道. 孝明皇帝庶政萬機,[31] 無不簡心,[32] 而垂情古典,[33] 遊意經藝, 每饗射禮畢,[34] 正坐自講,[35] 諸儒並聽, 四方欣欣. 又多徵名儒, 布在廊廟,[36] 每讌會則論難衎衎,[37] 共

22) 帝崩 : 時殤帝二歲.(今)
23) 淸河王慶 : 和帝之兄.(要)
24) 猶 : 公羊傳曰, 猶者, 可止之辭.(今)
25) 樊準 : 字幼陵, 南陽郡湖陽人.(新) 寖衰 : 陵替.(今)
26) 䟽 : 同'疏'.(漢字典)
27) 人君不可以不學 : 賈誼語.(今)
28) 中興 : 中途振興, 轉衰爲盛. 特指恢復幷非由本人失去的帝位.(漢)
29) 不遑啓處 : 沒有閑暇時間.(新)
30) 藝 : 六藝也.(胡)
31) 庶政萬機 : 日理萬機.(新)
32) 簡心 : 操心.(新) 簡 : 閱也.(胡)
33) 垂情古典 : 留意古代典籍.(新)
34) 饗射 : 古代學校于春秋二季擧行的練武選賢的禮儀活動, 又稱鄕射禮.(新)
35) 正坐 : 端坐.(新)
36) 布在廊廟 : 安置在政府各部門.(新)

介胄之士 悉通孝經

求政化，期門羽林介胄之士,[38] 悉通孝經,[39] 化自聖躬,[40] 流及蠻荒，是以議者每稱盛時，咸言永平.[41] 今學者益少，遠方尤甚．博士倚席不講,[42] 儒者競論浮麗,[43] 忘謇謇之忠,[44] 習諓諓之辭.[45] 臣愚以°爲˙宜下明詔,[46] 博求幽隱,[47] 寵進儒雅，以俟聖上講習之期."[48] 太后深納其言.

■ 孝安皇帝

在位十九年，壽三十二.

名祜,[49] ▶清河孝王慶之子，章帝之孫，鄧太后立之．謚法寬容和平曰安.◀[50] 卽位數年，太后臨朝，

---

37) 讌會 : 卽宴會.(新) 難 : 乃旦翻.(胡) 衎衎 : 和樂貌.(春)
38) 介胄之士 : 甲胄之士.(新)
39) 悉通孝經 : 悉令通孝經章句.(今)
40) 化 : 向往儒學敎化.(新)
41) 永平 : 明帝年號.(新)
42) 博士 : 太學講官.(新) 倚席 : 謂不施講坐也.(春)
43) 競論浮麗 : 爭相追求浮華的表面文章.(新)
44) 謇謇 : ①(資治)作'蹇蹇', 後漢書樊準傳'謇謇'.(◉) ②蹇蹇, 忠直貌. 蹇, 通'謇'.(漢)
45) 諓 : 諂言也.(春)
46) 爲 : (春)作'謂', 誤.(◉)
47) 博求幽隱 : 廣求隱逸之士.(新)
48) 以俟聖上講習之期 : 時安帝年十三, 故延請儒雅, 以俟講習.(今)
49) 祜 : (春)作'祐', 誤.(◉)
50) 淸河孝王慶之子…謚法寬容和平曰安 : 據(綱鑑)補.(◉)

親政之後，內寵益盛．

【丁未(107) 永初元年】

○【三公以災異免】

三公以災異免

秋九月，庚午，太尉徐防以災異寇賊策免．[51] 三公以灾異免，[52] 自防始．仲長統昌言曰，[53] "光武皇帝

矯枉過直

慍數世之失權，[54] 忿彊臣之竊命，[55] 矯枉過直，[56] 政不任下，雖置三公，事歸臺閣．[57] 自此以來，三公之職，備員而已．然政有不治，猶加譴責．[58] 而權移外戚之家，寵被近習之竪，[59] 水旱爲災．此皆戚宦之臣所致然也，[60] 反以°策˙讓三公，[61] 至於死免，如此，而欲望三公勳立於國家，績加於生民，不

51) 策免 : ① 策，王言也．免，黜也.(要) ② 帝王以策書免官.(漢)
52) 灾 : ①(資治)作'災'.(◉) ② 灾，與'災'同.(中)
53) 仲長統 : ① 字公理，山陽高平人．東漢末政論家，著有昌言行於世，昌言書已佚．後漢書仲長統傳有摘要.(新) ② 仲長，複姓．統，名也.(春) 昌言 : 仲長統… 每論說古今，及時俗行事，恒發憤歎息，因著論，名曰昌言．昌，當也．尙書曰，汝亦昌言.(後漢書 仲長統傳 及李賢注)
54) 慍 : 恨也.(胡) 數世之失權 : 指西漢後期元成哀平時政權旁落外戚手中.(新)
55) 彊 : 同'强'.(漢) 强臣 : 謂王莽.(胡)
56) 矯枉過直 : 糾正彎曲，超過中正.(新)
57) 臺閣 : 指尙書臺．東漢尙書出納章奏，總樞機之任．三公須加錄尙書事，才能參預行政.(新)
58) 譴 : 說文云，"謫，問也."(春)
59) 近習之竪 : 指宦官奴僕.(新) 竪 : '豎'之俗字.(中)
60) 戚宦 : 外戚宦官.(今)
61) 策 : (春)作'責'，誤.(◉) 讓 : 責也.(春)

亦遠乎！今人主誠專委三公，分任責成，而在位病民，[62] 擧用失賢，百姓不安，爭訟不息，天地多變，人物多妖，[63] 然後可以分此罪°矣˙！”[64]

【庚戌(110) 永初四年】

○【楊震四知】

楊震四知 鄧騭在位，頗能推進賢士．弘農楊震，孤貧好學，

關西孔子楊伯起 通達博覽，諸儒爲之語曰，“關西孔子楊伯起.”[65] 騭聞而辟之，累遷荊州刺史東萊太守.[66] 當之郡，道經昌邑，[67] 故所擧荊州茂才王密爲昌邑令，[68] 夜懷

故人知君 金十斤以遺震．震曰，“故人知君，[69] 君不知故人，

天知地知我知子知 何也?”密曰，“暮夜無知者.”震曰，“天知，地知，我知，子知，何謂無知者！”密愧而出．性公廉，[70] 子孫常°蔬˙食步行，[71] 故舊或欲令爲開產業，[72] 震

62) 在位病民 ： 三公身居高位各爲害人民.(中白)　病民 ： 謂百姓受其害也.(胡)
63) 妖 ： 災也.(春)
64) 矣 ： (春)作‘也’，據(資治)改.(◉)
65) 關西孔子楊伯起 ： 楊震，字伯起．居弘農，在函谷關之西.(胡)
66) 累遷荊州刺史東萊太守 ： 接連出任累荊州刺史和東萊太守.(中白)
67) 昌邑 ： 在今山東金鄕縣西北.(今)
68) 茂才 ： 卽秀才．因避漢光武帝名諱，改秀爲茂.(漢)
69) 故人 ： 漢人於門生故吏之前，率自稱故人．楊震謂王密曰，故人知君，君不知故人是也.(胡卷53，孝桓皇帝上之上，建和2年)
70) 性公廉 ： 品性公正廉潔.(新)

不肯曰, "使後世稱爲淸白吏子孫, 以此遺之, 不亦厚乎!"

○【虞詡捕盜】

虞詡捕盜

朝歌賊甯季等數千人攻殺長吏,[73] 屯聚連年, 州郡不能禁, 鄧騭惡虞詡, 以詡爲朝歌長. 故舊皆吊之,[74] 詡笑曰, "事不避難, 臣之職也. 不遇槃根錯節, 無以別利器,[75] 此乃吾立功之秋也!" 及到官, 設三科以募求壯士,[76] 自掾°史˙以下各擧所知,[77] 其攻劫者爲上, 傷人偸盜者次之, 不事家業者爲下, 收得百餘人. 詡爲饗會,[78] 悉貰其罪,[79] 使入賊中誘令劫掠, 乃伏兵以待之, 遂殺賊數百人.[80]

事不避難 臣之職

不遇槃根錯節無以別利器

---

71) 蔬食步行 : 食不魚肉, 行不車騎也.(胡) 蔬 : (春)作'素', 據(資治)改.(◉) 蔬食 : 素食.(新) 步行 : 徒步走路, 不乘用公家車騎.(新)

72) 爲開産業 : 替子孫置産業. 開, 置.(新)

73) 朝歌 : ① 河內邑也, 康叔所封之地.(春) ② 在今河南淇縣東北.(今)

74) 吊 : 同'弔'.(漢) 擔心, 安慰.(新)

75) 不遇槃根錯節, 無以別利器 : 樹根之盤互, 木節之交錯, 非堅利之器, 不能治之.(春)

76) 設三科以募求壯士 : 制定三等標準召募勇士.(新) 募 : 以財召也.(綱合)

77) 自掾史以下各擧所知 : 自掾史以下各自推擧自己所瞭解的人.(二十四史全譯 後漢書 卷88 虞詡列傳) 史 : (春)作'吏', 誤.(◉) 掾史 : ① 縣有廷掾, 監鄕部, 春秋爲勸農掾. 史有獄史佐史斗食令史掾史幹小史, 皆縣之官屬.(今) ② 官名. 漢以後中央及各州縣皆置掾史, 分曹治事. 多由長官自行辟擧. 唐宋以後, 掾史之名漸移於胥吏.(漢)

78) 饗會 : 宴會.(新)

79) 悉貰其罪 : 此三等人皆惡少年負宿罪者也, 悉貰之, 使入賊爲間. 貰, 始制翻.(胡) 貰 : 赦也.(春)

80) 使入賊中 … 遂殺賊數百人 : ① 以賊誘賊, 乃用兵之術也.(綱合) ② 誘賊出劫掠而伏兵殺之. 誘, 音酉.(胡)

采線縫裾 又潛遣貧人能縫者傭作賊衣，以采線縫其裾，[81] 有出市里者，[82] 吏輒禽之。[83] 賊由是駭散，咸稱神明，縣境皆平。

【乙卯(115) 元初二年】

○ 【虞詡增竈】

虞詡增竈 太后聞虞詡有將帥之°略˙，[84] 以爲武都太守。羌衆數千遮詡於陳倉崤谷，[85] 詡卽停軍不進，[86] 而宣言，[87] "上書請兵，[88] 須到當發。"[89] 羌聞之，乃分鈔傍縣。[90] 詡因其兵散，日夜進道，兼行百餘里，[91] 令吏士各作兩竈，日增倍之，[92] 羌不敢逼。或問曰，

孫臏減竈 "孫臏減竈而君增之，[93] 兵法日行不過三十里，以

---

81) 采線 : 特定的采線.(新) 裾 : (資治)作'裙'，後漢書虞詡傳作'裾'.(◉)
82) 出市里 : 出現在市邑鄉里.(新)
83) 禽 : 擒.(新)
84) 略 : (春)作'量'，據(資治)改.(◉)
85) 陳倉 : 縣名. 縣治在今陝西寶鷄市. 崤谷，在陳倉境通往鳳縣的山谷.(新)
86) 停軍 : 駐軍于陳倉.(新)
87) 宣 : 揚也.(綱合)
88) 請兵 : 請朝廷求益兵.(綱合)
89) 須 : 待也.(綱合)
90) 鈔 : 奪取也.(綱合)
91) 兼行百餘里 : 加倍趕路，日行一百餘里.(新)
92) 日增倍之 : 每天增加一倍.(新)
93) 孫臏減竈 : 前341年齊魏馬陵之戰，齊軍師孫臏用減竈退兵之計誘使魏將龐涓追擊，在馬陵中伏被擒. 事見資治通鑑卷二周顯王二十八年.(新)

戒不虞, 而今日且二百里, 何也.” 詡曰, “虜衆多, 吾兵少, 徐行則易爲所及,[94] 速進則彼所不測. 虜見吾竈日增, 必謂郡兵來迎, 衆多行速, 必憚追我. 孫臏見弱,[95] 吾今示彊,[96] 勢有不同故也.” ◗既到郡, 兵不滿三千, 而羌衆萬餘攻圍, 因掩擊, 大破之, 斬獲甚衆, 賊由是敗散. 詡視事三年,[97] 人足家給, 一郡遂安.◖

孫臏見弱 虞詡示彊

◗【°辛酉˙(121) 建光元年】◖

【內寵始盛】

內寵始盛

◖ ○ **皇太后鄧氏崩, 帝始親政事. 帝少號聰明, 故鄧太后立之. 及長, 多不德, 稍不可太后意.[98] 及太后崩, 鄧氏五侯皆廢爲庶人.[99] 以閻皇后兄弟並爲卿校,[100] 典禁兵. 於是內寵始盛.[101] 中常侍江京**

---

94) 徐行 : 緩慢進軍.(新) 及 : 追及也.(綱合)
95) 見弱 : 示人以弱.(新) 見 : 賢遍翻.(胡)
96) 彊 : 同'强'.(漢)
97) 視事三年 : 在任三年之後.(中白)
98) 稍不可太后意 : ① 言意不以爲可也(胡) ② 略使鄧太后失望.(新)
99) 五侯 : 西平侯廣宗, 葉侯廣德, 西華侯忠, 陽安侯珍, 都鄉侯甫德. (胡)
100) 閻皇后 : 安帝皇后.(新) 卿校 : 卿, 指九卿. 校, 指禁軍諸校衛官.(新)
101) 內寵 : 帝王寵愛的人. 指內官之有權寵者.(漢)

等扇動內外,[102] 競爲侈虐.◗

【壬戌(122) 延光元年】

○【叔度汪汪若千頃陂】

叔度汪汪若千頃陂

°☜˙ 汝南太守王龔,[103] 好才愛士. 以袁閬爲功曹,[104] 引進郡人°陳蕃黃憲˙等,[105] 憲不屈, 蕃遂就吏.[106] 憲世貧賤, 父爲牛醫. 潁川荀淑,[107] 遇憲於逆旅,[108] 時年十四, 淑竦然異之,[109] 揖與語, 移日不能去,[110] 謂憲曰, "子, 吾之師表也." 旣而前至袁閬所,[111] °逆˙曰,[112] "子國有顏子,[113] 寧識之乎?"[114] 閬曰, "見吾叔度耶?"[115] 是時同郡戴良, 才高倨傲,[116] 而見憲

---

102) 中常侍 : 宮中官名. 皇帝的貼身宦官.(新)
103) 王龔 : 字伯宗, 山陽郡高平縣人.(新)
104) 功曹 : 郡錄事.(綱鑑)
105) 陳蕃黃憲 : (資治)作'黃憲陳蕃.'(◉) 黃憲 : 字叔度. 陳蕃 : 字仲擧.(新)
106) 就吏 : 就辟而爲吏也.(胡)
107) 潁 : (春)作'穎', 誤.(◉) 荀淑 : 字季和.(新)
108) 逆旅 : 逆, 迎也. 設館舍以迎客, 故曰逆旅.(胡)
109) 竦然 : 驚異的樣子.(新)
110) 移日 : 日景移晷, 很長的時間.(新)
111) 前 : 進也.(要)
112) 逆曰 : (春)作'問曰', 而(資治)云"未及勞問, 逆曰." 據改.(◉) 逆 : 迎面便說.(中白)
113) 顏子 : ① 孔子弟子顏回.(新) ② 荀淑以黃憲比顏子.(新)
114) 寧識之乎 : ① 你可認識他?(中白) ② 寧, 恐或表示反詰, 相當于'豈'.(◉)
115) 叔度 : 憲字叔度.(春)
116) 倨傲 : 高傲看不起人.(新)

未嘗不正容, 及歸, 罔然若有失也.[117] 其母問曰, "汝復從牛醫兒來耶?" 對曰, "良不見叔度, 自以爲無不及, 旣覩其人, 則瞻之在前, 忽然在後,[118] 固難得而測矣." 陳蕃及周擧°嘗˙相謂曰,[119] "時月之間,[120] 不見黃生, 則鄙吝之萌復存乎心矣."[121] 太原郭泰,[122] 少游汝南, 先過袁閬, 不宿而退, 進, 往從憲, 累日方還. 或以問泰, 泰曰,[123] "奉高之器,[124] 譬諸氿濫,[125] 雖淸而易挹.[126] 叔度汪汪若千頃°陂˙,[127] 澄之不淸, 淆之不濁,[128] 不可量也."

澄之不淸 淆之不濁

【乙丑(125) 延光四年】

117) 罔然 : 失意的樣子.(新)
118) 瞻之在前 忽焉在後 : 看看好像在前面, 忽然又到後面去了. 這兩句話是顔回贊頌孔子的學問高深莫測, 見論語子罕篇.(新)
119) 嘗 : ① (春)作'常', (資治)作'嘗'. '常'通'嘗', 而'曾經'之義, 今多用'嘗', 則當作'嘗'.(◉) ② 曾經.(中白)
120) 時月之間 : ① 三月之間.(新) ② 自朔至晦爲一月, 三月爲一時.(要)
121) 鄙吝 : 猶茅塞之意(春)
122) 郭泰 : 字林宗, 太原郡介休人.(新)
123) 或以問泰 泰曰 : (資治)云, "或以問泰, 曰." 後漢書郭太傳云, "或以問太, 太曰." 則泰太混用, (春)從郭太傳, 有一'泰'字又加焉, 而文順矣.(◉)
124) 奉高 : 袁閬之字.(新) 器 : 識量.(新)
125) 氿濫 : ① 小泉.(漢) ② 氿音軌, 字從九無點. 或作氿, 誤也. 濫, 通作'檻'. 爾雅註云, 氿, 泉仄出也, 從傍出也. 濫, 泉涌出也.(春)
126) 挹 : 挹量也.(春)
127) 汪汪 : 水深廣貌.(綱合) 陂 : ① (春)作'波', 誤.(◉) ② 池塘湖泊.(漢) 千頃陂 : 千頃大湖.(新) 千頃 : 續漢書作萬頃.(今)
128) 淆 : 混也.(春)

○【閻后欲久專國政】

閻后欲久專國政 三月，帝崩，年三十二．太后臨朝．[129] 欲久專國政，貪立幼年，[130] 與◖閻◗顯等定策禁中，[131] 迎濟北惠王子北鄕侯懿爲嗣．[132] 乙酉，北鄕侯卽皇帝位．

○ 冬十月，北鄕侯薨．

○【宦官立順帝】

宦官立順帝 十一月，中常侍孫程王康等十九人聚謀於德陽殿，迎濟陰王，卽皇帝位，時年十°一˙．[133] 收閻顯，下獄，誅，遷太后於離宮．[134] 封孫程等皆爲列侯，是

十九侯 爲十九侯．

▪ 孝順皇帝

在位十九年，壽三十．

---

129) 太后：卽安帝閻后．(春)
130) 貪：求貪．(岳白)
131) 閻顯：?~125. 安帝閻皇后兄．(人) 定策禁中：不朝會與大臣謀，而在宮禁中決策．(新)
132) 惠王：名壽，章帝子也．(胡) 北鄕：郡名，在濟北地．(春)
133) 一：(春)作'二'，誤．(◉)
134) 離宮：正宮之外供帝王出巡時居住的宮室．(漢)

名保，安帝長子也．卽位之初，天下想其風采，[135] 黃瓊李固之徒，相繼登用，東京之士，於玆盛焉．然閹宦弄權，梁氏用事，賢人君子不能救漢朝之衰．

【丁卯(127) 永建二年】

○【聘處士樊英】

聘處士樊英 初，南陽樊英，[136] 少有學行，名著海內，隱於壺山之陽，[137] 州郡前後禮請，不應，公卿擧賢良方正有道，[138] 皆不行，安帝賜策書徵之，[139] 不赴．是歲，帝復以策書玄纁，[140] 備禮徵英，待以師傅之禮．英初被詔命，衆皆以爲必不降志．[141] 南郡王逸素與英善，因與▸其◂書，[142] 多引古譬諭，勸使就聘．[143] 及後應對，無奇謀深策，[144] 談者以爲失望．河南

135) 風采 : 風度神采．多指美好的擧止態度．(漢)
136) 樊英 : 字季齊，南陽魯陽人．(新)
137) 壺山 : 卽今河南唐河縣西北大狐山．(新)
138) 有道 : 漢代選擧科目之一．(漢)
139) 策書徵之 : 皇帝下詔書徵召．(新)
140) 玄纁 : 黑色綢緞，指代幣帛．玄纁禮徵，卽送上一份厚禮．(新)
141) 必不降志 : 一定不會改變志節．指堅決拒徵．(新)
142) 與其書 : 寫信給樊英．(新)
143) 勸使就聘 : 勸導樊英接受徵召．(新)
144) 及後應對無奇謀深策 : 後來他在應對皇帝的提問時，沒有什麽奇謀遠策．(中白)

天下有二道出與處

張楷與英俱徵,[145)]謂英曰, "天下有二道, 出與處也. 吾前以子之出, 能輔是君也, 濟斯民也. 而子始以不訾之身,[146)] 怒萬乘之主,[147)] 及其享受爵祿, 又不聞匡救之術, 進退無所據矣."[148)]

進退無所據

○【王者擧逸民 揚仄陋】

王者擧逸民揚仄陋

溫公曰, 古之君子, 邦有道則仕, 邦無道則隱.[149)] 隱非君子之所欲也. 人莫己知而道不得行, 群邪共處而害將及身, 故深藏以避之. 王者擧逸民,[150)] 揚仄陋,[151)] 固爲其有益於國家,[152)] 非以徇世俗之耳目也.[153)] 是故有道德足以尊主,[154)] 智能足以庇民,[155)]

擧逸民揚仄陋

145) 張楷 : 字公超, 河南梁縣人. 傳見後漢書卷36.(新)
146) 不訾之身 : 無價之身.(新) 不訾 : 訾, 量也, 言無量可比之, 貴重之極也. 訾, 音資.(胡)
147) 怒萬乘之主 : 按英傳, 英强輿入殿, 猶不以禮屈. 帝怒, 謂英曰, "朕能生君, 能殺君, 能貴君, 能賤君, 能富君, 能貧君, 君何以慢朕命?" 英曰, "臣受命於天, 生盡其命, 天也, 死不得其命, 亦天也. 陛下焉能生臣, 焉能殺臣! 臣見暴君如見仇讎, 立其朝猶不肯, 可得而貴乎! 雖在布衣之列, 環堵之中, 晏然自得, 不易萬乘之尊, 又可得而賤乎! 陛下焉能貴臣, 焉能賤臣! 非禮之祿, 雖萬鍾不受也, 申其志, 雖簞食不厭也, 陛下焉能富臣, 焉能貧臣乎!" 帝不能屈而敬其名, 使出就太醫養疾, 月致羊酒.(胡)
148) 進退無所據 : 出仕與隱退都沒有原則.(新)
149) 邦有道則仕 邦無道則隱 : 政治淸明出來做官. 政治混亂就隱退保身. 語出論語衛靈公篇. 邦有道則仕, 邦無道則可卷而懷之, 卷而懷之, 指把本領收藏起來.(新)
150) 擧逸民 : ① 起用隱逸之士. 論語堯曰, '擧逸民, 天下之民歸心焉.'(新) ② 逸民者, 節行超逸也, 如俊民之義, 非隱逸也.(春)
151) 揚仄陋 : 語出尙書堯典, 明明揚仄陋. 明明, 明察賢者. 揚仄陋, 擧薦卑微隱逸之人.(新) 仄 : 古側字. 側陋, 謂微賤之人.(春)
152) 爲 : 于僞翻.(胡)
153) 徇世俗之耳目 : 追隨世俗的淺見輿論.(新)

被褐懷玉 深藏不市

被褐懷玉, 深藏不市,[156] 則王者當盡禮以致之, 屈°己˙以下之,[157] 虛心以訪之, 克己以從之,[158] 然後能利澤施于四表,[159] 功烈格于上下.[160] 蓋取其道不取其人,[161] 務其實不務其名也.[162] 若乃孝弟著於家庭, 行誼隆於鄉曲,[163] 利不苟取, 仕不苟進, 潔己安分,[164] 優游卒歲,[165] 雖不足以尊主庇民, 是亦淸修之吉士也.[166] 王者當褒優安養, 俾遂其志. 若孝昭之待韓福,[167] 光武之遇周黨,[168] 以勵廉恥, 美風俗, 斯亦可矣, 固不當如范升之詆毁,[169] 又不可

潔己安分 優游卒歲

---

154) 是故有道德足以尊主 : 有道術德行輔佐君王, 能够使君王更加尊貴.(新)
155) 智能足以庇民 : 智慧和才能, 足以保護人民.(新)
156) 被褐懷玉 深藏不市 : 聖人被褐懷玉, 玉, 至寶也, 被褐而懷之, 喩珍美不外見也. 良賈深藏若虛, 賈有善貨, 深藏若無所有者, 不得善賈則不售. 此皆以喩抱道懷才之士.(胡) 褐 : 胡割反, 短衣也.(春)
157) 己 : (春)作'體' 誤.(◉) 下 : 居人之下. 謙讓.(漢)
158) 克己以從之 : 克制自己聽從賢者之言.(新)
159) 四表 : 全國四面八方.(新)
160) 功烈格于上下 : 功業能貫通天上地下. 以上二句化用尙書堯典, '光被四表, 格于上下.'的典故. 格 : 至, 通達.(新)
161) 取其道不取其人 : 君王尊禮賢者, 是爲了取用他的治國之術, 而不是爲了取用這個人.(新)
162) 務其實不務其名也 : 只取實際, 不取虛名.(新)
163) 行誼隆於鄉曲 : 品行道義在鄉里廣爲人傳誦. 誼, 通義.(新)
164) 分 : 扶問反.(胡)
165) 潔己安分 優游卒歲 : 廉潔安分, 終老天年.(新)
166) 吉士 : 良民.(新)
167) 孝昭之待韓福 : 昭帝元鳳元年三月, 賜郡國所選有行義者涿郡韓福等五人帛, 人五十匹, 遣歸. 詔曰, '朕閔勞以官職之事, 其務修孝弟以教鄉里.' 令郡縣常以正月賜羊酒, 其有不幸者, 賜衣一襲, 祠以中牢.(胡) 韓福 : 涿 郡的孝悌之士.(新)
168) 光武之遇周黨 : 周黨, 太原處士. 與會稽嚴光等被徵至京師, 不願做官, 光武帝不加罪而賜帛禮遣之. 事見通鑑卷41光武建武5年.(新)

飾僞以邀譽 釣奇以驚俗

如張楷之責望也.[170] 至於飾僞以邀譽,[171] 釣奇以°驚˙俗,[172] 不食君祿而爭屠沽之利,[173] 不受小官而規卿相之位,[174] 名與實反,[175] 心與迹違,[176] 斯乃華士少正卯之流,[177] 其得免於聖°王˙之誅幸矣,[178] 尙何聘召之有哉!

○【又徵楊厚黃瓊】

又徵楊厚黃瓊

時又徵廣漢楊厚江夏黃瓊.[179] 厚旣至, 豫陳漢有三百五十年之厄以爲戒,[180] 拜議郞. 瓊將至, 李固以書逆遺之曰,[181] "君子謂伯夷隘, 柳下惠不恭.[182] 不

169) 范升之詆毁 : 范升, 字辯卿, 代郡人. 精通論語孝經梁丘易老子等. 爲光武帝博士, 曾上疏彈劾周黨等不仕爲狂傲虛僞, 請致以罪, 光武不納. 傳見後漢書卷36.(新)
170) 張楷之責望 : 謂責樊英也.(春)
171) 飾僞以邀譽 : 掩飾僞善, 竊取榮譽.(新)
172) 釣奇以驚俗 : 故意做出驚人之擧以釣取名譽.(新) 驚 : (春)作'警', 誤.(◉)
173) 爭屠沽之利 : ① 像屠夫酒販一樣斤斤計較小利.(新) ② 屠, 殺物也, 沽, 賣也.(要)
174) 規 : 謀求.(新)
175) 名與實反 : 名不副實.(新)
176) 心與迹違 : 表裏不一.(新)
177) 華士 : 西周初齊人. 沽名釣譽爲太公望所殺.(新) 少正卯 : 荀子曰, "孔子爲魯相, 七日而誅少正卯. 門人進問曰, '夫少正卯, 魯之聞人也, 夫子爲政而始誅之, 得無失乎?' 孔子曰, '其有惡者五, 而盜竊不與焉. 一曰心達而險, 二曰行僻而堅, 三曰言僞而辯, 四曰記醜而博, 五曰順非而澤. 此五者, 有一於人, 則不得免於君子之誅, 而少正卯兼有之.'"(胡)
178) 王 : (春)作'人', 誤.(◉)
179) 楊厚 : 72~153. 字仲桓, 廣漢郡新都縣人, 精通圖讖學, 善能預言.(新) 黃瓊 : 86~164. 字世英, 江夏郡安陸縣人, 章帝時魏郡太守黃香之子, 官至司空.(新)
180) 厄 : 與'戹'同.(中) 三百五十年之戹 : 西漢建國至順帝永建二年, 已歷333年(前206~127). 其時東漢政治已經腐敗, 內憂外患嚴重, 楊厚借圖讖之學, 說漢興三百五十年後有厄難, 以警醒執政者.(新)
181) 李固以書逆遺之 : 李固寫信派人在中途迎送到黃瓊手中.(新) 逆 : 迎也.(綱鑑)

夷不惠，可否之間，[183] 聖°賢˙居身之所珍也.[184] 誠欲遂枕山棲谷，[185] 擬迹巢由，斯°則˙可矣.[186] 若當輔政濟民，今其時也. 自生民以來，善政少而亂俗多，必待堯舜之君，此爲士行其志終無時矣. 嘗聞語曰，'嶢嶢者易缺，皦皦者易汙.'[187] 盛名之下，其實難副. 近樊°君˙被徵初至，[188] 朝廷設壇席，[189] 猶待神明，雖無大異，而言行所守，[190] 亦無所缺. 而毀謗布流，應時折減者，[191] 豈非觀聽望深，聲名太盛乎![192] 是故俗論皆言'處士純盜虛聲.'[193] 願先生弘此遠°謨˙，[194] 令衆人歎服，一雪此言°耳˙!"[195] 瓊至，

盛名之下 其實難副

處士純盜虛聲

---

182) 君子謂伯夷隘 柳下惠不恭 ： 君子曾批評伯夷心胸狹隘，而柳下惠傲慢. 君子，指孟軻. 語見孟子公孫丑.(新)

183) 不夷不惠 可否之間 ： 一個人應在伯夷與柳下惠之間，樹立做人的準則.(新)

184) 聖賢居身之所珍也 ： 是聖賢立身最爲珍視的.(新) 賢 ： (春)作'人'，誤.(◉)

185) 遂 ： (資治)無'遂'字，後漢書黃瓊傳有'遂'字.(◉)

186) 誠欲枕山棲谷，… 斯則可矣 ： 決心隱藏，頭枕山峰，身臥山谷，那就效法巢父許由，這也是一種處世原則. 巢父許由，傳說中的聖賢，不當君王.(新) 則 ： (春)作'亦'，據(資治)改.(◉)

187) 嶢嶢者易缺 皦皦者易汙 ： 俗話說，'山太高則容易缺，玉太白則容易汚染.' 嶢嶢，山高峻的樣子. 皦皦，潔白的樣子.(新)

188) 樊君 ： 指樊英.(今) 君 ： (春)作'英'，據(資治)改.(◉)

189) 設壇席 ： 設立講壇.(新)

190) 行 ： 下孟翻.(胡)

191) 毀謗布流 應時折減 ： 誹謗的流言廣爲傳播，一時之間名聲一落千丈.(新)

192) 豈非觀聽望深 聲名太盛乎 ： 言其聲名之盛，素動人之觀聽，故所望者深也.(胡)

193) 處士純盜虛聲 ： 凡隱居之士，徒有虛名.(新)

194) 謨 ： (春)作'謀'，據(資治)改.(◉) 弘此遠謨 ： 推行這深遠的謀劃.(新)

195) 耳 ： (春)作'爾'，據(資治)改.(◉)

拜議郎, 稍遷尙書僕射. 瓊昔隨父香在臺閣,[196] 習見故事, 及後居職, 達練官曹,[197] 爭議朝堂,[198] 莫能抗奪.[199] 數上疏言事,[200] 上頗采用之.

【李固爲世大儒】

李固爲世大儒 李固,[201] 郃之子也.[202] 少好學,[203] 常改易姓名, 杖策驅驢,[204] 負笈從師,[205] 不遠千里,[206] ◗遂◖究覽墳

密入公府定省父母 籍,[207] 爲世大儒. 每到太學, 密入公府, 定省父母,[208] 不令同業諸生知其爲郃子也.[209]

【辛未(131) 永建六年】

○【翟酺請修學校】

196) 瓊昔隨父香在臺閣 : 瓊父黃香, 和帝時曾一度爲尙書令. 瓊壽父在京, 明習故事.(新) 臺閣 : 漢時指尙書臺. 後亦泛指中央政府機構.(漢)
197) 達練官曹 : 達, 明. 練, 習. 達練官曹, 言明習尙書諸曹事.(今)
198) 朝堂 : 漢代正朝左右官議政之處. 亦泛指朝廷.(漢)
199) 莫能抗奪 : 莫能抗言以奪其議也.(胡)
200) 數 : 所角翻.(胡)
201) 李固 : 93~146. 字子堅, 漢中南鄭人, 安帝時司徒李郃之子.(新)
202) 也 : (資治)無'也'字, 後漢書李固傳有'也'字.(◉)
203) 少 : 詩照翻.(胡) 好 : 呼到翻.(胡)
204) 策 : 馬鞭.(今)
205) 笈 : 書箱.(今)
206) 不遠千里 : 不憚千里之遠.(今)
207) 墳籍 : 泛指古本秘籍.(新)
208) 定省 : ① 按時問安.(新) ② 記曰, 凡爲人子, 冬溫而夏凊, 昏定而晨省. 孔穎達曰, 安定其牀衽也, 省問其安否何如.(胡)
209) 同業 : 同學.(新)

翟酺請修學校

初, 安帝薄於藝文,[210] 博士不復講習,[211] 朋徒相視怠散, 學舍頹敝,[212] 鞠爲園蔬,[213] 或牧兒蕘豎薪刈其下.[214] 將作大匠翟酺上疏請更修繕,[215] 誘進後學, 帝從之.

【壬申(132) 陽嘉元年】

○ 立貴人梁氏爲皇后.[216]

○【復申無故去官之禁】

復申無故去官之禁

尙書令左雄上疏曰, "昔宣帝以爲吏數變易,[217] 則下不安業, 久於其事, 則民服教化.[218] 其有政治者,[219] 輒以璽書勉勵,[220] 增秩賜金,[221] 公卿缺則以次用之.[222] 是以吏稱其職, 民安其業, 漢世良吏,

---

210) 薄於藝文 : 輕視知識, 不學無術.(新)
211) 博士不復講習 : 太學教官不再講經硏習.(新)
212) 頹 : 亦作'穨'.(漢) 頹敝 : 破敗.(漢)
213) 鞠爲園蔬 : 校園變成菜園, 或長滿野草. 鞠, 育, 生長.(新)
214) 蕘豎 : 樵夫.(新)
215) 將作大匠 : 官名, 掌脩作宗廟殿寢宮室陵園土木之工.(綱鑑) 翟酺 : 字子超, 廣漢雒縣人, 官至將作大匠.(新) 翟 : 音宅.(綱鑑) 更 : (資治)無'更'字, 後漢書翟酺傳有'更'字.(◉) 踈 : 同'疏.(漢字典)
216) 梁氏 : 梁商女也.(要)
217) 吏數變易 : 地方官調動頻繁.(新) 數 : 所角翻.(胡)
218) 久於其事 則民服教化 : 地方官相對任職較久, 人民才會接受教化.(新)
219) 治 : 直吏翻.(胡)
220) 輒以璽書勉勵 : 就下詔書嘉獎.(新)
221) 增秩賜金 : 提級增加俸祿, 或賞賜黃金.(新)

於玆爲盛.[223] 今典城百里,[224] 轉動無常,[225] 各懷一切,[226] 莫慮長久. 臣愚以爲守相長吏惠和有顯效者,[227] 可就增秩, 勿移徙." 帝感其言, 復申無故去官之禁,[228] 而宦官不便, 終不能行.

【立孝廉限年課試法】229)

立孝廉限年課試法

雄又上言, "孔子曰, '四十不惑.'[230] 禮稱'彊仕.'[231] 請自今, 孝廉年不滿四十, 不得察擧.[232] 若有茂才異行,[233] °˙自可不拘年齒."[234] 帝從之. 久之, 廣陵所擧孝廉徐淑, 年未四十. 臺郎詰之,[235] 對曰, "詔書曰, '有如顔回子奇,[236] 不拘年齒.' 是故本郡

---

222) 以次用之 : 依考課次序錄用.(新)
223) 漢世良吏 於玆爲盛. : 指尹翁龜韓延壽朱邑龔遂黃霸之輩, 事皆見宣帝紀.(今)
224) 百里 : 古時一縣所轄之地. 因以爲縣的代稱.(漢)
225) 轉動無常 : 經常調動.(新)
226) 一切 : 苟且也, 猶言權時也.(春)
227) 守相 : 郡守和諸侯王之相.(漢) 惠和有顯效 : 性情溫和, 政績顯明.(新)
228) 復申無故去官之禁 : 重申政府各級官吏不得無故辭職, 以便考察.(新)
229) 限年 : 古代對考試或任用官吏的年齡加以限制, 謂之'限年'.(漢) 課試 : 考試.(漢)
230) 孔子曰 四十不惑 : 孔子說, '四十歲做事才不迷惑.' 語見論語爲政篇.(新)
231) 彊 : 同'强'.(漢) 禮稱强仕 : ① 語出禮記曲禮, 原文, '四十曰强, 而仕.'(新) ② 四十志氣堅定, 强立不反, 不奪於利害, 不怵於禍福. 可以出仕矣.(禮記 曲禮 '四十曰强 而仕' 大全)
232) 察擧 : 擧薦.(中白)
233) 茂材 : 卽秀才. 賈公彦曰, '漢光武號秀, 改爲茂才.'(胡) 秀才 : 漢時開始與孝廉幷爲擧士的科名, 東漢時避光武帝諱改稱'茂才'.(漢) 行 : 下孟翻.(胡)
234) °˙ : (春)有'如顔淵子奇'5字, 據(資治)及後漢書左雄傳削.(◉)
235) 臺郎 : 尙書郎也.(胡)
236) 顔淵 : 春秋魯人, 孔子弟子. 天資明睿, 貧而好學, 列孔門德行科, 於弟子中最賢. 後世稱

以臣充選.” 郎不能屈.[237] 左雄詰之曰, “昔顔回聞

孝廉聞一知幾

一知十,[238] 孝廉聞一知幾耶?”[239] 淑無以對, 乃罷却之.[240] 郡守坐免.[241]

【察選清平 多得其人】

察選清平 多得其人

然雄公直精明, 能審覆眞僞,[242] 決志行之. 頃之, 胡廣出爲濟陰太守, 與諸郡守十餘人皆坐謬擧免黜, 唯汝南陳蕃永川李膺下邳陳球等三十餘人得拜郎中. 自是牧守畏慄,[243] 莫敢輕擧. 迄于永嘉,[244] 察選清平,[245] 多得其人.☞

【癸酉(133) 陽嘉二年】

○【尙書猶北斗】

尙書猶北斗

洛陽宣德亭地坼,[246] 長八十五丈, 帝引公卿所

爲復聖.(中) 子奇 : ① 齊人也. 劉向新序曰, ‘子奇年十八, 齊君使主東阿, 阿縣大化.’(春) ② 戰國時齊國人.(人)

237) 屈 : 反駁對方使之屈服.(新)

238) 昔 : (資治)無‘昔’字, 後漢書左雄傳有‘昔’字.(◉) 顔回聞一知十 : 回也, 聞一以知十.(論語 公冶長)

239) 聞 : (春)作‘問’, 誤.(◉) 耶 : (資治)作‘邪’, 耶通‘邪’.(◉)

240) 却 : ‘卻’之俗字.(◉)

241) 郡守坐免 : 廣陵郡守擧薦未執行新法被免職.(新)

242) 審覆 : 審査, 審察.(漢)

243) 牧守 : 州郡的長官. 州官稱牧, 郡官稱守.(漢) 畏慄 : 畏懼戰栗.(新)

244) 永嘉 : 沖帝年號.(要)

245) 察選 : 察擧.(漢)

擧敦°樸˙之士,[247] 使之對策. 李固對曰, "陛下之有尙書, 猶天之有北斗也. 斗爲天喉舌, 尙書亦爲陛下喉舌.[248] 斗斟酌元氣, 運平四時,[249] 尙書出納王命, °賦˙政四海,[250] 權尊埶重,[251] 責之所歸, 宜審擇其人, 以毗聖政."[252] ◗

【乙亥(135) 陽嘉四年】

○ 以梁商爲大將軍.

【辛巳(141) 永和六年】

○ 【梁冀爲大將軍】

梁冀爲大將軍 梁商薨, 以梁冀爲大將軍.[253]

【壬午(142) 漢安元年】

---

246) 洛 : 通'洛'. 古邑名. 卽今河南洛陽.(漢) 宣德亭 : 亭名. 在洛陽南郊, 平城門外.(新)
247) 樸 : (春)作'撲', 誤.(◉) 敦樸 : 敦厚樸素.(漢)
248) 尙書亦爲陛下喉舌 : 漢官解詁云, '尙書出納詔命, 齊衆喉舌.' 傅子云, '尙書出入王命, 喉舌之任也.'(今)
249) 斗斟酌元氣 運平四時 : ① 天文志曰, 斗爲帝車, 運乎中央, 臨制四方, 分陰陽, 建四時, 均五行, 移節度, 定諸紀, 皆繫於斗.(胡) ② 北斗斟滿元氣, 運行四時.(新) 平 : 今注本與後漢書李固傳皆作'平', 而胡注本與新注本皆作'乎', 則兩用亦可.(◉)
250) 賦 : (春)作'敷', 據(資治)改.(◉) 賦政四海 : 傳達到全國. 賦, 布.(新)
251) 埶 : 同'勢'.(漢字典)
252) 以毗聖政 : 用以輔佐君王. 毗, 輔.(新)
253) 梁冀 : 商子.(要)

○【張綱埋輪】

張綱埋輪

八月，遣杜喬周擧周栩馮羨欒巴張綱郭遵劉班分行州郡,[254] 表賢良，顯忠勤，其貪汙有罪者，刺史二千石驛馬上之,[255] 墨綬以下便輒收擧.[256] 喬等受命之部,[257] 張綱獨埋其車輪於雒陽都亭曰,[258] "豺狼當路，安問狐狸!"[259] 遂劾奏，"大將軍冀河南尹不疑,[260] 以外戚蒙恩，居阿衡之任,[261] 而專肆貪叨,[262] 縱恣無極,[263] 以害忠良.[264] 謹條其無君之心十五事，斯皆臣子所切齒者也."[265] 書御,[266] 京師

豺狼當路安問狐狸

254) 栩 : 况羽翻.(胡) 羨 : ① 延面反.(春) ② 亦作'羡'.(漢) 行 : 巡察也.(綱鑑)
255) 驛馬上之 : 對郡國守相二千石高官失職貪汚，派驛馬快速上奏.(新) 上之 : 上奏其罪，取其黜免也.(要)
256) 墨綬以下便輒收擧 : 縣令以下贓官八使可就到懲治. 墨綬，縣令縣長印綬爲黑色. 收擧，收案擧劾.(新)
257) 受命之部 : 接受使命各到所分之部巡察.(新)
258) 埋其車輪 : 東漢順帝時，大將軍梁冀專權，朝政腐敗. 漢安元年(公元142年)選派張綱等八人巡視全國，糾察吏治，餘人皆受命之部，而綱獨埋其車輪于洛陽都亭曰，"豺狼當路，安問狐狸!" 遂上書彈劾梁冀，揭露其罪惡，京都爲之震動. 事見後漢書・張綱傳. 後以'埋輪'爲不畏權貴，直言正諫之典.(漢) 都亭 : 凡亭設有傳舍者爲都亭，傳舍爲過路官吏食宿之所. 漢郡國縣道，皆設都亭.(今)
259) 豺狼當路 安問狐狸 : 豺狼猶執政之暴虐，狐狸猶地方官吏貪汚者，皆謂不當釋大而取小. 二語乃哀帝時京兆督郵侯文對司隸孫寶之辭，見漢書孫寶傳.(今)
260) 不疑 : 梁冀之弟.(春)
261) 居阿衡之任 : 居宰相之位. 阿衡，商朝官名，宰相之職.(新) 阿衡 : 伊尹號也. 謂保其國如阿，平其國如衡.(春)
262) 專肆貪叨 : 一味貪汚.(新)
263) 縱恣無極 : ① 恣情縱欲沒有邊際.(新) ② 章，甲十六行本 '極'下有'多樹諂諛以害忠良，誠天威所不赦，大辟所宜加也.'二十字，乙十一行本同，孔本同，張校同，退齋校同.(胡)
264) 以害忠良 : (資治)無此四字，後漢書張綱傳有此四字.(◉)
265) 切齒 : 咬牙. 齒相磨切. 極端痛恨貌.(漢)

震竦.[267] 時皇后寵方盛, 諸梁姻族滿朝,[268] 帝雖知綱言直, 不能用也. 杜喬至兗州, 表奏泰山太守李固政爲天下第一, 上徵固爲將作大匠.

李固政爲天下第一

【張綱單車詣壘門】

張綱單車詣壘門

梁冀恨張綱, 思有以中傷之.[269] 時廣陵賊張嬰寇亂揚徐間積十餘年,[270] 二千石不能制, 冀乃以綱爲廣陵太守. 前太守率多求兵馬, 綱獨請單車之職.[271] 旣到, 徑詣嬰壘門,[272] 嬰大驚, 遽走閉壘.[273] 綱於門外罷遣吏兵, 獨留所親者十餘人, 以書喩嬰, 請與相見.

【張綱以恩信降賊】

張綱以恩信降賊

嬰見綱至誠, 乃出拜謁. 延置上坐,[274] 譬之曰, "前後二千石多肆貪暴, 故致公等懷憤相聚, 二千石

---

266) 書御 : 奏章呈進宮去.(新) 御 : 進也.(胡)
267) 震竦 : 震驚. 驚懼.(漢)
268) 族 : (資治)作'戚', 後漢書張綱傳作'族'.(◉)
269) 中 : 去聲, 陰中害至.(要)
270) 廣陵 : 郡名. 治所廣陵, 在今江蘇揚州市.(新)
271) 請 : (資治)無'請'字, 後漢書張綱傳有'請'字.(◉) 單車之職 : 單車上任, 不請兵相隨.(新)
272) 壘門 : 軍營的正門.(漢)
273) 遽走閉壘 : 急急匆匆跑進軍營關閉壘門拒守.(新)
274) 坐 : 才臥翻.(胡)

信有罪矣,[275] 然爲之者又非義也. 今主上仁聖, 欲以文德服叛,[276] 故遣太守來, 思以爵祿相榮, 不願以刑罰相加, 今誠轉禍爲福之時也." 嬰聞, 泣下曰, "荒裔愚民,[277] 不能自通朝廷, 不堪侵枉,[278]

魚游釜中

遂復相聚偸生,[279] 若魚游釜中,[280] 知其不可久, 且以喘息須臾間°耳˙.[281] 今聞明府之言,[282] 乃嬰等更生之辰也!" 乃辭還營. 明日, °將˙所部萬餘人歸降.[283]

○【蘇章不私故人】

蘇章不私故人

是時, 二千石長吏有能政者, 有雒陽令任峻冀州刺史蘇章膠東相吳祐.[284] 章爲冀州刺史, 有故人爲淸河太守, 章行部, 欲按其姦臟,[285] 乃請太守爲

275) 二千石信有罪 : 眞正的罪過在郡太守身上.(新)
276) 文 : (資治)作'恩'字, 後漢書張綱傳作'文'字.(◉)
277) 荒裔愚民 : 荒野愚民.(新)
278) 侵枉 : 侵害而使受冤枉.(漢)
279) 復 : 扶又翻.(胡)
280) 魚游釜中 : 魚游鍋中, 喩朝不保夕.(新)
281) 喘息須臾 : 得到片刻的喘息, 喩活一天算一天.(新) 耳 : (春)作'爾', 據(資治)改.(◉)
282) 明府 : 漢魏以來對郡守牧尹的尊稱. 又稱明府君.(漢)
283) 將 : (春)作'率', 據(資治)改.(◉) 所部 : 管轄的部門或管領的部屬.(漢) 歸降 : 投降.(漢)
284) 吳祐 : 字季英, 陳留長垣(今河南長垣)人.(新) 蘇章 : 字孺文, 扶風郡平陵(今陝西咸陽市西)人, 此稱京兆, 汎言之, 平陵在京兆地區.(新)
285) 按 : 案, 通'按'. 查考. 考核.(漢)

人皆有一天我獨有二天 設酒肴，陳平生之好甚歡．太守喜曰，“人皆有一天，我獨有二天．”[286] 章曰，“今夕蘇孺文與故人飲者，[287] 私恩也，明日冀州刺史按事者，公法也．”遂舉正其罪，[288] 州境肅然．

明日冀州刺史按事者公法也

【甲申(144) 建康元年】

○ 八月，帝崩．太子卽皇帝位，年二歲．⁌梁⁍太后臨朝．[289]

▪ 孝冲皇帝

在位一年，壽三歲．

名炳．順帝之子．⁌虞貴人所生．⁍[290]

【乙酉(145) 永嘉元年】

○ 正月，帝崩．梁太后徵渤海孝王鴻之子纘．卽皇帝

286) 人皆有一天 我獨有二天 : 謂章必能覆蓋其罪也.(胡) 二天 : 有兩个天. 第二層天, 指故友蘇章必能掩皆自己的過惡.(新) 天 : 依靠對象, 賴以生存不可或缺之事物.(漢)
287) 孺文 : 章字.(綱目)
288) 遂擧正其罪 : 蘇章終于揭發了友人淸河太守的過惡, 辦了他的罪. 遂, 竟, 終於.(新)
289) 梁太后臨朝 : 梁太后納臨朝稱制, 政權落入大將軍梁冀之手.(新)
290) 虞貴人所生 : 據(新注)補焉.(◉)

位, 年八歲.

○【梁太后委政李固】

梁太后委政李固

太后委政宰輔, 李固所言, 太后多從之, 黃門宦官爲惡者一皆斥遣,[291] 天下咸望治平, 而梁冀深忌疾之. ☞

▪ 孝質皇帝

在位一年, 壽九歲.

諱纘, 章帝曾孫,[292] 渤海孝王鴻之子也. 謚法, 忠正無邪曰質.[293]

【丙戌(146) 本初元年】

○【遊學增盛】

遊學增盛

四月, 令郡國學明經詣太學,[294] 自是遊學增盛, 至三萬餘生.

---

291) 黃門 : 宦者, 太監. 因東漢黃門令中黃門諸官, 皆爲宦者充任, 故稱.(漢)
292) 曾 : (春)作'玄', 誤.(◉)
293) 諱纘… 忠正無邪曰質 : 據(胡注)補焉.(◉)
294) 明經 : 精通經學的大儒.(新)

○【梁冀跋扈將軍】

梁冀跋扈將軍

⁍六月⁌, 帝少而聰慧, 嘗因朝會, 目梁冀曰,[295] "此跋扈將軍也!"[296] 冀聞, 深惡之.

【梁冀弑質帝 逐李固】

梁冀弑質帝逐李固

°閏月˙,[297] 冀使左右置毒於煮餠以進之.[298] 帝苦煩甚,[299] ⁍使促召太尉李固. 固入前, 問帝得患所由,[300] 帝尙能言曰, "食煮餠.[301] 今腹中悶, 得水尙可活." 時冀亦在側曰, "恐吐, 不可飮水." 語未絶而崩. 冀說太后,[302] 先⁌◖策免固.◗ 冀迎蠡吾侯志, 卽皇帝位, 時年十五. 太后猶臨朝°˙政.[303]

---

295) 目 : 眨目而注視之.(胡)

296) 跋扈將軍 : 跋扈, 猶强梁也. 余按爾雅, 山卑而大, 扈. 跋者, 不由蹊隧而行. 言彊梁之人行不由正路, 山卑而大, 且欲跋而踰之, 故曰跋扈.(胡)

297) 閏月 : (春)作'夏六月', 據(資治)改.(◉)

298) 左右 : 帝左右侍從.(今) 煮餠 : 今湯餠也. 釋名, 餠, 并也, 溲麥麪使合并也.(胡)

299) 甚 : (資治)作'盛', 後漢書李固傳作'甚'.(◉)

300) 得患所由 : 何由得患.(今)

301) 煮餠 : 猶湯麪.(漢)

302) 說 : 輸芮翻.(胡)

303) 猶 : 公羊傳曰, 猶者, 可止之辭.(胡) °˙ : (春)有'聽'字, 據(資治)削.(◉)

通鑑節要增損校註 卷二十

後漢紀

▪ 孝桓皇帝

在位二十一年. 壽三十六.

名志, 肅宗曾孫, 河間王開之孫, 蠡吾侯翼之子.[1)]

梁冀雖除五侯肆虐, 賢人君子忠憤激烈, 卒成黨錮之禍.[2)] 人之云亡, 邦國殄瘁,[3)] 其是之謂乎!

【丁亥(147) 建和元年】

○【朝野倚望杜喬】

朝野倚望杜喬 六月, 光祿勳杜喬爲太尉. 自李固之廢, 內外喪氣,[4)] 群臣側足而立,[5)] 唯喬正色無所回撓,[6)] 由是

---

1) 蠡吾侯翼之子 : 河間孝王傳蠡吾侯翼(孝王子), 卒, 子志嗣立, 是爲桓帝.(五禮通考 卷102)
2) 黨錮 : 亦作'黨固'. 東漢桓帝時宦官專權, 士大夫李膺陳蕃等聯合太學生郭泰賈彪等, 猛烈抨擊宦官集團. 宦官誣告他們結爲朋黨, 誹謗朝廷, 李膺等二百餘人遭捕, 後雖釋放, 但終身不許做官. 靈帝時, 膺等復起用, 與大將軍竇武謀誅宦官. 事敗膺等百餘人被殺, 並陸續處死流徙囚禁六七百人. 事見後漢書黨錮傳. 後泛指禁止黨人擔任官職並限制其活動.(漢)
3) 人之云亡 邦國殄瘁 : 在詩經大雅瞻卬之句.(◉)
4) 內外 : (資治)作'朝野', 後漢書李固傳作'內外'.(◉)
5) 側足而立 : 側身站立, 卽不敢正面站立, 形容危懼的樣子.(新)
6) 撓: : 與'橈'通.(中) 回橈 : 低頭屈服.(新)

朝野皆倚望焉.

○【梁冀殺李固杜喬】

梁冀殺李固杜喬

九月，京師地震．喬以災異策免．◗十一月,◖ 梁冀誣李固杜喬，以爲與妖賊劉鮪交通,[7] 請逮按罪，太后素知喬忠，不許．冀遂收固下獄，死於獄中．

早從宜妻子可得全

冀使人脅杜喬曰,[8] “早從宜,[9] 妻子可得全.” 喬不肯．遂收繫之，亦死獄中．

【己丑(149) 建和三年】

○【荀氏八龍】

荀氏八龍

◗前◖朗陵侯相荀淑卒．淑少博學有高行,[10] 當世名賢李固李膺等皆°師宗˙之.[11] 在朗陵涖事明治，稱爲神君.[12] 有子八人，並有名稱,[13] 時人謂之八龍.

○【荀爽得御李膺】

---

7) 以爲 : (資治)作'云'.(◉)
8) 脅 : 威逼.(新)
9) 早從宜 : 及早安排自己的歸宿. 卽令杜喬自殺.(新)
10) 高行 : 高尙德行.(新)　行 : 下孟翻.(胡)
11) 等 : (資治)無'等'字, 後漢書荀淑傳有'等'字.(◉)　師宗 : (春)作'宗師', 據(資治)改.(◉)
　皆師宗之 : 李固李膺等都把荀淑尊敬爲師長.(新)
12) 神君 :舊時對賢明官吏的敬稱.(漢)
13) 並有名稱 : 都在當世有名.(新)

荀爽得御李膺 膺性簡亢,[14] 無所交接,[15] 唯以淑爲師, 以同郡陳寔爲友.[16] 荀爽嘗就謁膺,[17] 因爲其御,[18] 旣還, 喜曰, "今日乃得御李君矣!" 其見慕如此.

【辛卯(151) 元嘉元年】

○【崔寔政論】

崔寔政論 十一月, 詔百官擧獨行之士.[19] 涿郡擧崔寔, 詣公車,[20] 稱病, 不對策, 退而論世事, 名曰政論. 其辭曰, "凡天下所以不治者, 常由人主承平日久, 俗漸敝而不悟, 政浸衰而不°改˙.[21] 爲天下者, 自非上德, 嚴之則治,[22] 寬之則亂. 何以明其然也? 近孝宣皇帝明於君人之道, 審於爲政之理, 故嚴刑峻法, 破姦軌之膽,[23] 海內淸肅, 天下密如,[24] 筭計見

14) 簡亢 : 梗直嚴正. 亢, 心性高傲.(新)
15) 無所交接 : 不與達官貴人交往.(新)
16) 陳寔 : 字仲弓, 潁川許縣人, 有高行, 只做過聞喜太丘兩任縣長, 朝廷多次徵召欲拜陳寔爲三公, 堅辭不就, 隱終于家.(新)
17) 荀爽 : 128~190. 一名諝. 字慈明. 荀淑子.(人)
18) 爲其御 : 爲, 去聲. 爲李膺御車也.(春)
19) 獨行 : 言守正, 而不依阿於人也.(春)
20) 公車 : 官署名. 主受章奏者, 亦上書者所詣也.(中)
21) 浸 : 與'寖'同.(中) 政寖衰 : 政治日漸衰敗.(新) 改 : (春)作'知'. 誤.(◉)
22) 治 : 直吏翻.(胡)
23) 破姦軌之膽 : 使奸邪之人嚇破了膽. 軌, 內奸.(新)
24) 密如 : 靜密安定.(新)

效, 優於孝文.[25] 及元帝卽位, 多行寬政, 卒以墮損,[26] 威權始奪,[27] 遂爲漢室基禍之主.[28] 政道得

褒齊桓懿晉文

失, 於斯可監.[29] 昔孔子作春秋, 褒齊桓, 懿晉文,[30] 歎管仲之功, 夫豈不美文武之道哉![31] 誠達權救弊

聖人能與世推移 俗士苦不知變

之理也.[32] 故聖人能與世推移,[33] 而俗士苦不知變,[34] 以爲結繩之約, 可復治亂秦之緖,[35] 干戚之舞, 足以解平城之圍.[36] 夫熊經鳥伸, 雖延歷之術,[37] 非傷寒之理, 呼吸吐納,[38] 雖度紀之道,[39] 非續骨之膏.[40] 蓋爲國之法, 有似°理˙身,[41] 平則致養, 疾則

---

25) 筭 : 同'算'.(漢) 算計見效 優於孝文 : 宣帝時政令的設計規劃, 能見到實效, 超過了孝文帝.(新) 見 : 賢遍翻.(胡)

26) 墮損 : 墮落損壞.(新) 墮 : 讀曰隳.(胡)

27) 威權始奪 : 國家權威開始轉移.(新)

28) 基禍之主 : 指漢元帝是奠定西漢衰亡禍患的君主.(新)

29) 監 : ①(資治)作'鑒', 後漢書崔寔傳作'監'.(◉) ②監, 與'鑒'通.(中)

30) 懿 : 贊美.(新)

31) 文武 : 周之文王武王.(今)

32) 弊 : ①(資治)作'敝'.(◉) ②與'敝'通.(中) 達權救敝 : 通達權變, 用以拯救衰敗的社會.(新)

33) 與世推移 : 隨着時世的變化而變化.(新)

34) 苦 : 甚也.(要)

35) 結繩之約 可復治亂秦之緖 : 上古結繩而治, 後世聖人易之以書契. 亂秦之後, 俗益澆薄, 非結繩之約所能理也.(胡)

36) 干戚之舞 足以解平城之圍 : 干, 盾也. 戚, 鉞也. 記曰, '朱干玉戚, 冕而舞大武, 所以象武王之伐功也.' 書, '禹舞干羽於兩階, 而有苗格.' 高帝爲匈奴圍於平城, 用陳平秘計得出, 非舞干戚所能解也. 治, 直之翻, 下治亂同, 治平亦同.(胡)

37) 延歷 : 猶延壽.(漢) 歷 : ①(資治)作'曆'.(◉) ②歷, 同'曆'.(漢)

38) 呼吸吐納 : 作深呼吸運動, 可以剛健身體, 但不是連折斷骨的藥物.(新)

39) 度紀 : 猶延年也.(要)

40) 熊經鳥伸 … 非續骨之膏 : 經, 懸掛. 熊經鳥伸, 爲古方士屈伸手足, 使血氣充足, 身體輕靈之法. 其狀若熊之攀枝以自懸, 若鳥之臨空以伸足. 延歷度紀, 皆延年益壽之意. 理謂藥方.

刑罰者治亂之藥石也德教者興平之粱肉也

以德教除殘是以粱肉養疾也以刑罰治平是以藥石供養也

文帝以嚴致平非以寬致平

攻焉.[42] 夫刑罰者, 治亂之藥石也,[43] 德教者, 興平之粱肉也. 夫以德教除殘,[44] 是以粱肉°養˙疾也,[45] 以刑罰治平, 是以藥石供養也. 方今承百王之弊,[46] 値厄運之會,[47] 自數世以來, 政多恩貸,[48] 馭委其轡, 馬駘其銜,[49] 四牡橫犇, 皇路險傾,[50] 方將拑勒鞬輈以救之,[51] 豈暇鳴和鑾,[52] °調˙節奏哉![53] 昔文帝雖除肉刑,[54] 當斬右趾者棄市, 笞者往往至死. 是文帝以嚴致平, 非以寬致平也." 山陽仲長統嘗

莊子刻意, '吹响呼吸, 吐故納新, 熊經鳥伸, 爲壽而已, 此道引之士養形之人彭祖壽考者之所好也.' 爲此文之所本.(今)

41) 理身 : 調養身體.(新) 理 : (春)作'治', 據(資治)改.(◉)

42) 平則致養 疾則攻焉 : 平時注意營養, 有了疾病就用藥物治療. 攻, 指用藥攻疾.(新) 攻 : 治.(今)

43) 藥石 : 古時鍼砭用石, 故藥石連稱.(今)

44) 以德教除殘 是以粱肉養疾 : 言以德教除治殘暴, 其殘暴愈甚.(今)

45) 養 : (春)作'治', 據(資治)改. 後漢書崔寔傳作'理'.(◉)

46) 弊 : 與'敝'通.(中) 承百王之敝 : 承受歷代君王遺留下來的積敝.(新)

47) 厄 : 同'戹'.(中) 値戹運之會 : 又正當艱難的時勢之時.(新)

48) 貸 : 寬免. 言當罪者不罪.(今)

49) 馭委其轡 馬駘其銜 : 馭, 馭馬者. 委, 棄. 轡, 所以馭馬之繩. 駘, 馬銜脫去謂之駘.(今) 銜 : 同'銜'.(漢字典)

50) 四牡橫犇 皇路險傾 : 拉車的四匹雄馬橫沖直闖, 而道路又狹窄傾斜.(新) 犇 : '奔之'古字.(中) 皇路 : ① 大路.(今) ② 天路也.(胡)

51) 拑勒鞬輈 : 拑, 以木銜其口也. 拑, 音巨炎翻. 勒, 馬轡. 拑, 車轅. 鞬, 猶束也. 說苑曰, 鑾設於鑣, 和設於軾. 馬動鑾鳴, 鑾鳴則和應也.(胡)

52) 和鑾 : ① 同'和鸞'. 古代車上的鈴鐺. 掛在車前橫木上稱'和', 掛在軛首或車架上稱'鸞'.(漢) ② 在軾曰和, 在鑣曰鸞.(詩經 小雅 蓼蕭 '和鸞雝雝' 毛傳)

53) 調 : (春)作'淸', 據(資治)改. 後漢書崔寔傳作'淸'.(◉) 鳴和鑾 調節奏 : 和鑾, 車上二鈴名. 馬動鑾鳴, 和而應之, 所以調節奏也.(今)

54) 文帝雖 … 往往至死 : 見資治通鑑十五卷文帝十三年景帝元年.(胡) 文帝雖除肉刑 : 表面上寬刑, 實際上是加重了懲處, 當斬右趾的判死刑, 判笞刑的被活活打死.(新) 肉刑 : 殘害肉體的刑罰. 古指墨劓剕宮大辟. 今泛指對受審者肉體上的處罰.(漢)

見其書,[55] 嘆曰,[56] "凡爲人主, 宜寫一通, 置之坐側."[57]

○【崔寔之論 以矯一時之枉】

崔寔之論 以矯一時之枉

溫公曰, "漢家之法已嚴矣, 而崔寔猶病其寬, 何哉? 蓋衰世之君,[58] 率多柔懦, 凡愚之佐,[59] 唯知姑息,[60] 是以權幸之臣有罪不坐,[61] 豪猾之民犯法不誅,[62] 仁恩所施, 止於目前, °姦宄˙得志,[63] 紀綱不立. 故崔寔之論, 以矯一時之枉, 非百世之通義也. 孔子曰, '政寬則民慢,[64] 慢則糾之以猛, 猛則民殘,[65] 殘則施之以寬, 寬以°濟˙猛,[66] 猛以濟寬, 政是以和.'[67] 斯不易之常道矣.

【丙申(156) 永壽二年】

---

55) 山陽仲長統 : 仲長, 複姓, 統, 名也, 山陽郡高平人. 故城在懷州.(春)
56) 嘆 : 與'歎'同.(康熙字典)
57) 坐 : 才臥翻.(胡)
58) 衰世 : 末世.(新)
59) 凡愚之佐 : 衰世的補佐大臣, 多爲凡庸之輩.(新)
60) 姑息 : 姑, 且也. 息, 安也. 且苟目前之安也.(胡)
61) 權幸之臣 : 指當權的奸臣.(新)
62) 豪猾 : 强橫狡猾而不守法紀.(漢)
63) 姦 : 亦作'奸'.(漢) 姦宄 : ①(春)作'奸宂'. 誤.(◉) ② 違法作亂的事情.(漢)
64) 民慢 : 人民輕視法紀.(新)
65) 民殘 : 人民受到殘害.(新)
66) 濟 : (春)作'制', 誤.(◉)
67) 孔子曰句 : 見左氏昭公二十年傳.(今) 和 : 和諧, 穩定.(新)

○【穎川四長】

穎川四長

泰山琅琊賊公孫擧等聚衆至三萬人，破壞郡縣．連年討之，不能克．尙書選能治劇者,[68] 以司徒掾°穎˙川韓韶爲嬴長.[69] 賊聞其賢，相戒不入嬴境．餘縣流民萬餘戶入縣界，韶開倉賑之，主者爭謂不可.[70] 韶曰，“長活溝壑之人,[71] 而以此伏罪，含笑入地矣.” 太守素知韶名德，竟無所坐.[72] 韶與同郡荀淑鍾皓陳寔皆嘗爲縣長，所至以德政稱，時人謂之“°穎˙川四長.”[73]

長活溝壑之人而以此伏罪含笑入地

【己亥(159) 延熹二年】

○【梁冀伏誅】

梁冀伏誅

梁冀一門，前後七侯，三皇后,[74] 六貴人，二大將

---

68) 尙書 : 官名．始置於戰國時，或稱掌書，尙卽執掌之義．秦爲少府屬官，漢武帝提高皇權，因尙書在皇帝左右辦事，掌管文書奏章，地位逐漸重要．漢成帝時設尙書五人，開始分曹辦事．東漢時正式成爲協助皇帝處理政務的官員，從此三公權力大大削弱.(漢) 治劇 : 治理繁亂.(今) 劇 : 竭戟反，艱也，尤甚也.(春)
69) 掾 : 官府中佐助官吏的通稱.(漢) 穎 : (春)作‘穎’，誤，下同.(◉) 嬴長 : 嬴縣之長．嬴縣故城在今山東萊縣.(今) 長 : ① 縣長.(◉) ② 縣長，一縣之行政長官．秦漢時人口萬戶以上的稱‘縣令’，萬戶以下的稱‘縣長’.(漢)
70) 主者 : 主倉粟之吏也.(胡)
71) 長活 : 使生存.(漢)
72) 無所坐 : 猶言無所罰.(今)
73) 穎川四長 : 荀淑，穎川穎陰人，爲當塗長．鍾皓，穎川長社人，徵爲林慮長(按，未就)．陳寔，穎川許人，爲太丘長，韓韶，穎川舞陽人，故曰穎川四長.(今)
74) 三皇后 : 恭懷順烈懿獻三皇后.(今)

軍，夫人女食邑稱君者七人，[75)]尙公主者三人，[76)]其餘卿將尹校五十七人.[77)]冀專擅威柄，凶恣日積．秉政幾二十年，[78)]威行內外，天子拱手，[79)]不得有所親與，帝旣不平之，⁍冀⁌又遣客刺殺議郞邴尊，[80)]帝大怒，呼中常侍單超徐璜黃門令具瑗小黃門史左悺唐衡定議誅之.[81)]冀及妻壽卽日皆自殺，百姓莫不稱慶．收冀財貨，縣官斥賣，[82)]合三十餘萬萬，[83)]以充王府用，減天下稅租之半，散其苑囿，以業窮民.[84)]封單超徐璜等五人爲縣侯，[85)]

五侯 世謂之五侯.[86)]

○【范滂慨然有澄淸天下之志】

75) 夫人女食邑稱君者 : 和平元年，奉梁冀妻孫壽爲襄城君之類也.(要)
76) 尙公主 : 尙，奉也．奉事公主，不敢斥言娶也.(要)
77) 卿將尹校 : 卿，九卿也，將，中郞將也，尹，河南京兆尹也，校，諸校尉也.(胡)
78) 冀秉政幾二十年 : 順帝永和六年，冀爲大將軍，至是歲凡十九年.(胡)
79) 拱手 : 猶束手．謂無能爲力.(漢)
80) 刺 : 七亦翻.(胡)
81) 單 : 音善.(胡)
82) 縣官斥賣 : 政府拍賣.(新) 斥賣 : 斥，棄也，謂不用而賣之也.(春)
83) 萬萬 : 數目，一萬個萬，億.(漢)
84) 業 : 耕作之業.(新)
85) 縣侯 : 爵名，漢制，列侯大者食縣，小者食鄕亭．三國魏定制，凡國，王公侯伯子男六等，次縣侯，次鄕侯，次亭侯，次關內侯．晉亦有縣侯．南朝陳置開國縣侯．至宋始廢.(漢)
86) 五人爲縣侯世謂之五侯 : 單超新豊侯，徐璜武原侯，具瑗東武陽侯，左悺上蔡侯，唐衡汝陽侯也.(胡)

范滂慨然有澄清天下之志

大司農黃瓊爲太尉. 是時, 新誅梁冀, 天下想望異政,[87] 黃瓊首居公位, 乃擧奏州郡素行貪汙,[88] 至死徙者十餘人, 海內翕然稱之.[89]

守令贓汙者皆望風解印綬去

瓊辟汝南范滂.[90] 滂少厲淸節, 爲州里所服. ◖嘗◗爲淸詔使,[91] 案詧冀州,[92] 滂登車攬轡,[93] 慨然有澄淸天下之志.[94] 守令贓汙者, 皆望風解印綬去.

○【陳蕃下榻】[95]

陳蕃下榻

安車玄纁

尙書令陳蕃上疏薦五處士,[96] 豫章徐穉彭城姜肱汝南袁閎京兆韋著°潁˙川李曇.[97] 帝悉以安車玄纁備禮徵之,[98] 皆不至. 蕃性方峻, 不接賓客, 唯穉來, 特設一榻,[99] 去則縣之.[100]

---

87) 天下想望異政 : 全國盼望出現新的政治局面.(新)
88) 貪 : (資治)作'暴', 後漢書左雄傳作'貪'.(◉) 素行暴汙 : 一向凶暴貪汚.(新)
89) 翕然 : 一片歡洽.(新)
90) 范滂 : 字孟博.(137-169).(新)
91) 淸詔使 : ① 太尉府派出的巡察使.(新) ② 蓋三公府有淸詔員, 以承詔使也.(今)
92) 詧 : 與'察'同.(中) 案察冀州 : 時冀州饑荒, 盜賊群起, 以滂爲淸詔使案察之.(胡)
93) 攬轡 : 攬, 持也. 轡, 馬轡也.(春)
94) 慨然 : 感情激昂貌.(漢)
95) 陳蕃下榻 : 後漢陳蕃爲太守, 在郡不接賓客, 唯徐穉來特設一榻, 去則懸之. 見後漢書徐穉傳. 後因以'陳蕃下榻'爲禮賢下士之典.(漢)
96) 處士 : 隱士.(新)
97) 徐穉 : 字孺子(97~168) 豫章南昌人.(新) 姜肱 : 字伯淮(97~173) 彭城廣戚人.(新) 袁閎 : 字夏甫, 出身世族.(新) 潁 : (春)作'穎', 誤.(◉)
98) 安車 : ① 謂安坐之車.(今) ② 車以蒲裹故安也, 若今之小車.(春)
99) 榻 : 坐榻也, 亦謂之牀.(胡)
100) 縣 : 讀曰懸.(胡)

【魏桓隱身不出】

魏桓隱身不出 帝又徵安陽魏桓,[101] 其鄕人勸之行. 桓曰, "夫干祿求進,[102] 所以行其志也. 今後宮千數, 其可損乎? 廐馬萬匹, 其可減乎? 左右權豪, 其可去乎?" 使桓生行死歸於諸子何有哉 皆對曰, "不可." 桓乃慨然歎曰, "使桓生行死歸, 於諸子何有哉!"[103] 遂隱身不出.

○【五侯傾動內外】

五侯傾動內外 帝旣誅梁冀, 權勢專歸宦官.[104] 五侯尤貪縱,[105] 傾動內外.[106]

○【爰延面稱桓帝違】

爰延面稱桓帝違 帝從容問侍中爰延,[107] "朕何如主也?" 對曰, "陛下爲漢中主."[108] 帝曰, "何以言之? 對曰, "尙書令陳蕃任事則治, 中常侍黃門與政則亂.[109] 是以

---

101) 安陽 : 安陽縣, 屬汝南郡.(胡)
102) 干祿 : 求祿位.(新)
103) 於諸子何有哉 : 若忤時强諫, 死而後歸, 於諸勸行者復何益也.(胡)
104) 宧 : '宦'之俗字.(中)
105) 貪縱 : 貪婪橫暴.(新)
106) 傾動內外 : 宮內宮外都被五侯的威勢所震攝.(新)
107) 從容 : 寬容大度.(新) 爰延 : 字季平, 陳留外黃(在今河南民權縣西北)人.(新)
108) 中主 : 爲中材之主, 言可以上可以下, 顧輔佐者何如耳.(胡)
109) 中常侍黃門 : 皆宦官名也.(要) 與政 : 豫政, 參與政治. 與, 讀'豫'.(新)

朱雲廷折欄檻

知陛下可與爲善, 可與爲非."[110] 帝曰, "昔朱雲廷折欄檻,[111] 今侍中面稱朕違, 敬聞闕矣." 拜五官中郎將. ☞

【辛丑(161) 延熹四年】

○【劉寵受一大錢】

劉寵受一大錢

◖ 九月, 以大鴻臚劉寵爲司空.[112] 寵嘗爲會稽太守, 簡除煩苛,[113] 禁察非法, 郡中大治,[114] 徵爲將作大匠.[115] 山陰縣有五六老叟,[116] 自若邪山谷間出,[117] 人齎百錢以送寵曰, "山谷鄙生,[118] 未嘗識郡朝,[119] 他守時, 吏發求民間,[120] 至夜不絶, 或狗

狗吠竟夕

---

110) 可與爲善 可與爲非 : 齊桓公, 管仲相之則霸, 豎刁輔之則亂. 可與爲善, 可與爲惡, 是謂中人.(胡)

111) 昔朱雲廷折欄檻 : 故槐里令朱雲上書求見, 公卿在前, 雲曰, "今朝廷大臣, 皆尸位素餐, 臣願賜尙方斬馬劍, 斷佞臣一人頭以厲其餘." 上問, "誰也" 對曰, "安昌侯張禹." 上大怒曰, "小臣居下訕上, 廷辱師傅, 罪死不赦." 御史將雲下, 雲攀殿檻, 檻折. 雲呼曰, "臣得下從龍逄比干遊於地下, 足矣." 御史遂將雲去. 於是左將軍辛慶忌免冠, 解印綬, 叩頭殿下曰, "此臣素著狂直, 使其言是, 不可誅, 其言非, 固當容之." 上意解, 及後當治檻, 上曰, "勿易, 因而輯之, 以旌直臣."(通鑑節要 己酉(前12) 元延元年)

112) 劉寵 : 字祖榮.(新)

113) 簡除煩苛 : 提高行政效率, 廢除繁瑣手續, 以及繁瑣的政令.(新)

114) 治 : 直吏翻.(胡)

115) 將作大匠 : 官名, 掌修作宗廟, 宮室, 陵園等土木工程.(今)

116) 山陰縣 : 會稽郡治所.(新)

117) 若邪 : 山名, 在浙江省紹興縣南.(今) 邪 : 讀曰耶.(胡)

118) 山谷鄙生 : 山野村民.(新)

119) 未嘗識郡朝 : 從未到過郡政府, 不識郡太守.(新) 郡朝 : 郡聽事曰郡朝, 公府聽事曰府朝.(胡)

吠竟夕,[121] 民不得安. 自明府下車以來,[122] 狗不夜吠, 民不見吏, 年老遭值聖明, 今聞當見棄去,[123] 故自扶奉送."[124] 寵曰, "吾政何能及公言邪! 勤苦父老!"[125] 爲人選一大錢受之.[126] ◗ °☞˙

◗【甲辰(164) 延熹 七年】◖

○【李郭仙舟】

李郭仙舟

◖ 郭泰博學, 善談論. 初遊雒陽, 時人莫識, 陳留符融一見嗟異,[127] 因以介於河南尹李膺.[128] 膺與相見曰, "吾見士多矣, 未有如郭林宗者也.[129] 其聰識通朗, 高雅密博,[130] 今之華夏,[131] 鮮見其儔."[132]

---

120) 吏發求民間 : 言吏於徵發時, 求取於百姓.(春) 發求 : 徵發苛求.(新)
121) 竟夕 : 通夜.(新)
122) 明府 : 漢人稱太守曰府君, 或稱明府君, 簡稱明府.(今) 下車 : 稱初卽位或到任爲'下車'.(漢)
123) 年老遭值聖明 今聞當見棄去 : 年老了才遇到聖明的政治, 現在聽說你要離開我們.(岳白)
124) 自扶 : 互相扶持.(新)
125) 勤苦父老 : 勞駕諸父老相送.(新)
126) 爲人選一大錢受之 : 對相送的人各選一个大錢留作紀念.(新) 爲 : 于僞翻.(胡) 人 : 每一人也.(要)
127) 符融 : 字偉明, 陳留浚儀人, 東漢名士, 善知人.(新) 一見嗟異 : 一見成知己, 嘆其爲非常人.(新)
128) 介 : 紹介. 古時主有儐, 客有介. 孔叢子曰, '士無介, 不見.'(今)
129) 林宗 : 郭泰字.(胡)
130) 密博 : 思維細密精博.(新)
131) 華夏 : 中國之古稱.(今)
132) 鮮見其儔 : 沒有第二人與他爲對. 儔, 匹敵.(新)

遂與爲友, 於是名震京師. 後歸鄕里, 衣冠諸儒送至河上, 車數千兩.[133] 膺唯與泰同舟而濟,[134] 衆賓望之, 以爲神仙焉.

○【孟敏荷甑墮地不顧】

孟敏荷甑墮地不顧

泰性明知人,[135] 好奬訓士類,[136] 周遊郡國. 孟敏,[137] 客居太原, 荷甑墮地,[138] 不顧而去. 泰見而問其意. 對曰, "甑已破矣, 視之何益!" 泰◖以爲有分決, 與之言,◗[139] 知其德性, 因勸令遊學, 遂知名當世.

【范滂論郭泰】

范滂論郭泰

郭泰天子不得臣

或問范滂曰, "郭林宗何如人?" 滂曰, "隱不違親,[140] 貞不絶俗,[141] 天子不得臣, 諸侯不得友,[142] 吾不知

133) 兩 : 古與'輛'通.(今)
134) 同舟而濟 : 自雒陽歸太原, 渡河而西北.(胡)
135) 明知人 : 精明善識人.(新)
136) 好奬訓士類 : 喜歡鼓勵士人上進.(新)
137) 孟敏 : 字叔達.(新)
138) 荷甑墮地 : 荷, 負也, 墮, 落也.(春)
139) 分決 : 分寸決斷也.(今) 分 : 有判斷力.(新) 決 : 果決.(新)
140) 隱不違親 : 隱不違親者, 介子推之類也, 新序曰, 晉文公反國, 介子推無爵, 去之介山, 文公求不得, 焚山而死, 左傳作介之推, 註介姓推名. 之, 語助辭.(春)
141) 貞不絶俗 : 貞不絶俗者, 柳下惠之類也, 柳下惠春秋時魯公族, 姓展, 名禽, 字季, 居柳下而施德惠, 因以爲號.(春)
142) 天子不得臣 諸侯不得友 : 禮記曰, '儒有上不臣天子, 下不事諸侯.' 此句與禮記意相似.(今)

其他."

【仇香化陳元爲孝子】

仇香化陳元爲孝子

陳留仇香,143) 至行純嘿,144) 鄕黨無知者.145) 年四十, 爲蒲亭長.146) 民有陳元, 獨與母居, 母詣香告元不孝. 香到元家, 爲陳人倫孝行, 譬以禍福之言, 元感悟, 卒爲孝子. 考城令王奐署香°˙主簿,147) 謂之曰, "聞在蒲亭, 陳元不罰而化之, 得無少鷹鸇之志耶?"148) 香曰, "以爲鷹鸇不若鸞鳳,149) 故不爲也." 奐曰, "枳棘之林非鸞鳳所集,150) 百里非大賢之路."151) 乃以一月俸資香,152) 使入太學.153) 郭泰符融齎刺謁之,154) 因留宿. 明旦, 泰拜之曰, "君,

鷹鸇不若鸞鳳

枳棘非鸞鳳所集 百里非大賢之路

143) 仇香 : 字季智, 陳留考城人.(新)
144) 至行純嘿 : 品行高潔, 沈默寡言.(新)
145) 鄕黨無知者 : 不爲鄕里人所知.(新)
146) 蒲亭長 : 蒲亭在陳留郡考城縣, 漢因秦, 大率十里一亭, 亭有長以禁盜賊.(春)
147) 考城令 : 考城, 舊縣名, 今河南民權, 東仁二縣境. 令猶今之縣長. 古者治大縣曰令, 治小縣曰長.(今) 署 : 委任. 任命.(漢) °˙ : (春)有'爲', 據(資治)削.(◉) 主簿 : 官名, 所職者簿書, 曹掾之流耳.(今)
148) 少鷹鸇之志 : 缺少雄鷹搏擊的勇氣.(新) 鷹鸇之志 : 左傳, "季孫行父曰, '見無禮於君者, 誅之如鷹鸇之逐鳥雀也.'"(春)
149) 鷹鸇不若鸞鳳 : 與其有蒼鸇之勇, 不如鸞鳳之和鳴.(新) 鸞鳳 : 皆神鳥, 以喩善類.(今)
150) 枳棘…大賢之路 : 長滿荊棘的叢林不是鸞鳳的棲身之所, 一个百里的縣城不是大賢所走的路. 王奐認爲仇香之志有治國之才, 應到京師學習.(新) 枳棘 : 枳似橘, 周禮曰橘踰淮北而爲枳是也. 棘, 小棗叢生者.(春)
151) 百里 : ① 約一縣地之大小.(今) ② 時奐爲縣令, 故自稱百里也.(胡)
152) 奉 : 俸祿.(新) 資 : 路費.(新)
153) 太學 : 古學校名.(今)

泰之師, 非泰之友也.” ◗香學畢歸鄉里. 不應徵辟, 卒於家.◖ ◗

【乙巳(165) 延熹八年】

○【登龍門】

登龍門 李膺復拜司隸校尉. 時小黃門張讓弟朔爲野王令,[155] 貪殘無道, 畏膺威嚴, 逃還京師, 匿於兄家合柱

破柱取朔 中.[156] 膺知其狀, 率吏卒破柱取朔, 付雒陽獄, 受辭畢,[157] 卽殺之. 自此諸黃門常侍皆鞠躬屛氣[158] 休沐不敢出宮省.[159] 帝怪問其故, 並叩頭泣曰, “畏

黃門畏李膺 李校尉.” 時朝廷日亂, 綱紀頹弛,[160] 而膺獨持風裁,[161] 以聲名自高, 士有被其容接者,[162] 名爲登龍門云.[163]

---

154) 刺 : 書姓名以自通求見曰刺, 秦漢之間謂之謁.(胡)
155) 小黃門 : 漢代低於黃門侍郎一級的宦官.(漢) 張讓 : ?~189. 桓, 靈時大宦官, 爲中常侍.(新) 野王 : 野王縣屬河內郡, 而河內郡屬司部.(胡)
156) 合柱 : ① 合木爲柱, 安足以容人. 合柱, 謂兩柱相直, 兩屋相合處也.(胡) ② 謂夾壁也.(春)
157) 辭 : 訴訟的供詞.(漢)
158) 黃門 : 宦者. 太監. 因東漢黃門令中黃門諸官, 皆爲宦者充任, 故稱.(漢) 常侍 : 官名. 皇帝的侍從近臣. 秦漢有中常侍, 魏晉以來有散騎常侍, 隋唐內侍省有內常侍, 均簡稱常侍.(漢) 鞠躬屛氣 : 指彎腰曲體, 屛住呼吸, 一副恭謹畏葸的樣子.(漢)
159) 休沐 : ① 休息洗沐. 猶休假.(漢) ② 漢律儀, 吏五日, 得一休沐, 言休息以洗沐也.(要) 宮城 : 猶宮禁. 指皇宮.(漢)
160) 弛 : (資治)作'阤'.(◉) 阤 : ① 丈爾翻, 壞也.(胡) ② 通'弛', 壞也.(今)
161) 獨持風裁 : 謂獨主持風憲, 裁制群品也.(今)
162) 容接 : 優容接待.(漢)

○【劉寬用蒲鞭示辱】

劉寬用蒲鞭示辱

徵東海相劉寬爲尙書令.[164] 寬, 歷典三郡, 溫仁多恕, 雖在倉卒,[165] 未嘗疾言遽色.[166] 吏民有過, 但用蒲鞭罰之,[167] 示辱而已, 終不加苦. 每見父老, 慰以農里之言, 少年, 勉以孝悌之訓, 人皆悅而化之.

【丙午(166) 延熹九年】

○【南北部黨人之議自此始】

南北部黨人之議自此始

初, 帝爲蠡吾侯, 受學於甘陵周福,[168] 及卽位, 擢福爲尙書. 時同郡河南尹房植有名當朝,[169] 鄕人爲之謠曰, "天下規矩房伯武,[170] 因師獲印周仲進."[171] 二家賓客, 互相譏揣,[172] 遂各樹朋徒, 漸成尤隙.[173]

天下規矩房伯武 因師獲印周仲進

---

163) 登龍門 : ① 以魚爲喩也. 龍門, 河水所下之口, 在今絳州龍門縣. 河津, 一名龍門. 水險不通, 魚鼈之屬莫能上, 江海大魚數千, 薄集龍門下, 不得上, 上則爲龍.(胡) ② 此喩李膺爲人間龍門, 得與交接, 如同成仙.(新) ③ 比喩得到有名望者的接待和援引而提高身價.(漢)

164) 劉寬 : 東海王彊曾孫臻之相也. 按寬傳云, "是年自東海相, 徵爲尙書令, 遷南陽太守, 典歷三郡."(胡)

165) 倉卒 : 發生突然事變.(新)

166) 疾言遽色 : 言語神色粗暴急躁.(漢) 疾 : 急也.(論語 鄕黨 '不疾言'邢昺疏) 遽 : 急.(今)

167) 蒲鞭 : 古時以皮爲鞭.(今)

168) 甘陵 : 漢置錯縣.(今)

169) 當朝 : 謂當代也.(中)

170) 規 : '規'之本字.(中) 規矩 : 規範, 典範.(新) 伯武 : 房植字.(胡)

171) 仲進 : 周福字.(胡)

由是甘陵有南北部, 黨人之議自此始矣.

【宗資主諾 成瑨坐嘯】

宗資主諾 成瑨坐嘯

汝南太守宗資以范滂爲功曹,174) 南陽太守成瑨以岑晊爲功曹,175) 皆委心聽任,176) 使之褒善糾違,177) 肅淸朝府.178) 於是二郡爲°˙謠曰,179) "汝南太守范孟博,180) 南陽宗資主畫諾,181) 南陽太守岑公孝,182) 弘農成瑨但坐嘯."183)

【天下模楷李元禮】

天下模楷李元禮

太學諸生三萬餘人, 郭泰及°潁˙川賈彪爲其冠,184) 與李膺陳蕃王暢更相褒重. 學中語曰, "天下模楷李元禮,185) 不畏彊禦陳仲擧,186) 天下俊秀王叔茂."187)

---

172) 揣 : 度也, 量也, 度量其輕重長短而爲譏議也.(胡)
173) 尤隙 : 怨怒間隙.(今)
174) 功曹 : 官名. 漢代郡守有功曹史, 簡稱功曹, 除掌人事外, 得以參預一郡的政務.(漢)
175) 成瑨 : 字幼平.(新)
176) 委心 : 猶傾心.(漢) 聽任 : 猶信用.(漢)
177) 褒善糾違 : 奬勵善良, 懲治違失奸惡.(新)
178) 肅淸朝府 : 整肅政府威信.(新) 朝府 : 朝者, 郡朝. 府者, 公卿牧守所居.(今)
179) °˙ : (春)有'之', 據(資治)削.(◉)
180) 孟博 : 范滂字.(胡)
181) 南陽宗資 : 南陽郡人宗資.(中白) 畫諾 : 猶畫可也. 諾者, 隨言而應, 無所違也.(胡)
182) 公孝 : 岑晊字.(春)
183) 弘農成瑨 : 弘農郡人成瑨.(中白) 嘯 : 吟也, 言但坐而吟嘯, 於郡事無所豫也.(胡)
184) 潁 : (春)作'穎', 誤.(◉)
185) 元禮 : 李膺字.(胡)
186) 彊 : 同'强'.(漢) 不畏彊禦 : 詩烝民篇註云, 不畏懼彊梁禦善之人也.(春) 仲擧 : 陳蕃

於是中外承風, 競以臧否相尙,[188] 自公卿以下, 莫不畏其貶議, 屣履到門.[189]

○ 【賈父所生】

賈父所生

賈彪嘗爲新息長,[190] 小民°困貧˙,[191] 多不養子,[192] 彪嚴爲其制, 與殺人同罪. 城南有盜劫害人者, 北有婦人殺子者. 彪出按驗,[193] 掾吏欲引南,[194] 彪怒曰, "賊寇害人, 此則常理, 母子相殘, 逆天違道." 遂驅車北行, 按致其罪.[195] 城南賊聞之, 亦面縛自首.[196] 數年間, 人養子者以千數曰, "此賈父所生也." 皆名之爲賈.[197]

母子相殘逆天違道

○ 【陳蕃卻逮捕黨人之案】

字.(胡)

187) 俊秀 : 才智傑出的人.(新) 叔茂 : 王暢字.(胡)

188) 競以臧否相尙 : 竟相崇尙褒貶善惡.(岳白) 臧否 : 竟相以品評朝政的善惡得失爲時尙.(中白) 否 : 音鄙.(胡)

189) 屣履 : ① 屣不躡跟也.(胡) ② 拖着鞋子走路, 形容急迫.(新)

190) 賈彪 : 潁川定陵人.(胡) 新息長 : 汝南有新息縣, 長, 猶令也, 按汝南今蔡州是, 新息今息州是.(春)

191) 困貧 : (春)作'貧困', 據(資治)改.(◉)

192) 不養子 : 貧困使子行乞.(要)

193) 按驗 : 査驗.(漢)

194) 掾吏欲引南 : 掾, 官屬也, 欲引南謂欲向城南, 按盜賊也, 劉貢父曰, '吏當作史.'(春) 欲引南 : 欲案城南賊.(要) 引南 : 引車南行.(今)

195) 按致其罪 : 判決殺子之罪.(新) 自首 : 自行投案, 承認罪責.(漢) 首 : 伏罪.(漢)

196) 面縛 : 縛手於後而面向前也.(要)

197) 名之爲賈 : ① 凡生男則名曰賈子, 生女名曰賈女.(春) ② 都用'賈'作爲名字.(中白)

陳蕃卻逮捕黨人之案

張成善風角

河內張成, 善風角,[198] 推占當赦,[199] 教子殺人. 司隸李膺督促收捕, 既而逢宥獲免,[200] 膺愈懷憤疾, 竟案殺之.[201] 成素以方技交通宦官,[202] 帝亦頗訊其占,[203] 宦官教成弟子牢脩上書,[204] 告"膺等養太學遊士, 交結諸郡生徒,[205] °更˙相驅馳,[206] 共爲部黨,[207] 誹訕朝廷,[208] 疑亂風俗."[209] 於是天子震怒, 班下郡國,[210] 逮捕黨人,[211] 布告天下, 使同忿疾. 案經三府,[212] 太尉陳蕃卻之曰,[213] "今所案者,[214] 皆海內人譽,[215] 憂國忠公之臣, 此等猶將十世宥也,[216]

---

198) 風角 : 謂候四方四隅之風, 以占吉凶也.(胡)
199) 推占 : 豫測.(岳白)
200) 宥 : 此指大赦令.(新)
201) 案 : 通'按'. 下同(◉)
202) 方技 : 亦作'方伎'.(漢) 方伎 : 方術, 此指風角之術.(新) 宦 : 春作'宧', 宧, 宦之俗字, 據(資治)改. 下同.(◉)
203) 訊 : 問也.(胡)
204) 脩 : 同'修'.(漢)
205) 生徒 : 學生.(新)
206) 更相 : 相互.(漢) 更 : ① 工衡翻.(胡) ② (春)作'互', 據(資治)改.(◉) 驅馳 : 驅逐奔馳. 此謂盡力效命之意.(新)
207) 部黨 : 朋黨.(新)
208) 誹訕 : 毁謗.(新)
209) 疑亂 : 擾亂.(新)
210) 班 : ① 布告.(今) ② 同'頒'.(新)
211) 逮捕 : 逮者其人在而直追取之, 捕者其人亡當討捕之, 故有或但言逮, 或但言捕, 當知異義也.(春)
212) 案經三府 : 逮捕黨人的文告經過三府下達. 三府, 太尉司徒司空.(新) 案 : 文案也, 以考驗爲義.(胡)
213) 卻之 : 退回捕人詔書.(新)
214) 案 : 通'按'.(漢) 按者 : 被指控的人.(新)

豈有罪名不章而致收掠者乎!"[217] 不肯平署.[218] 帝愈怒, 遂下膺等於黃門北寺獄,[219] 其辭所連及, 杜密陳翔及陳寔范滂之徒二百餘人.[220] 或逃遁不獲, 皆懸金購募,[221] 使者四出相望. 陳寔曰, "吾不就獄, 衆無所恃." 乃自往請囚. 范滂至獄, 獄吏謂曰, "凡坐繫者, 皆祭皋陶."[222] 滂曰, "皋陶, 古之直臣, 知滂無罪, 將理之於帝,[223] 如其有罪, 祭之何益!" 衆人由此亦止. 陳蕃復上書極諫, 帝諱其言切,[224] 託以蕃辟召非其人, 策免之.[225]

范滂不祭皋陶

○【皇甫規恥不與黨人】

皇甫規恥不與黨人

時黨人獄所染逮者,[226] 皆天下名賢, 度遼將軍皇甫規,[227] 自以西州豪桀, 恥不得與.[228] 乃自上言,

215) 人譽 : 有聲譽的人.(新)
216) 宥 : 赦也.(今)
217) 罪名不章 : 罪名曖昧不明. 章, 通'彰'.(新) 收 : 繫也.(春) 掠 : 笞擊也.(春)
218) 平署 : ① 猶言連署也.(春) ② 連名.(新)
219) 北寺獄 : ① 北寺獄東漢黃門署屬下的監獄. 主鞫禁將相大臣. 因署在宮省北, 故名.(漢) ② 북시옥.(檀)
220) 杜密 : 字周甫, 潁川陽城人.(新) 陳翔 : 字子麟, 汝南邵陵人.(新)
221) 購募 : 懸賞招募.(漢)
222) 皋陶 : 人名. 虞舜臣, 造律立獄.(今)
223) 理之於帝 : 向天帝申訴.(新) 帝 : 謂天也.(胡)
224) 言切 : 謂所言太切直也.(春)
225) 策免 : 帝王以策書免官.(漢) 策書 : 指古代書寫帝王任免官員等命令的簡策.(漢)
226) 染逮者 : ① 受案件牽連的人.(新) ② 染, 謂獄辭所汙染也. 逮, 謂連及也.(胡)

"臣前薦故大司農張奐, 是附黨也. 又臣昔論輸左校時,[229] 太學生張鳳等上書訟臣,[230] 是爲黨人所

李杜名行相次 附也, 臣宜坐之." 朝廷知而不問. 杜密素與李膺名行相次,[231] 時人謂之李杜, 故同時被繫.

¶○【杜密召鄭玄】

杜密召鄭玄 杜密嘗爲北海相, 行春,[232] 到高密,[233] 見鄭玄爲鄉嗇夫,[234] 知其異器, 卽召署郡職, 遂遣就學,[235] 卒成大儒.¶

【丁未(167) 永康元年】

○【竇武申救黨人】

竇武申救黨人 陳蕃既免, 朝臣震栗, 莫敢復爲黨人言者. 賈彪曰, "吾不西行,[236] 大禍不解." 乃入雒陽, 說城門校尉

227) 規 : '規'之本字.(中)
228) 與 : 參預.(今)
229) 論輸左校 : 判處在左校營作苦工.(新162年) 論輸 : 定罪而罰作勞役.(漢)
230) 太學生張鳳等上書訟臣 : 延熹五年, 下皇甫規獄, 張鳳等三百餘人, 詣闕訟其寃.(春)
231) 名行相次 : 名聲相等.(新) 行 : 下孟翻.(胡)
232) 行春 : 凡郡國守相, 嘗以春行所主縣, 勸民農桑, 振救乏絶.(胡)
233) 高密 : 高密縣, 屬北海國.(胡)
234) 鄭玄 : 127~200. 字康成. 北海高密人. 東漢大經學家, 今本十三經注疏中毛詩三禮卽爲鄭玄注.(新) 鄉嗇夫 : 鄉官名. 掌一鄉獄訟及收稅.(新)
235) 遂遣就學 : 又選派他到京都洛陽的太學求學.(中白)
236) 西行 : ① 自潁川至雒陽爲西行.(胡) ② 指去京師洛陽. 賈彪, 潁川定陵人, 在洛陽東.(新)

竇武尙書霍諝等,[237] 使訟之.[238] 武上疏曰, "陛下卽位以來, 未聞善政, 近者奸臣牢脩造設黨議, 遂收前司隸校尉李膺等逮考, 連及數百人, 曠年拘錄,[239] 事無效驗. 膺等, 誠陛下稷卨伊呂之佐,[240] 而虛爲奸臣賊子之所誣枉. 惟陛下留神澄省." 書奏, 霍諝亦爲表請. 帝意稍解, 使中常侍王甫就獄

三木囊頭 訊黨人范滂等, 皆三木囊頭,[241] 暴於階下. 甫以次辨詰曰,[242] "卿等更相拔擧,[243] 迭爲脣齒,[244] 其意如何?"[245] 滂曰, "仲尼°之˙言,[246] '見善如不及, 見

善善同其淸惡惡同其汙 惡如探湯'.[247] 滂欲使善善同其淸, 惡惡同其汙, 謂王政之所願聞, 不悟更以爲黨.[248] 古之修善,[249] 自

---

237) 霍諝 : 字叔智, 魏郡鄴縣(在今河北磁縣東南)人. 歷仕尙僕射司隸校尉廷尉等(新)
238) 訟 : 申訴.(新)
239) 曠年 : 多年, 長年.(漢) 拘錄 : 拘禁, 逮捕.(漢)
240) 稷卨伊呂之佐 : 稷名棄姓姬氏, 卨姓子氏, 皆舜之臣, 伊尹名摯, 殷湯之相, 呂望周武王之相姜太公也, 從其封姓故曰呂.(春) 卨 : 六書通用契字也.(要)
241) 三木囊頭 : ① 謂桎梏加於頭及手足也.(春) ② 三木, 頭及手足皆有械, 更以物蒙覆其頭也.(胡)
242) 辨 : 通'辯'.(漢) 辨詰 : 辯難詰問.(漢)
243) 更相拔擧 : 互相標榜.(新)
244) 迭爲脣齒 : 互相像脣齒一樣結成死黨.(新)
245) 其意如何 : 想干什麽, 有何企圖.(新)
246) 之 : (春)作'有', 據(資治)改.(◉)
247) 見善如不及 見惡如探湯 : ① 語出論語季氏篇孔子之言.(新) ② 探湯, 喩去之疾也. 探, 吐南翻.(胡)
248) 滂欲使善善同其淸 … 不悟更以爲黨 : 我范滂想的是使善良的人如同淸水一樣在一起, 使邪惡的人如同汙水一樣歸一處, 認爲這會受到朝廷的鼓勵, 從沒想到這是結黨. 善善惡惡,

古之修善自求多福 今之修善身陷大戮 范滂不謝霍諝

求多福. 今之修善, 身陷大戮.[250] 身死之日, 願埋滂於首陽山側,[251] 上不負皇天, 下不愧夷齊." 甫愍然爲之改容,[252] 乃得並解桎梏.[253] 李膺等又引宦官子弟, 宦官懼, 請帝以天時宜赦.

【禁錮黨人】

禁錮黨人

六月, 赦天下, 改元,[254] 黨人二百餘人°皆˙歸田里,[255] 書名三府,[256] 禁錮終身.[257]

○【范滂不謝霍諝】

范滂不謝霍諝

范滂往候霍諝而不謝.[258] 或讓之, 滂曰, "昔叔向不見祁奚,[259] 吾何謝焉!" 滂南歸汝南,[260] 南陽士

使善人歸于善類, 使惡人歸于惡類, 首字善惡爲名詞, 第二個字善惡爲動詞. 悟, 認識到. 范滂之意, 我們善人在一起, 就把惡人顯出來了, 卽涇渭分明, 與惡人劃淸界線, 不是什麽結黨.(新)

249) 修 : 同'脩', 下同.(漢)

250) 陷 : '陷'之譌字.(中)

251) 首陽山 : 在今山西永濟南. 一說首陽卽河南偃師西北的邙山, 因日出先照而得名. 殷末周初賢人伯夷叔齊餓死首陽山, 故范滂要求埋骨于首陽之側與賢者共眠.(新)

252) 改容 : 動容, 肅然起敬.(新)

253) 並解桎梏 : 解除了所有黨人罪徒的形具. 桎, 手銬. 梏, 脚鐐.(新) 桎梏 : 木在手曰桎, 在足曰梏.(胡)

254) 改元 : 改延熹十年爲永康元年.(新)

255) 皆 : (春)作'放', 據(資治)改.(◉)

256) 書名三府 : 將黨人造成名冊, 在三府備案.(新)

257) 禁錮終身 : 終身禁止做官, 不得遠離住所. 如今之剝奪政治權利終身.(新)

258) 候 : 拜訪.(新)

259) 叔向不見祁奚 : ① 晉范宣子囚叔向, 祁奚請而免之, 不見叔向而歸, 叔向亦不告免焉而朝.(胡) ② 言祁奚爲國, 非私叔向也. 叔向不告謝祁奚, 卽往朝君 明不爲己也.(春) 叔向 :

大夫迎之者，車數千兩．鄕人殷陶黃穆侍衛於°旁˙，[261] 應對賓客．滂謂陶等曰，"今子相隨，是重吾禍也!"[262] 遂遁還鄕里．[263]

○【平原無黨】

平原無黨 初，詔書下擧鉤黨，[264] 郡國所奏相連及者，多至百數，唯平原相史弼獨無所上．[265] 詔書前後迫切州郡，髡笞掾史，[266] 從事坐傳舍責曰，[267] "詔書疾惡黨人，旨意懇惻．靑州六郡，[268] 其五有黨，平原何治而得獨無?" 弼曰，"先王疆理天下，[269] 畫界分境，水土異齊，風俗不同．[270] 他郡自有，平原自無，胡

名肹，姓羊舌氏，弟羊舌虎，皆春秋晉公族也.(春) 祁奚 : 姓名，晉大夫也.(春)

260) 歸汝南 : 回故郡.(新汝) 汝南 : 漢汝南郡，後周改蔡州，今汝寧府是.(春)

261) 旁 : ① (春)作'滂'，誤．後漢書黨錮列傳作'傍'.(◉) ② 傍 : 亦作'旁'.(中) 鄕人殷陶黃穆侍衛於旁 : 同鄕人殷陶黃穆在一旁侍衛.(岳白)

262) 重吾禍也 : 將加重吾的災禍.(新)

263) 遁還鄕里 : 悄悄地回到家鄕.(新)

264) 擧鉤黨 : 擧，劾也，鉤黨者，相鉤引其黨與也.(春) 鉤黨 : 互相牽引，指目爲黨，故稱鉤黨.(新) 鉤 : 謂相連也.(胡)

265) 平原 : 縣名，爲平原國治所.(新)

266) 髡笞掾史 : 各州郡治辦黨人不力，其部屬掾史往往受到髡刑和笞打的責伐.(新) 掾史 : 官名．漢以後中央及各州縣皆置掾史，分曹治事．多由長官自行闢擧．唐宋以後，掾史之名漸移于胥吏.(漢)

267) 從事坐傳舍責曰 : 這裏指靑州從事(靑州刺史助理) 在傳舍召見史弼，責其治辦不力.(新) 從事 : 中都官也，主察擧百官犯法者.(春) 傳 : 客舍也.(胡)

268) 靑州 : 今益都府本漢北海郡，禹貢靑州也. 六郡 : 謂濟南平原樂安北海東萊齊國.(春)

269) 疆 : 界也.(胡) 理 : 正也.(胡)

270) 水土異齊 風俗不同 : ① 水土有不同有同，若水土不同則風俗不同.(新) ② 言不同和也，周禮五齊者水火木金土五者不相入也.(春)

可相比! 若承望上司,[271] 誣陷良善,[272] 淫刑濫罰, 以逞非理, 則平原之人, 戶可爲黨. 相有死而已,[273] 所不能也!” ◗從事大怒, 卽收郡僚職送獄,[274] 遂擧奏弼.[275] 會黨禁中解,[276] 弼以俸贖罪, 所脫者甚衆. ◖[277]

○【竇武立靈帝】

竇武立靈帝

十二月, 丁丑,[278] 帝崩.[279] 竇太后臨朝. 城門校尉竇武, 定策禁中,[280] 迎河間孝王曾孫宏立之,[281] 時年十二.

---

271) 承望上司 : 秉承上級旨意.(新) 承望 : 迎合.(漢)
272) 陷 : '陷'之譌字.(中)
273) 相 : 息亮翻.(胡)
274) 郡僚職 : 謂郡諸曹掾史也.(胡)
275) 擧奏 : 彈劾上奏.(新)
276) 會黨禁中解 : 恰逢黨禁中途和解.(岳白)
277) 所脫者甚衆 : 史弼救脫的人很多. 據後漢書史弼傳, 救脫的人以百計, 以千計.(新)
278) 丁丑 : 十二月二十八日.(新)
279) 帝崩 : 年三十六.(胡)
280) 定策禁中 : 在皇宮中秘密決定皇位, 卽不與百官廷議.(新)
281) 迎河間孝王曾孫宏立之 : 據(綱合)補.(◉)

通鑑節要增損校註 卷二十一

後漢紀

▪ 孝靈皇帝

在位二十二年, 壽三十四.

名宏. 肅宗之玄孫,[1] 河間孝王之曾孫.[2]

宦官之禍, 毒流搢紳, 忠臣義士, 騈首就戮, 不免召外兵以除內難. 於是虺蜴雖除, 而虎狼入室矣.

⁋諡法, "亂而不損曰靈."⁋[3]

【戊申(168) 建寧元年】

○ **以竇武陳蕃胡廣參錄尙書事.**[4]

---

1) 肅宗 : 肅宗孝章皇帝, 諱炟.(後漢書 卷3 章帝紀)
2) 河間孝王 : 後漢劉開之封諡號.(中)
3) 亂而不損曰靈 : ① 據(胡注)補.(◉) ② 不能以治損亂.(史記正義論例諡法解列國分野 諡法解)
4) 竇武 : 太后之父.(要) 參錄尙書事 : ① 竇武陳蕃胡廣三人共同主持尙書政務. 參, 三人爲參.(新) ② 參錄, 參與總領. 錄, 總領. 東漢尙書之權超過三公, 自安帝順帝後, 大將軍及三公執政的都加錄尙書事. 後來帝后家專政, 三公僅得參預, 故稱'參錄'.(漢) 錄尙書事 : 官名. 初置時稱'領尙書事'. 漢昭帝初立, 大將軍霍光柄政, 與金日磾上官桀共領尙書事, 是爲此官之始. 東漢永平十八年(75), 漢章帝初卽位, 以太傅趙熹太尉牟融並錄尙書事, 用'錄'代'領'始此. 錄爲總領之意. 錄領職事相近, 而權位更重. 後東漢每帝卽位, 常置太傅錄尙書事. 三國時期蜀漢丞相諸葛亮蔣琬曾錄尙書事. 魏晉後, 掌大權之大臣每帶錄尙書事名號. 南朝宋孝武帝時曾停設, 孝武帝死後複置, 錄尙書事通常以他官兼領, 南齊始有單拜錄尙書事者, 如褚淵. 北朝亦有此官, 北齊稱錄尙書, 位尙書令上, 隋廢.(百度百科)

○【陳蕃與竇武同心戮力】

陳蕃與竇武同心戮力

初, 竇太后之立也, 陳蕃有力焉. 及臨朝, 政無大小, 皆委於蕃. 蕃與竇武同心戮力,[5] 以奬王室,[6] 徵天下名賢李膺杜密尹勳劉瑜等, 皆列於朝廷, 與共參政事. 於是天下之士, 莫不延頸想望太平.[7] 而中常侍曹節王甫等共相朋結,[8] °諂˙事太后.[9] 太后信之. 蕃武疾之, 嘗共會朝堂,[10] 蕃私謂武曰, "曹節王甫等, 自先帝時操弄國權, 濁亂海內,[11] 今不誅之, 後必難圖." 武深然之. 蕃大喜, 以手推席而起.[12]

○【竇武請誅曹節等】

竇武請誅曹節等

會有日食之變, 蕃謂武曰, "昔蕭望之困一石顯,[13] 況今石顯數十輩乎! ◗今◖可因日食斥罷宦官, 以

---

5) 戮力 : 幷力.(新)
6) 奬 : 助也, 崇也.(要)
7) 延 : 引也. 言舒頸而顒望也.(綱鑑)
8) 朋結 : 結成死黨.(新)
9) 諂事 : 諂媚奉承.(新) 諂 : (春)作'謟.', 誤. 謟, 音叨, 疑也.(◉)
10) 朝堂 : 漢代正朝左右官議政之處. 亦泛指朝廷.(漢)
11) 濁亂海內 : 汚濁攪亂了天下.(新)
12) 以手推席而起 : 用手推開案, 興奮得站了起來.(新) 推 : 擊也.(要)
13) 昔蕭望之困一石顯 : ① 蕭望之, 漢元帝時御史大夫, 又爲元帝師, 甚見親信, 却被宦官石顯所害.(新) ② 時宦官石顯, 誣譖望之, 望之飮鴆自殺.(春)

塞天變."[14] 武乃白太后, 誅曹節等, 太后猶豫未忍.[15]

【曹節脅使作詔板】

曹節脅使作詔板
曹節殺蕃武

曹節召尙書◗官屬, 脅以白刃,◖ 使作詔板,[16] 拜王甫爲黃門令, 持節捕收武等. 武不受詔, 執蕃, 送北寺獄, 殺之. 王甫將虎賁羽林等合千餘人, 圍武, 武自殺,[17] 梟首雒陽都亭,[18] 收捕宗親賓客姻屬, 悉誅之, 遷皇太后於南宮, 於是群小得志, 士大夫皆喪氣.[19]

【己酉(169) 建寧二年】

○【三君八俊八顧八及八廚】

三君八俊八顧八及八廚

初, 李膺等雖廢錮,[20] 天下士大夫皆高尙其道而汙

14) 塞 : 悉則翻.(胡)
15) 猶 : ①(資治)作'冘.(◉) ②冘, 通作'猶'(中) 冘豫 : ①猶豫.(新) ②賢曰, '冘豫不定之意也.' 余按'冘'讀與'猶'同. 唐史以冘豫之冘音淫者, 誤也.(胡30年)
16) 作詔板 : 寫詔令. 詔書寫在尺一簡上, 稱詔板.(新) 詔板 : 木簡爲之, 其長尺一, 唐高宗時, 婦人八十以上, 皆版授郡君, 史炤曰, 謂不加告命, 以板策授之.(春)
17) 圍武 武自殺 : 諸軍追圍之 皆自殺.(胡)
18) 雒陽都亭 : 漢郡國縣道皆有都亭.(胡142年) 都亭 : 都邑中的傳舍. 秦法, 十里一亭. 郡縣治所則置都亭.(漢)
19) 喪 : 息浪翻.(胡)
20) 廢錮 : 革除官職, 終身不再錄用.(漢) 廢 : 黜免.(漢) 錮 : 禁止參加政治活動或出任官職.(漢)

穢朝廷,[21] 希之者唯恐不及,[22] 更共相標榜,[23] 爲之稱號, 以竇武陳蕃劉淑爲三君, 君者, 言一世之所宗也.[24] 李膺荀翌杜密王暢劉祐魏朗趙典朱寓爲八俊,[25] 俊者, 言人之英也.[26] 郭泰范滂尹勳巴肅及宗慈夏馥蔡衍羊陟爲八顧,[27] 顧者, 言能以德行引人者也. 張儉翟超岑晊°苑˙康及劉表陳翔孔昱檀敷爲八及,[28] 及者, 言其能導人追宗者也.[29] 度尙及張邈王孝劉儒胡母班秦周蕃嚮王章爲八廚,[30] 廚者, 言能以財救人者也. 及陳竇用事,[31] 復擧拔膺等,[32] 陳竇誅, 膺等復廢.

---

21) 汙穢朝廷 : ① 謂以朝廷爲汙穢也.(目) ② 蔑視政府.(新) 汙穢 : 小人宦官用事, 故曰汙穢.(綱合)

22) 希 : 望也. 己未有而望有, 未達而望達, 謂之希.(今)

23) 更 : 工衡翻.(胡) 相標榜 : 相表襮也. 黨錮傳註, '標榜, 猶言稱揚也'.(春) 榜 : 與'牓'同.(今)

24) 宗 : 尊崇.(新)

25) 翌 : 與'翊'同.(中)

26) 俊英 : 才過千人曰俊曰英.(新)

27) 顧 : 引也, 以德行引導人.(新)

28) 翟 : 萇伯翻.(胡) 晊 : 之日翻.(胡) 苑 : (春)作'范', 誤.(◉)

29) 導 : 引也.(春) 宗 : 謂所宗仰也.(春)

30) 廚 : 豪爽.(新) 王孝 : 後漢書黨錮列傳作'王考'.(新) 胡母 : ① 複姓. 秦有胡母敬, 漢有胡母生胡母班. 一說, '母'音無, 字又作'毋'.(漢) ② 風俗通曰, 胡母姓, 本陳胡公之後也. 公子完奔齊, 遂有齊國. 齊宣王母弟別封母鄕, 遠取胡公, 近取母邑, 故曰胡母氏.(胡) 蕃 : 姓也, 音皮.(胡)

31) 陳竇 : 陳蕃竇武.(要)

32) 復 : 扶又翻.(胡) 擧拔 : 擧薦提拔.(新451年)

【宦官申黨人之禁】

宦官申黨人之禁

宦官疾惡膺等,[33] 每下詔書, 輒申黨人之禁. 侯覽怨張儉尤甚,[34] 覽鄕人朱並素佞邪, 爲儉所棄, 承覽意指,[35] 上書告儉與同鄕°二˙十四人別相署號,[36] 共爲部黨,[37] 圖危社稷, 而儉爲之魁. 詔刊章捕儉等.[38]

○【復治鉤黨】

復治鉤黨

曹節因此諷有司奏, "諸鉤黨者故司空虞放及李膺杜密朱寓荀翌翟超劉儒范滂等, 請下州郡考治."[39] 是時上年十四, 問節等曰, "何以爲鉤黨?" 對曰, "鉤黨者, 卽黨人也." 上曰, "黨人何用爲惡而欲誅之耶?"[40] 對曰, "皆相擧群輩, 欲爲不軌."[41] 上曰,

---

33) 惡 : 烏路翻.(胡)
34) 侯覽 : 宦者.(春) 怨張儉尤甚 : 儉爲山陽東部督郵, 劾奏覽母生前罪惡, 破其家宅, 故覽怨之尤甚.(今)
35) 意指 : 謂意之所在, 多指尊者的意向.(漢)
36) 二 : (春)作'三', 誤.(◉) 儉與同鄕二十四人 : 朱幷誣告張儉與同鄕, 卽山陽郡二十四人爲部黨, 見黨錮列傳.(新) 別相署號 : 分別互起稱號.(中白)
37) 部黨 : 朋黨, 徒黨.(漢)
38) 詔刊章捕儉等 : 刊, 削. 刊章, 爲了不泄露告發者, 在下詔收捕黨人的公文中削除了朱幷的名字, 然後在詔書中公布朱幷的奏章, 收捕告發的張儉等人.(新) 刊章者 : 刊去告人姓名而下其章也.(今)
39) 鉤 : 謂相牽引也.(胡)
40) 何用爲惡 : 有什麽具體罪惡.(新)
41) 不軌 : 不法.(新)

"不軌欲如何?" 對曰, "欲圖社稷."[42] 上乃可其奏.

○【李膺詣詔獄】

李膺詣詔獄

或謂李膺曰, "可去矣!"[43] 對曰, "事不辭難, 罪不逃刑,[44] 臣之節也. 吾年已六十, 死生有命, 去將安之!" 乃詣詔獄,[45] 考死, 門生故吏並被禁錮.

○【范滂詣獄】

范滂詣獄

汝南督郵吳道受詔捕范滂,[46] 至征羌,[47] 抱詔書閉傳舍,[48] 伏牀而泣, 一縣不知所爲. 滂聞之曰, "必爲我也."[49] 卽自詣獄. 縣令郭揖大驚, 出, 解印綬, 引與俱亡曰, "天下大矣, 子何爲在此!" 滂曰, "滂死則禍塞,[50] 何敢以罪累君. 又令老母流離乎!" 其母就與之訣曰, "汝今與李杜齊名,[51] 死

李杜齊名 死亦何恨

42) 欲圖社稷 : ① 想推翻皇帝.(新) ② 君君臣臣, 所謂法也. 爲人臣而欲圖危社稷, 謂之不法, 誠是也. 而諸閹以此罪加之君子, 帝不之悟, 視元帝之不省召致廷尉爲下獄者, 闇又甚焉! 悲夫!(胡)
43) 可去矣 : 赶快逃走.(新)
44) 事不避難 罪不逃刑 : 語出左傳襄公三年羊舌赤贊魏絳之言曰 '事君不避難, 有罪不逃刑.' (新)
45) 詔獄 : 奉詔繫治罪犯之所也.(中)
46) 督郵 : 州郡派出的監察官.(新)
47) 征羌 : 縣名, 侯國名, 爲征羌侯來歙封邑. 縣治在今河南漯河市東.(新)
48) 傳舍 : 驛舍.(今)
49) 爲 : 于僞翻.(胡)
50) 禍塞 : 禍患停止.(新)
51) 李杜 : 李膺杜密.(今)

亦何恨! 旣有令名,[52] 復求壽考,[53] 可兼得乎!” 滂跪受敎, 再拜而辭. 顧其子曰, “吾欲使汝爲惡, 則

使汝爲善則我不爲惡

惡不可爲,[54] 使汝爲善, 則我不爲惡.”[55] 行路聞之, 莫不流涕.

○【黨人死者百餘人】

黨人死者百餘人

凡黨人死者百餘人, 妻子皆徙邊, 天下豪傑及儒學有行義者,[56] 窋官一切指爲黨人,[57] 其死徙廢禁者又六七百人.[58]

○【郭泰不爲危言覈論】

郭泰不爲危言覈論

郭泰聞黨人之死, 私爲之慟曰,[59] “詩云 ‘人之云亡, 邦國殄瘁.’[60] 漢室滅矣, 但未知‘瞻烏爰止, 于誰之屋’°耳˙!”[61] 泰雖好臧否人°倫˙,[62] 而不爲危言

52) 令名 : 好名聲.(新)
53) 復 : 扶又翻.(胡) 壽考 : 長壽.(新)
54) 則 : (資治)無‘則’字. 後漢書范滂傳有‘則’字.(◉)
55) 吾欲使 … 不爲惡 : 我要教倆作惡, 惡不可作, 我要教倆行善, 所以我不作惡.(岳白)
56) 儒學有行義者 : 儒學名士, 凡學行兼優者皆受害.(新)
57) 窋 : ‘宧’之俗字.(中)
58) 死徙廢禁 : 死罪, 流放, 罷官, 禁錮.(新)
59) 爲 : 于僞翻.(胡) 慟 : 大哭.(新)
60) 人之雲亡 邦國殄瘁 : 人才消亡, 國家危亡. 殄, 盡. 瘁, 病. 語出詩經大雅瞻卬.(新)
61) 瞻烏爰止 于誰之屋 : 烏鴉飛翔, 將落在誰家屋上. 喩漢室將亡, 誰得其鹿. 語出詩經小雅正月. 烏聚集在富人之屋. 富人爲明君, 烏鴉爲人民. 烏鴉飛翔, 人民將起事, 思得明君.(新) 耳 : (春)作‘爾’, 據(資治)改.(◉)
62) 臧否人倫 : 評倫人物.(新) 否 : 音鄙.(胡) 倫 : (春)作‘物’, 據(資治)與後漢書郭太傳改.

°覈˙論,[63] 故能處濁世而怨禍不及焉.

○【張儉望門投止】

張儉望門投止 張儉亡命困迫, 望門投止,[64] 莫不重其名行,[65] 破家相容.[66] 其所經歷, 伏重誅者以十數,[67] 連引收考者布徧天下,[68] 宗親竝皆殄滅,[69] 郡縣爲之殘破.[70]

孔融匿張儉 儉與魯國孔褒有舊,[71] 亡抵褒,[72] 不遇, 褒弟融,[73] 年十六, 匿之. 後事泄, 儉得亡走, 國相收褒融送獄,[74] 未知所坐. 融曰, "保納舍藏者,[75] 融也, 當坐." 褒曰, "彼來求我, 非弟之過." 吏問其母,

孔褒一門爭死 母曰, "家事任長,[76] 妾當其辜." 一門爭死, 郡縣

(◉)

63) 不爲危言覈論 : 從不說尖刻觸及對方隱私的話.(新) 危 : 正.(今) 覈 : ① 刻覈也, 謂深探其實也.(胡) ② (春)作'激', 據(資治)與後漢書郭太傳改.(◉)

64) 望門投止 : ① 漫無目的亂跑, 見有人家, 請求收容.(新) ② 望門而投之, 以求止舍, 困急之甚也.(胡) ③ 謂窘迫之中見門, 卽投歸而止宿, 求隱匿也.(春)

65) 行 : 下孟翻.(胡)

66) 破家相容 : ① 冒着破家的危險, 收容張儉.(新) ② 謂寧破壞家業, 而容隱張儉.(春)

67) 重誅 : 指極刑.(漢)

68) 連引收考 : 互相牽引被捕拷問.(新)

69) 宗親 : 同宗之親屬, 一名族親. 卽同一祖先所出之男系血親也. 竝 : 與'並'同.(中)

70) 爲 : 于僞翻.(胡)

71) 孔褒 : 魯國(今山東曲阜)人, 孔子之後, 因受張儉逃匿之禍而死.(新)

72) 抵 : 歸也.(胡)

73) 褒弟融 : 孔褒弟孔融(153~208) 字文擧, 曆官北海相小府太中大夫等職. 爲人恃才負氣, 爲曹操所殺. 孔融博通經學, 文學亦負盛名, 爲建安七子之一. 傳見後漢書卷70.(新)

74) 相 : 息亮翻.(胡)

75) 保納舍藏 : 保張儉無事而收納藏於家中.(新)

76) 任 : 音壬.(胡) 長 : 知兩翻.(胡)

疑不能決, 乃上讞之,[77] 詔書竟坐褒. 及黨禁解, 儉乃還鄕里, 後爲衛尉, 卒,[78] 年八十四.

○ 【夏馥爲冶家傭】

夏馥爲冶家傭

翦鬚變形

夏馥聞張儉亡命,[79] 嘆曰[80], "孽自己作,[81] 空汙良善,[82] 一人逃死, 禍及萬家, 何以生爲!" 乃自翦鬚變形,[83] 入林慮山中,[84] 隱姓名, 爲冶家傭, 人無知者. 黨禁未解而卒.

○ 【申屠蟠絶迹梁碭間 免於評論】

申屠蟠絶迹梁碭間免於評論

初, 范滂等非訐朝政,[85] 自公卿以下皆折節下之,[86] 太學生爭慕其風, 以爲文學將興, 處士復用.[87] 申屠蟠獨歎曰,[88] "昔戰國之世, 處士橫議,[89] 列國之

77) 上 : 時掌翻.(胡) 讞 : 前書音義曰, 讞, 請也. 讞, 音宜桀翻.(胡)
78) 後爲衛尉 卒 : 建安初, 徵爲衛尉, 不得已而起. 儉見曹氏世德已萌, 乃闔門縣車, 不豫政事, 歲餘, 卒於許下.(胡)
79) 夏馥 : 字子治, 陳留圉縣(在今河南杞縣南)人. 黨人領袖八顧之一. 傳見後漢書卷67.(新) 亡命 : 命, 名也, 謂脫其名籍而逃亡.(胡前154年)
80) 嘆 : 歎, 與'嘆'通.(中)
81) 孽 : 罪也, 灾也.(要)
82) 空汙良善 : 平空牽連善良.(新)
83) 翦 : 斷也. 俗作'剪'.(中) 鬚 : 與'須'同.(胡)
84) 林慮山 : 在今河南林縣境.(新) 慮 : 音閭.(春)
85) 訐 : 謂橫議是非也.(胡)
86) 折節下之 : 委曲自己, 甘居范滂之下. 卽十分敬禮范滂.(新) 折節 : 謂屈折肢節以服事也.(綱合) 下 : 遐稼翻.(胡)
87) 處士 : 隱逸之士.(新) 復 : 扶又翻.(胡)
88) 申屠蟠 : 字子龍, 陳留外黃(今河南民權西北)人, 東漢末隱逸士. 傳見後漢書卷53.(新)

王至爲擁篲先驅,90) 卒有坑儒燒書之禍,91) 今之謂矣.”乃絶迹於梁碭之間,92) 因樹爲屋, 自同傭人. 居二年, 滂等果罹黨錮之禍, 唯蟠超然免於評論.

○【郭泰申屠蟠避小人之禍】

郭泰申屠蟠避小人之禍

溫公曰,“天下有道, 君子揚于王庭以正小人之罪,93) 而莫敢不服. 天下無道, 君子囊括不言以避小人之禍,94) 而猶或不免. 黨人生昏亂之世, 不在其位, 四海橫流,95) 而欲以口舌救之, 臧否人物,96) 激濁揚淸,97) 撩虺蛇之頭,98) 踐虎狼之尾, 以至身被淫刑,99) 禍及朋友, 士類殲滅而國隨以亡,100) 不亦悲

89) 橫議 : 恣意議論.(漢) 橫 : 不順理也. 不中則橫議, 不正則邪說.(要)
90) 擁彗先驅 : ① 古代迎接貴賓的一種禮儀, 主人拿著掃帚在前引導, 表示洒掃迎客. 戰國時, 鄒衍入燕, 燕昭王擁彗先驅. 彗, 掃帚.(新) ② 史記, 鄒衍如燕, 昭王擁彗先驅, 請列弟子之座而受業, 築碣石宮, 身親往師之. 彗, 祥歲翻.(胡)
91) 卒有坑儒燒書之禍 : ① 事見秦始皇, 三十四年, 三十五年.(今) ② 秦始皇焚書坑儒. 申屠蟠認爲此擧是代戰國時代百家爭鳴的政治批判.(新)
92) 梁碭 : 梁國和碭縣.(中白) 梁 : 國名. 治所誰陽, 在今河南商丘.(新) 碭 : ① 縣名. 縣治在今河南永城縣北.(新) ② 音唐.(胡)
93) 君子揚于王庭以正小人之罪 : 夬以五陽決一陰, 小人衰微, 君子道盛, 故可揚于王庭以聲小人之罪.(胡) 王庭 : 朝廷.(漢)
94) 君子囊括不言以避小人之禍 : 坤之六四, 居近五之位而無相得之義, 乃上下閉隔之時, 羣陰旣盛, 故當括囊以避禍.(胡)
95) 橫流 : 水行不由古道曰橫流, 爲政無道之喩.(今)
96) 臧否 : 品評. 褒貶.(漢) 否 : 音鄙.(胡)
97) 激濁揚淸 : 排斥邪惡, 獎勵淸高.(新)
98) 撩虺蛇 : 撩, 捫也. 虺, 蛇屬, 細頸大頭, 色如紋繡, 大者長七八尺.(要)
99) 淫刑 : ① 酷刑.(新) ② 過度曰淫, 刑罰無度曰淫刑.(今)
100) 士類殲滅而國隨以亡 : 知識分子被消滅光, 國家也隨之而滅亡.(新)

乎! 夫惟郭泰既明且哲, 以保其身,[101] 申屠蟠見幾而作, 不俟終日,[102] 卓乎其不可及已![103]

【壬子(172) 熹平元年】

○【胡廣周流四公】

胡廣周流四公

三月, 太傅胡廣薨, 年八十二.[104] 廣周流四公,[105] 三十餘年,[106] 歷事六帝,[107] 禮任極優,[108] 所辟多天下名士,[109] 與故吏陳蕃李咸並爲三司.[110] 練達故事,[111] 明解朝章,[112] 故京師諺曰, "萬事不理, 問伯始,[113] 天下中庸,[114] 有胡公." 然溫柔謹慤, 常遜

萬事不理 問伯始 天下中庸有胡公

---

101) 既明且哲 以保其身 : ① 以尹吉甫美仲山甫者美郭泰.(胡) ② 詩大雅蒸民尹吉甫美仲山甫之辭.(今)

102) 見幾而作 不俟終日 : ① 謂申屠蟠得豫之六二.(胡) ② 易繫辭云, '知幾其神乎! 幾者, 動之微, 吉之先見者也. 君子見幾而作, 不俟終日.' 疏云, '言君子既見事之幾微, 則須動作而應之, 不得待終其日, 言赴幾之速也.'(今)

103) 卓 : 卓越的識見.(新)

104) 二 : (春)作'一', 據(資治)改.(◉)

105) 廣周流四公 : 像轉卷一樣, 胡廣歷官四公, 卽太傅太尉司徒司空.(新) 周流 : 猶周行也.(漢書 卷22 禮樂志 天門11 顏師古注)

106) 三十餘年 : 廣以順帝漢安元年爲司空, 至熹平元年薨, 三十一年也.(胡)

107) 歷事六帝 : 安順忠質桓靈六帝. 胡廣世故圓滑, 在險惡政治鬪爭中是一個不到翁.(新)

108) 禮任極優 : 受到朝廷極優厚的禮遇.(新) 禮任 : 禮遇信任.(新)

109) 辟 : 推荐, 徵召.(新)

110) 故吏 : 謂舊時屬吏也.(中) 並爲三司 : 并肩擔任三公. 靈帝始卽位的建寧元年, 陳蕃爲太尉, 胡廣爲司徒, 李咸爲司空.(新)

111) 練達 : 熟練通達.(漢)

112) 練達故事 明解朝章 : 胡廣對朝章法典, 故事前例, 十分熟悉, 如數家珍.(新) 解 : 曉也.(胡)

113) 萬事不理 問伯始 : 胡廣, 字伯始. 夫既曰, 萬事不理問伯始, 則當時之責望亦重矣, 豈可以三十餘年周流四公爲榮哉.(胡)

言恭色以取媚於時, 無忠直之風, 天下以此薄之.

【乙卯(175) 熹平四年】

○【立石經于太學門外】

立石經于太學門外

三月, 詔諸儒正五經文字,[115] 命議郎蔡邕爲古文篆隷三體書之, 刻石,[116] 立于太學門外.[117]

【丙辰(176) 熹平五年】

○【曹鸞申理黨人】

曹鸞申理黨人

永昌太守曹鸞上書曰,[118] "夫黨人者, 或耆年淵德,[119] 或衣冠英賢,[120] 皆宜股肱王室, 左右大猷者也,[121] 而久被禁錮, 辱在塗泥. 災異水旱皆由於斯." 帝省奏, 大怒, 卽詔收鸞, °送槐里˙獄,[122] 掠殺之.[123]

---

114) 中庸 : 中, 和也. 庸, 常也. 中和可常行之德也.(胡)

115) 正五經文字 : 校正五經寫出標準讀本. 這裏所校正的不是傳統的五經, 卽詩書禮(儀禮)春秋, 而是書易公羊禮記論語. 見陸機洛陽記.(新)

116) 三體刻石 : ① 卽刻三體石經. 經書刻石, 爲太學生提供定本, 始於西漢平帝時王莽. 莽命甄豊摹古文易書詩左傳於石. 東漢靈帝熹平四年詔諸儒正定易書禮記論語六經, 由蔡邕用古文篆文隷書三體爲寫, 刻石立於太學門外, 稱熹平石經, 又稱三體石經. 古文, 先秦大篆. 篆, 秦代小篆. 隷書, 秦統一文字後, 秦漢時通用今字.(新) ② 鐫五經於石碑名曰石經.(綱鑑)

117) 太學 : 在洛陽城南開陽門外.(新)

118) 永昌 : 郡名. 治所不書, 在今雲南保山東北.(新)

119) 耆年淵德 : 年高德望.(新)

120) 衣冠英賢 : 傑出的知識君子. 衣冠, 指書香世家.(新)

121) 左右大猷 : 在皇帝身邊參決謀議. 猷, 謀議.(新)

於是詔州郡更考黨人門生故吏父子兄弟在位者,[124] 悉免官禁錮, 爰及五屬.[125]

【丁巳(177) 熹平六年】

○【宣陵孝子】

宣陵孝子 市賈小民相聚爲宣陵孝子者數十人,[126] 詔皆除太子舍人.[127]

【戊午(178) 光和元年】

○【置鴻都門學】

置鴻都門學 二月, 置鴻都門學,[128] 其諸生皆敕州郡三公擧用辟召, 或出爲刺史太守, 入爲尙書侍中, 有封侯賜爵者,[129] 士君子皆恥與列焉.

---

122) 送槐里 : (春)作'下', 據(資治)改.(◉) 送槐里獄 : 永昌郡, 屬益州刺史. 而扶風槐里縣, 屬司隷. 蓋詔益州收鸞, 而司隷送槐里獄.(胡) 槐里 : 縣名. 縣治在今陜西興平市東南. 西京詔獄在此.(新)

123) 掠殺 : 拷打而死.(漢)

124) 更考 : 再次審理黨人案, 淸查漏兩分子, 擴大打擊面.(新)

125) 五屬 : 卽五族, 五服以內的親族. 舊時喪服制度以親疎爲差等, 有斬衰齊衰小功大功緦麻五等, 總稱五服.(新)

126) 市賈小民 : 洛陽城中市井小民.(新) 賈 : 音古.(胡) 相聚爲宣陵孝子 : 糾結了一幇, 到桓帝陵前守喪.(新) 宣陵 : 桓帝陵.(胡)

127) 太子舍人 : 太子府直勤警衛官, 秩二百石.(新)

128) 鴻都門學 : 東漢靈帝光和元年(公元178年)設在洛陽鴻都門的學校. 專習辭賦書畫.(漢) 鴻都 : 門名也, 於內置學.(今)

129) 置鴻都門學 … 有封侯賜爵者 : 初置鴻都門生, 本頗以經學相招, 後諸能爲尺牘詞賦及工

○【開邸賣官】

開邸賣官 是歲，初開西邸賣官，[130] 入錢各有差，二千石二千萬，四百石四百萬，其以德次應選者半之，或三分之一，於西園立庫以貯之.[131] 或詣闕上書占令長，[132] 隨縣好醜，豐約有賈.[133] 富者則先入錢，貧者到官然後倍輸.[134] 又私令左右賣公卿，公千萬，卿五百萬. 初，帝爲侯時常苦貧，及卽位. 每嘆桓帝不能作家居，[135] 曾無私錢，故賣官聚錢以爲私藏.[136]

【庚申(180) 三年】

○【作罼圭靈昆苑】

作罼圭靈昆苑 作罼圭靈昆苑[137]. 司徒楊賜諫，上以問侍中任芝樂

書鳥篆者，至數千人. 或出典州郡，入爲尙書侍中，封賜侯爵.(後漢紀 卷24 孝靈皇帝紀 光和元年) 賜爵 : 賜爵關內侯以下.(新)

130) 開西邸賣官 : 西邸，皇家西園. 靈帝在此設賣官所.(新)

131) 貯 : 聚儲賣官錢.(新)

132) 占令長 : 登記買某縣縣令或縣長. 大縣稱令，小縣稱長.(新)

133) 隨縣好醜 豐約有賈 : 按照縣的肥瘦，官價有高有低. 豊，價高. 約，減價. 賈，讀'價'.(新)

134) 倍輸 : 賒買的官，到任後加倍償還.(新)

135) 嘆 : 歎，與'嘆'通.(中) 作家居 : 經營私産. 居，積也.(新)

136) 私藏 : 猶私蓄. 指私有的財産.(漢) 藏 : 徂浪翻.(胡)

137) 罼圭靈昆苑 : 苑囿名. 在洛陽宣平門外，罼圭苑有二. 東罼圭苑，周圍一千五百步，中有魚梁臺，西罼圭苑，周圍三千三百步，規模更大.(新)

松.[138] 對曰,[139] "昔文王之囿百里, 人以爲小, 齊宣王四十里, 人以爲大[140]. 今與百姓共之, 無害於政也." 帝悅, 遂爲之.°☞˙

【壬戌(182) 五年】

○ 【避驄馬御史】

避驄馬御史

桓典爲侍御史[141], 宦官畏之. 典常乘驄馬[142], 京師爲之語曰, "行行且止,[143] 避驄馬御史."

°【癸亥(183) 六年】˙

○ 【黃巾賊起】

黃巾賊起 張角奉事黃老 太平道

初, 鉅鹿張角奉事黃老[144], 以妖術教授, 號'太平道.' 呪符水以療病[145], 衆共神而信之. 角分遣

138) 上以問侍中任芝樂松 : ① 任, 音壬. 考異曰, "范書云 '中常侍樂松'. 松本鴻都文學, 必非中常侍. 袁紀云 '侍中', 今從之."(胡) ② 帝欲止以問侍中任芝中常侍樂松.(後漢書 楊賜列傳)
139) 對曰 : 松等曰.(後漢書 楊賜列傳)
140) "文王之囿百里" 四句 : 見孟子梁惠王下. 齊宣王問孟子, 周文王之囿方七十里, 人們認爲太小, 我只有方五里之囿, 人們却以爲太大, 這是爲什麼? 孟子問答, 文王之囿與人民共享, 所以人們認爲太小, 大王之囿個人專享, 所以人們認爲太大, 任芝樂松濫引孟子之言以阿意昏暴的靈帝, 鴻都文學校長若此, 其諸生無行可知矣.(新)
141) 桓典 : ?~201. 沛君龍亢(今安徽懷遠縣西)人. 傳見後漢書卷37. 侍御史 : 官名. 掌察擧非法, 接受公卿群吏奏事, 擧劾違失者.(新)
142) 驄馬 : 靑白染色之馬.(新)
143) 行行 : 躑躅不進貌.(今)
144) 鉅鹿 : 郡名. 治所廮陶. 在今河北寧晉縣西南. 張角 : ?~184. 東漢末黃巾起義的領袖. 黃老 : 黃帝與老子. 爲太平道所宗奉.(新)

弟子周°行˙四方,[146] 轉相誑誘, 十餘年間, 徒衆數十萬, 自靑徐幽冀荊揚兗豫八州之人, 莫不畢應.

三十六方 °角遂置˙三十六方.[147] ◗方, 猶將軍也,◖ 大方萬餘人, 小方六七千, ◗各立渠帥.[148] 訛言"蒼天已死,[149] 黃天當立,[150] 歲在甲子,[151] 天下大吉." 以白土書京城寺門及州郡官府,[152] 皆作'甲子'字. 約以三月五日內外俱起.◖ °☞˙

蒼天已死 黃天當立 歲在甲子 天下大吉

◗【甲子(184) 中平元年】◖

○【皇甫嵩請解黨禁】

皇甫嵩請解黨禁 ◖ 角弟子唐周上書告之.[153] 有詔逐捕角等. 角敕諸方, 俱起, 皆着黃巾以爲標幟,[154] 故時人謂之'黃巾賊.' ◗二月, 角自稱天公將軍, 角弟寶稱地

天公將軍 地公將軍 人公將軍

145) 呪 : 舊時僧道用來驅鬼降妖的口訣. 符水 : 巫師道士以符籙焚化於水中, 或直接向水畫符誦呪, 迷信者以爲可以辟邪治病.(漢)
146) 行 : (春)作'遊', 誤.(◉)
147) 角遂置 : (春)作'凡'. 據(資治)改.(◉)
148) 渠帥 : 首領.(漢) 帥 : 所類翻.(胡)
149) 蒼天 : 指漢王朝.(新)
150) 黃天 : 指黃巾軍.(新)
151) 歲在甲子 : 明年卽中平元年, 歲在甲子.(今)
152) 寺門 : 在京城諸官寺舍之門.(胡)
153) 唐周 : 袁紀云. 濟陰人唐客.(胡)
154) 着 : '著'之俗字.(中) 著 : 陟略翻.(胡) 標幟 : 記號. 標志.(漢)

公將軍, 寶弟梁稱人公將軍, 所在燔燒官府, 劫略聚邑,[155] 州郡失據,[156] 長吏多逃亡.¶ 旬月之間,[157] 天下響應, 京師震動. ⁋三月,¶ 帝召群臣會議. 北地太守皇甫嵩以爲宜解黨禁[158], 益出中藏錢西園廏馬以班軍士.[159] 上問計於中常侍呂强, 對曰, "黨錮久積, 人情怨憤, 若不赦宥, °輕˙與張角合謀,[160] 爲變滋大." 帝懼而從之. 乃赦天下黨人, 還諸徙者,[161] 唯張角不赦.

○【發兵討黃巾】

發兵討黃巾

發天下精兵, 遣盧植討張角,[162] 皇甫嵩朱儁討潁川黃巾. 儁戰敗, 會騎都尉曹操將兵適至,[163] 嵩操與朱儁合軍, 更與賊戰, 大破之. ⁋操父嵩, 爲中

曹嵩爲中常侍曹騰養子

155) 聚邑 : 鄕邑聚落.(胡237年)
156) 失據 : 失去憑依.(漢)
157) 旬月 : 一個月.(新)
158) 皇甫嵩 : ?~195. 字義眞, 安定朝那(今甘肅平凉縣西北)人. 鎭壓黃巾軍的主將, 封槐里侯. 傳見後漢書卷71.(新)
159) 中藏錢 : 宮內中藏府所儲的錢財. 漢代又稱之爲"禁錢".(新) 西園廏馬 : 卽騄驥廏馬.(新) 班 : 分發.(新)
160) 輕 : (春)作'轉', 誤.(◉)
161) 徙者 : 指黨人妻子徙邊者.(新)
162) 北中郎將 : 官名. 漢代置五官左右三署中郎將, 統領皇帝侍衛軍. 北中郎將則置於此時.(新) 盧植 : ?~192. 字子午. 涿郡涿縣(今河北涿縣)人. 官至尙書. 傳見後漢書卷64.(新)
163) 騎都尉 : 官名. 職責是統率皇帝的羽林騎兵.(新) 曹操 : 155~220. 字孟德. 沛國譙縣(今安徽亳州市)人. 事詳見三國志1魏書武帝紀.(新)

常侍曹騰養子，不能審其生出本末，或云夏侯氏子也.[164] 操少機警,[165] 有權數,[166] 而任俠放蕩,[167] 太尉橋玄異焉.[168] 謂操曰，“天下將亂， 非命世之才,[169] 不能濟也.[170] 能安之者，其在君乎！君未有名，可交許子將.”

天下將亂 非命世之才 不能濟

【曹操治世能臣 亂世奸雄】

曹操治世能臣亂世奸雄

許劭月旦評

子將者，訓之從子劭也,[171] 好人倫,[172] 多所賞識,[173] 與從兄靖俱有高名,[174] 好共覈論鄕黨人物,[175] 每月輒更其品題,[176] 故汝南俗有月旦評焉.[177] 曹操往造劭而問之曰，“我何如人？”劭鄙其爲人，不答．操乃劫之，劭曰，“子，治世之能臣，亂世之奸雄.”[178]

---

164) 或云夏侯氏子也 ： 嵩，夏侯氏之子，夏侯惇之叔父，操於惇爲從父兄弟.(胡)
165) 機警 ： 謂先事警悟也.(中)
166) 權數 ： 謂權謀術數.(春)
167) 任俠 ： 以抑强助弱爲己任.(新)　放蕩 ： 放縱不拘，行爲不檢.(新)
168) 橋玄 ： 109~183. 字公祖. 梁國睢陽(今河南商丘縣南)人. 官歷三公. 傳見後漢書卷51.(新)
169) 命世之才 ： ① 謂轉移世運之才. 按‘命世之才’一語，解釋甚多，或謂‘名高一世之人’，或謂‘應運而生之人’，或謂‘稀世之才’，然均不甚中骨.(今) ② 經邦濟世之才.(新)
170) 濟 ： 拯救.(新)
171) 許劭 ： 150~195. 字子將，汝南平與(在今河南平與西北)人. 與從兄靖有名當世，以品評人物著稱. 傳見後漢書卷68. 其從兄許訓，字季師. 漢靈帝初爲司徒司空太尉等職.(新)
172) 人倫 ： 指各類人物.(新)
173) 賞識 ： 認識到人的才能或作品的價値，而予以重視或贊揚.(漢)
174) 許靖 ： ?~222. 字文休，後入蜀，爲蜀漢太傅. 傳見三國志卷38.(新)
175) 覈論 ： 深刻評議.(漢)
176) 更 ： 工衡翻.(胡)　品題 ： 評其高下而定其名目.(今)
177) 月旦評 ： 許劭與兄靖，好論鄕黨人. 又每月更其品題，故其俗有月旦評焉.(春)

操大喜而去.[179]

○【斬張梁 戮張角屍】

斬張梁戮張角屍

盧植破張角, 垂當拔之,[180] 窋官誣◗奏◖植抵罪.[181] 詔皇甫嵩討張角, 嵩與角弟梁戰, 大破之, 斬梁, 角先已病死, 剖棺戮屍, 傳首京師.◗

【乙丑(185) 中平二年】

○【崔烈入錢爲司徒】

崔烈入錢爲司徒

崔烈因傅母入錢五百萬,[182] 得爲司徒. 及拜日, 帝顧謂親幸者曰, "悔不小靳,[183] 可至千萬!"

【丁卯(187) 中平四年】

○【陳寔表正鄕閭】

陳寔表正鄕閭

前°太˙丘長陳寔卒,[184] 海內赴吊者三萬餘人.[185] 寔

---

178) 治世之能臣 亂世之奸雄 : 意謂天下治則可盡其才能, 成爲治國之能臣, 天下亂則能發揮其機變智能, 成爲當世之奸雄.(新) 治世 : 太平盛世.(漢)
179) 操大喜而去 : ① 曹操事始此.(胡) ② 操後爲魏太祖(春)
180) 垂 : 卽將.(新)
181) 窋 : '宦'之俗字.(中) 奏 : 據後漢書卷八靈帝紀補.(◉) 抵罪 : 因犯罪而受到相應的處罰.(漢)
182) 傅母 : ① 保姆.(新) ② 靈帝乳母.(岳白)
183) 小 : (資治)作'少'.(◉) 靳 : ① 居欣翻.(胡) ② 吝惜.(新)
184) 太 : (春)作'大', 據(資治)改.(◉) 太丘 : 縣名. 縣治在今河南永城縣西北.(新) 陳寔 : 104～187. 字仲弓. 潁川許縣(今河南許昌縣東)人. 爲太丘長, 公正淸廉, 爲世所稱. 黨

寧爲刑罰所加不爲陳君所短

在鄕閭，平心率物，[186] 其有爭訟，輒求判正，[187] 曉譬曲直，退無怨者．至乃歎曰，“寧爲刑罰所加，不爲陳君所短!” 楊賜陳耽，每拜公卿，群僚畢賀，[188] 輒歎寔大位未登，愧於先之．

【己巳(189) 中平六年】

○【何進謀誅宦官】

何進謀誅宦官

四月，帝崩，皇子辯卽皇帝位[189] 年十四．何太后臨朝．[190] 封皇弟°協˙爲陳留王．[191] 宦官蹇碩，欲誅大將軍何進而立°協˙，中軍校尉袁紹因勸進，悉誅諸宦官，進乃白太后，太后不聽．紹等又爲畫策，多召四方猛將，使並引兵向京城，以脅太后．進然之．典軍校尉曹操聞而笑曰，“宦者之°官˙，[192] 古

錮禍起，被牽連，不逃，自請囚禁．黨禁解，朝廷累徵命，皆不就，卒于家．諡爲文範先生．傳見後漢書卷60.(新)

185) 吊 : '弔'之俗字.(中)
186) 率物 : 做衆人的榜樣.(漢)
187) 判正 : ① 判，分也，剖也．剖析而見正理也.(胡) ② 斷定是非曲直.(新)
188) 群 : '羣'之俗字.(中)
189) 皇子辯 : 何后子也.(要)
190) 臨朝 : 特指太后攝政稱制.(漢)
191) 協 : ① (春)作'恊'，據(資治)改．下同.(◉) ② 王美人子也.(要) ③ 漢獻帝.(人) 陳留王 : 四月爲勃海王，七月爲陳留王.(◉)
192) 官 : (春)作'禍'，誤.(◉)

誅元惡一獄吏足

今宜有，但世主不當假之權寵,[193] 使至於此．既治其罪,[194] 當誅元惡,[195] 一獄吏足矣，何至紛紛召外兵乎！欲盡誅之，事必宣露，吾見其敗也．"

○【董卓請收張讓等】

董卓請收張讓等

揚湯止沸 莫若去薪 潰癰雖痛 勝於內食

何進召董卓 使將兵詣京師.[196] 卓卽時就道，幷上書曰，"中常侍張讓等，竊倖承寵，濁亂海內．臣聞揚湯止沸,[197] 莫若去薪，潰癰雖痛，勝於內食.[198] 昔趙鞅興晉陽之甲以逐君側之惡,[199] 今臣輒鳴鐘鼓如洛陽,[200] 請收讓等以淸奸穢．"太后猶不從．

【張讓矯詔殺何進 袁紹殺諸宦者】

張讓矯詔殺何進 袁紹殺諸宦者

⁍八月,⁌ 中常侍張讓段珪，詐以太后詔召進，斬

193) 假 ： 給予.(新)

194) 治 ： 直之翻.(胡)

195) 元惡 ： 大惡之人．首惡.(漢)

196) 何進召董卓使將兵詣京師 ： 考異曰，進傳曰，卓屯關中上林苑．按時卓已駐河東，若屯上林，則更爲西去，非所以脅太后也．今從卓傳.(胡)

197) 臣聞揚湯止沸 莫若去薪 ： 前書，枚乘諫吳王曰，"欲湯之滄，一人炊之，百人揚之，無益也，不如絶薪止火而已．" 鄭氏曰，"滄，音愴，寒也．" 此言揚湯止沸，沸愈不止，但抽薪去火則沸自止，喩凡事須治其本，否則無益.(今) 揚湯止沸 ： 謂用勺舀沸水再傾下，使之散熱而停止沸騰.(新) 薪 ： 柴火.(新)

198) 潰癰雖痛 勝於內食 ： 言癰疽蘊結，破之雖痛，勝於內食肌肉，浸淫滋大也.(胡) 潰癰 ： 使癰穿破．癰，人身上的一種毒瘡.(新) 內食 ： 謂癰毒在人體內浸食肌肉.(新)

199) 昔趙鞅興晉陽之甲以逐君側之惡 ： 春秋晉定公時，趙鞅起晉陽之兵驅逐荀寅與士吉射，謂爲除君側之惡人．事見公羊傳定公13年.(新)

200) 鳴鐘鼓 ： 謂討伐罪人.(新)

進於嘉德殿前. 袁紹及何苗聞進被害,[201] 乃引兵屯朱雀闕下, 捕得趙忠等, ⁋斬之. 吳匡遂引兵與董卓弟奉車都尉旻攻殺苗,[202] 棄其屍於苑中. 紹遂閉北宮門, 勒兵捕諸宦者,[203] 無少長皆殺之⁋,[204]

有無須而誤死者

凡二千餘人, ⁋或有無須而誤死者.[205] 紹因進兵排宮,[206] 或上端門屋,[207] 以攻省內.⁋[208] 張讓等困迫,

張讓投河而死

遂將帝與陳留王出穀門,[209] 讓等投河而死.

【董卓廢少帝 立劉協爲帝】

董卓廢少帝立劉協爲帝

董卓迎靈帝於北芒阪下

帝獨乘一馬, ⁋陳留王與閔貢共乘一馬,⁋[210] 從雒舍南行.[211] 董卓聞帝在北, 迎於北芒阪下.[212] 卓與帝語, 語不可了,[213] 乃更與陳留王語, 無所遺失. 卓大喜, 以王爲賢, 有廢立之意. ⁋九月, 卓遂脅

---

201) 何苗 : 進之弟也.(要)
202) 奉車都尉 : 官名. 掌皇帝車輿.(新)
203) 勒兵 : 統率軍隊.(新)
204) 勒兵捕諸宦者 無少長皆殺之 : 乃諸宦者 皆殺之.(春)
205) 或有無須而誤死者 : 有人因爲未長胡鬚而被誤殺.(中白) 須 : 古'鬚'字通.(胡)
206) 排宮 : 指攻打南宮.(新)
207) 端門 : 宮之正南門曰端門, 省禁也.(胡)
208) 省內 : 宮禁之中.(漢)
209) 帝 : 少帝, 諱辯. 董卓廢爲弘農王, 而立獻帝.(◉) 穀門 : 位在子, 雒城正北門也.(胡)
210) 閔貢 : 河南中部掾.(胡)
211) 雒舍 : 地名. 在北芒之北.(胡)
212) 北芒阪 : 卽芒山, 在洛陽之北.(輯覽)
213) 了 : 曉解也.(胡)

太后策廢少帝曰,[214] "皇帝在喪, 無人子之心, 威儀不類人君, 今廢爲弘農王, 立陳留王°協˙爲帝." 袁隗解帝璽綬,[215] 以奉陳留王, 扶弘農王下殿, 北面稱臣.[216] 太后鯁涕,[217] 羣臣含悲, 莫敢言者.¶

○【董卓申理黨人】

董卓申理黨人 董卓率諸公上書, 追理陳蕃竇武及諸黨人,[218] 悉復其爵位, 遣使吊祠,[219] 擢用其子孫. ¶十二月,¶ 伍瓊, 說卓矯桓靈之政, 擢用天下名士, 卓從之.

荀爽自被徵命及登台司 凡九十三日 於是徵處士荀爽申屠蟠等.[220] 復就拜爽平原相,[221] 行至宛陵,[222] 遷光祿勳, 視事三日, 進拜司空. 自被徵命及登台司,[223] 凡九十三日.

○【袁術出犇南陽 曹操變易姓名】

---

214) 太后 : 靈帝何皇后.(今) 策 : 下策書.(新) 少帝 : 稱被廢的皇帝.(漢)
215) 璽綬 : 古代印璽上所繫的彩色絲帶. 借指印璽.(漢)
216) 北面稱臣 : 古時帝王坐北面南, 臣子北面而朝.(新)
217) 鯁涕 : ① 言不敢出聲, 但鯁咽而流涕也.(胡) ② 哽咽流淚.(新)
218) 追理 : 追査處理.(漢)
219) 吊 : '弔'之俗字.(中) 弔祠 : 吊祭.(漢)
220) 處士 : 未作官的士人.(新)
221) 復 : 扶又翻.(胡) 平原 : 王國名. 治所平原縣, 在今山東平原縣西南. 相 : 官名. 中央政府委派的執掌王國行政大權的長官, 相當于郡太守.(新)
222) 宛陵 : 縣名. 縣治在今河南新鄭縣東北.(新)
223) 台司 : 謂三公府.(新)

袁術出犇南陽 曹操變易姓名

董卓拜袁紹勃海太守，◗封邟鄉侯. 又以袁術爲後將軍,[224] 曹操爲驍騎校尉. 術畏卓,◖ 出犇南陽.

曹操散家財 合兵得五千人

曹操變易姓名, 間行東歸,[225] 至陳留, 散家財, 合兵得五千人.

---

224) 袁術 : 紹之從弟也.(要) 後將軍 : 官名. 位次上卿, 與前左右將軍掌京師兵衛和邊防屯警.(新)

225) 間行 : 走小路.(新)

通鑑節要增損校註 卷二十二

後漢紀

▪ 孝獻皇帝[1] 上

在位三十一年 壽°五十四˙[2]

名協，字伯和，靈帝中子.[3] 獻生不辰，身播國屯,[4] 終我四百，永作虞賓.[5] ⁋諡法聰明睿智曰獻. 靈帝以帝似已，故名曰協. 蜀諡帝曰愍，魏諡帝曰獻，此從魏諡者，以魏受漢禪爲正也.¶[6]

【庚午(190) 初平 元年】

---

1) 孝獻皇帝 : 181～234. 東漢最末之皇帝. 公元189年至220年在位, 但即帝位時, 東漢已名存實亡, 故在位期間皆傀儡. 公元220年, 被曹丕取代, 廢爲山陽公, 事詳後漢書獻帝紀及三國志魏書武帝紀.(新)
2) 壽五十四 : (春)作'壽四十一', 誤. 按, (資治)靑龍2年(234)云, "三月庚寅, 山陽公(獻帝)卒." (胡)云, "獻帝自禪位至卒, 十有四年, 年五十四." 而(春)以辛丑章武元年(221年)獻帝遇害之訛傳, 爲獻帝壽四十一, 則其失之大矣, 後人久不改之, 猶今日仍傳, 其失之又大矣.(◉)
3) 中子 : 排行居中的兒子.(漢)
4) 獻生不辰 身播國屯 : 辰, 時也, 播, 遷也, 言獻帝生不逢時, 身旣播遷, 國又屯難.(後漢書 卷9 獻帝紀 李賢注) 不辰 : 不得其時.(漢)
5) 終我四百 永作虞賓 : 虞賓, 謂舜以堯子丹朱爲賓. 虞書曰, "虞賓在位." 是也. 以喩山陽公爲魏之賓.也.(後漢書 卷9 獻帝紀 李賢注) 終我四百 : 漢有天下四百年而運終.(胡550年) 虞賓 : 指堯子丹朱. 因虞以賓禮待之, 故稱. 丹朱不肖, 國亡. 後因以喩失位之君.(漢)
6) 諡法聰明睿智曰獻 … 以魏受漢禪爲正也 : 據(資治)胡注補.(◉)

○【關東起兵討董卓 推袁紹爲盟主】

關東起兵討董卓 推袁紹爲盟主 正月, 關東州郡皆起兵以討董卓,[7] 推渤海太守袁紹爲盟主.[8] 紹屯河內, 曹操屯酸棗,[9] 袁術屯魯陽,[10] 衆各數萬. 豪傑多歸心袁紹者, 鮑信獨謂曹操曰, "°夫˙略不世出,[11] 能撥亂反正者,[12] 君也. 苟非其人, 雖强必斃.[13] 君殆天之所啓乎!"[14]

曹操殆天之所啓

○【董卓遷都長安】

董卓遷都長安 董卓焚宮 董卓以山東兵盛, 欲遷都以避之, 遂燒焚宮廟官府, 劫遷天子. 三月, 車駕入長安.

○【孫堅起兵討董卓】

孫堅起兵討董卓 長沙太守孫堅, 亦起兵. 討董卓,[15] 至南陽, 衆已數萬人. 前到魯陽,[16] 與袁術合兵. 術由是得據南

---

7) 關東 : 泛指函谷關以東之地.(新)
8) 盟主 : 主諸侯之盟者.(中)
9) 酸棗 : 縣名. 縣治在今河南延津縣西南.(新)
10) 魯陽 : 魯陽縣, 屬南陽郡.(胡)
11) 夫 : (春)作'大', 據(資治)改.(◉) 略不世出 : 謂謀略高出于世人.(新) 不世 : 非一世所能有, 罕有. 多謂非凡.(漢)
12) 撥亂反正 : 治理混亂的局面, 使恢復正常.(漢)
13) 雖强必斃 : 却必將失敗.(中白)
14) 天之所啓 : 啓, 開也. 凡是天開道者, 非人所能及.(左傳 僖公 23年 '天之所啓 人弗及也' 疏)
15) 及州郡擧兵討董卓 叡與堅亦皆起兵 : 亦起兵. 討董卓.(春)
16) 前 : 前進.(岳白)

陽. 表堅行破虜將軍.[17]

○【劉虞務存寬政】

劉虞務存寬政

幽州牧劉虞, 務存寬政, 勸督農桑, 民悅年登,[18] 穀石三十,[19] 青徐士庶避難歸虞者百萬,[20] 皆忘其遷徙焉.

【辛未(191) 初平 二年】

○【孫堅掃除宗廟 大破董卓】

孫堅掃除宗廟大破董卓

孫堅得傳國璽

孫堅進屯陽人.[21] 與董卓戰, 大破之. 堅進至雒陽, ▸掃除宗廟, 祠以太牢, 得傳國璽於城南甄官井中,[22] 分兵出新安澠池間以要卓.◂[23] 卓°引˙還長安.[24] 堅遂軍魯陽. ☞

○【公孫瓚大破黃巾】

---

17) 表 : 上表擧薦.(新) 行 : 謂兼攝官職.(漢)
18) 年登 : 穀物豐收.(漢)
19) 石 : 漢代容量名. 十斗爲一石, 與斛同.(新) 三十 : 指三十枚五銖錢.(新)
20) 難 : 乃旦翻.(胡)
21) 陽人 : 聚邑名. 在當時梁縣之西.(新)
22) 傳國璽 : 秦以後皇帝世代相傳的印章. 又稱秦璽. 唐改稱傳國寶.(漢) 甄官井中 : 甄官署之井中也. 晉職官志少府之屬有甄官令, 而續漢志無之, 蓋屬於他署, 未置專官也. 甄官, 掌琢石陶土之事. 爲後建安元年袁術奪璽張本.(胡)
23) 澠 : 彌兗翻.(胡) 要 : 一遙翻.(胡)
24) 引 : (春)作'奔', 據(資治)改.(◉)

公孫瓚大破黃巾

公孫瓚大破青州黃巾, 威名大震.

○【公孫瓚以劉備爲平原相】

公孫瓚以劉備爲平原相
劉備中山靖王之後
垂手下膝 顧自見其耳
備與二人寢則同牀 恩若兄弟

初, 涿郡劉備,[25] 中山靖王之後也. 垂手下膝,[26] 顧自見其耳,[27] 有大志, 少語言[28], 喜怒不形於色. 嘗與公孫瓚同師事盧植. 由是往°依˙瓚.[29] 瓚以爲平原相.[30] 備少與河東關羽涿郡張飛相友善,[31] 以羽飛爲別部司馬,[32] 分統部曲.[33] 備與二人寢則同牀, 恩若兄弟, 而稠人廣坐[34], 侍立終日, 隨備周旋, 不避艱險.

◖ ○【黃祖殺孫堅】

---

25) 劉備 : ① 161~223. 字玄德, 涿郡涿縣(今河南涿縣)人. 漢景帝子中山靖王劉勝後裔之支屬. 漢末起兵, 參與鎭壓黃巾軍及軍閥混戰. 後聯合孫權大敗曹操于赤壁, 占有荊州, 後又奪取益州. 于公元221年稱帝, 國號漢, 史稱蜀漢. 死後諡爲昭烈帝. 事詳三國志蜀書先主傳.(新) ② 中山靖王勝子陸城亭侯貞之後, 然自祖父以上, 世系不可攷.(胡)

26) 膝 : ① (資治)作'厀'.(◉) ② 厀, 與'膝'同.(胡)

27) 垂手下厀 顧自見其耳 : 言其有異相也.(胡)

28) 少 : 詩照翻.(胡)

29) 依 : (春)作'見', 據(資治)改.(◉)

30) 相 : 官名. 王國的相, 由中央直接委派, 執掌王國行政大權 相當于郡太守.(新)

31) 關羽 : ?~219. 字雲長, 河東解縣(今山西臨猗縣西南)人. 漢末隨劉備起兵, 爲劉備大將. 後鎭守荊州, 被孫權派兵襲殺. 傳見三國志卷36. 張飛 : ?~221 : 字益德, 涿郡(治所涿縣)人. 漢末隨劉備起兵, 爲劉備大將, 後爲部下刺殺. 傳見三國志卷36.(新)

32) 別部司馬 : 官名. 大將軍領營五部, 部有校尉一人, 軍司馬一人, 其別營領屬爲別部司馬. 此時董卓雖未爲大將軍, 也置別部司馬.(新)

33) 部曲 : 軍隊.(新)

34) 坐 : 徂臥翻.(胡)

黃祖殺孫堅

劉表時爲荊州刺史, 袁術使孫堅擊表, 表遣黃祖逆戰, ◗黃祖部曲兵從竹木間暗◖射堅,[35] 殺之.◗

○【管寧邴原王烈之賢行】

管寧邴原王烈之賢行

公孫度威行海外, 中國人士避亂者多歸之, 北海管寧邴原王烈皆往依焉.[36] 寧少時與華歆爲友, 嘗與歆共鋤菜, 見地有金, 寧揮鋤不顧, 與瓦石無異, 歆捉而擲之, 人以是知其優劣. 王烈器業過人,[37]

王烈名聞在原寧之右

少時名聞在原寧之右.[38] 善於敎誘, 鄕里有盜牛者,

刑戮是甘 乞不使王彦方知

主得之, 盜請罪, 曰, "刑戮是甘, 乞不使王彦方知也."[39] 烈聞而使人謝之, 遺布一端.[40] 或問其故, 烈曰, "盜懼吾聞其過, 是有恥惡之心, 旣知恥惡, 則善心將生, 故與布以勸爲善也." 後有老父遺劒

盜牛守劒

於路,[41] 行道一人見而守之. 至暮, 老父還, 尋得劒, 怪之, 以事告烈, 烈使推求,[42] 乃先盜牛者也.

35) 部曲 : 古代軍隊編制單位.(漢) 射 : 而亦翻.(胡)
36) 管寧邴原王烈 : 管寧字幼安, 邴原字根矩, 王烈字彦方, 均爲當時之高士. 後均歸曹操, 但王烈未至而死. 邴原曾爲曹操丞相征事, 管寧位至曹魏三公. 傳均見三國志卷11.(新)
37) 器業 : 謂器質道德.(新)
38) 名聞 : 名譽聲望.(新) 右 : 上.(新)
39) 王彦方 : 王烈, 字彦方.(胡)
40) 遺 : 贈與.(新) 端 : 古布帛長度名. 布六丈爲一端.(新)
41) 劒 : '劍'之籀文.(中)
42) 推 : 尋也.(胡)

諸有爭訟曲直將質之於烈,[43] 或至塗而反.[44] 或望廬而還,[45] 皆相推以直[46], 不敢使烈聞之.

【壬申(192) 初平 三年】

○【荀彧曹操之子房】

荀彧曹操之子房

初, 荀淑有孫曰彧[47], 少有才名. 何顒見而異之, 曰, "王佐才也." 及天下亂, 彧聞曹操有°雄˙略,[48] 乃從操. 操與語, 大悅, 曰, "吾子房也."[49] 以爲奮武司馬.[50]

○【王允使呂布誅董卓】

王允使呂布誅董卓

董卓車服僭擬天子, 司徒王允與司隷校尉黃琬僕射士孫瑞密謀誅卓. ▸王允使士孫瑞自書詔以授布,[51] 布令同郡騎都尉李肅, 與勇士秦誼陳衛等十

---

43) 質之於烈 : 謂請王烈評定是非.(新) 質 : 正也.(胡)
44) 塗 : 道路.(新)
45) 還 : 旬緣翻.(胡)
46) 推 : 推讓.(新) 直 : 有理.(新)
47) 荀彧 : 163~212. 字文若, 潁川潁陰(今河南許昌市)人. 初依袁紹, 後歸曹操. 爲曹操重要謀士, 任漢侍中, 兼尙書令, 後因反對曹操稱魏公, 被迫自殺. 傳見三國志卷10, 後漢書卷70.(新)
48) 雄 : (春)作'才', 據(資治)改.(◉)
49) 子房 : 張良字子房, 漢高祖劉邦的重要謀臣, 佐劉邦定天下, 建漢朝.(新)
50) 奮武司馬 : 官名. 當時曹操爲奮武將軍, 以荀彧爲司馬綜理軍府事, 幷參與軍事謀劃, 故稱奮武司馬.(新)
51) 王允使士孫瑞自書詔以授布 : 使尙書僕射自書詔者, 懼其泄也.(胡)

餘人僞著衛士服,[52] 守北掖門內以待卓. 卓入門, 肅以戟刺之,[53] 卓衷甲,[54] 不入, 傷臂, 墮車, 顧大呼曰, "呂布何在!" 布曰, "有詔討賊臣!" 卓大

庸狗敢如是邪 罵曰, "庸狗,[55] 敢如是邪!" 布應聲持矛刺卓, 趣

詔討卓耳 餘皆不問 兵斬之.[56] 布卽出懷中詔版以令吏士曰,[57] "詔討卓耳, 餘皆不問." 吏士皆正立不動, 大稱萬歲.◖

討卓百姓歌舞於道 °˙百姓歌舞於道.[58]

○【曹操據兗州】

曹操據兗州 青州黃巾寇兗州, 殺刺史, 濟北相鮑信等,[59] 迎東郡太守曹操領兗州刺史. °☞˙

○【李傕殺王允】

李傕殺王允 董卓部將李傕郭汜等, 攻長安, ◗傕◖殺王允. °☞˙

○【曹操悉降黃巾】

---

52) 著 : 陟略翻.(胡)
53) 刺 : 七亦翻. 下同.(胡)
54) 衷甲 : 被甲於內, 而加衣甲上.(胡)
55) 庸狗 : 詈詞.(漢)
56) 趣 : ① 讀曰促.(胡) ② 趣 : 催促.(新)
57) 詔版 : 詔書, 詔令.(漢)
58) °˙ : (春)有'使中郎將呂布, 持矛刺卓, 趣兵斬之.'之句, 而文與(資治)小異, 此句已在於前文之中, 當削.(◉)
59) 濟北 : 王國名. 治所盧縣, 在今山東長淸縣南.(新)

曹操悉降黃巾 ◖ ◗曹操◖追擊黃巾悉降之，得°戎卒˙三十餘萬.[60] ◗

◗【癸酉(193) 初平 四年】◖

○【袁術領壽春】

袁術領壽春 ◖ 袁術進°向˙壽春,[61] 遂領其州.[62] ◗

○【曹操坑殺數十萬口】

曹操坑殺數十萬口 初，京雒遭董卓之亂,[63] 民流移東出,[64] 多依徐土. 遇曹操至，坑殺男女數十萬口於泗水，水爲不流.[65] ◗攻取慮◖睢陵夏丘[66]，皆屠之，雞犬亦盡，墟邑無復行人.[67]

○【公孫瓚殺劉虞】

公孫瓚殺劉虞 公孫瓚攻劉虞殺之. °☞˙

---

60) 戎卒 : 兵士.(漢)
61) 向 : (春)作'據', 據(資治)改.(◉)
62) 遂領其州 : 于是袁術占領壽春.(中白)
63) 京雒 : 猶言京都雒陽.(新)
64) 流移 : 流亡.遷移.(漢)
65) 爲 : 于僞翻.(胡)
66) 攻取慮睢陵夏丘 : ① 三縣皆屬下邳國. 杜佑曰，泗川下邳縣北有漢武原故城，又北有郯縣故城. 睢陵故城在下邳東南. 夏丘，堯封禹爲夏伯，邑於此，漢爲夏丘縣. 師古曰，取，音趨，又音秋. 睢，音雖.(胡) ② 取慮，縣名. 縣治在今江蘇睢陵縣西南. 睢陵，縣名. 縣治在今江蘇睢陵縣. 夏丘，縣名. 縣治在今安徽泗縣.(新)
67) 墟邑 : 邑聚成墟.(今)

【甲戌(194) 興平 元年】

○【劉備領徐州】

劉備領徐州 曹操之攻陶謙也, 平原相劉備將兵救之, 遂歸謙. 謙疾篤, 謂別駕東海°麋˙竺,[68] 曰, "非劉備不能安此州也." 謙卒, 竺率州人迎備. 備遂領徐州.

○【孫策有復讎之志】

孫策有復讎之志 初, 孫堅生四男策權翊匡.[69] 策年十餘歲, 已交結知名. 舒人周瑜與策同年,[70] 亦英達夙成. 聞策聲聞,[71] 自舒來造焉, 便推結分好,[72] 及堅死, 策年十七, 乃渡江, 居江都, 結納豪俊, 有復讎之志.[73] 到壽春見袁術. 術甚奇之, 以堅餘兵千餘人還策, 表°拜˙懷義校尉.[74]

---

68) 別駕 : 官名. 卽別駕從事史, 州牧刺史的主要佐史, 主領衆事. 州牧刺史巡行各地時, 別乘傳居從行, 故名別駕.(新) 麋竺 : 姓譜 楚大夫受封於南郡麋亭, 因以爲氏. 或言工尹麋之後, 以名爲氏.(胡) 麋 : (春)作'糜', 誤.(◉)

69) 孫策 : 175~200. 字伯符, 吳郡富春(今浙江富陽縣)人, 孫堅長子. 孫堅死後, 仍依附袁術. 興平二年(195)率軍渡江, 掃平當地割據勢力, 據有吳會稽等五郡, 後又據有廬江郡, 建立了江東孫氏政權. 曹操任命爲討逆將軍, 封吳侯. 後遇刺而死. 傳見三國志卷46.(新)

70) 周瑜 : 175~210. 字公瑾, 廬江舒縣(今安徽廬江縣西南)人, 少與孫策爲友, 後助孫策創立江東孫氏政權. 孫策死後, 與張昭同輔孫權, 建安十三年率軍大破曹操于赤壁. 後病卒. 傳見三國志卷54.(新)

71) 聲聞 : ① 亦作'聲問'. 名聲.(漢) ② 問, 與'聞'通, 聲所至也.(要)

72) 推結分好 : 推分結好.(新) 分 : 扶問翻.(胡)

73) 有復讎之志 : 以父堅爲黃祖所殺也.(胡)

74) 拜 : (春)作'爲', 據(資治)改.(◉)

【乙亥(195) 興平 二年】

○【荀彧勸曹操取兗州】

荀彧勸曹操取兗州

曹操攻鉅野,[75] 斬呂布將薛蘭. 操以陶謙已死. 欲遂取徐州, 還乃定布.[76] 荀彧曰, "昔高祖保關中[77],

深根固本以制天下

光武據河內[78], 皆深根固本以制天下, 進足以勝敵, 退足以堅守, 故雖有困敗而終濟大業. 將軍本以兗州首事, 平山東之難[79], 百姓無不歸心悅服. 且河濟,[80] 天下之要地也, 今雖殘壞, 猶易以自保,[81] 是亦將軍之關中河內也, 不可以不先定." 操乃止.

○【李郭相攻 獻帝居棘籬中】

李郭相攻 獻帝居棘籬中

李傕郭汜爭權, 治兵相攻, 傕迎帝, 幸其營, 遂燒宮殿官府. 七月, 楊奉董承等, 將兵送乘輿東歸, ◗十二月,◖ 乘輿居棘籬中.[82]

---

75) 鉅野 : 鉅野縣, 屬山陽郡, 郭周於此置濟州.(胡)
76) 曹操攻鉅野, 斬呂布將薛蘭. 操以陶謙已死. 欲遂取徐州, 還乃定布 : 呂布將薛蘭李封屯鉅野, 曹操攻之, 布救蘭等, 不勝而走, 操遂斬蘭等. 操軍乘氏, 以陶謙已死, 欲遂取徐州, 還乃定布.(胡)
77) 昔高祖保關中 : 漢高祖劉邦與項羽爭天下時, 令蕭何保守關中.(新)
78) 光武據河內 : 後漢光武帝劉秀經營河北時, 令寇恂據河內.(新)
79) 平山東之難 : 指鮑信等迎曹操領兗州牧, 曹操遂破青州黃巾軍.(新)
80) 河濟 : 指兗州, 因古九州之兗州, 東南有濟水, 西北爲黃河.(新)
81) 易 : 以豉翻.(胡)
82) 乘輿居棘籬中 : 後曹操誅李傕三族, 郭汜爲其將所殺.(春) 棘籬 : 用荊棘作成的籬笆.

○【孫策威震江東】

孫策威震江東 孫策說袁術曰,“家有舊恩在江東,[83] 願助舅討橫江.[84] 橫江拔,因投本土召募,[85] 可得兵,以佐◗明使君◖定天下.”[86] 術許之. 策渡江轉鬪,所向皆破,莫敢當其鋒者. 百姓聞孫郎至,[87] 皆失魂魄. 及策至,軍士奉令,不敢虜掠,雞犬菜茹,[88] 一無所犯,

策爲人美姿顏能笑語 民乃大悅,競以牛酒勞軍.[89] 策爲人,美姿顏,[90] 能笑語,性闊達聽受,善於用人,是以士民見者莫不盡心,樂爲致死.[91] 威震江東.

○ ◗公孫瓚旣殺劉虞,◖ ◖ 盡有幽州之地. ◗[92]

【丙子(196) 建安 元年】

○【劉備降於呂布 呂自稱徐州牧】

(漢)

83) 江東 : (資治)作'東'.(春)

84) 舅 : 吳景爲孫策之舅.(新)

85) 本土 : 策本江東人,故謂之本土.(胡)

86) 明使君 : 亦東漢人對州牧郡守之尊稱. 時袁術自爲揚州刺史,故孫策稱他爲明使君.(新194年)

87) 孫郎 : 江表傳曰 '策年少,雖有位號,而吳人皆謂之孫郎.(胡)

88) 菜茹 : 菜蔬.(新)

89) 勞 : 力到翻.(胡)

90) 姿顏 : 姿容. 面貌.(漢)

91) 樂 : 音洛.(胡) 爲 : 于僞翻.(胡)

92) 公孫瓚旣殺劉虞 盡有幽州之地 : 自193年移置于此.(◉)

劉備降於呂布 呂自稱徐州牧

袁術攻劉備以爭徐州，備使張飛守下邳，[93] 自將拒術，呂布襲下邳，張飛敗走，備降於布，布復以備爲豫州刺史，布自稱徐州牧.

○【曹操迎獻帝都許】

曹操迎獻帝都許 獻帝還雒陽 荀彧勸曹操迎駕 曹操首唱義兵

楊奉韓暹奉車駕至雒陽. 是時，宮室燒盡，百官披荊棘，依牆壁間. 曹操在許，謀迎天子. 衆以爲"山東未定." 荀彧曰，"昔晉文公納周襄王諸侯景從，[94] 漢高祖爲義帝縞素而天下歸心.[95] 自天子蒙塵，將軍首唱義兵，[96] 徒以山東擾亂，未遑遠赴. 今鑾駕旋軫，[97] 東京榛蕪，[98] 義士有存本之思，兆民懷感舊之哀. 誠因此時，奉主上以從人望，大順也，秉至公以服天下，大略也，扶弘義以致英俊，大德

93）司馬 : 官名. 將軍軍府之官，綜理軍府事，并參與軍事謀劃.(新)　下邳 : 縣名. 縣治在今江蘇睢寧縣西北.(新)

94）昔晉文公納周襄王而諸侯景從 : 景，'影'本字. 春秋時，周襄王與母弟王子帶(又稱太叔，叔帶)有矛盾，襄王出奔鄭. 狐偃謂晉文公曰，"求諸侯莫如勤王，諸侯信之，且大義也." 文公遂迎襄王返王城，并殺王子帶于隰城. 由是諸侯服從，遂定霸業.(見左傳僖公24年, 25年).(新)

95）漢高祖爲義帝縞素而天下歸心 : 按'漢'字不當有，荀彧爲漢人，言語中不應有"漢高祖"之稱，三國志荀彧傳卽作'高祖'，後漢書荀彧傳也作'漢高祖'，亦不當. 縞素，喪服. 古時喪服爲白色，故以縞素稱喪服. 漢高祖劉邦入關滅秦後，按楚懷王之命當在關中爲王，項羽因此不滿懷王，名尊懷王爲義帝，實不奉行其命，不久又派人殺義帝. 劉邦定關中後，遂東渡黃河，三老董公勸劉邦爲義帝發喪，劉邦遂縞素東伐，終取天下.(見漢書高帝紀上).(新)

96）首唱 : 同'首倡'. 首先倡導.(漢)

97）鑾駕 : 皇帝之車駕.(新)　旋軫 : 軫，車後橫木，謂車子轉動行駛.(新)

98）東京 : 指洛陽.(新)　榛蕪 : 荒蕪.(新)

也. 四方雖有逆節,[99] 其何能爲?" 操乃將兵詣雒陽, 引董昭問計, 昭曰, "惟有移駕幸許耳." 操曰, "此孤之本志也." 遂遷都許. ◗車駕幸曹操營, 以操爲大將軍, 封武平侯.◖[100]

○【曹操屯田許下】

曹操屯田許下 中平以來,[101] 天下亂離, 民棄農業, 諸軍並起,[102] 率乏糧穀,[103] 無終歲之計, 飢則寇°掠˙,[104] 飽則棄餘, 瓦解流離, 無敵自破者, 不可勝數.[105] 袁紹在河北, 軍人仰食桑椹.[106] 袁術在江淮, 取給蒲蠃,[107] 民多相食, 州里蕭條. 羽林監棗祗請建置屯田,[108] 曹操從之, 以祗爲屯田都尉,[109] 以騎都尉任峻爲典農中郎將.[110] 募民屯田許下,[111] 得穀百萬斛. 於

---

99) 逆節 : 指反朝廷之人.(新)
100) 武平 : 武平縣, 屬陳國.(胡)
101) 中平 : 靈帝.(國)
102) 諸軍並起 : 各地軍隊四起.(岳白)
103) 率 : 大多.(新)
104) 掠 : 略, 與'掠'同.(國 前61)
105) 勝 : 音升.(胡)
106) 仰 : 依賴, 依靠.(新)　桑椹 : 桑樹果實.(新)
107) 取給 : 取得物力或人力以供需用.(漢)　蒲蠃 : 蚌蛤之屬.(新)　蠃 : 盧戈翻.(胡)
108) 羽林監 : 官名. 漢代官制有羽林左右監各一人, 左監主羽林左騎, 右監主羽林右騎, 皆爲皇帝禁衛軍, 屬光祿勳.(新)
109) 屯田都尉 : 官名. 曹操初設屯田時, 置以管理屯田的官.(新)
110) 典農中郎將 : 官名.(新)　任峻 : ?~204. 字伯達, 河南中牟人. 當曹操起兵入中牟後,

軍國之饒 起於祇而成於峻

是州郡例置田官, 所在積穀, 倉廩皆滿. 故操征伐四方, 無運糧之勞, 遂能兼并群雄. 軍國之饒, 起於祇而成於峻.

○【劉備歸曹操】

劉備歸曹操

劉備合兵得萬餘人, 呂布惡之,[112] 自出兵攻備. 備敗走, 歸曹操, 操厚遇之, 以爲豫州牧.

【丁丑(197) 建安 二年】

○【荀彧論袁項勝敗】

荀彧論袁項勝敗

劉項不敵

春, 袁紹與曹操書, 辭語驕慢. 操謂荀彧郭嘉曰, "今將討不義而力不敵, 何如?" 對曰, "劉項之不敵, 公所知也. 漢祖唯智勝項羽,[113] 故羽雖强,[114] 終爲所禽.[115] 今紹有十敗, 公有十勝, 紹雖彊,[116] 無能爲也."

遂率衆歸曹操, 爲騎都尉. 曹操實行屯田後, 爲典農中郞將, 後官至長水校尉. 傳見三國志卷16.(新)

111) 許下 : ① 許縣附近.(新) ② 指許. 今河南省許昌市.(漢) 下 : 用在名詞後, 表示一定的處所範圍時間等.(漢)

112) 惡 : 烏路翻.(胡)

113) 漢祖唯智勝項羽 : 劉邦只靠謀略戰勝項羽.(中白)

114) 强 : ① 彊.(春) ② 强, 亦作'彊'.(漢)

115) 禽 : 通'擒', 捉.(新)

116) 彊 : 同'强'.(漢)

○【袁術稱帝】

袁術稱帝

袁術稱帝於壽春.

○【陳登對呂布 以養虎養鷹譬解之】

陳登對呂布以養虎養鷹譬解之

拔戟斫几

飢卽爲用 飽則颺去

始, 呂布因陳登求徐州牧不得,[117] 登還, 布怒, 拔戟斫几曰,[118] "卿父勸吾叶同曹操,[119] 絶婚公路,[120] 今吾所求無獲, 而卿父子並顯重,[121] 但爲卿所賣耳!" 登不爲動容,[122] 徐對之曰, "登見曹公言 '養將軍譬如養虎, 當飽其肉, 不飽則將噬人.'[123] 公曰, '不如卿言. 譬如養鷹, 飢卽爲用, 飽則颺去.'[124] 其言如此." 布意乃解.

【戊寅(198) 建安 三年】

【曹操縊殺呂布】

曹操縊殺呂布

曹操攻呂布, ▶布與麾下登白門樓.[125] 兵圍之急,

117) 呂布因陳登求徐州牧不得 : 前年呂布自稱徐州牧, 蓋至今未能得朝命也.(◉)
118) 几 : 几案.(新)
119) 叶 : '協'之古字.(中)
120) 公路 : 袁術字公路.(新)
121) 顯重 : 位高勢重.(漢)
122) 爲 : 于僞翻.(胡)
123) 噬 : 呑食.(新)
124) 颺 : 飛揚.(新)
125) 白門 : 下邳城南門名白門.(胡)

呂包降曹操縊殺呂布

布令左右取其首詣操，左右不忍，乃下降．見操曰，“今日已往，[126] 天下定矣.” 操曰，“何以言之?” 布曰，“明公之所患不過於布，今已服矣．若令布將騎，[127] 明公將步，天下不足定也.” 顧謂劉備曰，“玄德，卿爲坐上客，[128] 我爲降虜，繩縛我急，[129] 獨不可一言邪?” 操笑曰，“縛虎不得不急.” 乃命緩布縛，劉備曰，“不可．明公不見呂布事丁建陽董太師乎!”[130] 操頷之.[131] 布見備曰，“大耳兒，[132] 最叵信!”[133] 操謂陳宮曰，[134] “公臺平生自謂智有餘，今竟何如!” 宮指布曰，“是子不用宮言，以至於此．若其見從，亦未必爲禽也.” 操曰，“柰卿老母何?” 宮曰，“宮聞以孝治天下者，不害人之親，[135] 老母存否，在明公，不在宮也.” 操曰，“柰卿妻子何?”

大耳兒

126) 今日已往 ： 猶言從今以後.(新)
127) 將 ： 卽亮翻.(胡) 騎 ： 奇寄翻.(胡)
128) 坐 ： 徂臥翻.(胡)
129) 急 ： 緊.(新)
130) 丁建陽 ： 丁原字建陽．呂包初爲丁原部下，後被董卓引誘，遂殺丁原而歸董卓.(新) 董太師 ： 卽董卓．董卓曾爲太師．呂包歸董卓後，最後又殺董卓，故之劉備有此言.(新)
131) 頷之 ： 微動頤頷以應之.(胡)
132) 大耳兒 ： 指劉備．因劉備耳大.(新)
133) 叵 ： 不可也.(胡)
134) 陳宮 ： ?～198．東漢東郡人，字公臺．始隨曹操，後自疑，乃從呂包，爲劃策，包每不從．布敗，宮被擒，爲操所殺.(人)
135) 治 ： 直之翻.(胡)

宮曰, "宮聞施仁政於天下者, 不絶人之祀, 妻子存否, 在明公, 不在宮也." 操未復言.[136] 宮請就刑, 遂出, 不顧, 操爲之泣涕,[137] 幷布順皆縊殺之,[138] 傳首許市.[139] 操召陳宮之母, 養之終其身,

張遼降曹操

嫁宮女, 撫視其家, 皆厚於初.[140] 張遼將其衆降,[141] 拜中郎將.¶

【己卯(199) 建安四年】

○【袁紹滅公孫瓚】

袁紹滅公孫瓚

袁紹擊公孫瓚滅之.

○【袁術歐血死】

袁術歐血死

▶袁術因憤慨結病, 歐血死.¶

○【董承與劉備謀誅曹操】

董承與劉備謀誅曹操

初, 董承稱受帝衣帶中密詔,[142] 與劉備謀誅曹操.

136) 復 : 扶又翻.(胡)
137) 爲 : 于僞翻.(胡)
138) 順 : 高順.(◉) 高順 : ?~198. 東漢人. 爲呂包督將.(人)
139) 許市 : 許京的街市.(漢)
140) 操召陳宮之母 … 皆厚於初 : 操厚陳宮之家而不肯存孔融之嗣, 必陳宮之妻子, 可保其無能爲也.(胡)
141) 張遼 : 字文遠, 雁門馬邑(今山西朔縣)人. 初隨丁原董卓呂布, 呂包敗後, 歸曹操, 遂爲曹操之得力戰將, 屢立戰功. 曹魏初, 封晉陽侯. 傳見三國志卷17.(新)
142) 衣帶詔 : 藏在衣帶裡面的密詔.(漢)

天下英雄 惟使君與操耳 備方食失匕箸

操從容謂備曰,[143] "今天下英雄, 惟使君與操耳,[144] 本初之徒,[145] 不足數也." 備方食, 失匕箸,[146] 値雷震, 備因曰, "聖人云'迅雷風烈必變.'[147] 良有以也." 遂與承及种輯等同謀. 會操遣備邀袁術,[148] 備遂殺徐州刺史車胄, 留關羽守下邳, 行太守事,[149] 身還小沛. 郡縣多叛操爲備.[150] 備衆數萬人, 遣使與袁紹連兵.

【庚辰(200) 建安五年】

○【曹操棄袁紹 急擊劉備】

曹操棄袁紹急擊劉備 劉備人傑

操欲自攻備,[151] 諸將皆曰, "袁紹方來而棄之東,[152] 紹乘人後,[153] 若何?" ▸操曰, "劉備, 人傑也, 今不擊, 必爲後患."◂ 郭嘉曰, "紹性遲而多疑, 來

143) 從 : 千容翻.(胡)
144) 使君 : 尊稱州郡長官.(漢)
145) 本初 : 袁紹字.(國)
146) 匕箸 : 匕, 湯匙. 箸, 筷子. 劉備以爲曹操說他是英雄, 將要圖害他, 故吃惊而失落匙筷.(新)
147) 迅雷風烈必變 : 此爲論語鄕黨記孔子在迅雷和烈風之時必改變容態之文.(新)
148) 邀 : 截擊.(新)
149) 行 : 代理.(新)
150) 郡縣多叛操爲備 : 呂布之敗, 太山諸屯帥皆降於曹操, 獨豨反側於其間, 蓋自恃其才畧過於臧覇之徒也.(胡)
151) 攻 : (資治)作'討'.(◉)
152) 紹方來而棄之東 : 謂袁紹正帶兵來進攻, 曹操却要放棄反擊而東征劉備.(新)
153) 紹乘人後 : 袁紹乘機攻擊我們的背後.(岳白)

必不速．備新起，衆心未附，[154] 急擊之，必敗．”操師遂東．[155]

○【袁紹以子疾辭田豐所進之計】

袁紹以子疾辭田豐所進之計

冀州別駕田豐說袁紹曰，[156] “曹操與劉備連兵，[157] 未可卒解．[158] 公擧軍而襲其後，可一往而定．”紹辭以子疾，未得行．⁋豐擧杖擊地曰，嗟乎！遭難遇之時，而以嬰兒病失其會，[159] 惜哉，事去矣！⁋

○【曹操獲劉備妻子 禽關羽】

曹操獲劉備妻子 禽關羽

曹操擊劉備破之，獲其妻子，進拔下邳，禽關羽．備犇青州，[160] 歸袁紹．°☞˙

○【關羽斬顔良】

關羽斬顔良

⁋操還軍官渡．⁋ 紹乃議攻許，進軍黎陽，遣其將顔良攻劉延於白馬．[161] 曹操北救劉延，顔良來逆戰．[162]

---

154) 衆心未附 ： 人心還沒有完全歸附．(中白)
155) 操師遂東 ： 曹操於是揮師東征劉備．(中白)
156) 說 ： 輸芮翻．(胡)
157) 連兵 ： 謂交兵，交戰．(新)
158) 卒 ： 通‘猝’，很快．(新)
159) 會 ： 機會．(新)
160) 青州 ： 州名．治所臨菑，在今山東淄博市北．(新)
161) 白馬 ： 縣名．縣治在河南滑縣東．在當時的黃河南岸，其北岸是黎陽．(新)
162) 逆 ： 迎．(新)

操使張遼關羽先登擊之.[163] 羽望見良麾蓋,[164] 策馬刺良於萬衆之中,[165] 斬其首而還, 紹軍莫能當者. 遂解白馬之圍.

○⁋【顔良文醜被禽 紹軍奪氣】

顔良文醜被禽紹軍奪氣 此所以餌敵

是時, 白馬輜重就道.[166] 諸將以爲敵騎多, 不如還保營. 荀攸曰, "此所以餌敵,[167] 如何去之!" 操顧攸而笑.[168] 紹騎將文醜與劉備將五六千騎前後至. 諸將復白"可上馬." 操曰, "未也." 有頃, 騎至稍多, 或分趣輜重.[169] 操曰, "可矣." 乃皆上馬. 時騎不滿六百, 遂縱兵擊, 大破之, 斬醜. 醜與顔良, 皆紹名將也, 再戰, 悉禽之, 紹軍奪氣.⁋[170]

○【關羽報效曹操 犇劉備於袁軍】

關羽報效曹操犇劉備於袁軍

初, 操壯關羽之爲人, 而察其心神無久留之意, 使張遼以其情問之. 羽嘆曰,[171] "吾極知曹公待我厚,

163) 先登 : 先接戰.(新)
164) 麾蓋 : ① 旗幟之頂.(新) ② 將帥用的旌旗傘蓋.(漢)
165) 策 : 鞭擊.(新)
166) 輜重 : 軍糧器械材料等軍用物資.(新)
167) 餌 : 引誘.(新)
168) 操顧攸而笑 : 操與攸契合, 恐謀泄, 故顧攸而笑, 欲其止勿言.(今)
169) 趣 : 七喩翻.(胡)
170) 奪氣 : 震驚恐懼而喪失膽氣.(新)

關羽與劉備誓以共死

然吾受劉將軍恩, 誓以共死, 不可背之. 吾終不留, 要當立效以報曹公乃去耳."[172] 遼以羽言報操, 操義之, 及羽殺顔良, ⁋操知其必去, 重加賞賜. 羽盡封其所賜,⁋ 拜書告辭,[173] 而犇劉備於袁軍.[174]

彼各爲其主勿追也

左右欲追之, 操曰, "彼各爲其主,[175] 勿追也."

○【孫策卒 孫權代領江東】

孫策卒孫權代領江東

孫策病甚,[176] 呼權, 佩以印綬,[177] 謂曰, "擧江東之衆, 決機於兩陳之間,[178] 與天下爭衡,[179] 卿不如我. 擧賢任能, 各盡其心以保江東, 我不如卿." 策卒, ⁋時年二十六.⁋ 張昭周瑜等謂權可與共成大業, 遂委心而服事焉.[180]

○【曹操敗走袁紹】

---

171) 嘆 : 嘆, 與'歎'通.(中)
172) 要當 : 總當, 必當.(新)
173) 拜書 : 寫信給別人的敬詞.(漢)
174) 袁郡 : 袁紹之軍.(新)
175) 爲 : 于僞翻.(胡)
176) 孫策病甚 : 初, 策殺吳郡太守許貢, 貢奴客潛民間, 欲爲貢報讎. 策性好獵, 數出驅馳, 所乘馬精駿, 從騎絶不能及, 卒遇貢客三人, 射策中頰, 後騎尋至, 皆刺殺之. 策創甚, 召張昭等謂曰 '中國方亂, 以吳越之衆, 三江之固, 足以觀成敗, 公等善相吾弟.'(胡)
177) 佩 : 佩帶, 係帶.(新)
178) 機 : 謂機宜, 卽依據時機所采取的適宜決策.(新) 陳 : 讀曰陣.(胡)
179) 爭衡 : 謂在角逐中較量勝負.(新)
180) 委心 : 猶傾心.(漢)

曹操敗走袁紹

⁋七月,¶ 袁紹軍陽武. ⁋九月, 袁紹運穀車數千乘至官渡, 曹操乃遣徐晃, 破走之, 燒其輜重. 十月,¶ 曹操擊破之, 盡燔其糧穀, 殺士卒千餘人, 皆取其鼻, 以示紹軍. 於是紹軍驚擾, 大潰, 紹與八百騎渡河走.[181] 操追之不及. 紹爲人寬雅,[182] 有局度,[183] 喜怒不形於色,[184] 而性矜愎自高,[185] 短於從善, 故至於敗.

袁紹性矜愎自高 短於從善

○【袁紹殺田豐】

袁紹殺田豐

⁋或謂田豐曰, "君必見重矣." 豐曰, "袁公貌寬而內忌, 不亮吾忠.[186] 若勝而喜, 猶能赦之, 今戰敗而恚, 吾不望生." 逢紀復譖曰,[187] "豐聞敗, 拊手大笑." 紹曰, "吾不用田豐言, 果爲所笑." 遂殺之.¶[188]

【辛巳(201) 建安六年】

181) 走 : (資治)無'走'字.(◉)
182) 寬雅 : 寬容閑雅.(新)
183) 局度 : 猶言器量, 器度.(新)
184) 形於色 : 形, 表露. 色, 面色.(新)
185) 矜愎自高 : 高傲自負, 固執己見.(新)
186) 亮 : 信也, 明也.(胡)
187) 逢 : 皮江翻.(胡)
188) 或謂田豐曰 … 遂殺之 : 據(綱合)補.(◉)

○【劉備嘆髀肉復生】

劉備嘆髀肉復生

曹操自擊劉備於汝南,[189] 備奔劉表, 表聞備至, 自出郊迎, 以上賓禮待之, 益其兵, 使屯新野.[190] 備在荊州數年, 嘗於表坐起至廁,[191] 慨然流涕. 表怪, 問備, 備曰, "平常身不離鞍,[192] 髀肉皆消.[193] 今不復騎,[194] 髀裏肉生.[195] 日月如流, 老將至矣, 而功業不建, 是以悲耳."[196]

【壬午(202) 建安七年】

○【袁紹發病薨】

袁紹發病薨

袁紹自軍敗, 慙憤,[197] 發病, 夏五月, 薨. 紹有三子, 譚熙尙. 衆以譚長, 欲立之. 審配矯紹命立尙.[198] 譚不得立, 自稱將軍,[199] 屯黎陽.

---

189) 汝南 : 郡名. 治所平輿, 在今河南平輿縣北.(新)
190) 新野 : 水經註, 新野縣, 在安衆縣東南.(胡)
191) 坐 : 徂臥翻.(胡)
192) 離 : 力智翻.(胡)
193) 髀 : ① 股骨也. 股外曰髀.(春) ② 大腿.(新)
194) 復 : 扶又翻.(胡)
195) 髀裏 : 大腿內側.(新)
196) … 是以悲耳 : 史言備志氣不衰, 所以能成三分之業.(胡)
197) 慙 : ① (資治)作'慚'.(◉) ② 慙, 或作'慚'.(中)
198) 矯 : 假傳.(中白)
199) 自稱將軍 : 袁紹初起兵, 自稱車騎將軍, 故譚亦稱之.(胡)

【癸未(203) 建安八年】

○【袁譚袁尙相攻 曹操及其亂欲取之】

袁譚袁尙相攻曹操及其亂欲取之

袁譚袁尙治兵相攻時，曹操擊劉表軍西平，譚遣辛毗詣操請救，操群下多以爲劉表彊，[200] 宜先平之，譚尙不足憂也．荀攸曰，“天下方有事，而劉表坐保江漢之間，其無四方之志可知矣．袁氏據四州之地，[201] 帶甲數十萬，使二子和睦，[202] 則天下之難未息也．[203] 今及其亂而取之，天下定矣．”操從之．

【甲申(204) 建安九年】

○【曹操破袁尙】

曹操破袁尙

曹操擊袁尙破之．°☞˙

○【袁譚叛 走南皮】

袁譚叛走南皮

九月，詔以操領冀州牧，◗操讓還兗州[204]．十月◖，

---

200) 群下 : 指曹操部下.(新)
201) 四州 : 冀幽青并四州.(新)
202) 使 : 假如.(新)
203) 天下之難未息也 : 爲能爲曹操患也．難，乃旦翻.(胡)
204) 操讓還兗州 : 當時政自操出，領則眞領，而讓非眞讓也.(胡)

譚叛. ⁋十二月, 譚拔平原,⁋ 走南皮. °☞˙

⁋【乙酉(205) 建安十年】

【曹操斬袁譚】

曹操斬袁譚

正月, 曹操攻南皮, 袁譚出走, 追斬之. 袁熙爲其將焦觸張南所攻, °與尙˙俱奔遼西⁋.[205]

【丁亥(207) 建安十二年】

○【劉備三顧孔明於隆中】

劉備三顧孔明於隆中 孔明自比管仲樂毅

初, 琅邪諸葛亮寓居襄陽隆中,[206] 每自比管仲樂毅.[207] 時人莫之許也,[208] 惟潁川徐庶與崔州平謂爲信然.[209] 劉備在荊州, 訪士於襄陽司馬徽.[210] 徽曰, "儒生俗士, 豈識時務? 識時務者在乎俊傑.

---

205) 與尙 : 與尙熙.(春)

206) 諸葛亮 : 181~234. 字孔明, 琅琊陽都(今山東臨沂市沂南縣)人, 建安初, 隱居於南陽鄧縣之隆中, 知識淵博, 留心世事, 被稱爲臥龍. 後接受劉備之請, 成了劉備的主要謀士. 隨卽帮助劉備聯合孫權抗擊曹操, 取得了赤壁之戰的勝利. 後又帮助劉備占領荊益二州, 建立了蜀漢政權. 劉備稱諸侯, 以之爲丞相. 劉禪卽位後, 又被封武鄕侯, 領益州牧, 總攬一切政事. 當政期中, 勵精圖治, 賞罰嚴明. 後曾多次北伐, 終因積勞成疾, 死於軍中. 傳見三國志卷35.(新)

207) 管仲 : 春秋時人, 助齊桓公富國强兵, 桓公因之成, 爲春秋第一霸主.(新) 樂毅 : 戰國時燕將, 曾受燕昭王之命, 率軍擊破齊軍國, 先後攻下七十余城, 因功封爲昌國君.(新)

208) 莫之許 : 卽莫許之, 謂沒有人同意諸葛亮的自比. 許, 同意, 承認.(新)

209) 信然 : 確實如此.(新)

210) 訪士 : 詢訪人才.(中白)

此間自有伏龍鳳雛."[211] 備問爲誰, 曰, "諸葛孔明龐士元也."[212] 徐庶見備於新野, 備器之.[213] 庶謂備曰, "諸葛孔明, 臥龍也, 將軍豈願見之乎?"[214] 備曰, "君與俱來." 庶曰, "此人可就見,[215] 不可屈致也,[216] 將軍宜枉駕顧之."[217] 備由是詣亮,[218] 凡三往, 乃見.

孔明可就見不可屈致

【劉備之有孔明 猶魚之有水】

劉備之有孔明猶魚之有水

因屛人曰,[219] "漢室傾頹, 姦臣竊命,[220] 孤不度德量力,[221] 欲信大義於天下,[222] 而智術°淺短˙,[223] 遂用猖蹶,[224] 至于今日. 然志猶未已, 君謂計將安

---

211) 伏龍 : 龍爲古代傳說中藏于深山善於變化能興雲致雨的神異動物. 伏龍指未出山之龍, 用以比喩隱居或尙未露頭角的杰出人才.(新) 鳳雛 : 鳳亦古代傳說中的瑞鳥. 鳳雛, 幼鳳, 亦比喩杰出人才.(新)
212) 龐士元 : 179~214. 名統, 襄陽(治所在今湖北襄樊市)人. 博學多識, 初與諸葛亮齊名, 被稱爲鳳雛. 劉備得荊州後, 以之爲謀士, 與諸葛亮同任軍師中郎將. 後隨劉備入蜀, 建議進兵成都, 在攻雒陽城時中流矢而死. 傳見三國志卷37.(新) 龐 : 皮江翻.(胡)
213) 器之 : 物之有用者謂之器. 器之者, 器重之也. 重其才之足以用世也.(胡)
214) 豈 : 表示推測. 相當于'是不是''是否'(漢字典)
215) 就見 : 前往拜見.(新)
216) 屈致 : 屈其志節而招致.(新)
217) 枉駕 : 屈駕, 謂親往拜訪.(新) 顧 : 看望.(新)
218) 詣 : 去, 到.(新)
219) 因屛人曰 : 劉備讓左右的人都出去, 說道.(中白) 屛 : 退避.(新)
220) 姦臣 : 指曹操.(新) 竊命 : 指盜用皇帝的權柄.(新)
221) 孤 : 古代諸侯君王的自稱. 春秋時諸侯自稱寡人, 有凶事則稱孤, 後漸無區別.(漢) 度 : ① 揣度.(新) ② 徒洛翻.(胡)
222) 信 : ① 通'伸', 伸張.(新) ② 讀曰申.(胡) 大義 : 指鏟除奸臣, 挽救漢室傾頹的局勢.(新)
223) 淺短 : (春)作'短淺', 據(資治)改.(◉)

出?”亮曰,“今曹操已擁百萬之衆,挾天子而令諸侯,此誠不可與爭鋒.孫權據有江東,已歷三世,[225] 國險而民附,賢能爲之用,此可與爲援而不可圖也.[226] 荊州並據漢沔,[227] 利盡南海,[228] 東連吳會,[229] 西通巴蜀,[230] 此用武之國,而其主不能守,[231] 此殆天所以資將軍也.益州險塞,沃野千里,天府之土,[232] 劉璋闇弱,[233] 張魯在北,民殷國富而不知存恤,[234] 智能之士思得明君.將軍旣帝室之冑,[235] 信義著於四海,若跨有荊益,保其巖阻,撫和戎越,[236] 結好孫權,內修政治,外觀時變,則霸業可成,漢室可興矣.”備曰,“善!”於是

益州險塞沃野千里天府之土

224) 狙蹶 : 謂挫折,挫敗.(新)
225) 三世 : 堅策權.(要)
226) 此可與爲援而不可圖也 : 此人可以與他聯盟,却不可計算他.(中白)
227) 漢沔 : 漢水沔水.漢水出陝西寧强縣蟠冢山後稱漾水,流經沔縣後稱沔水,再流經褒城縣合褒水後,始稱漢水.(新)
228) 利盡南海 : 謂自桂陽蒼梧跨有交州,則利盡南海也.(胡) 南海 : 東漢之荊州跨有今兩廣一帶,接近南海.(新)
229) 吳會 : 吳郡與會稽郡,泛指江東地區.(新)
230) 巴蜀 : 巴郡與蜀郡.(新)
231) 而其主不能守 : 但主人劉表却不能守.(中白)
232) 天府 : 天然之寶庫,指物產富饒.古人認爲西蜀沃野千里,無水旱災害,物產富饒,不知飢饉,故爲天府.(新)
233) 暗弱 : 愚昧懦弱.(新)
234) 民殷國富 : 國家人民殷實富裕.(漢) 存恤 : 慰問救濟.(新)
235) 冑 : 後裔.(新)
236) 戎越 : 指西部的氐羌諸族與南方的少數民族.(新)

與亮情好日密. 關羽張飛不悅, 備解之曰, "孤之有孔明, 猶魚之有水也.[237] 願諸君勿復言."[238] 羽飛乃止.

孔明臥龍 士元鳳雛 德操水鑑

【孔明臥龍 士元鳳雛 德操水鑑】

司馬徽, 淸雅有知人之鑑. 同縣龐德公素有重名, 徽兄事之. 德公°嘗˙謂孔明爲臥龍,[239] 士元爲鳳雛, 德操爲水鑑,[240] 故德操與劉備語而稱之.

⁋【戊子(208) 建安十三年】⁋

劉琮降曹操

【劉琮降曹操】

秋七月, 曹操南擊劉表. ⁋八月,⁋ 會表卒, 子琮爲嗣. 九月, 操至新野, 琮遂擧州降操.

劉備不背劉表

【劉備不背劉表】

時劉備屯樊,[241] 大驚, 呼部曲共議. 或勸備攻琮, 荊州可得. 備曰, "劉荊州臨亡託我以孤遺,[242] 背信

---

237) 魚之有水也 : 魚有水則生, 無水則死, 故以爲喩.(今)
238) 復 : 扶又翻.(胡)
239) 嘗 : (春)作'常', (資治)作'嘗'. '常'通'嘗', 而'曾經'之義, 今多用'嘗', 則當作'嘗'.(◉)
240) 德操 : 司馬徽字德操.(胡) 水鑑 : 言其淸雅有知人之鑑.(今)
241) 樊 : 卽樊城, 在襄陽北, 與襄陽隔漢水相對, 在今湖北襄樊市.(新)
242) 劉荊州 : 指劉表.(◉) 孤遺 : 父母去世後遺留下來的子女. 此指劉琮.(新)

自濟, 吾所不爲." 備將其衆去, 過襄陽,[243] 荊州人多歸備. 比到當陽,[244] 衆十餘萬人, 輜重數千兩, 日行十餘里, 別遣關羽乘船數百艘, 使會江陵.[245] 或謂備曰, "宜速行保江陵." 備曰, "夫濟大事, 必以人爲本, 今人歸吾, 吾何忍棄去!"

濟大事必以人爲本

長坂之戰 劉備棄妻子走

【長坂之戰 劉備棄妻子走】

曹操以江陵有軍實,[246] 恐劉備據之, 乃釋輜重,[247] 輕軍°到˙襄陽.[248] 聞備已過, 操將精騎五千°急˙追之,[249] 一日一夜, 行三百餘里, 及於當陽之長坂.[250] 備棄妻子走.

一日一夜行三百餘里

○ 曹操進軍江陵.

魯肅說劉備共拒曹操

【魯肅說劉備共拒曹操】

初, 魯肅聞劉表卒, 言於孫權, 請往說劉備, 使撫

---

243) 過 : 工禾翻.(胡) 襄陽 : 縣名. 縣治在今湖北襄樊市.(新)
244) 當陽 : 縣名. 縣治在今湖北當陽縣東.(新)
245) 江陵 : 縣名. 南郡治所, 縣治在今湖北江陵縣.(新)
246) 軍實 : 糧草器械等物資.(新)
247) 輜重 : 指隨軍運載的軍用器械糧秣等.(漢)
248) 到 : (春)作'至', 據(資治)改.(◉)
249) 急 : (春)作'往', 據(資治)改.(◉)
250) 長板 : 地名. 在今湖北當陽縣東北.(新)

表衆，共治曹操，[251] 會備南走，肅迎之，▶與備會◀於當陽長坂．謂備曰，"孫討虜，[252] 敬賢禮士，兵精糧多，足以立事．今爲君計，莫若遣腹心自結於東．"[253] 備用肅計，進住鄂縣之樊口．[254]

諸葛亮渡江說孫權

【諸葛亮渡江說孫權】

曹操自江陵將順江東下．諸葛亮▶謂劉備◀曰，"事急矣，請奉命求救於孫將軍．" 遂與魯肅詣孫權．亮說權曰，[255] "海內大亂，將軍起兵江東，劉豫州收衆漢南，[256] 與曹操並爭天下．[257] 今操芟夷大難，[258] 略已平矣，遂破荊州，威震四海．英雄無用武之地，故豫州遁逃至此，願將軍量力而處之！若能以吳越之衆與中國抗衡，[259] 不如早與之絶，若不能，何不北面而事之！[260] 權曰，"劉豫州何不遂事

251) 治 : 對付.(新)
252) 孫討虜 : 指孫權. 孫權爲討虜將軍.(新)
253) 自結於東 : 時備在荊州, 吳於荊州爲東.(今)
254) 住 : 止軍也.(胡) 鄂縣 : 縣治在今湖北鄂州市.(新) 樊口 : 在鄂州市西, 與黃風隔江相對.(新)
255) 說 : 式芮翻.(胡)
256) 豫州 : 備先爲豫州牧, 故以爲稱.(今) 漢南 : 漢水以南.(中白)
257) 並 : (資治)作'共', 三國志蜀志諸葛亮傳作'並'.(◉)
258) 芟夷 : 削除.(新) 大難 : 指袁術呂布袁紹等勢力.(新)
259) 吳越 : 指春秋吳越故地(今江浙一帶).(漢) 抗衡 : ① 敵對.(今) ② 衡以取平, 上下相當無所卑屈曰抗.(胡)

之乎?" 亮曰, "田橫,[261] 齊之壯士耳, 猶守義不
孫權不能受制於人
辱, 況劉豫州王室之胄,[262] 英才蓋世, 安能爲之
下乎!" 權勃然曰,[263] "吾不能擧全吳之地, 受制於
人. 吾計決矣! 非劉豫州, 莫可以當曹操者, 然豫
州新敗之後, 安能抗此難乎?"[264] 亮曰, "今戰士還
者及關羽水軍精甲萬人, 劉琦合江夏戰士亦不下萬
强弩之末勢不能穿魯縞
人. 曹操之衆, 遠來疲敝, 聞追豫州, 輕騎一日一
夜, 行三百餘里, 此所謂'强弩之末勢不能穿魯縞'
北方之人 不習水戰
者也.[265] 故兵法忌之曰, '必蹶上將軍.'[266] 且北方
之人, 不習水戰, 又荊州之民附操者, 偪兵勢耳,
鼎足之形成矣
非心服也. 今將軍誠能與豫州協規同力,[267] 破操軍
必矣. 操軍敗, 則荊吳之勢强,[268] 鼎足之形成矣."[269]

---

260) 北面而事之 : 指投降曹操, 向他稱臣.(新) 北面 : 謂臣服于人.(漢)

261) 田橫 : 戰國末齊國的宗室. 楚漢相爭時自立爲齊王. 田橫率領五百人逃入海島. 漢高祖劉邦使人召他, 說'田橫來, 大者王, 小者乃侯耳. 不來, 且擧兵加誅焉.' 田橫乃與其客二人共赴洛陽. 將至, 對其客說'橫始與漢王俱南面稱孤, 今漢王爲天子, 而橫乃爲亡虜而北面事之, 其耻固已甚矣.' 遂自殺. 見史記田儋列傳.(新)

262) 胄 : ① 系也.(胡) ② 後代.(新)

263) 勃然 : 發怒變色.(新)

264) 難 : 乃旦翻.(胡)

265) 强弩之末勢不能穿魯縞 : 史記韓安國傳, '强弩之極, 矢不能穿魯縞, 衝風之末, 力不能漂鴻毛. 非初不勁, 末力衰也.' 顔師古曰, '縞, 素也. 曲阜之地, 俗善作之, 尤爲輕細, 故以取喩也.'(今) 强弩之末 : 謂强弩發出的箭, 到了末程, 連魯絹也穿不過. 比喩衰微之勢.(漢) 魯縞 : 魯地所産的素絹, 以輕薄著稱.(新)

266) 必蹶上將軍 : 孫子軍爭, '五十里而爭利, 則蹶上將軍.' 蹶, 挫敗.(新)

267) 規 : '規'之本字.(中)

⁋權大悅，與其羣下謀之.⁋

○【魯肅諫迎曹操】

魯肅諫迎曹操 是時，曹操遺權書曰，"近者奉辭伐罪,[270] 旌麾南指,[271] 劉琮束手.[272] 今治水軍八十萬衆，方與將軍會獵於吳."[273] 權以示群下，莫不響震失色.[274] 長史張昭等曰，"將軍大勢可以拒操者，長江也．今操得荊州，長江之險°已˙與我共之矣,[275] 不如迎之." 魯肅密言於權曰，"向察衆人之議,[276] 專欲誤將軍，不足與圖大事，願早定大計，⁋莫用衆人之議也!" 權歎息曰，"諸人持議，甚失孤望，今卿廓開大計,[277] 正與孤同."⁋

方與將軍會獵於吳

○【周瑜決計拒操】

周瑜決計拒操 時周瑜至鄱陽,[278] 肅勸權召瑜還．瑜至，謂權曰，

268) 荊吳 : 荊指劉備，吳指孫權.(新)
269) 鼎足之形 : 謂三分天下也.(胡)
270) 奉辭伐罪 : 謂奉朝廷之命，討伐有罪之人.(新)
271) 旌麾 : 帥旗.(新)
272) 束手 : 謂投降.(新)
273) 會獵 : 會合打獵．戰爭的喩語.(新)
274) 響震 : 謂如聽巨響而震驚.(新)
275) 已 : (春)作'以'，誤.(◉)
276) 向 : 先前.(新)
277) 廓開 : 謂展述.(新)

曹操實漢賊

"操雖托名漢相, 其實漢賊也. 將軍割據江東, 兵精足用, 當橫行天下, 爲漢家除殘去穢,[279] 況操自送死,[280] 而可迎之耶! 請爲將軍籌之.[281] 今北土未平, 馬超韓遂尙在關西,[282] 爲操後患, 而操舍鞍馬, 杖舟楫,[283] 與吳越爭衡,[284] 又今盛寒, 馬無藁草,[285] 驅中國士衆遠涉江湖之間,[286] 不習水土, 必生疾病. 此數者用兵之患也. 瑜請得精兵五萬人,[287] 保爲將軍破之!" 權曰, "老賊欲廢漢自立久矣, 徒忌二袁呂布劉表與孤耳,[288] 今數雄已滅, 惟孤尙存. 孤與老賊勢不兩立, 君言當擊, 此天以君授孤也." 因拔刀斫案曰,[289] "諸將吏敢復有言當迎曹者,[290] 與此案同!"[291] ◗乃罷會. 是夜, 瑜復見

拔刀斫案

諸將吏敢復有言當迎曹者與此案同

---

278) 鄱 : ① (資治)作'番'.(◉) ② 鄱, 縣名, 與'番'通.(中) 番 : 浦何翻.(胡) 番陽 : 縣名. 縣治在今江西波陽縣東.(新)
279) 爲 : 于僞翻.(胡) 除殘去穢 : 謂誅除凶惡奸邪之人. 卽指誅除曹操.(新)
280) 送死 : 送終. 指自尋死路.(漢)
281) 爲 : 于僞翻.(胡)
282) 關西 : 地區名. 指函谷關以西之地.(新)
283) 操舍鞍馬 仗舟楫 : 舍, 讀曰捨. 北人便於鞍馬, 南人便於舟楫, 言操舍長就所短.(胡) 杖 : ① (資治)作'仗'.(◉) ② 仗, 與'杖'通.(中)
284) 爭衡 : 較量輕重. 比試高低.(漢)
285) 藁草 : 馬食. 說文, '藁, 稈也.'(今) 藁 : 禾莖爲藁, 音工老翻.(胡)
286) 中國 : 中原.(新)
287) 五 : (資治)作'數', 三國志吳志周瑜傳作'三'.(◉)
288) 徒忌 : 只畏懼.(新) 二袁 : 指袁紹袁術.(新)
289) 斫 : 砍.(新) 案 : 批閱奏章的几案.(新)

卿言至此 甚合孤心

權曰，"今以實校之，彼所將中國人不過十五六萬，[292] 且已久疲，所得表衆亦極七八萬耳，[293] 尙懷狐疑．夫以疲病之卒御狐疑之衆，[294] 衆數雖多，甚未足畏．瑜得精兵五萬，自足制之，願將軍勿慮！權◂撫瑜背曰，[295] "公瑾，卿言至此，甚合孤心．五萬兵難卒合，[296] 已選三萬人，卿與子敬程公便在前發，[297] 孤當續發人衆，爲卿後援．" 遂以周瑜程普爲左右督，將兵與備°並˙力逆操，[298] 以魯肅爲贊軍校尉，[299] 助畫方略．

○【劉備周瑜共拒曹操】

劉備周瑜共拒曹操

劉備在樊口，日遣邏吏於水次候望權軍．[300] 吏望見瑜船，馳往白備．備乃乘單舸往見瑜，問曰，[301]

---

290) 復：扶又翻．(胡)　曹：(資治)作'操'．(◉)
291) 與此案同：言欲斬之也．(胡)
292) 將：卽亮翻．(胡)
293) 極：最多．(新)
294) 狐疑：猶豫不決．此指劉表的軍隊是被迫而降，并非眞心擁護曹操，故有猶豫觀望之心，不會出力死戰．(新)
295) 撫：以手輕按．(新)
296) 卒：讀曰猝．(胡)
297) 魯肅：字子敬．(胡)　程公：程普也．時江東諸將，普年最長，人皆呼程公．(胡)
298) 將：卽亮翻．(胡)
299) 贊軍校尉：官名．孫權設置的參謀軍事之官．(新)
300) 日：謂每天．(新)　邏吏：巡邏官吏．(新)　水次：水邊．(新)
301) 單舸：單獨一條船．(新)

“今拒曹公, 深爲得計. 戰卒有幾?” 瑜曰, “三萬人.” 備曰, “恨少.” 瑜曰, “此自足用, 豫州但觀瑜破之.”

周瑜大破操兵於赤壁)

【周瑜大破操兵於赤壁】

進, 與操遇於赤壁.[302] 時操軍衆已有疾疫,[303] 初一交戰, 操軍不利, 引次江北.[304] 瑜部將黃盖曰[305], “今寇衆我寡, 難與持久. 操軍方連船艦, 首尾相接, 可燒而走也.”[306] 乃取蒙衝鬪艦,[307] 載燥荻枯柴,[308] 灌油其中. 先以書遺操,[309] 詐云欲降. 時東南風急, 盖以十艦最著前,[310] 中江擧帆, 餘船以次俱進. 操軍吏士皆出營立觀, 指言盖降. 去北軍二里餘, 同時發火, 火烈風猛, 船往如箭, 燒盡

操軍方連船艦首尾相接

蒙衝鬪艦

詐云欲降

302) 赤壁 : 山名. 在江漢流域一帶, 可以稱爲赤壁者有五處, 但曾爲古戰場之赤壁確在河地, 古今聚訟紛紜.(新)

303) 軍衆 : 士卒.(漢))

304) 次 : 停駐.(新)

305) 盖 : ‘蓋’之俗字.(中)

306) 走 : 謂使曹軍逃走.(新)

307) 蒙衝鬪艦 : 兩種大型戰船.(三國志辭典) 蒙衝 : 以生牛皮蒙船覆背, 兩廂開掣棹孔, 左右有弩窗矛穴, 敵不得近, 矢石不能敗. 此不用大船, 務於速疾, 乘人之所不及, 非戰之船也.(胡) 鬪艦 : 船上設女牆, 可高三尺, 牆下開製棹孔. 船內五尺, 又建棚, 與女牆齊. 棚上又建女牆, 重列戰敵. 上無覆背, 前後左右樹牙旗幟旛金鼓, 此戰船也.(胡)

308) 荻 : 與蘆葦相似的一種草木植物.(新)

309) 遺 : 曾與.(新)

310) 著 : 直畧翻.(胡)

曹操從華容道步走

北船，延及岸上營落.[311] 人馬燒溺死者甚衆. 瑜等率輕°銳˙繼其後,[312] 靁鼓大進,[313] 北軍大壞.[314] 操引°軍˙從華容道步走,[315] 劉備周瑜水陸並進，追操至南郡. 時操軍兼以饑疫，死者太半. 操乃留曹仁徐晃守江陵,[316] 引軍北還. 於是將士形勢自倍. 瑜乃渡江，頓北岸，與仁相拒.

劉備南徇四郡)

【劉備南徇四郡】

十二月，劉備表劉琦爲荊州刺史，引兵南徇⁌四郡,⁍ 武陵長沙桂陽零陵°˙皆降°˙.[317]

---

311) 營落 : 軍營.(新)
312) 銳 : (春)作'騎'，據(資治)改.(◉)　輕銳 : 輕捷精銳的士卒.(漢)
313) 靁 : ①'雷之'本字.(中) ② 靁，盧對翻，疾擊鼓也.(胡)　鼓 : 鼓之俗字.(中)
314) 壞 : 敗.(新)
315) 華容道 : 謂從此道可至華容縣. 華容縣治所在今湖北監利縣.(新)　軍 : (春)作'兵'，據(資治)改.(◉)
316) 征南將軍 : 官名. 漢代將軍名號之一. 在漢代，征東征西征南征北諸將軍與染號將軍同，曹魏以後，則四者爲上.(新)
317) 零陵 : 郡名. 治所泉陵，在今湖南郴縣.(新)　°˙皆降°˙ : (春)作'四郡皆降之'，據(資治)，削'四郡'與'之'.(◉)

通鑑節要增損校註 卷二十三

後漢紀

▪ 孝獻皇帝 下

【己丑(209) 建安十四年】

○【孫權以妹妻劉備】

孫權以妹妻劉備

十二月，周瑜攻曹仁歲餘，所殺傷甚衆，仁委城走.[1] 瑜屯據江陵，會劉琦卒. 權以備領荊州牧，周瑜分南岸地以給備.[2] 權以妹妻備.[3] 妹才捷剛猛，有諸兄風，侍婢百餘人，皆執刀侍立，備每入，心常凜凜.[4]

權以妹妻備

備每入心常凜凜

○【周瑜雅量高致 非言辭所能間】

周瑜雅量高致非言辭所能間

曹操密遣蔣幹往說周瑜.[5] 幹乃布衣葛巾,[6] 自託私

---

1) 委 : 放棄.(新)
2) 南岸地 : 荊江之南岸, 則零陵桂陽武陵長沙四郡地也.(胡)
3) 妻 : ① 以女嫁人.(新) ② 七細翻.(胡)
4) 凜凜 : 恐爲所圖也.(胡)
5) 蔣幹 : 字子翼.(胡) 說 : 輸芮翻. 下同.(胡)
6) 葛巾 : 葛布制成的頭巾, 尊卑皆用.(新)

行詣瑜.[7] 瑜出迎之, 立謂幹曰,[8] "子翼良苦,[9] 遠涉江湖, 爲曹氏作說客耶!"[10] 因延幹,[11] 與周觀營中,[12] 行視倉庫軍資器仗訖,[13] 還飮宴. 因謂幹曰, "丈夫處世,[14] 遇知己之主, 外託君臣之義, 內結骨肉之恩, 言行計從, 禍福共之, 假使蘇張更生,[15] 能移其意乎!" 幹但笑, 終無所言. 還白操, 稱瑜雅量高致,[16] 非言辭所能間也.[17]

假使蘇張更生能移其意乎

【庚寅(210) 建安十五年】

○【曹操作銅爵臺】

曹操作銅爵臺

◗曹操作銅爵臺於鄴◖[18]

○【曹操自陳功伐 讓還三縣】

7) 私行 : 私訪.(漢)
8) 立 : 卽.(目)
9) 子翼 : 蔣幹, 字子翼.(胡) 良苦 : 卽甚苦, 猶甚久曰良久.(今)
10) 爲 : 于僞翻.(胡) 耶 : ① (資治)作'邪'.(◉) ② 疑問助語, 又語勢助詞. 與'邪'同.(中)
11) 延 : 引進, 接待.(新)
12) 觀 : 參觀.(中白)
13) 行視 : 巡行視察.(漢) 軍資 : 指軍用物資.(漢) 器仗 : 武器總稱.(漢)
14) 處 : 昌呂翻.(胡)
15) 蘇張 : 指戰國時的蘇秦張儀, 皆以游說著稱, 先後以合縱連横之述游說各國君主.(新)
16) 雅量高致 : 雅量謂度量寬洪, 高致謂意氣高逸.(今)
17) 間 : 離間.(新)
18) 銅爵臺 : '爵'同'雀', 故又寫作銅雀臺. 臺高十丈, 有屋一百間, 在樓頂鑄有一丈五尺高的大銅雀. 遺址在今河北臨漳縣西.(新)

曹操自陳功伐讓還三縣

曹操始舉孝廉

漢故征西將軍曹侯之墓

曹操下令曰，"孤始舉孝廉，[19] 時年紀尚少，乃於譙東築精舍，[20] 欲秋夏讀書，冬春射獵，爲二十年䂓，[21] 待天下淸乃出仕耳．然不能得如意，徵爲典軍校尉，[22] 意遂更欲爲國家討賊立功，[23] 使題墓道言[24] '漢故征西將軍曹侯之墓'，此其志也．而遭値董卓之難，[25] 興擧義兵．[26] 後領兗州，破降黃巾三十萬衆，[27] 又討袁術，使窮沮而死，[28] 摧破袁紹，梟其二子．[29] 復定劉表，[30] 遂平天下．身爲宰相，人臣之貴已極，意望已過矣．設使國家無有孤，[31] 不知當幾人稱帝，幾人稱王．或者人見孤彊盛，[32] 恐妄相忖度，[33] 言有不遜之志，[34] 每用耿耿，[35] 故

---

19) 孤始擧孝廉 : 操年二十，擧孝廉，爲郞.(胡)
20) 精舍 : 書齋.(新)
21) 䂓 : '規'之本字.(中)
22) 典軍校尉 : 官名. 漢靈帝中平五年(188) 置西園八校尉，典軍校尉是其中之一.(新)
23) 爲 : 于僞翻.(胡)
24) 墓道 : 墓前之神道. 此指墓前的石碑.(新)
25) 難 : 乃旦翻.(胡)
26) 興擧義兵 : ① 見五十九卷初平元年.(胡) ② 指中平六年底曹操起兵討董卓.(新)
27) 破降黃巾三十萬衆 : 初平三年(192) 靑州黃巾衆百萬人兗州，刺史劉岱被殺，州吏萬潛等迎曹操領兗州牧，曹操遂破降黃巾三十餘萬.(新) 降 : 戶江翻.(胡)
28) 窮沮 : 窮困敗亡.(新)
29) 梟 : ① 殺人頭懸掛木上稱梟首. 此爲斬殺之意.(新) ② 堅堯翻.(胡) 二子 : 指袁譚袁尙.(新)
30) 復 : 扶又翻.(胡)
31) 國家 : 指皇帝.(新)
32) 彊 : 同'强'.(漢)
33) 忖度 : 推測.(新) 度 : 徒洛翻.(胡)
34) 不遜 : 不恭順，指欲簒皇帝位.(新)

爲諸君陳道此言,[36] 皆肝鬲之要也.[37] 然欲孤便爾委捐所典兵衆◗以還執事,[38] 歸就武平侯國,◖ 實不可也. 何者? 誠恐己離兵爲人所禍,[39] 己敗則國家傾危,[40] 是以不得慕虛名而處實禍也.[41] ◗然兼封四縣, 食戶三萬, 何德堪之! 江湖未靜,[42] 不可讓位, 至於邑土, 可得而辭. 今上還陽夏柘苦三縣, 戶二萬, 但食武平萬戶,[43] 且以分損謗議,[44] 少減孤之責也!"◖[45]

誠恐己離兵爲人所禍己敗則國家傾危

不得慕虛名而處實禍

○【周瑜恐蛟龍得雲雨 終非池中物】

周瑜恐蛟龍得雲雨終非池中物

劉表故吏士多歸劉備,[46] 備以周瑜所給地少, 不足以容其衆, 乃自詣京見孫權,[47] 求都督荊州.[48] 瑜

35) 耿耿 : ① 心憂不安.(新) ② 耿耿, 古幸翻. 毛公曰耿耿, 猶儆儆也, 又憂也.(胡)
36) 爲 : 于僞翻.(胡)
37) 肝鬲 : 同肝膈. 猶言肺腑, 內心.(新)
38) 便爾 : 便如此.(今) 委捐 : 放棄.(新) 執事 : 指掌兵官.(新)
39) 離 : 力智翻.(胡)
40) 己敗則國家傾危 : 操自謂一旦讓位, 委棄權勢, 則群雄必爭起爲亂, 漢朝將因此而傾危.(今)
41) 是以不得慕虛名而處實禍也 : 虛名謂引退, 實禍謂秉國政. 操蓋謂引退於己有高名, 然於國無益, 故曰虛名, 秉國政則不見諒於人, 故曰處實禍.(今)
42) 江湖未靜 : 指劉備孫權的勢力尙存.(新)
43) 陽夏柘苦三縣 … 但食武平萬戶 : 武平陽夏柘苦四縣, 皆屬陳國.(胡)
44) 分損 : 分散. 減少.(漢)
45) 孤 : 我.(中白) 少 : 詩沼翻. 下同.(胡)
46) 故吏 : 原來的屬吏.(漢)
47) 京 : 縣名. 卽京城, 又稱京口城. 建安十三年孫權自吳(今江蘇蘇州市), 徙治所于丹徒, 改稱京城, 或京口城, 在今江蘇鎭江市.(新)
48) 都督荊州 : 卽總督荊州, 荊州共八郡, 劉備已據江南四郡, 現又欲據周瑜所控制的江漢間

上疏於權曰，"劉備以梟雄之姿，[49] 而有關羽張飛

劉備必非久屈爲人用者

熊虎之將，[50] 必非久屈爲人用者．恐蛟龍得雲雨，終非池中物也!"[51] ◗呂範亦勸留之，權以曹操在北，方當廣擥英雄，◖[52] °˙不從．[53] 備還◗公安，久乃◖聞之，歎曰，"天下智謀之士，所見略同．時孔

天下智謀之士所見略同

明諫孤莫行，其意亦慮此也．◗孤方危急，不得不往，此誠險塗，殆不免周瑜之手!"◖[54]

○【周瑜薦魯肅自代】

周瑜薦魯肅自代

周瑜詣京見權◗曰，◖"乞與奮威俱進，[55] 取蜀而並張魯，[56] 因留奮威固守其地，與馬超結援，[57] 瑜還與將軍據襄陽以蹙操，[58] 北方可圖也." 權許之．瑜還江陵，道病，[59] 與權牋曰，[60] "方今曹操在北，疆

四郡.(新)

49) 梟雄 : 驍悍雄杰的人物.(新)

50) 熊虎之將 : 唯其勇猛如熊虎.(今)

51) 恐蛟龍得雲雨 終非池中物也 : 謂非終不久爲人下，特時期未至耳.(今)

52) 擥 : ① 魯敢翻，手取也.(胡) ② 同'攬'.(新)

53) °˙ : (春)有'權'字，此'權'字移置於前句之'以曹操在北'之前.(◉) 不從 : ① 不從瑜範之言也.(胡) ② 權以曹公在北，方當廣擥英雄，又恐備難卒制，故不納.(三國志 吳志 周瑜傳)

54) 殆 : 幾乎.(新)

55) 奮威 : 指孫瑜，當時爲奮威將軍.(新) 孫瑜 : 177～215．字仲異，爲孫堅之侄．建安九年爲丹陽太守，後又爲奮威將軍．好讀書，雖在軍中，誦聲不絕．傳見三國志卷51.(新)

56) 張魯 : 魯據漢中.(春)

57) 馬超 : 超據關中.(春)

58) 蹙 : 逼迫，威脅.(新)

場未靜，劉備寄寓，[61] 有似養虎.[62] 天下之事，未知終始.[63] 魯肅忠烈，臨事不苟，可以代瑜. 儻所言可采，[64] 瑜死不朽矣!"[65] 卒於巴丘.[66] ◗權聞之哀慟曰，"公瑾有王佐之資，今忽短命，孤何賴哉!" 自迎其喪于蕪湖.◖[67]

儻所言可采 瑜死不朽

公瑾有王佐之資

○【與周公瑾交 若飮醇醪 不覺自醉】

與周公瑾交 若飮醇醪 不覺自醉

初，程普頗以年長，[68] 數陵侮瑜，[69] 瑜折節下之，[70] 終不與校.[71] 普後自敬服而親重之，乃告人曰，"與周公瑾交，若飮醇醪，[72] 不覺自醉."

○【魯肅勸權以荊州借劉備】

魯肅勸權以荊州借劉備

權以魯肅代瑜領兵. 魯肅勸權以荊州借劉備，與

59) 病 : 病危.(新)
60) 牋 : 表文之一種. 魏晉以後多用以上皇后太子及諸王.(漢)
61) 劉備寄寓 : 劉備寄居在荊州.(中白)
62) 養虎 : 謂養虎將自遺後患.(新)
63) 終始 : 結果，結局.(新)
64) 儻 : 通'倘'，倘若，或許.(新)
65) 不朽 : 不磨滅，永存.(漢)
66) 巴丘 : 山名. 在湘江右岸，今湖南岳陽市境.(新)
67) 蕪湖縣 : 屬丹陽郡.(胡)
68) 長 : 知兩翻.(胡)
69) 數 : 所角翻.(胡)
70) 折節 : 謂降低自己的身分去尊重別人.(新)
71) 校 : 計較.(新)
72) 若飮醇醪 : 顔師古曰，'醇者不雜，言其醲也，醪，汁滓合之酒也.' 醇醪味甛而美，故以爲喩.(今)

共拒曹操，權從之.[73)]

○【孫權勸呂蒙就學】

孫權勸呂蒙就學

初，孫權謂呂蒙曰，"卿今當塗掌事，[74)] 不可不學!" 蒙辭以軍中多務. 權曰，"孤豈欲卿治經爲博士耶![75)] 但當涉獵，[76)] 見往事耳. 卿言多務，孰若孤? 孤常讀書，自以爲大有所益." 蒙乃始就學. 及魯肅過

非復吳下阿蒙

尋陽，與蒙論議，大驚曰，"卿今者才略，非復吳

士別三日 刮目相待

下阿蒙!"[77)] 蒙曰，"士別三日，卽更刮目相待，[78)] 大兄何見事之晩乎!"[79)] 肅遂拜蒙母，結友而別.

○【龐士元非百里才】

龐士元非百里才

劉備以從事龐統守耒陽令，[80)] 在縣不治，免官. 魯肅遺備書曰，"龐士元非百里才也.[81)] 使處治中別

---

73) … 權從之 : 爲孫劉爭荊州張本.(胡)

74) 當塗 : 當仕路. 指做官掌權.(新)

75) 治經 : 硏究經學.(漢) 博士 : 官名. 自漢武帝置五經博士後，博士遂專掌經學傳授.(新) 耶 : ① (資治)作'邪'.(◉) ② 疑問助語，又語勢助詞. 與'邪'同.(中)

76) 涉獵 : 廣泛涉及，謂讀書多而不專精.(新)

77) 吳下阿蒙 : 指三國吳之名將呂蒙. 後亦以譏缺少學識文才者.(漢) 吳下 : 泛指吳地. 下，用於名詞後表示處所.(漢) 阿蒙 : 指三國吳呂蒙.(漢) 阿 : 助詞. 名詞詞頭，多用于姓名稱謂之前.(漢字典)

78) 士別三日 刮目相待 : 謂別後進步快速，當別眼相看.(漢) 刮目相待 : 謂別眼看待，用新眼光看人.(漢)

79) 大兄 : 對朋友的敬稱.(新) 見 : 明白得.(中白)

80) 從事 : 官名. 東漢州牧刺史的佐吏，有別駕從事史治中從事史兵曹從事史部從事史等，均可簡稱從事.(新) 守 : 試職稱守.(新)

駕之任,[82] 始當展其驥足耳."![83] 諸葛亮亦言之.

龐統爲治中 備見統, 與善譚,[84] 大器之,[85] 遂用統爲治中, 親待亞於諸葛亮.

【辛卯(211) 建安十六年】

○【馬超韓遂皆反 犇涼州】

馬超韓遂皆反犇涼州 馬超韓遂等十部皆反, 據潼關,[86] 操留子丕守鄴, 自將擊超, 大破之. 遂超犇涼州.

○【法正說劉備取益州】

法正說劉備取益州 法正爲劉璋軍議校尉,[87] 璋不能用, 邑邑不得志.[88] 益州別駕張松與正善, 自負其才, 忖璋不足°與˙有

---

81) 百里才 : 謂治理一邑一縣的才能.(新)

82) 治中 : 官名. 卽治中從事史, 州牧史的主要佐吏, 職責是居中治事, 主衆曹文書.(新) 別駕 : 官名. 卽別駕從事史, 亦州牧刺史的主要佐吏, 主領衆事. 州牧刺史巡行各地時, 別乘傳車從行, 故稱別駕. 在諸從事史中, 治中與別駕是州牧刺史的主要佐吏, 可稱之爲諸佐吏之長(治中主管內, 別駕主管外), 故魯肅有此言.(新)

83) 龐士元 … 其驥足耳 : 龐統字士元. 肅謂統大才不可小用. 治中別駕, 州刺史之佐吏. 驥, 良馬, 故以驥足喩賢才.(今) 展 : 方開, 施展.(新) 驥足 : 比喩俊逸之才.(新)

84) 善譚 : 善譚者, 劇論當世事也. 譚, 與'談'同.(胡)

85) 器 : 器重.(新)

86) 潼關 : 關名. 在今陝西潼關縣北. 古爲桃林塞地, 東漢設潼關, 地當黃河之曲, 秦晉豫三省之要衝. 關城又雄踞山腰, 下臨黃河, 甚爲險.(新)

87) 法正 : 176~220. 字孝直, 右扶風郿縣人. 初入蜀依劉璋, 爲新都令, 又爲軍議校尉. 後奉命邀劉備入蜀, 因向劉備獻取蜀之計. 劉備得益州後, 任之爲蜀郡太守揚武將軍. 後又爲尙書令護軍將軍. 傳見三國志卷37.(新) 軍議校尉 : 使之議軍事. 皆時議必推正之善謀, 璋能官之而不能用耳.(胡)

88) 邑邑 : ① 不樂之意.(胡) ② 邑邑本作悒悒, 不安貌.(春)

劉備每與操反

逆取順守

爲,[89] ⁋常竊歎息. 松¶勸璋結劉備, 以討張魯. 璋曰, "誰可使者?" 松乃擧正, 璋然之, 遣法正將四千人迎備. 主簿黃權諫,[90] 璋不聽, 法正至荊州, 陰說備取益州, 備疑未決. 龐統曰, "益州土沃財富, 大業可成!"[91] 備曰, "今指與吾爲水火者,[92] 曹操也.[93] 操以急, 吾以寬, 操以暴, 吾以仁, 操以譎, 吾以忠. 每與操反, 事乃可成耳. 今以小利而失信義於天下,[94] 奈何?" 統曰, "逆取順守,[95] 古人所貴. 若事定之後, 封以大國, 何負於信! 今日不取, 終爲人利耳."[96] 備以爲然. 乃留諸葛亮關羽等守荊州, 備將步卒數萬人入益州. ⁋劉璋敕在所供奉備,[97] 備入境如歸, 前後贈遺以巨億計.¶[98]

---

89) 與 : (春)作'以', 據(資治)改.(◉)
90) 黃權 : ?~239. 字公衡, 巴西閬中人. 初爲劉璋主簿廣漢長. 劉璋劉備後, 始歸降劉備, 爲偏將軍. 劉備稱漢中王領益州牧後, 又爲治中從事史. 劉備稱帝伐吳, 以權爲鎭北將軍, 督鎭江北以防魏軍. 劉備敗退後, 道路斷絶, 權被迫降魏. 在魏官至車騎將軍. 傳見三國志卷43.(新)
91) 大業 : 王覇之業.(今)
92) 水火 : 言水火之性相反.(新)
93) 今指與吾爲水火者 曹操也 : 水火不相容, 備謂曹爲國賊, 漢賊不兩立, 故以水火爲喩.(今)
94) 今以小利而失信義於天下 : 小利謂得益州, 失信義謂襲璋. 以國士待備而備襲之, 是示天下以無信無義.(今)
95) 逆取順守 : 此爲西漢初陸賈之言, 見史記陸賈列傳. 以武力奪取天下爲逆取, 修文教以治天下爲順守.(新)
96) 終爲人利 : 言今捨而不取, 終爲他人所取, 則利歸於他人.(今)
97) 供奉 : 供給. 奉養.(漢)
98) 贈遺 : 增送財物.(新) 巨億 : 數以億計. 極言其多.(漢)

獨坐窮山 放虎自衛

備至巴郡，◖巴郡◗太守嚴顔拊心歎曰，"此所謂'獨坐窮山，放虎自衛'者也."[99] 備詣涪.[100] 璋往會之. 增備兵,[101] 厚加資給，使擊張魯，備北到葭萌,[102] 未卽討魯，厚樹恩德以收衆心.

【壬辰(212) 建安十七年】

○【孫權徙都建業】

孫權徙都建業

孫權作石頭城,[103] 徙治秣陵,[104] 改秣陵爲建業.

○【董昭請加操九錫】

董昭請加操九錫

董昭言於曹操曰，"自古以來，人臣匡世，未有今日之功，有今日之功，未有久處人臣之埶者也.[105] 今明公恥有慙德,[106] 樂保名節.[107] 然處大臣之埶，

---

99) 獨坐窮山 放虎自衛 : 言將反爲所噬.(今) 放虎自衛 : 比喩尋求保護不當，反而自招禍害.(漢)
100) 涪 : 縣名. 縣治在今四川綿陽市東.(新)
101) 增備兵 : 給劉備增兵.(中白)
102) 葭萌 : ①縣名. 縣治在今四川廣元市西東.(新) ②應劭曰，葭，音家. 師古曰，萌，音氓. 蜀王封其弟葭萌於此，因以名邑. 先主改曰漢壽.(胡)
103) 石頭城 : 在秣陵之西，春秋時楚滅越，置金陵邑于此，孫權加以重建，依其山勢築城，改名石頭城，用以儲藏軍糧器械.(新)
104) 治 : 古代指王都或地方官署所在地.(漢)
105) 未有久處人臣之勢 : 言將取代前朝.(今) 埶 : 與'勢'同. 下同.(中)
106) 明公 : 舊時對有名位者的尊稱.(漢) 慙德 : 因言行有缺失而內愧於心.(漢)
107) 今明公恥有慙德 樂保名節 : 書仲虺之誥，'成湯放桀于南巢，惟有慙德.' 言操恥於簒奪而樂守身節以致令名.(今) 樂 : 音洛.(胡)

使人以大事疑己,[108] 誠不可不重慮也."[109] 乃與列侯諸將議, 以丞相宜進爵國公,[110] 九錫備物,[111] 以彰殊勳.

【荀彧死漢室】

荀彧死漢室

荀彧以爲"曹公本興義兵以匡朝寧國, 秉忠貞之誠, 守退讓之實. 君子愛人以德,[112] 不宜如此." 操由是不悅. 及擊孫權, 表請彧勞軍於譙,[113] 因輒留彧,[114] ◗以◖參丞相軍事. 操軍向濡須, 彧以疾留壽春,[115] 飮藥而卒.[116] 彧行義修整而有智謀,[117] 好推賢進士,[118] 故時人皆惜之°˙.[119]

○【荀彧殺身以邀名】

---

108) 使人以大事疑己 : 會使人爲這件大事懷疑您.(中白)
109) 重 : 直用翻.(胡)
110) 公 : 曹操今侯爵(武平侯), 董昭勸曹操使進公爵, 而曹操尋進公爵(魏公), 後日又進王爵(魏王)而薨. 魏文帝卽皇帝位, 追尊父操爲武皇帝.(◉)
111) 九錫 : 古代帝王尊禮大臣所賜予的九積器物與待遇. 漢書武帝紀注引應劭說, 九種器物與待遇爲 : 一車馬, 二衣服, 三樂器, 四朱戶, 五納陛, 六虎賁百人, 七鈇鉞, 八弓矢, 九秬鬯.(新)
112) 君子愛人以德 : 禮記檀弓載"曾子曰, '君子之愛人也以德, 細人之愛人也以姑息.'"(新)
113) 勞 : 力到翻.(胡)
114) 輒 : ① 專擅.(新) ② 言專輒也.(胡)
115) 壽春 : 縣名. 縣治在今安徽壽縣.(新)
116) 飮藥而卒 : 彧傳, 操饋之食, 發視, 乃空器也. 於是飮藥而卒.(綱目)
117) 修整 : 言行端正謹愼, 不違禮法.(漢) 行 : 下孟翻.(胡)
118) 推賢進士 : 士之有賢材者推許而進用之.(今)
119) 好 : 呼到翻.(胡) °˙ : (春)有'也', 據(資治)削.(◉)

荀彧殺身以邀名

溫公曰，"孔子之言仁也重矣，自子路冉有公西赤門人之高°第˙，[120] 令尹子文陳文子諸侯之賢大夫，皆不足以當之，[121] 而獨稱管仲之仁，[122] 豈非以其輔佐齊桓，大濟生民乎！齊桓之行若狗彘，[123] 管仲不羞而相之，[124] 其志蓋以非桓公則生民不可得而濟也，漢末大亂，群生塗炭，自非高世之才不能濟也．然則荀彧捨魏武將誰事哉！[125]

齊桓之行若狗彘

齊桓之時，周室雖衰，未若建安之初也．[126] 建安之初，四海蕩覆，[127] 尺土一民，皆非漢有．荀彧佐魏武而興之，擧賢用能，訓卒厲兵，[128] 決機發策，征伐四克，[129] 遂能以弱爲强，化亂爲治，十分天

---

120) 冉有 : (資治)作'冉求'，'有'是孔子弟子冉求之字.(◉) 高第 : 高材生.(新) 第 : (春)作'弟'，誤.(◉)

121) 皆不足以當之 : 謂皆不足以稱爲有仁德．論語公冶長載，孟武伯問孔子，"子路仁乎？" 孔子答，"由也，千乘之國，可使治其賦也，不知其仁也." 又問，"求也何如？" 答，"求也，千室之邑，百乘之家，可使爲之宰也，不知其仁也." 又問，"赤也何如？" 答，"赤也，束帶立于朝，可使與賓客言也，不知其仁也." 子張又問，"楚國的令尹子文與齊國大夫陳文子可以算得上有仁德嗎?" 孔子皆回答說，"焉得仁?"(新)

122) 獨稱管仲之仁 : 論語憲問載子路問孔子說，"桓公殺公子糾，召忽死之，管仲不死." 又問 "未仁乎?" 孔子回答說，"桓公九合諸侯，不以兵車，管仲之力也．如其仁，如其仁."(新)

123) 行 : 下孟翻.(胡)

124) 相 : 息亮翻.(胡)

125) 魏武 : 謂三國魏武帝．三國時曹操，初封魏王，卒謚武.(中)

126) 建安 : 獻帝.(國)

127) 蕩覆 : 板蕩傾覆.(今)

128) 厲兵 : 磨礪兵器，使鋒利.(漢)

129) 征伐四克 : 征伐四方.(岳白)

荀彧之功 豈在管仲之後

下而有其八, 其功豈在管仲之後乎! 管仲不死子糾而荀彧死漢室,[130] 其仁復居管仲之先矣![131]

而杜牧乃以爲"彧之勸魏武取兗州則比之高光,[132] 官渡不令還許則比之楚漢,[133] 及事就功畢, 乃欲邀名於漢代, 譬之教盜穴墻發匱而不與同挈,[134] 得不爲盜乎!" 臣以爲孔子稱'文勝質則史',[135] 凡爲史者記人之言, 必有以文之. 然則比魏武於高光楚漢者, 史氏之文也, 豈皆彧口所言耶! 用是貶荀彧, 非其罪矣. 且使魏武爲帝, 則彧爲佐命元功,[136] 與蕭何同賞矣, 彧不利此而利於殺身以邀名, 豈人情乎![137]

○【龐統勸備襲成都】

---

130) 管仲不死子糾 : 齊桓公和公子糾皆齊襄公之弟. 齊襄公無道, 二人均畏懼而逃. 桓公由鮑叔牙侍奉逃入莒國, 公子糾由管仲和召忽侍奉逃往魯國, 襄公被殺後, 桓公先入齊國立爲君, 遂興兵伐魯, 逼迫魯國殺公子糾, 召忽因而自殺以殉, 而管仲不但不死, 還做了桓公之相(參見左傳莊公八年九年).(新)

131) 復 : 扶又翻.(胡)

132) 高光 : 指漢高祖劉邦與漢光武帝劉秀.(新)

133) 楚漢 : 指項羽與劉邦.(新)

134) 墻 : 同'牆'.(漢) 穴牆 : 掘墻.(新)

135) 文勝質則史 : ① 此語見論語雍也. 意謂文采多于朴實, 則未免虛浮.(新) ② 文多勝於質, 則如史官也.(論語 雍也 邢昺疏)

136) 佐命 : 指輔助帝王創業的功臣.(漢)

137) 人情 : 人之常情.(中白)

龐統勸備襲成都

劉備在葭萌，龐統勸備°向˙成都，[138] ▶備然其計◀遂進據涪城．

【癸巳(213) 建安十八年】

○【生子當如孫仲謀】

生子當如孫仲謀

正月，曹操進軍濡須口，[139] 號步騎四十萬，攻破孫權江西營．權率衆七萬禦之，相守月餘．操見其舟船器仗軍伍整肅，歎曰，"生子當如孫仲謀，[140] 如劉景升兒子，[141] 豚犬耳．"[142]

如劉景升兒子豚犬耳

○【曹操自加九錫】

曹操自加九錫

五月，以冀州十郡封曹操爲魏公，[143] 加九錫．

▶【甲午(214) 建安十九年】

○【龐統爲流矢所中卒】

龐統爲流矢所中卒

劉備圍雒城且一年，龐統爲流矢所中，卒．◀

---

138) 向成都 : (春)作'襲成都'，誤．蓋龐統勸備三計，其上計者襲成都，其中計者向成都，而備然其中計，則'襲'當作'向'．(◉)
139) 濡須口 : 大江東北流，故自歷陽至濡須口，皆謂之江西，而建業謂之江東．(胡)
140) 孫仲謀 : 孫權字仲謀．(新)
141) 劉景升兒子 : 劉琦劉琮．(綱鑑) 劉景升 : 劉表字景升．(新)
142) 豚 : 小猪．(新)
143) 十郡 : 指冀州的河東，河內，魏，趙，中山，常山，巨鹿，安平，甘陵，平原十郡．(新)

○【劉備領益州牧】

劉備領益州牧

劉備進圍城都, ▸圍城數十日, 使從事中郎涿郡簡雍入說劉璋.◂[144] 時劉璋城中尙有精兵三萬人, 穀帛支一年, 吏民咸欲死戰. 璋言"父子在州二十餘年,[145] 無恩德以加百姓. 何心能安?" 遂開城, 出降.[146] 備遷璋于公安, 盡歸其財物. 備領益州牧.

劉璋降劉備

○【劉備擢用西土賢士】

劉備擢用西土賢士

荊楚羣士從之如雲

備之自°新˙野犇江南也,[147] 荊楚羣士從之如雲,[148] 而劉巴獨▸北◂詣魏公操. 諸葛亮以書招之, 巴不從, 備深以爲恨. 巴遂入蜀依劉璋. 備攻成都, 令軍中曰, "有害巴者, 誅及三族." 及得巴, 甚喜. 是時益州郡縣皆望風景附,[149] 獨黃權閉城堅守, 須璋稽服,[150] 乃降. 於是董和黃權李嚴等, 本璋之所

---

144) 簡雍 : 簡, 姓也. 魯有大夫簡叔. 蜀志曰. 簡雍姓耿, 後音訛爲簡.(胡)

145) 父子在州二十餘年 : ① 靈帝中平五年, 劉焉牧益州, 至是二十七年.(胡) ② 璋父劉焉.(綱鑑)

146) 降 : 戶江翻.(胡)

147) 新 : (春)作'莘', 誤.(◉) 犇 : '奔'之古字.(中)

148) 羣 : 俗作'群'.(中)

149) 望風 : 聽到風聲. 見到動靜氣勢.(漢) 景附 : 如影附身. 比喻依附密切.(漢) 景 : '影'本字.(新)

150) 稽服 : 言稽顙服從也.(胡)

授用也,[151] 吳懿費觀等, 璋之婚親也,[152] 彭羕, 璋之所擯棄也[153], 劉巴, 宿昔之所忌恨也, 備皆處之顯任,[154] 盡其器能,[155] 有志之士, 無不競勸, 益州之民, 是以大和.

○【劉巴請鑄直百錢】

劉巴請鑄直百錢

成都之圍也, 備與士衆約"若事定, 府庫百物, 孤無預焉." 及拔成都, 士衆皆捨干戈赴諸藏,[156] 競取寶物. 軍用不足, 備甚憂之, 劉巴曰, "此易耳.[157] 但當鑄直百錢,[158] 平諸物價,[159] 令吏爲官市." 備從之. 數月之間, 府庫充實.

○【諸葛亮以嚴治蜀】

諸葛亮以嚴治蜀

諸葛亮佐備治蜀, 頗尙嚴峻, 人多怨歎者. 法正

---

151) 本璋之所授用也 : 璋以和爲益州太守, 權爲府主簿, 嚴爲護軍.(胡) 授用 : 任用.(漢)
152) 璋之婚親也 : 璋兄瑁娶吳懿妹, 璋母費氏.(胡)
153) 璋之所擯棄也 : 羕仕益州不過書佐, 人毁之於璋, 髡鉗爲徒隸.(胡)
154) 顯任 : 顯要的職位.(漢)
155) 器能 : 才能.(新)
156) 藏 : 府庫藏物之所.(今)
157) 易 : 以豉翻.(胡)
158) 直百錢 : ① 三國時, 蜀劉備所鑄貨幣的一種. 一枚金屬錢幣抵幣值一百.(漢) ② 一錢直百也. 杜佑曰, 蜀鑄直百錢, 文曰 '直百' 亦有勒爲五銖者, 大小稱兩如一焉, 並徑七分, 重四銖.(胡) 直 : 値也. 當音'치'.(◉)
159) 平諸物價 : 平價收購百物.(岳白)

謂亮曰, "昔高祖入關, 約法三章,[160] 秦民知德. 今君假借威力, 跨據一州,[161] 初有其國, 未垂惠撫,[162] 且客主之義,[163] 宜相降下,[164] 願緩刑弛禁以慰其望." 亮曰, "君知其一, 未知其二. 秦以無道, 政苛民怨, 匹夫大呼,[165] 天下土崩,[166] 高祖因之, 可以弘濟.[167] 劉璋暗弱, 德政不擧, 威刑不肅. 蜀土人士, 專權自恣, 君臣之道, 漸以陵替.[168] 寵之以位, 位極則°賤˙,[169] 順之以恩, 恩竭則慢. 所以致敝, 實由於此. 吾今威之以法, 法行則知恩, 限之以爵, 爵加則知榮. 榮恩並濟,[170] 上下有節, 爲治之要,[171] 於斯而著矣."[172]

---

160) 約法三章 : 秦末, 劉邦率兵入關, '與父老約法三章, 殺人者死, 傷人及盜抵罪.'(見漢書高帝紀.)(新)
161) 跨據 : 跨有, 據有.(漢)
162) 惠撫 : 加恩體恤.(漢)
163) 且客主之義 : 以亮等初至爲客, 益州人士則主也.(胡)
164) 宜相降下 : 言宜稍自行屈, 寬其刑禁, 不宜持之過急.(今)
165) 匹夫大呼 : 呼, 去聲, 謂陳勝吳廣也.(論學繩尺 卷4 漢屈羣策)
166) 土崩 : 比喩崩潰破敗, 無法收拾.(漢)
167) 弘濟 : 弘, 廓大, 濟, 成. 言成其帝王之業.(今)
168) 陵替 : 謂紀綱廢弛, 上下失序.(新)
169) 寵之以位 位極則賤 : ① 官位無法再高時, 反而被臣下輕視.(中白) ② 觸地的人士, 專權放肆, 君臣大道, 逐漸衰落, 用官位來寵愛人, 官位到了極限, 就會輕視官位.(岳白) 賤 : (春)作'殘', 據(資治)改.(◉)
170) 濟 : 用.(新)
171) 治 : 直吏翻.(胡)
172) … 節爲治之要 於斯而著矣 : 左傳孔子曰, '政寬則民慢, 慢則糾之以猛, 猛則民殘, 殘則

○【蔣琬社稷之器 非百里之才】

蔣琬社稷之器非百里之才

劉備以零陵蔣琬爲廣都長.[173] 備嘗因遊觀, 奄至廣都,[174] 見琬衆事不治,[175] 時又沈醉.[176] 備大怒, 將加罪戮. 諸葛亮請曰, "蔣琬社稷之器,[177] 非百里之才也.[178] 其爲政以安民爲本, 不以修飾爲先, 願主公重加察之."[179] 備雅敬亮, 乃不加罪, 倉卒但免官而已.

○【二荀進善去惡】

二荀進善去惡

魏尙書令荀攸卒. 攸深密有智防,[180] 自從操攻討, 常謀謨帷幄,[181] 時人及子弟莫知其所言. 操°嘗˙稱,[182] "荀文若之進善,[183] 不進不休, 荀公達之去

施之以寬, 寬以濟猛, 猛以濟寬, 政是以和.' 孔明爲治之要, 蓋本乎此.(今)

173) 蔣琬 : 字公琰, 零陵湘鄉(今湖南湘鄉縣)人. 初隨劉備入蜀, 爲廣都長什邡令. 後爲諸葛亮所重, 爲丞相府東曹掾參軍. 諸葛亮北伐時, 常統留府事, 足食足兵以相供給, 加撫軍將軍. 諸葛亮死後, 代他執政, 爲大將軍大司馬隷尙書事. 傳見三國志卷44.(新) 廣都 : 縣名. 縣治在今四川權流縣東南中心鎭.(新) 長 : 猶令也.(春)

174) 奄 : 遽也.(今)

175) 治 : 理效也.(春)

176) 沈醉 : 言爲酒所沉滯也.(胡)

177) 社稷之器 : 謂具有國家大臣之才能.(新)

178) 百里之才 : 謂治理一縣一邑之才能.(新)

179) 主公 : 胡三省曰, '主公之稱, 始於東都, 改明公稱主公, 尊事之爲主也.' 東都謂東漢. 東漢都雒, 於長安爲東, 故稱東都.(今) 重加察之 : 重, 直用翻. 言再三加察也.(胡)

180) 智防 : ① 謂善於料事而又明哲自保.(漢) ② 智以料事, 防以保身.(胡)

181) 謀謨 : 謀劃.(新) 帷幄 : 謂軍帳, 行軍野次, 張帷幕以爲居, 故軍府亦曰幕府.(今)

182) 嘗 : (春)作'常', (資治)作'嘗'. '常'通'嘗', 而'曾經'之義, 今多用'嘗', 則當作'嘗'.(◉)

183) 文若 : 荀彧字.(春)

惡,[184] 不去不止."[185] 又稱, "二荀令之論人,[186] 久而益信, 吾沒世不忘."

○【曹操弑伏皇后及皇子二人】

曹操弑伏皇后及皇子二人

⁋十一月, 曹操弑皇后伏氏及皇子二人.⁋[187]

【乙未(215) 建安二十年】

○【曹操之女爲皇后】

曹操之女爲皇后

⁋春, 正月, 立貴人曹氏爲皇后, 魏公操之女也.⁋

○【曹操自擊張魯】

曹操自擊張魯

三月, 魏公操自擊張魯.

○【劉備不許孫權取益州】

劉備不許孫權取益州

初, 劉備在荊州, 周瑜數勸孫權取蜀.[188] 權遣使謂備,[189] ⁋曰, "劉璋不武,[190] 不能自守, 若使曹操得蜀, 則荊州危矣. 今欲先攻取璋,[191] 次取張魯,

---

184) 公達 : 荀攸字.(春)
185) 去 : 去惡之去.(胡)　荀文若之進善 … 不去不止 : 荀文若進獻好的計策時, 不用不罷休, 荀公達勸諫錯誤的行爲時, 不達目的不停止.(岳白)
186) 二荀令 : 荀彧爲漢尙書令, 荀攸爲魏尙書令.(新)
187) 十一月 … : 此文據通鑑輯覽以添補.(◉)
188) 數 : 所角翻.(胡)
189) 使 : 疏吏翻.(胡)
190) 不武 : 不剛强, 懦弱.(新)

一統南方，雖有十操，無所憂也.”備報◂曰，“備與璋託爲宗室，[192] 冀憑英靈靈以匡漢朝.[193] 今▸璋◂得罪於左右，[194] 願加寬貸.”權不聽，遣▸孫◂瑜率水軍往夏口.[195] 備不聽軍過，謂瑜曰，“汝欲取蜀，吾當被髮入山，不失信於天下也.”[196] 權不得已召瑜

猾虜挾詐如此 還. 及備西攻劉璋，權曰，“猾虜，乃敢挾詐如此!”

○【孫劉分荊州】

孫劉分荊州 備已得益州，權令▸中司馬◂諸葛瑾從備求荊州諸郡.[197] 備不許. 權遂置長沙零陵桂陽三郡長吏.[198] 關羽盡逐之. 權大怒，遣呂蒙取三郡. 劉備聞之，

---

191) 攻取 : 進攻奪取.(漢)

192) 託 : 依託，相依.(新)

193) 英 : (資治)作‘威’，三國志 (吳志魯肅傳)作‘英’.(◉)

194) 左右 : 指孫權. 古人言談或書信中不直稱對方，而稱其左右之人，是表示對對方的尊敬.(新)

195) 孫瑜 : 177~215. 三國吳吳郡富春人，字仲異，孫靜子. 初爲恭義校尉，綏撫兵衆，得其歡心. 獻帝建安九年，領丹陽太守. 十一年，與周瑜共討平馬保二屯，遷奮威將軍，領郡如故.(人) 夏口 : 地名. 卽今湖北漢口，爲漢水入長江處. 古代漢水自襄陽以下又稱夏水，故入長江處稱夏口.(新)

196) 被髮入山 不失信於天下也 : 意謂宗室被攻而不能救，無面目立于世間，只有被髮入山隱避.(新)

197) 中司馬 : 官名. 建安十四年劉備表孫權爲車騎將軍，此中司馬卽車騎將軍之中司馬，車騎將軍之屬官. 總理車騎將軍府事，并參與軍事謀劃.(新) 諸葛瑾 : ① 174~241. 字子瑜，諸葛亮兄. 東漢末移居江南，受到孫權禮遇，遂爲孫權長史中司馬，後爲南郡太守. 孫權稱帝後，官至大將軍. 傳見三國志卷52.(新) ② 諸葛亮仕漢，諸葛瑾仕吳，諸葛誕仕魏，三兄弟分仕三國.(要)

198) 長吏 : 舊稱地位較高的官員.(漢)

自蜀親至公安, 遣關羽爭三郡. 孫權進住陸口, 爲諸軍節度,[199] 使魯肅將萬人屯益陽以拒羽.[200] 會聞魏公操將攻漢中, 劉備懼失益州, 使使求和於權. 權令諸葛瑾報命,[201] 更尋盟好.[202] 遂分荊州, 以湘水爲界, 長沙江夏桂陽以東屬權, 南郡零陵武陵以西屬備.[203]

諸葛瑾與其弟亮但公會相見退無私面

⁋諸葛瑾每奉使至蜀, 與其弟亮但公會相見,[204] 退無私面.⁋[205]

○【曹操克漢中 劉曄勸操取成都】

曹操克漢中劉曄勸操取成都

七月, 魏公操拔陽平,[206] 張魯犇南山, 操入南鄭. 司馬懿言於操曰, "劉備以詐力虜劉璋, 蜀人未附, 而遠爭江陵, 此機不可失也. 今克漢中, 益州震

---

199) 節度 : 指揮.(漢)

200) 益陽以拒羽 : 益陽縣屬長沙郡. 應劭曰 在益水之陽. 輿地志, 今潭州安化縣, 本漢益陽縣. 杜佑曰, "潭州益陽縣, 漢故城在今縣東." 宋白曰, "益陽故城在今益陽縣東八十里, 其城魯肅所築."(胡)

201) 報命 : 復命. 奉命辦事完畢, 回來報告. 書信中亦用作謙詞.(漢)

202) 盟好 : 同盟友好.(漢)

203) 南郡零陵武陵以西屬備 : 班志, '湘水出零陵陽海山, 至酃入江, 過郡二, 行二千五百三十里. 吳蜀分荊州, 長沙桂陽零陵武陵以湘水爲界耳. 南郡江夏各自依其郡界.(胡)

204) 公會 : 因公事相會晤.(漢)

205) 私面 : 謂居官者以私事相見. 私自會見.(漢)

206) 拔 : (資治)作'至', 而其文曰, "魏公操至陽平, … 張魯聞陽平已陷, 欲降, … 乃犇南山入巴中." 又後漢書劉焉傳曰, "(張魯)聞曹操征之, 至陽平, 欲舉漢中降. 其弟衛不聽, 率衆數萬, 拒關固守, 操破衛斬之. 魯聞陽平已陷, 將稽顙歸降. … 乃奔南山." 則因'陽平陷', 以作'拔'亦可也.(◉) 陽平 : 關名. 在今陝西勉縣西北白馬城. 今寧强縣亦有陽平關.(新)

動, 進兵臨之, 勢必瓦解.” 操曰, “人苦無足, 既

得隴望蜀 得隴, 復望蜀耶!”[207] 劉曄曰, “劉備, 人傑也, 有度而遲,[208] 得蜀日淺, 蜀人未附也.[209] 今破漢中, 蜀人震恐, 其勢自傾. 因其傾而壓之,[210] 無不克

諸葛亮明於治國 關張勇冠三軍 也. 若°少˙緩之,[211] 諸葛亮明於治國而爲相,[212] 關羽張飛勇冠三軍而爲將,[213] 蜀民既定, 據險守要, 則不可犯矣.” 操不從. 居七日,[214] 蜀降者說“蜀中一日數十驚, 守將雖斬之而不能安也.” 操問曄曰, “今尙可擊不?”[215] 曄曰, “今已小定, 未可擊也.”[216] 乃還. 以夏侯淵◗爲都護將軍,[217] 督◖張郃徐晃等守漢中.

【丙申(216) 建安二十一年】

207) 既得隴 復望蜀 : ① 後漢書岑彭傳載漢光武帝劉秀與岑彭敕書說, “人苦不知足, 既平隴, 復望蜀.” 曹操援引此語, 說明不想再進兵取蜀.(新) ② 見本書32年.(◉) 苦 : 甚.(要 32年)

208) 有度而遲 : 謂雖有計謀而決斷遲緩.(新)

209) 附 : (資治)作‘恃’, 三國志劉曄傳作‘附’.(◉)

210) 壓 : 服也, 服之使從命也.(要)

211) 少 : ① (春)作‘小’, 據(資治)改.(◉) ② 少, 詩沼翻.(胡)

212) 治 : 直之翻.(胡) 相: 息亮翻.(胡)

213) 冠 : 古玩翻.(胡) 將 : 卽亮翻.(胡)

214) 居 : 過了.(新)

215) 不 : 讀曰否.(胡)

216) 今已小定 未可擊也 : 七日之間, 何以遽謂之小定? 曄蓋窺覘備之守蜀有不可犯者, 故爲此言以對操焉耳.(胡)

217) 都護將軍 : 以盡護諸將而立號, 光武始以命賈復.(胡)

○【曹操進爵爲王】

曹操進爵爲王 五月, 魏公操進爵爲王.[218] °☞˙

⁋【丁酉(217) 建安二十二年】¶

○【曹丕爲魏太子】

曹丕爲魏太子 ⁋魏以五官中郎將丕爲太子.¶

○【法正說劉備取漢中】

法正說劉備取漢中 法正說劉備曰,[219] "曹操一擧而降張魯, 定漢中, 不因此勢以圖巴蜀, 而留夏侯淵張郃屯守,[220] 身遽北還,[221] 今策淵郃才略,[222] 不勝國之將帥,[223] 擧衆往討, 必可克之. ⁋此蓋天以與我, 時不可失也."¶ 備善其策, 乃率諸將進兵漢中. °☞˙

⁋【戊戌(218) 建安二十三年】¶

○【漢中益州咽喉】

---

218) 魏公操進爵爲王 : ① 當書自字於進爵之上.(御批資治通鑑綱目 卷14 漢獻帝建安 丙申 21年 考證) ② 云'操進爵爲王', 則曹操自爲王, 而(資治)作'進魏公操爵爲王', 則曹操受天子命爲王也.(◉)
219) 說 : 輸芮翻.(胡)
220) 郃 : 古合翻, 又曷閤翻.(胡)
221) 遽 : 倉猝.(新)
222) 策 : 料也.(要)
223) 不勝國之將帥 : 不能勝過我們的將帥.(岳白)

漢中益州咽喉

◖ 劉備屯陽平關,[224] 夏侯淵張郃徐晃等與之相拒. 備遣其將陳式等絶馬鳴閣道,[225] 徐晃擊破之. ◗張郃屯廣石, 備攻之不能克.◖ 急發益州兵. 諸葛亮以問從事楊洪,[226] 洪曰, "漢中, 益州咽喉, 存亡之機會,[227] 若無漢中, 則無蜀矣! 此家門之禍也, 發兵何疑?"[228] 時法正從備北行,[229] 亮於是表洪領蜀郡太守, 衆事皆辦, 遂使卽眞.[230]

若無漢中則無蜀

○【諸葛亮盡時人之器用】

諸葛亮盡時人之器用

初, 犍爲太守李嚴辟洪爲功曹,[231] 嚴未去犍爲而洪已爲蜀郡, 洪擧門下書佐何祗有才策,[232] 洪尙在蜀郡, 而祗已爲廣漢太守. 是以西土咸服諸葛

---

224) 陽平關 : 關名. 在今陝西勉縣西北白馬城. 今寧强縣亦有陽平關, 乃後代移置, 非古陽平關.(新)
225) 馬鳴閣 : 地名. 在今四川廣元市昭化西北.(新)
226) 從事 : 官名. 東漢州牧刺史的佐吏, 有別駕從事史, 治中從事史, 兵曹從事史, 部從事史等, 均可簡稱從事史.(新) 楊洪 : ?~228. 字季休, 犍爲武陽人. 劉璋的爲郡吏, 爲蜀郡太守, 益州治中從事.(新)
227) 機會 : 關鍵, 要害.(漢)
228) 疑 : 遲疑. 猶豫.(漢)
229) 時法正 : 時蜀郡太守法正.(蜀志 楊洪傳)
230) 遂使卽眞 : 遂使之代法正.(胡)
231) 功曹 : 官名. 卽功曹吏, 郡守的主要佐吏, 除分掌人事外, 還參與一郡政務.(新)
232) 門下書佐 : ① 官名. 又稱閣下書佐, 郡太守的屬吏, 負責記錄繕寫起草宣讀等.(新) ② 漢制, 郡閣下及曹各有書佐, 幹主文書. 靈帝光和二年樊毅復華下民租口算碑載其上尙書奏牘, 前書年月朔日, 弘農太守臣毅頓首死罪上尙書, 後書臣毅誠惶誠恐, 頓首頓首, 死罪死罪上尙書, 後繫掾臣條, 屬臣淮, 書佐臣謀.(胡)

亮能盡時人之器用也.[233] ◗

【己亥(219) 建安二十四年】

○【子龍一身都是膽】

子龍一身都是膽

三月, 魏王操自長安出斜谷,[234] 軍遮要以臨漢中,[235] 劉備曰, "曹公雖來, 無能爲也, 我必有漢川矣."[236] 乃斂衆拒險,[237] 終不交鋒. 操運米北山下, 黃忠引兵欲取之, 過期不還. 趙雲將數十騎出營視之, 値操揚兵大出,[238] 雲猝與相遇, 遂前突其陳,[239] 且鬪且却. 魏兵散而復合, 追至營下, 雲入營, 更大開門, 偃旗息皷.[240] 魏兵疑雲有伏, 引去, 雲雷皷震天,[241] 惟以勁弩於後射魏兵.[242] 魏兵驚駭, 自相蹂

---

233) 器 : 才能, 本領.(新)
234) 斜谷 : ① 斜谷在今陜西眉縣西南, 爲古褒斜道之北口. 古褒斜道北起斜谷, 南至褒谷(在陜西勉縣褒城鎭北), 總長四百七十里, 爲秦蜀之間險要之道.(新) ② 斜, 音余奢翻. 谷, 音穀, 又音浴.(胡191年) ③ 야곡.(檀) ④ 斜谷音又云, "斜, 昌遮翻. 谷, 音浴, 又古祿翻."(《資治》233年 '運米集斜谷口' 胡注) 而與②項不一致, 則其國音從③, 以'야곡'表記之.(◉)
235) 遮要 : ① 以兵據守險要之處. 斜谷道險, 曹操恐被劉備之兵所邀截, 故先派兵據守險要之處, 然後進臨漢中.(新) ② 遮要, 地名. 在褒斜谷之南, 與陽平關相近.(春)
236) 漢川 : 漢中.(新)
237) 拒險 : 據守險要. 憑藉險要以拒敵.(漢)
238) 揚兵 : 顯示兵威.(新)
239) 前 : 進也.(要)
240) 皷 : '鼓'之俗字, 下同.(中)
241) 雷 : 通'擂', 敲擊.(新)
242) 射 : 而亦翻.(胡)

踐,[243] 墮漢水中死者甚衆.[244] 備明旦自來, 至雲營, 視昨戰處曰, "子龍一身都是膽也!"[245]

【劉備有漢中】

劉備有漢中 ⁋五月,⁋ 操引軍還長安, 劉備遂有漢中.

○【劉備自稱漢中王】

劉備自稱漢中王 七月, 劉備自稱漢中王, 還治成都,[246] 關羽自率衆攻曹仁於樊. 仁使于禁龐德等屯樊北.

【于禁降於關羽 羽威震華夏】

于禁降於關羽羽威震華夏 八月, 大霖雨,[247] 漢水溢, 禁等七軍皆沒.[248] 禁與諸將登高避水, 羽乘船攻之, 禁等窮迫, 遂降.[249] ⁋十月,⁋ 自許以南. 往往遙應羽, 羽威震華夏.[250]

劉備孫權外親內疏 魏王操議徙許都以避其銳, 司馬懿蔣濟言於操曰, "劉備孫權, 外親內疏, 關羽得志, 權必不願也. 可

---

243) 蹂踐 : 踐踏.(新)
244) 衆 : (資治)作'多', 多與衆同義字.(◉)
245) 子龍 : 趙雲字.(新) 一身都是膽 : 言其膽大, 能以孤軍抗擊曹操大兵.(新)
246) 還治成都 : 劉備把治所遷回成都.(岳白)
247) 霖雨 : 連綿大雨.(新)
248) 七軍 : 曹操得荊州後, 以襄陽爲重鎭, 特留于禁張遼張郃朱靈李典路招馮楷等七軍駐守襄陽, 其後張遼等雖然調走, 而其軍隊仍留歸于禁所領, 故仍有七軍. 參見三國志魏書曹儼傳.(新)
249) 降 : 戶江翻.(胡)
250) 華夏 : 中原.(新)

遣人勸權躡其後,[251] 許割江南以封權, 則樊圍自解." 操從之.

○【呂蒙勸權取關羽】

呂蒙勸權取關羽

初, 魯肅嘗勸孫權以曹操尙存, 宜且撫輯關羽,[252] 與之同仇,[253] 不可失也.[254] 及呂蒙代魯肅屯陸口, 以爲羽素驍雄,[255] 有兼幷之心,[256] 且居國上流, 其勢難久,[257] 密言於權曰, "今令征虜守南郡,[258] 潘璋住白帝,[259] 蔣欽將游兵萬人循江上下, 應敵所在, 蒙爲國家前據襄陽,[260] 如此, 何憂於操, 何賴於羽! 且羽君臣矜其詐力,[261] 所在反覆, 不可以腹心待也.[262] 不如取羽, 全據長江, 形勢益張, 易爲守也."[263] 權善之.

---

251) 可遣人勸權躡其後 : 可派人勸孫權威脅關羽的後方.(中白) 躡 : 追隨.(新)
252) 且 : 暫且.(新) 撫輯 : 按撫親睦.(新)
253) 同仇 : 謂共同赴敵, 對敵人表示共同的憤慨.(漢)
254) 不可失也 : 不能失去和睦.(中白)
255) 驍雄 : ① 勇猛威武.(漢) ② 勇猛雄傑.(新)
256) 有兼幷之心 : 言有兼幷東吳之心.(今)
257) 其勢難久 : 這種形勢難以持久.(中白) 其勢 : 謂幷存之勢.(今)
258) 征虜將軍 : 孫皎時爲征虜將軍.(胡) 南郡 : 郡名. 治所江陵, 在湖北江陵縣.(新)
259) 潘璋住白帝 : 此卽甘寧據楚關之計也.(胡) 白帝 : 卽白帝城. 本漢之魚腹縣, 公孫達據蜀, 改名白帝城, 在今四川奉節縣東. 按此時白帝已爲劉備所據, 潘璋無由得住.(新)
260) 爲 : 于僞翻.(胡)
261) 矜 : 自恃.(新)
262) 不可以腹心待也 : 不可以眞心相待.(中白)

【呂蒙計襲關羽】

呂蒙計襲關羽 孫權求昏於羽 權嘗爲其子求昏於羽，羽罵其使，[264] 不許昏，權由是怒.[265] 及羽攻樊，呂蒙上疏曰，“羽討樊而多留備兵，[266] 必恐蒙圖其後故也. 蒙嘗有病，[267] 乞分士衆還建業，以治疾爲名，羽聞之，必撤備兵，盡赴襄陽. 大軍浮江晝夜馳上，[268] 襲其空虛，則°南˙郡可下而羽可禽也.”[269] 遂稱病篤.[270] 權乃°露˙檄召蒙還.[271]

【陸遜代呂蒙】

陸遜代呂蒙 蒙至蕪湖，定威校尉陸遜謂蒙曰，“關羽接境，如何遠下，後不當可憂也?[272] 羽矜其驍氣，陵轢於人，[273] 始有大功，意驕志逸，但務北進，未嫌於

---

263) 易 : 以豉翻.(胡)
264) 使 : 疏吏翻.(胡)
265) 權嘗爲其子求昏於羽 … 權由是怒 : 權遣使爲子索羽女，羽罵辱其使，不許婚，權大怒.(蜀志 卷6 關羽) 爲 : 于僞翻.(胡) 昏 : ‘婚’本字.(新)
266) 備兵 : 留備荊州之兵.(今)
267) 嘗 : 吳志呂蒙傳本作‘常’.(◉)
268) 大軍 : 謂吳國大軍.(今) 上 : 遡流而上.(今)
269) 南 : (春)作‘諸’ 據(資治)改.(◉) 南郡 : 此南郡，謂江陵.(胡)
270) 病篤 : 病重.(新)
271) 露 : (春)作‘馳’，據(資治)改.(◉) 露檄 : ① 不緘封的檄文.(新) ② 欲使羽知之.(胡)
272) 如何遠下 後不當可憂也? : 您怎麽遠離駐地東下，沒有後顧之憂嗎?(二十四史全釋 吳志 13 陸遜)
273) 陵轢 : 欺壓.(新)

我,[274] 有相聞病, 必益無備. 今出其不意,[275] 自可禽制.” 蒙曰, “羽素勇猛, 未易圖也.”[276] 蒙至都, 權問, “誰可代卿者?” 蒙對曰, “陸遜意思深長,[277] 才堪負重,[278] 觀其規慮,[279] 終可大任, 而未有遠名,[280] 非羽所忌, 無復是過.[281] 若用之, 當令外自韜隱,[282] 內察形便, 然後可克.” 權乃召遜, 拜偏將軍,[283] 以代蒙.

陸遜意思深長

【關羽得陸遜書 意大安 撤兵以赴樊】

關羽得陸遜書意大安撤兵以赴樊

遜至陸口, 爲書與羽, 稱其功美, 深自謙抑, 爲盡忠自託之意. 羽意大安, 無復所嫌, 稍撤兵以赴樊.[284]

【呂蒙襲羽 爲大督】

274) 嫌 : 疑忌.(今)
275) 出其不意 : 孫子計, ‘攻其無備, 出其不意.’ 原謂出兵攻擊對方不防備的地方. 後多以‘出其不意’指行動出乎人的意料.(漢)
276) 未易圖也 : 陸遜之謀與呂蒙相合, 而軍事須密, 呂蒙不便宣露, 故謂關羽不易對付.(新) 易 : 以豉翻.(胡)
277) 陸遜意思深長 : 孫所見與蒙同, 故知其意思深長.(今)
278) 負重 : 擔負重任.(漢)
279) 規慮 : 規畫謀慮.(今) 規 : ‘規’之本字.(中)
280) 遠名 : 聲名的遠播.(漢)
281) 無復是過 : 言代蒙人選, 無有過遜者.(今)
282) 韜隱 : ① 斂抑隱藏, 不露鋒芒.(今) ② 謂隱晦其眞實意圖.(新)
283) 偏將軍 : 官名. 東漢的雜號將軍.(新)
284) 稍 : 逐漸.(新)

呂蒙襲羽爲大督

遜具啓形狀，陳其可禽之要．權遂發兵襲羽．▶權欲令征虜將軍孫皎與呂蒙爲左右部大督，[285] 蒙曰，"若至尊以征虜能，宜用之，以蒙能，宜用蒙．昔周瑜程普爲左右部督，督兵攻江陵，[286] 雖事決於瑜，普自恃久將，[287] 且俱是督，遂共不睦，幾敗國事，此目前之戒也．"權寤，[288] 謝蒙曰，"以卿爲大督，[289] 命皎爲後繼可也．"◀[290]

【呂蒙使白衣搖櫓】

呂蒙使白衣搖櫓

呂蒙至尋陽，盡伏其精兵𦪇䑹中，[291] 使白衣搖櫓，[292] 作商賈人服，[293] 晝夜兼行．[294] 羽所置江邊屯候，盡收縛之，[295] 是故羽不聞知．糜芳傅士仁素皆嫌羽輕

285) 征虜將軍 : 始於光武以命祭遵.(胡) 孫皎 : 字叔朗，孫堅小弟孫靜之子．始從孫權爲爐軍校尉，後爲征虜將軍，督鎭夏口．與呂蒙擒關羽，定荊州有功．傳見三國志卷51.(新) 左右部大督 : 出軍時臨時設置的兩名督軍統帥.(新)
286) 督兵 : 率兵.(中白)
287) 將 : 卽亮翻.(胡)
288) 寤 : 通'悟'，理解.(新)
289) 大督 : (春)作'大都督'，'都'字爲衍文.(◉)
290) 權欲令征虜將軍孫皎 … 命皎爲後繼可也 : (春)但作'令呂蒙爲大都督，命征虜將軍孫皎爲後繼.' 據(資治)補.(◉) 後繼 : 居後續進的部隊.(漢)
291) 𦪇䑹 : ① 大船.(今) ② 𦪇，居侯翻．䑹，盧谷翻.(胡)
292) 白衣 : 無兵甲也.(要) 搖櫓 : 所以進船也.(目)
293) 賈 : 音古.(胡)
294) 兼行 : 謂以加倍速度趕路傳.(漢)
295) 羽所置江邊屯候 盡收縛之 : 謂吳兵盡收縛羽所置江邊屯候．江邊屯候，軍吏之屯於江邊以候望敵情者.(今)

己,[296] ◖羽之出軍, 芳仁供給軍資不悉相及, 羽言, "還, 當治之." 芳仁咸懼, 於是蒙令故騎都尉虞翻

傅士仁 糜芳降 吳

爲書說仁,[297] 爲陳成敗,[298] 仁得書卽降. 芳遂◖開門出降.

【呂蒙軍令嚴明】

呂蒙軍 令嚴明

撫慰關 羽及將 士家屬

蒙入江陵, 釋于禁之囚,[299] 得關羽及將士家屬, 皆撫慰之, 約令軍中, "不得干歷人家,[300] 有所求取." 蒙麾下士,[301] 與蒙同郡人, 取民家一笠以覆官鎧,[302] 官鎧雖公,[303] 蒙猶以爲犯軍令, 不可以鄕里故而廢法, 遂垂涕斬之. 於是軍中震慄,[304] 道不拾遺.[305]

296) 傅士仁 : 三國志關羽傳作'傅士仁', 餘傳俱作'士仁'. 陳湖曰, "楊戲輔臣贊注, '士仁字君義, 廣陽人也.' 吳主孫權傳云, '獲將軍士仁.' 呂蒙傳亦云, '遂到南郡, 士仁·麋芳皆降.' 是士仁. 卽其姓名, 羽傳獨加傅字, 誤也." 王鳴盛曰, '吳志有交州刺史士燮, 則當時固有士姓.' 安通鑑前作傅士仁, 此作士仁, 蓋摭錄諸傳之文而未加詳考耳!(今)

297) 故騎都尉 : 權以翻爲騎都尉, 以謗徙丹陽. 蒙請以自隨, 時無官爵, 故稱故官.(胡) 說 : 輸芮翻.(胡)

298) 爲 : 于僞翻.(胡)

299) 釋于禁之囚 : 昔曹操之將曹仁使于禁屯樊北, 關羽攻降禁, 而囚之於江陵, 今呂蒙釋之.(春)

300) 干歷 : 冒犯.(新)

301) 麾下 : 部下.(新)

302) 覆 : 敷救翻.(胡) 鎧 : 鎧甲.(新)

303) 官鎧雖公 : 言所取用非爲私利.(今)

304) 震慄 : 震驚恐懼.(新)

305) 道不拾遺 : 謂路有失物, 無人拾取. 古時用以形容刑法嚴峻或民風淳厚.(漢)

○【孫權定荊州】

孫權定荊州

羽聞南郡破, 卽走南還. 數使人與呂蒙相聞,[306] 蒙輒厚遇其使,[307] 周游城中,[308] 家家致問, 或手書示信.[309] 羽人還, 私相參訊,[310] 咸知家門無恙,[311] 見待過於平時, 故羽吏士無鬪心.[312] 會權至江陵, 荊州將吏悉皆歸附.

關羽吏士無鬪心

【馬忠斬關羽】

馬忠斬關羽

羽自知孤窮, 乃西保麥城.[313] 因遁走, 馬忠獲羽及其子平於章鄕,[314] 斬之, 遂定荊州. 呂蒙未及受封而疾發, 卒, 年四十二. 權哀痛殊甚, ⁋爲置守冢三百家.¶

呂蒙疾發卒

○【孫權與陸遜論周魯呂得失】

孫權與陸遜論周魯呂得失

權後與陸遜論周瑜魯肅及蒙曰, "公瑾雄烈,[315] 膽

---

306) 數 : 所角翻.(胡)
307) 使 : 疏吏翻.(胡)
308) 周游 : 亦作"周遊". 遍游.(漢)
309) 示信 : 表示眞實可靠.(漢)
310) 參訊 : 相互訊問.(新) 訊 : 問也.(胡)
311) 無恙 : 無災禍疾病, 平安無事.(新)
312) 故羽吏士無鬪心 : 呂蒙所以禽關羽者, 攜之而已.(胡)
313) 麥城 : 荊州記曰, '南郡當陽縣東南有麥城'.(胡)
314) 馬忠 : 吳將潘璋司馬.(要)
315) 公瑾 : 周瑜字公瑾.(新) 雄烈 : 雄心大志.(中白)

公瑾破孟德 略兼人,[316] 遂破孟德,[317] 開拓荊州, 邈焉寡儔.[318]

子敬便及大略 子敬因公瑾致達於孤,[319] 孤與宴語,[320] 便及大略帝王之業,[321] 此一快也. 後孟德因獲劉琮之勢, 張言方率數十萬衆水步俱下,[322] 孤普請諸將, 咨問所宜, 無適先對,[323] 至張子布秦文表俱言宜遣使修檄迎之,[324] 子敬卽駮言不可,[325] 勸孤急呼公瑾,

魯肅勸孫權借玄德地 付任以衆, 逆而擊之,[326] 此二快也. 後雖勸吾借玄德地,[327] 是其一短, 不足以損其二長也. 周公不求備於一人,[328] 故孤忘其短而貴其長, 常以比方鄧禹也.[329] 子明少時,[330] 孤謂不辭劇易,[331] 果敢

316) 兼人 : 勝過別人.(新)
317) 孟德 : 曹操字.(要)
318) 邈 : 遠.(新) 寡儔 : 言少有其匹.(今) 儔 : 同輩, 同類.(新)
319) 子敬 : 魯肅字子敬.(新) 致達 : 引薦.(新)
320) 晏語 : 邊宴飮邊談論.(新)
321) 子敬因公瑾 … 便及大略帝王之業 : 事見建安5年.(今)
322) 張言 : 張大而言之.(胡) 水步 : 水兵和步兵.(漢)
323) 無適先對 : 沒有人先回答.(新)
324) 張子布 : 張昭字子布.(新) 秦文表 : 秦松字文表.(新)
325) 駮 : ① 駮, 異也, 立異議以糾駮衆議之非. 駮, 北角翻.(胡) ② 通'駁', 提出異議以糾駮.(新)
326) 孟德因獲劉琮之勢 … 逆而擊之 : 事見建安13年.(今)
327) 勸吾借玄德地 : 事見建安15年.(今)
328) 周公不求備於一人 : 論語微子, 周公謂魯公曰, '無求備於一人.' 卽是說, 對人不要求全責備.(新)
329) 常以比方鄧禹也 : 鄧禹建策以開光武中興之業, 而其後不能定赤眉. 故以肅比之.(胡)
330) 子明 : 呂蒙, 字子明.(胡) 少 : 詩照翻.(胡)
331) 劇易 : 事之繁而簡者曰劇, 簡而易辦者曰易.(今)

帝王之起 皆有驅除 羽不足忌

有膽而已, 及身長大,[332] 學問開益, 籌略奇至, 可以次於公瑾, 但言議英發不及之爾.[333] 圖取關羽, 勝於子敬. 子敬答孤書云,'帝王之起, 皆有驅除, 羽不足忌.'[334] 此子敬內不能辨, 外爲大言耳, 孤亦恕之, 不苟責也. 然其作軍屯營,[335] 不失令行禁止,[336] 部界無廢負,[337] 道無拾遺,[338] 其法亦美矣."

○【孫權稱臣於曹操】

孫權稱臣於曹操

魏王操表孫權爲驃騎將軍,[339] 假節,[340] 領荊州牧.[341] 權遣校尉梁寓入貢, 稱臣於操, 稱說天命.

---

332) 長 : 知兩翻.(胡)

333) 言議 : 議論, 言論.(漢) 英發 : 才華顯露, 神采煥發.(漢) 爾 : ① 又作'耳'.(胡) ② 與'耳''而已'同.(中)

334) 皆有驅除 羽不足忌 : 謂關羽之强, 適足爲吳之驅除也.(胡) 驅除 : 言爲之驅除患難也.(今)

335) 作軍 : 治軍.(新)

336) 令行禁止 : 令出必行, 有禁必止. 言其治軍靜肅, 群下無敢犯其禁令者.(今)

337) 部界無廢負 : ① 謂部界之內, 無有廢職以爲罪負也.(胡) ② 謂在統轄區內, 沒有因爲廢職而獲罪者.(新)

338) 道無拾遺 : 同'路不拾遺'. 道不拾遺, 謂路有失物, 無人拾取. 古時用以形容刑法嚴峻或民風淳厚.(漢) 道 : 與'路'同義字.(◉)

339) 驃騎 : 古代將軍的名號.(漢) 票騎 : 卽驃騎.(漢)

340) 假節 : ① 漢末與魏晉南北朝時, 掌地方軍政的官往往加使持節持節或假節的稱號. 使持節得誅殺中級以下官吏, 持節得殺無官職的人, 假節得殺犯軍令者.(漢) ② 假, 授予之意. 節, 代表皇帝使命的憑證. 假節, 卽有行使皇帝使命的權力.(新)

341) 牧 : 治民的人. 指國君或州郡長官.(漢)

【曹操自比周文】

曹操自比周文 侍中陳群等皆曰, “漢祚已終,[342] 非適今日.[343] 殿下功德巍巍,[344] 羣生注望,[345] 故孫權在遠稱臣. 此天人之應, 異氣齊聲,[346] 殿下宜正大位, 復何疑哉!”[347] 操曰, “若天命在吾, 吾爲周文王矣.”[348]

異氣齊聲

若天命在吾 吾爲周文王

○【教化風俗安可慢忽】

教化風俗安可慢忽 溫公曰, 教化,[349] 國家之急務也, 而俗吏慢之,[350] 風俗, 天下之大事也, 而庸君忽之.[351] 夫惟明智君子, 深識°長˙慮,[352] 然後知其爲益之大而收功之遠也. 光武遭漢中衰,[353] 羣雄糜沸,[354] 奮起布衣,[355] 紹恢前緒,[356] 征伐四方, 日不暇給,[357] 乃能敦尙經

342) 祚 : 皇帝位.(新)
343) 適 : 僅, 只.(新)
344) 巍巍 : 高大貌.(新)
345) 注望 : 矚目. 期望.(漢)
346) 異氣 : 特指不同於華夏的稟賦.(漢) 齊聲 : 異口同聲.(漢)
347) 復 : 扶又翻.(胡)
348) 吾爲周文王矣 : ① 文王三分天下有其二, 猶以服事殷.(胡) ② 自比文王, 明使其子簒漢.(綱鑑)
349) 敎化 : 敎育感化.(新)
350) 慢 : 輕忽.(新)
351) 忽 : 忽略.(新)
352) 長 : (春)作'遠', 據(資治)改.(◉)
353) 遭 : 遇到.(新) 中衰 : 中道衰落.(漢)
354) 糜沸 : 比喩動亂紛擾之甚, 如粥在鍋中之沸騰.(新)
355) 布衣 : 平民.(新)
356) 紹恢前緒 : 謂承繼恢復前漢傳統.(新)

虎賁衛士皆習孝經 匈奴子弟亦遊太學

術,[358] 賓延儒雅,[359] 開廣學校, 修明禮樂. 武功既成, 文德亦洽.[360] 繼以孝明孝章, 遹追先志,[361] 臨雍拜老,[362] 橫經問道.[363] 自公卿大夫至於郡縣之吏, 咸選用經明行修之人,[364] 虎賁衛士皆習孝經,[365] 匈奴子弟亦遊太學, 是以敎立於上, 俗成於下. 其忠厚淸修之士, 豈°唯˙取重於搢紳,[366] 亦見慕於衆庶. 愚鄙汚穢之人, 豈唯不容於朝廷, 亦見棄於鄕里. 自三代既亡,[367] 風化之美,[368] 未有若東漢之盛者也. 及孝和以降, 貴戚擅權,[369] 嬖倖用事,[370] 賞罰無章,[371] 賄賂公行,[372] 賢愚渾殽,[373] 是非顚倒, 可謂亂矣. 然猶綿綿不至於亡者,[374] 上則有

357) 日不暇給 : 喩事繁而日不足.(今)
358) 敦尙 : 謂崇尙.(新)
359) 賓延 : 禮聘.(新) 儒雅 : 指博學的儒士或文人雅士.(漢)
360) 洽 : 謂流播深廣.(新)
361) 遹追 : 遵循追隨.(新) 遹 : 述也, 遵也. 遹, 音聿.(胡)
362) 雍 : 通'廱', 辟雍, 大學.(新) 老 : 師長.(新)
363) 橫經 : 橫陳經籍, 指受業或讀書.(漢)
364) 行 : 下孟翻.(胡)
365) 虎賁 : 官名, 掌侍衛國君及保衛王宮王門之官.(漢)
366) 唯 : (春)作'惟'. 據(資治)改.(◉) 搢紳 : 謂搢笏垂紳, 在朝公卿大夫也.(胡)
367) 三代 : 夏商周三代.(新)
368) 風化 : 風俗敎化.(新)
369) 貴戚 : 指外戚.(新) 擅權 : 專權, 攬權.(漢)
370) 嬖幸 : 寵愛之人. 指宦官.(新) 用事 : 執政, 當權.(漢)
371) 無章 : 不分明, 不張揚.(漢)
372) 賄賂公行 : 謂公開行賄受賄.(漢)
373) 渾殽 : ① 渾淆.(漢) ② 混淆, 混雜.(漢)

公卿大夫袁安楊震李固杜喬陳蕃李膺之徒面折廷爭,[375] 用公義以扶其危, 下則有布衣之士符融郭泰范滂許劭之流,[376] 立私論以救其敗.[377] 是以政治雖濁而風俗不衰,[378] 至有觸冒斧鉞, 僵仆於前,[379] 而忠義奮發, 繼起於後, 隨踵就戮, 視死如歸.[380] 夫豈特數子之賢哉? 亦光武明章之遺化也.[381] 當是之時, 苟有明君作而振之, 則漢氏之祚猶未可量也. 不幸承陵夷頹敝之餘,[382] 重以桓靈之昏虐,[383] 保養姦回,[384] 過於骨肉, 殄滅忠良,[385] 甚於寇讎, 積

視死如歸

保養姦回 過於骨肉 殄滅忠良 甚於寇讎

374) 綿綿 : 連續不斷.(新)

375) 袁安 : 歷仕漢明帝章帝和帝三朝, 爲太僕司空司徒. 和帝卽位, 外戚竇憲兄弟專權. 袁安不避權貴, 多次彈劾, 竇氏專橫.(新) 楊震 : 漢安帝時爲司徒. 安帝乳母王經及中常侍樊豐等貪侈驕橫, 楊震多次上書切諫, 後被誣自殺.(新) 李固 : 漢順帝時上書直陳外戚宦官專權之弊, 爲順帝所采納, 任議郎. 沖帝時爲太尉. 桓帝初爲外戚梁冀所誣被殺.(新) 杜喬 : 漢順帝時爲大司農, 上書切諫外戚梁氏及宦官之徇私舞弊, 桓帝時爲太尉, 後被梁冀及宦官所誣, 死於獄中.(新) 陳蕃李膺 : 漢桓帝時, 陳蕃爲太尉, 李膺任司隸校尉. 二人皆反對宦官專權, 爲太學生所敬重. 靈帝時與外戚竇武謀誅宦官, 事敗被殺.(新) 面折廷爭 : 謂在朝廷上犯顔直諫, 據理力爭.(漢) 爭 : 讀曰諍.(胡)

376) 符融 : 於漢靈帝初至太學, 尊李膺爲師. 時有晉文經黃子艾炫虛名於京師, 公卿士大夫皆向慕, 符融揭發其虛僞, 二人名聲頓落.(新) 郭泰 : 漢靈帝時爲太學生首領, 深得李膺之賞識. 不就官府徵召, 善於品評人物.(新) 范滂 : 漢靈帝時曾爲淸詔使光祿勳主事, 後爲汝南太守宗資屬吏, 抑制豪强, 與太學生結交, 反對宦官專權. 後與李膺等被逮入獄, 終死獄中.(新) 許劭 : 許卲, 卽許劭, 於漢末以品評人物著稱.(新)

377) 立私論以救其敗 : 謂其不得預議於朝, 而私立論於下, 以矯朝議之失也.(胡)

378) 治 : 直吏翻.(胡)

379) 僵仆 : 死亡.(新)

380) 視死如歸 : 把赴死看作如歸家一樣. 形容不怕死. 多指爲了正義, 不惜犧牲.(漢)

381) 遺化 : 遺留下來的教化.(新)

382) 陵夷頹敝 : 衰落敗壞.(新)

383) 昏 : 與'昏'同.(中) 重 : 直用翻.(胡)

多士之憤，蓄四海之怒．於是何進召戎，董卓乘釁，[386] 袁紹之徒從而構難，[387] 遂使乘輿播越，[388] 宗廟丘墟，[389] 王室蕩覆，[390] 烝民塗炭，[391] 大命殞絶，[392] 不可復救．[393] 然州郡擁兵專地者，雖互相呑噬，[394] 猶未嘗不以尊漢爲辭．以魏武之暴戾强伉，[395] 加有大功於天下，其蓄無君之心久矣，乃至沒身不敢廢漢而自立，豈其°志˙之不欲哉？[396] 猶畏名義而自抑也．由是觀之，敎化安可慢，風俗安可忽哉！

曹操蓄無君之心
畏名義而自抑

【庚子(220) 建安二十五年】

○【曹操幾平海內】

曹操幾平海內

正月，魏王操至洛陽，[397] 薨．[398] 操知人善察，[399] 難

---

384) 姦回：姦邪.(新)
385) 殄滅：滅絶.(新)
386) 乘釁：利用機會，趁空子.(漢)
387) 難：乃旦翻.(胡)
388) 乘輿播越：謂皇帝四處流亡奔走.(新)　播越：逃亡，流離失所.(漢)
389) 丘墟：廢墟，荒地.(新)
390) 蕩覆：毁壞，顚覆.(漢)
391) 烝民：衆民百姓.(新)　塗炭：比喩極困苦的境遇.(漢)
392) 大命：天命．謂上天賦與之權力和使命.(新)　殞：通'隕'.(漢)
393) 復：扶又翻.(胡)
394) 呑噬：猶呑併，兼併.(漢)
395) 暴戾彊伉：粗暴强横.(新)　伉：驕横.(今)
396) 志：(春)作'意'，當作'志'.(◉)
397) 魏：操破袁尙，得冀州，遂居於鄴．鄴，漢之魏郡治所．魏，大名也，遂封爲魏公．又讖云："代漢者當塗高."當塗高者，魏也．文帝受漢禪，國遂號魏.(資治 卷69 魏紀1 胡註)

眩以僞.400) 識拔奇才, 不拘微賤, 隨能任使,401) 皆獲其用. 與敵對陳,402) 意思安閑,403) 如不欲戰然, 及至決機乘勝, 氣勢盈溢.404) 勳勞宜賞, 不吝千金, 無功°望˙施,405) 分毫不與.406) 用法峻急,407) 有犯必戮, 或對之流涕, 然終無所赦. 雅性節儉,408) 不好華麗.409) 故能芟刈群雄,410) 幾平海內.411) 操太子丕卽王位.412)

勳勞宜賞 不吝千金 無功望施 分毫不與 用法峻急 有犯必戮

○【陳群立九品官人之法】

陳群立九品官人之法

尙書陳群, 以天朝選用不盡人才.413) 乃立九品官人之法,414) 州郡皆置中正以定其選,415) 擇州郡之

398) 薨 : ① 古代諸侯死稱薨.(新) ② (魏)王崩於洛陽, 年六十六.(三國志 魏志 卷1 武帝操)
399) 操 : (資治)作'王'.(◉)
400) 難眩以僞 : 謂人不能亂其明.(胡) 眩 : 迷惑.(新)
401) 任使 : 差遣, 委用.(漢)
402) 陳 : 讀曰'陣'.(新)
403) 思 : 相吏翻.(胡)
404) 盈溢 : 非常充溢.(新)
405) 望 : (春)作'妄', 誤.(◉)
406) 毫 : 豪, 通'毫'.(漢) 分毫 : 形容極細微或極少量.(漢)
407) 峻急 : 嚴厲迅速.(新)
408) 雅性 : 謂本性.(新)
409) 好 : 呼到翻.(胡)
410) 芟刈 : 削除.(新)
411) 幾平海內 : 未能能并吳蜀, 所以說幾至平定天下.(今) 幾 : ① 曰'幾'者, 以不能并吳蜀也.(胡) ② 幾乎.(新)
412) 操太子丕卽王位 : 明旦, 以王后令, 策太子卽王位, 大赦.(胡)
413) 天朝 : 謂漢朝也.(胡)
414) 九品官人 : ① 九品中正自此始. 九品, 上上, 上中, 上下, 中上, 中中, 中下, 下上, 下

賢有識鑒者爲之,[416] 區別人物, 第其高下.

○【獻帝禪位於魏王曹丕】

獻帝禪位於魏王曹丕

十月, 漢帝使◗行◖御史大夫張音持節奉璽綬詔冊,[417] 禪位於魏王◗曹丕◖. 王卽皇帝位,[418] 改元黃初,[419]

中, 下下也.(胡) ② 按照九品, 銓定官等.(今)

415) 中正 : 官名. 秦末陳勝自立爲楚王時置, 掌糾察群臣的過失. 三國魏立中正以藻別人物. 晉南北朝仍之. 唐廢.(漢)

416) 擇州郡之賢有識鑒者爲之 : 選擇州郡中賢能有鑑別人才能力的人擔任.(岳白)

417) 漢帝使行御史大夫張音 : 魏志(卷2 文帝丕)作'漢帝 … 告祠高廟, 使兼御史大夫張音.' 則'行'卽'兼'之義也.(◉) 詔冊 : 皇帝的文告.(漢)

418) 禪位於魏王◗曹丕◖ 王卽皇帝位 : 曹丕字子桓, 操長子, 受漢禪爲魏文帝, 廟號世祖. 魏之世系如下.(今)

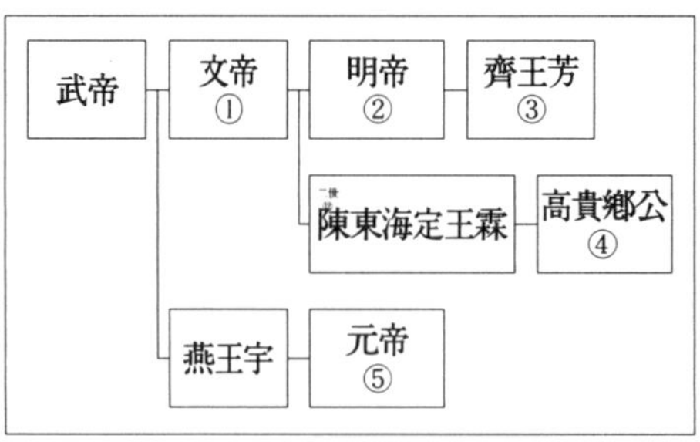

蜀吳之世系幷附焉. 蜀漢世系表.(◉)

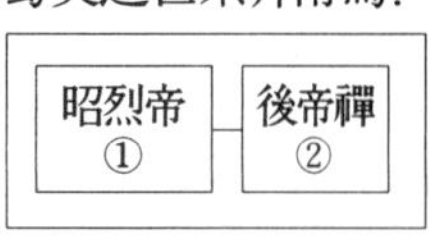

孫吳世系表(中)

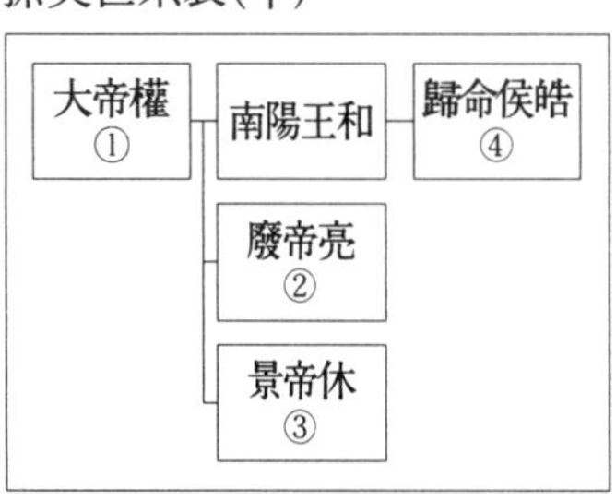

419) 改元黃初 : 辛未, 升壇受璽綬, 卽皇帝位, 燎祭天地嶽瀆, 改元, 大赦.(胡) 黃初 : 曹丕

大赦. ⁋十一月,⁋ 奉漢帝爲山陽公,[420] 追尊父操曰武皇帝.[421]

右東漢十二帝, 共一百九十六年.[422]

代漢後, 按五行之說, 漢爲火德, 魏爲土德, 以土繼火, 而土色爲黃, 故以黃初爲年號.(新)

420) 山陽 : 山陽縣, 屬河內郡.(胡)

421) 十一月 奉漢帝爲山陽公 追尊父操曰武皇帝 : (資治)作'十一月, 癸酉, 奉漢帝爲山陽公, 行漢正朔, 用天子禮樂, 四子爲列侯. 追尊太王曰太皇帝, 武王曰武皇帝, 廟號太祖, 尊王太后曰皇太后, 以漢諸侯王爲崇德侯, 列侯爲關中侯. 群臣封爵增位各有差. 改相國爲司徒, 御史大夫爲司空. 山陽公奉二女以嬪于魏.' 則當參看之.(◉)

422) 右東漢十二帝 … : 此文據(綱鑑)補焉.(◉)

通鑑節要增損校註 卷二十四

漢紀[1)]

▪ 昭烈皇帝

在位三年. 壽六十三.

名備, 字玄德, 涿郡人, 漢景帝°子˙中山靖王劉勝之後.[2)] ⁋諡法, 昭德有勞曰昭, 有功安民曰烈.⁋[3)] 常奉密詔,[4)] 討曹操不克, 後曹丕簒漢, 遂正位于蜀. ⁋號曰後漢.[5)]

有高祖之風 英雄之器

先主之弘毅寬厚,[6)] 知人待士, 盖有高祖之風, 英雄之器焉. 及其擧國託孤於諸葛亮,[7)] 而心神無貳, 誠君臣之至公, 古今之盛軌也.[8)] 機權幹略,[9)] 不逮

機權幹略 不逮魏武

---

1) 漢紀 : 劉玄德自蜀取漢中, 自立爲漢中王, 故又稱蜀漢.(綱合)
2) 子 : (春)作'孫', 誤.(◉) 中山靖王 : ① 靖王勝, 景帝子.(胡 前91年) ② 先主, 姓劉, 諱備, 字玄德, 涿郡涿縣人. 漢景帝子中山靖王勝之後也.(蜀志 卷2 先主劉備)
3) 諡法 昭德有勞曰昭 有功安民曰烈 : 此文據(胡注)補焉.(◉)
4) 常 : 通'嘗'. 曾經.(漢)
5) 號曰後漢 : 此句據(綱鑑)補焉.(◉)
6) 先主 : 開國君主. 亦以稱三國蜀劉備.(漢)
7) 託孤 : 謂以遺孤相托. 多指君主把遺孤托付給大臣.(漢)
8) 盛軌 : 美好的典範.(漢)
9) 機權 : 機智權謀.(漢) 幹略 : 指治事的才能與謀略.(漢)

魏武，是以基宇亦狹.[10] 然折而不撓，終不爲下者，抑揆彼之量必不容己，[11] 非唯競利，且以避害云爾.¶[12]

○【遵朱子例 以蜀漢承後漢之後】

遵朱子例 以蜀漢承後漢之後 尹氏曰，[13] "蜀漢親承大統，名正言順，本無可疑，自陳壽志三國，全以天子之制予魏，而以列國待漢，[14] 故通鑑因之以魏紀年，至綱目，始以昭烈承獻帝之後，紹漢遺統，取春秋之義，以示天下，萬世之正論也，愚承師命，[15] 一遵朱子例，而正之于左."

【辛丑(221) 章武元年[16]】

○【漢中王卽帝位】

漢中王卽帝位 蜀中傳言漢帝已遇害，於是漢中王發喪制服，[17] 諡

---

10) 基宇 : 猶基業.(漢)
11) 終不爲下者 抑揆彼之量必不容己 : 終始不願屈居曹操之下，或許是揣度到曹操的度量一定不會容得下自己.(二十四史全譯 蜀志2 先主劉備)
12) 先主之弘毅寬厚 … 非唯競利且以避害云爾 : 此文據蜀志(卷2 先主劉備)補焉.(◉)
13) 尹氏 : 宋尹起莘. 字耕道. 著有資治通鑑綱目發明.(◉)
14) 列國 : ① 指春秋戰國時的諸侯國. ② 泛指各國並存的某一時期或各個國家.(漢)
15) 師 : 潘陽松塢王先生，名逢.(要)
16) 辛丑(221) 章武元年 : 魏黃初二年.(春)
17) 發喪 : 公布喪事於衆.(新)　制服 : 制定喪服.(新)

曰孝愍皇帝.[18] 夏四月, 漢中王卽皇帝位於武擔之南,[19] 大赦, 改元. 以諸葛亮爲丞相, 許靖爲司徒.[20]

○【昭烈不敢以光武爲比 使得紹漢氏之遺統】

昭烈不敢以光武爲比使得紹漢氏之遺統
自漢儒推五德生勝以秦爲閏位在木火之間霸而不王 於是正閏之論興

溫公曰, 三代之前, 海內萬國, 有民人社稷者, 通謂之君. 合萬國而君之, 立法度, 班號令,[21] 而天下莫敢違者, 乃謂之王. 王德旣衰, 彊大之國能帥諸侯以尊天子者,[22] 則謂之霸. 自漢儒推五德生勝,[23] 以秦爲閏位,[24] 在°木˙火之間,[25] 霸而不王, 於是正閏之論興矣.[26] 及漢室顚覆, 三國鼎峙.[27] 晉氏失馭, 五胡雲擾.[28] 宋魏以降,[29] 南北分

---

18) 蜀中傳言漢帝已遇害 … 謚曰孝愍皇帝 : 此事劉備之過誤莫甚焉者. 蓋劉備但聞其訛傳而不察之, 乃以生存之獻帝爲已崩之大行皇帝, 發喪制服, 何其悖戾耶! 獻帝降封山陽公, 至靑龍2年(234)3月庚寅, 年五十四而卒, 則獻帝爲劉備所發喪而後, 又在世十三年矣.(◉)

19) 武擔 : 武擔山在成都城北二百步.(春)

20) 司徒 : 官名. 西漢哀帝時罷丞相置大司徒, 東漢去大稱司徒, 是司徒之職相當於丞相, 而蜀漢此時兩者竝置. 但蜀漢司徒無實權, 丞相錄尙書事纔是總攬朝廷者.(新)

21) 班 : 布也.(要)

22) 帥 : 讀曰率.(胡)

23) 五德生勝 : 秦漢方士金木水火土五行相生相勝(又稱克)之說來附會王朝的命運, 稱爲五德. 由於說法不同, 同一王朝之屬德亦有不同. 如相生說認爲, 木生火, 火生土, 土生金, 金生水, 故堯爲火德, 舜位土德, 禹爲金德, 商爲水德, 周爲木德, 皆依此相生. 而相生之說却認爲, 水勝火火勝金, 金勝木, 木勝土, 土勝水, 故黃帝屬土, 夏屬木, 商屬金, 周屬火, 皆依此相勝.(新)

24) 閏位 : 古人稱非正統的帝位爲國.(新)

25) 木 : (春)作'水', 誤.(◉)　在木火之間 : 漢代方士以五德相生說認爲, 夏爲金德, 商爲水德, 周爲木德, 漢爲火德, 皆依次相生. 漢雖伐秦而代之, 却上繼周德, 秦不在五行相生之正運, 而在木火之間, 故爲閏位.(新)

26) 正閏 : 正統和非正統.(新)

27) 峙 : ① (新)作'跱'.(◉) ② 跱, 同'峙', 直立.(新)　鼎峙 : 三國漢魏吳鼎峙, 言三國如鼎

周秦漢晉隋唐皆嘗混壹九州故全用天子之制以臨之

治,[30] 各有國史, 互相排黜,[31] 朱氏代唐,[32] 四方幅裂, 朱邪入汴,[33] 比之窮新,[34] 運歷年紀,[35] 皆棄而不數, 此皆偏辭, 非公論也. ◗臣今所述, 但據其功業之實而言之,◖[36] 周秦漢晉隋唐, ◗皆嘗混壹九州,[37] 傳祚於後,◖[38] 子孫雖微弱播遷,[39] 猶承祖宗之業, 四方與之爭衡者,[40] 皆其故臣也, 故全用天子之制以臨之. ◗其餘地醜德齊,[41] 莫能相壹, 名號不異,◖[42] 本非君臣者, 皆以列國之制處之, 然◗天下離析之際,◖ 不可無歲時月日以識事之先後.[43] ◗據◖漢傳於魏而晉受之, 晉傳於宋以至於

之立也.(春)

28) 五胡 : 魏晋以匈奴羯鮮卑氐羌爲五胡. 晋代五胡紛起, 分據中原, 史稱五胡之亂.(今) 雲擾 : 謂紛亂如雲.(新)

29) 魏 : 北魏.(中白)

30) 南北分治 : 南謂宋齊梁陳, 北謂後魏北齊後周也.(春)

31) 互相排黜 : 謂彼此貶斥也, 南謂北爲索虜, 北謂南爲島夷.(春)

32) 朱氏 : 唐朝末年朱溫代唐稱帝, 國號梁, 建都于汴(今河南開封市).(新) 朱溫 : 唐僖宗賜名全忠.(人)

33) 朱邪 : 後唐莊宗李存勖, 本姓朱邪氏, 入汴, 滅後梁. 邪, 音耶.(春)

34) 窮新 : 指有窮氏與王莽的新朝. 後唐莊宗李存勖建國後, 自以爲繼承唐朝, 遂將朱梁比之爲有窮氏簒夏, 王莽簒漢.(新)

35) 歷 : 同'曆'.(漢) 運曆 : 運數, 命運.(漢)

36) 臣今所述 但據其功業之實而言之 : (春)作'故今此書獨以', 當改.(◉)

37) 混壹 : 混一. 齊同. 統一.(漢)

38) 皆嘗混壹九州 傳祚於後 : (春)作'爲正統其後', 當改.(◉)

39) 播遷 : 奔走流亡于外.(新)

40) 爭衡 : 較量輕重. 比試高低.(漢)

41) 地醜 : 醜, 類也, 言地之廣狹相類也.(胡)

42) 其餘地醜德齊 … 名號不異 : (春)作'至於天下離析', 當改.(◉)

陳而隋取之，唐傳於梁以至於周而大宋承之，故不得不取其年號，以紀°諸˙國之事，[44] 非尊此而卑彼，有正閏之辨也．昭烈之於漢，[45] 雖云中山靖王之後，而族屬疏遠，不能紀其世數名位，亦猶南唐烈祖稱吳王恪後，[46] 是非難辨，故不敢以光武及晉元帝爲比，[47] 使得紹漢氏之遺統也．[48]

○【昭烈立宗廟】

昭烈立宗廟

立宗廟祫祭高皇帝以下．[49]

○ 五月，立夫人吳氏爲皇后．[50] 子禪爲皇太子．

○【帳下殺張飛】

帳下殺張飛

帝恥關羽之沒，將擊孫權．群臣諫者甚衆，帝皆不聽．車騎將軍張飛，雄壯威猛亞於關羽，羽善

---

43) 識 : ① 音誌.(胡) ② 標志，記載.(新)
44) 諸 : (春)作'其'，誤.(◉)
45) 昭烈 : 卽蜀漢昭烈帝劉備.(新)
46) 南唐烈祖 : ① 南唐初欲祖吳王恪，或請祖鄭王元懿．唐主命考二王苗裔，以吳王孫禕有功，禕子峴爲丞相，遂祖吳王.(胡) ② 卽南唐開國皇帝李昪．李昪自稱爲唐太宗子吳王李恪之後代.(新)
47) 晉元帝 : 卽司馬睿．東晉皇帝．字景文．司馬懿曾孫．愍帝死，西晉亡．乃卽帝位于建康，史稱東晉．在位六年.(人)
48) 紹漢氏之遺統 : 溫公紀年之意，具于此論.(胡)
49) 立宗廟 … 以下 : 此文在(綱目).(◉) 祫祭 : 古代天子諸侯所擧行的集合遠近祖先神主於太祖廟的大合祭.(漢)
50) 吳氏 : 吳懿之妹．死後謚爲穆皇后．傳見三國志卷34.(新)

待卒伍而驕於士大夫，飛愛禮君子而不恤軍人．帝常戒飛曰，“卿刑殺旣過差，[51] 又日鞭撾健兒而令

張飛有取禍之道

在左右，[52] 此取禍之道也．” 飛猶不悛．[53] 帝將伐孫權，飛當率兵萬人，自閬°中˙會江州．[54] 臨發，其帳下將張達范彊殺飛，[55] 以其首順流犇孫權．帝聞飛營都督有表曰，[56] “噫，飛死矣！”[57]

○【昭烈自將擊孫權】

昭烈自將擊孫權

七月，帝自率諸軍擊孫權，權以鎭西將軍陸遜爲大都督以拒之．

○【孫權稱臣於魏】

孫權稱臣於魏

八月，吳孫權遣使稱臣◗於魏◖，[58] 卑辭奉章，並送于禁等還．[59] ◗魏◖朝臣皆賀，[60] 劉曄獨曰，[61] “權無

---

51) 過差 ： ①差，次也．過差，猶今人言過次也．(胡) ② 過分．(新)
52) 撾 ： ① 一本作‘檛’．(漢) ② 檛，陟加翻，箠也．(胡)　鞭檛 ： 鞭打．(新)　健兒 ： 警衛兵．(新)
53) 悛 ： 丑緣翻，改也．(胡)
54) 中 ： (春)作‘州’，誤．(◉)　閬中 ： 閬中縣，屬巴西郡．此亦由內水下江州也．杜佑曰，“漢江州縣故城在巴縣西．”(胡)　江州 ： 縣名．現治在今四川重慶市中區．(新)
55) 帳下 ： 部下．(新)
56) 營都督 ： 營統兵長官．(新)
57) 飛死矣 ： 表當自飛上，而都督越次上之，故知其必死也．凡用兵，必觀人事，旣失關羽，又喪張飛，兵可以無出矣．(胡)
58) 吳孫權遣使稱臣於魏 ： (春)作‘吳孫權遣使稱臣’，則是稱臣於漢紀之昭烈皇帝矣．於此不可不補‘於魏’二字，然後文義可通焉．(◉)
59) 並送于禁等還 ： ① 權破南郡得于禁事，見上卷獻帝建安二十四年．(胡) ② 于禁等被關羽俘虜後，被置于南郡．孫權破南郡後，得于禁等，現又送還曹操．(新)

故°求˙降,[62] 必內有急. 權前襲殺關羽, 劉備必大興師伐之. 外有彊寇, 衆心不安, 又恐中國往乘其釁,[63] 故委地求降, 一以却中國之兵,[64] 二假中國之援,[65] 以彊其衆而疑敵人耳.[66] 天下三分, 中國十有其八. 吳蜀各保一州,[67] 阻山依水, 有急相救, 此小國之利也. 今還自相攻, 天亡之也, 宜大興師, 徑渡江襲之. 蜀攻其外, 我襲其內, 吳之亡不出旬月矣.[68] 吳亡則蜀孤, 若割吳之半以與蜀, 蜀固不能久存, 況蜀得其外, 我得其內乎!" 魏主曰, "人稱臣降而伐之, 疑天下欲來者心, 不若且受吳降而襲蜀之後也." 遂受吳降.[69] 遣太常邢貞奉策卽拜孫權爲吳王,[70] 加九錫.

天下三分 中國十有其八 吳蜀各保一州

---

60) 魏朝臣皆賀 : (春)作'朝臣皆賀', 則是漢紀之蜀漢朝臣皆賀矣. 於此不可不補'魏'一字, 然後文義可通焉.(◉)
61) 劉曄 : ?~234. 三國魏淮南成德人, 字子揚. 魏文帝黃初元年, 爲侍中, 賜爵關內侯.(人)
62) 求 : (春)作'來', 誤.(◉)
63) 中國 : 古時居住中原之華夏稱中國, 後世或稱中原爲中國, 或以華夏之正統爲中國. 此持當時的魏國.(新)
64) 却 : '卻'之俗字.(中)
65) 假 : 借.(新)
66) 以强 … 敵人耳 : 劉曄之言, 曲盡權之情僞.(胡)
67) 吳蜀各保一州 : 約而言之, 謂吳保揚, 蜀保益也.(胡)
68) 旬月 : 旬日.(胡)
69) 遂受吳降 : 若魏用劉曄之言, 吳其殆矣.(胡)
70) 卽 : 就也(胡)

【江東將相 非久下人】

江東將相 非久下人

◗十一月◖, 邢貞至吳, 吳王出都亭候貞,[71] 貞入門, 不下車. 張昭謂貞曰, "夫禮無不敬, 法無不行. 而君敢自尊大, 豈以江南寡弱, 無方寸之刃◗故◖乎!"[72] 貞卽下車. 中郎將徐盛忿憤, 顧謂同列曰, "盛等不能, 爲國家並許洛,[73] 呑巴蜀, 而令吾君與貞盟, 不亦辱乎!" 因涕泣橫流. 貞聞之, 謂其徒曰, "江東將相如此, 非久下人者也."[74]

豈以江南寡弱無方寸之刃故乎

【趙咨稱吳之美於魏主】

趙咨稱吳之美於魏主

吳主遣中大夫趙咨入謝. 魏主丕問咨曰, "吳王何等主也?" 對曰, "聰明仁智雄略之主也." 魏主問其狀, 對曰, "納魯肅於凡品, 是其聰也, 拔呂蒙於行陳,[75] 是其明也, 獲于禁而不害, 是其仁也, 取荊州兵不血刃, 是其智也, 據三州虎視於天下,[76]

納魯肅於凡品 拔呂蒙於行陳

---

71) 都亭 : 城外之亭.(新)
72) 方寸 : 言其小.(新)
73) 爲 : 于僞翻.(胡) 許洛 : 許京和洛京(今河南許昌和洛陽)的並稱.(漢)
74) 非久下人者也 : 觀貞此言, 善覘國者也. 使還之日, 嘗以復於魏主否. 然觀貞以張昭之言而下車, 則其氣已奪矣.(胡)
75) 行陳 : 軍隊行列.(新)
76) 三州 : 荊揚交也.(胡)

是其雄也，屈身於陛下，是其略也.” 丕曰，“吳王頗知學乎?” 咨曰，“吳王浮江萬艘,[77] 帶甲百萬，任賢使能，志存經略，雖有餘閑，博覽書傳,[78] 歷

不效書生尋章摘句

史籍，采奇異，不效書生尋章摘句而已.”[79] 丕曰，“吳可征不?”[80] 對曰，“大國有征伐之兵，小國有備禦之固.”[81] 丕曰，“吳難魏乎?”[82] 對曰，“帶甲百萬，江漢爲池,[83] 何難之有!” 丕曰，“吳如大夫者幾人?”

小國有備禦之固

如臣之比 車載斗量

對曰，“聰明特達者,[84] 八九十人，如臣之比，車載斗量,[85] 不可勝數.”[86]

【壬寅(222) 章武二年[87]】

【劉備軍於猇亭】

劉備軍於猇亭

▶二月，帝自率諸將，自江南緣山截領,[88] 軍於夷

---

77) 艘 : 蘇刀翻.(胡)
78) 傳 : 直戀翻.(胡)
79) 不效書生尋章摘句 : 帝好文章，故趙咨以此言譏之. 摘，蜀本作擿.(胡)
80) 不 : ① (資治)作'否'.(◉) ②不，同'否'.(漢)
81) 小國有備禦之固 : 此二語本之管子.(胡)
82) 難 : 通戁，恐懼.(新)
83) 池 : 城池，護城河.(漢)
84) 特達 : 獨出於衆.(新)
85) 量 : 音良.(胡)
86) 勝 : 音升.(胡)
87) 壬寅(222) 章武二年 : 魏黃初三年. 吳大帝黃武元年. 舊國一，新國一，凡二僭國.(春)
88) 截領 : '領'通'嶺'，謂直越山嶺.(新)

道猇亭.[89]¶

○【吳漢相拒】

吳漢相拒

五月，帝自巫峽建平連營至夷陵界,[90] 立數十屯，自正月與吳相拒，至六月不決．帝遣吳班將數千人於平地立營，吳將°帥˙皆欲擊之,[91] 陸遜曰，"此必有譎,[92] 且觀之." 帝知其計不行，乃引伏兵八千從谷中出．遜曰，"所以不聽諸君擊°班˙者,[93] 揣之必有巧故也."[94]

○【陸遜以火攻拔漢軍】

陸遜以火攻拔漢軍

閏月，遜將進攻漢軍，諸將並曰，"攻備當在初，今乃令入五六百里，相守經七八月，其諸要害皆已固守，擊之必無利矣." 遜曰，"備是猾虜,[95] 更°嘗事˙多,[96] 其軍始集，思慮精專，未可干也．今住

備是猾虜 更嘗事多

89) 夷道：夷道縣漢屬南郡，吳屬宜都郡.(胡) 猇亭：地名．在今湖北宜都縣北三十里，長江北岸之虎腦背(又稱古老背).(新) 猇：許交翻.(胡)
90) 帝自巫峽建平連營至夷陵界：水經注，巫峽首尾一百六十里．巫縣屬建平郡，則巫峽正在建平郡界，至夷陵則爲宜都郡界．然孫休永安三年始分宜都立建平郡，此時未有建平也，史追書耳．杜佑曰，吳建平，今巴東郡.(胡)
91) 帥：(春)作'卒'，誤.(◉)
92) 譎：古穴翻.(胡)
93) 班：(春)作'之'，據(資治)改.(◉)
94) 揣：① 初委翻.(胡) ② 度也.(春) 巧：欺騙.(新)
95) 猾虜：奸狡的敵人．對敵方的蔑稱.(漢)

已久, 不得我便, 兵疲意沮,[97] 計不復生. 掎角此寇,[98] 正在今日." 乃先攻一營, 不利, 諸將皆曰, "空殺兵耳!"[99] 遜曰, "吾已曉破之之術." 乃敕各持一把茅, 以火攻, 拔之, 斬張南馮習等, 破其四十餘營. 漢將杜路劉寧等窮逼請降. 帝升馬鞍山,[100] 陳兵自繞, 遜督促諸軍, 四面蹙之,[101] 土崩

僅得入白帝城

瓦解, 死者萬數. 帝夜遁, 僅得入白帝城,[102] 其舟船器械, 水步軍資, 一時略盡,[103] 尸骸塞江而

吾乃爲陸遜所折辱豈非天耶

下.[104] 帝大慚恚曰,[105] "吾乃爲陸遜所折辱, 豈非天耶!"[106]

○ 【孝直若在 必能制主上東行】

孝直若在必能制主上東行

初, 諸葛亮與尙書令法正好尙不同,[107] 而以公義

96) 更嘗事多 : (春)作'更事嘗多', 據(資治)改.(◉) 更嘗 : 經歷.(新) 更 : 工衡翻.(胡)
97) 沮 : 在呂翻.(胡)
98) 掎角 : ① 左傳, 晉人角之, 諸戎掎之, 角者, 當前與之角, 掎者, 從後掎其足也. 掎, 居蟻翻.(胡) ② 挾擊.(新)
99) 空殺兵 : 謂白白使士兵被殺.(新)
100) 馬鞍山 : 山名. 在今湖北宜昌市西北.(新)
101) 蹙 : 逼擊.(新)
102) 僅得入白帝城 : 漢主初連兵入夷陵界, 沿路置驛, 以達于白帝. 及兵敗, 諸軍潰散, 惟驛人自擔所棄鐃鎧, 燒之于隘以斷後, 僅得脫也.(胡)
103) 略盡 : 將盡.(漢)
104) 塞 : 悉則翻.(胡)
105) 慚恚 : 慙愧憤恨.(新)
106) 豈非天耶 : 依險行兵, 敵扼其衝, 情見勢屈, 敵乘其懈, 至於失師, 此非天也.(胡)

相取，亮每奇正智術．及帝伐吳而敗，時正已卒，亮歎曰，"孝直若在,[108] 必能制主上東行．就使東行，必不傾危矣．"[109]

○【曹丕謂劉備不曉兵】

曹丕謂劉備不曉兵 漢兵樹柵連營七百餘里 孫權上事今至

初，魏主丕聞漢兵樹柵連營七百餘里,[110] 謂群臣曰，"備不曉兵，豈有七百里營可以拒敵者乎！'包原濕險阻而爲軍者爲敵所禽',[111] 此兵忌也．孫權上事今至矣．"[112] 後七日，吳破漢書到．

○【吳王侍子不至，魏主伐之】

吳王侍子不至魏主伐之

吳王侍子不至,[113] 魏主丕怒，遂伐之，

○【吳漢復通】

吳漢復通

吳王使使聘于帝，帝遣使報之，吳漢復通．

---

107) 好尙 : 愛好和崇尙.(漢)
108) 孝直 : 法正字.(新)
109) 必不傾危矣 : 觀孔明此言，不以漢主伐吳爲可，然而不諫者，以漢主怒盛而不可阻，且得上流，可以勝也．兵勢無常，在於觀變出奇，故曰孝直在必不傾危.(胡)
110) 柵 : 側革反.(春)
111) 包 : ①魏志(卷2 文帝丕)作'苞'.(◉) ②通'苞'．叢生，茂密.(漢) 包原濕險阻而爲軍者爲敵所禽 : 在雜草叢生，地勢平坦，低洼潮濕，關隘險要等地駐軍安營的.(中白) 原濕 : 廣平低濕之地.(新)
112) 上事 : 謂上奏言兵事也，上，時掌翻.(胡)
113) 侍子 : 古代屬國之王或諸侯遣子入朝陪侍天子，學習文化，所遣之子稱侍子.(漢)

【癸卯(223) 章武三年[114]】

○【賈詡言吳蜀難謀】

賈詡言吳蜀難謀
攻取者先兵權建本者尙德化

初, 魏主丕問賈詡曰, “吾欲伐不從命以一天下,[115] 吳蜀何先?” 對曰, “攻取者先兵權,[116] 建本者尙德化. 陛下應期受禪, 撫臨率土,[117] 若綏之以文德而俟其變, 則平之不難矣. 吳蜀雖蕞爾小國,[118] 依山阻水.[119] 劉備有雄才, 諸葛亮善治國, 孫權識虛實, 陸遜見兵勢.[120] 據險守要,[121] 汎舟江湖,[122] 皆難卒謀也.[123] 用兵之道, 先勝後戰, 量敵論將,[124] 故擧無遺策. 臣竊料群臣無備權對, 雖以天威臨之, 未見萬全之勢也.” 丕不納, 軍竟無功.

用兵之道 先勝後戰

○【諸葛亮受遺詔輔政】

---

114) 癸卯(223) 章武三年 : 帝禪乾興元年. 魏黃初四年. 吳黃武二年.(春)
115) 一 : 統一.(新)
116) 兵權 : 用兵的權謀.(新)
117) 撫臨 : 據有. 統治.(漢) 率土 : '率土之濱'之省. 謂境域之內.(漢)
118) 蕞爾 : 小貌.(新) 蕞 : 徂外翻.(胡) 治 : 直之翻.(胡)
119) 依山阻水 : 依山謂蜀, 阻水謂吳.(◉)
120) 陸遜 : 卽陸議, 遜傳云, 遜本名議.(胡)
121) 據險守要 : 指蜀.(新)
122) 汎舟江湖 : 指吳.(新)
123) 卒 : 讀曰猝.(胡)
124) 量敵論將 : 量, 音良. 將, 卽亮翻.(胡)

諸葛亮受遺詔輔政

若嗣子可輔輔之如其不才君可自取

臣敢不竭股肱之力効忠貞之節繼之以死

勿以惡小而爲之勿以善小而不爲

汝與丞相從事事之如父

帝病篤, 命丞相亮輔太子, 以尙書令李嚴爲副. 帝謂亮曰, "君才十倍曹丕, 必能安國, 終定大事. 若嗣子可輔, 輔之, 如其不才, 君可自取."[125] 亮涕泣曰, "臣敢不竭股肱之力, 効忠貞之節, 繼之以死!"[126] 帝又爲詔敕太子曰, "人五十不稱夭,[127] 吾年已六十有餘, 何所復恨![128] 但以卿兄弟爲念耳.[129] 勉之, 勉之! 勿以惡小而爲之, 勿以善小而不爲. 惟賢惟德, 可以服人. 汝父德薄, 不足效也.[130] 汝與丞相從事, 事之如父." 四月, 帝崩於永安,[131] 謚曰, 昭烈.[132] 丞相亮奉喪還成都,[133] 留李嚴鎭永安. 五月, 太子禪卽位, 時年十七.[134] 尊皇后曰皇太后, ⁍大赦, 改元建興.⁌[135] 封丞相亮爲武鄕侯,

---

125) 君可自取. : 自古託孤之主, 無如昭烈之明白洞達者.(胡)
126) 効忠貞之節 繼之以死 : 諸葛亮此語, 用春秋時晉國荀息答獻公之語意. 左傳僖公9年載, 晉獻公以荀息爲其愛子奚齊之傅, 獻公臨終時, 便托奚齊於荀息, 荀息說, 臣竭其股肱之力, 加之以忠貞, 其濟, 君之靈也, 不濟, 則以死繼之.(新)
127) 夭 : 夭折, 短命早死.(新)
128) 復 : 扶又翻.(胡)
129) 卿 : 君對臣的愛稱.(漢字典)
130) 不足效也 : 自漢以下, 所以詔勅嗣君者, 能有此言否.(胡)
131) 崩 : ①(資治)作'殂'.(◉) ② 通鑑書法, 天子奄有四海者書'崩'. 分治者書'殂'.(新226年)
永安 : 漢魚腹縣屬巴郡, 公孫述更名白帝城有永安宮, 昭烈改永安縣.(春)
132) 昭烈 : 謚法昭德有勞曰昭, 有功安民曰烈.(胡)
133) 奉喪 : 護送靈柩.(岳白)
134) 時年十七 : 尊蜀後主諱禪, 字公嗣.(胡)
135) 改元建興 : 始不踰年改元也.(綱鑑)

政事無巨細咸決於亮

領益州牧, 政事無巨細, 咸決於亮. 亮乃約官職, 修法制.136)

【楊顒諫孔明自校簿書】

楊顒諫孔明自校簿書 爲治有體 上下不可相侵

亮嘗自校簿書,137) 主簿楊顒直入,138) 諫曰, "爲治有體,139) 上下不可相侵. 是故古人稱'坐而論道, 謂之王公, 作而行之, 謂之士大夫.'140) 故丙吉不問橫道死人而憂牛喘,141) 陳平不肯知錢穀之數,142) 云'自有主者', 彼誠達於位分之體也.143) 今明公爲治,144) 乃躬自校簿書, 流汗終日, 不亦勞乎!" 亮謝之. 及顒卒, 亮垂泣三日.

136) 修法制 : 以先主孔明君臣之相得, 而約官職修法制乃行於輔後主之時, 此易之戒浚恒也.(胡)
137) 嘗自校簿書 : 曾經親自校對公文.(中白)
138) 楊顒 : 字子昭, 襄陽(治所在今湖北襄樊市)人. 入蜀後, 曾爲巴郡太守丞相諸葛亮主簿, 後爲東曹屬典選擧.(新) 顒 : 魚容翻.(胡)
139) 治 : 直吏翻.(胡)
140) 坐而論道 … 謂之士大夫 : 周官考工記之言.(胡)
141) 丙吉 … 憂牛喘 : 丙吉相漢宣帝, 嘗出逢淸道, 羣鬪者死傷橫道, 吉過之不問. 前行逢人逐牛, 牛喘吐舌. 吉使騎吏問, "逐牛行幾里矣?" 掾史謂丞相前後失問. 吉曰, "民鬪相殺傷, 長安令京兆尹職也. 方春少陽用事, 未可大熱, 恐牛近行, 用暑故喘, 此時氣失節, 有所傷害. 三公調和陰陽, 職當憂, 是以問之." 掾史乃服, 以吉知大體.(胡)
142) 陳平 : 漢文帝初, 周勃爲右丞相, 陳平爲左丞相. 一次朝會, 文帝問周勃, "天下一歲決獄幾何?" 勃答, "不知" 又問, "一歲錢穀出入幾何?" 周勃又不知, 並非常慙愧. 文帝又再問陳平, 平答, "有主者." 文帝說, "主者謂誰?" 平答, "陛下卽問決獄, 責廷尉, 問錢穀, 責治粟內史." 文帝說, "苟各有主者, 而君所主者何事也?" 陳平說, "宰相者, 上佐天子, 理陰陽, 順四時, 下育萬物之宜, 外鎭撫四夷諸侯, 內親附百姓, 使卿大夫各得任其職焉." 帝乃稱善. 見史記陳丞相世家.(新)
143) 分 : 扶問翻.(胡)
144) 明公 : 舊時對有名位者的尊稱.(漢)

○【遣鄧芝修好於吳】

遣鄧芝修好於吳

°九˙月,[145] 遣尙書鄧芝修好於吳.[146] ▶十月,◀ 時吳王猶未與魏絶, 不時見芝.[147] 芝乃自表請見曰,[148]

臣今來亦欲爲吳 非但爲蜀也

"臣今來, 亦欲爲吳,[149] 非但爲蜀也." 吳王見之曰, "孤誠願與蜀和親, 然恐蜀主幼弱, 國小勢偪,[150] 爲魏所乘, 不自保全耳." 芝對曰, "吳蜀二國, 四州之地.[151] 大王命世之英,[152] 諸葛亮亦一時之傑也.

蜀有重險之固吳有三江之阻

蜀有重險之固,[153] 吳有三江之阻.[154] 合此二長, 共爲脣齒, 進可並兼天下, 退可鼎足而立. 大王今若委質於魏,[155] 魏必上望大王之入朝, 下求太子之內侍, 若不從命, 則奉辭伐叛,[156] 蜀亦

---

145) 九 : (春)作'八', 誤.(◉)
146) 鄧芝 : ?~251. 字伯苗, 義陽新野(今河南新野縣)人. 漢末入蜀, 未被任用. 劉備得益州後, 命他爲郫令, 廣漢太守, 又爲尙書. 劉備卒後, 奉命出使吳, 與吳和好. 後爲揚武將軍車騎將軍, 封陽武亭侯. 傳見三國志卷45.(新)
147) 不時見芝 : 沒有及時接見鄧芝.(岳白)
148) 芝乃自表請見 : 鄧芝便自己上表請求接見.(中白)
149) 爲 : 于僞翻.
150) 偪 : ① (資治)作'逼'.(◉) ② 逼, 或作'偪'.(中)
151) 四州 : 指荊州揚州梁州益州也.(胡)
152) 命世 : 著名於當世. 多用以稱譽有治國之才者.(漢)
153) 蜀有重險 : 謂外有斜谷駱谷子午之險, 內有劍閣之險, 是爲雙重之險.(新) 重 : 直龍翻.(胡)
154) 吳有三江之阻 : 韋昭曰, '三江, 吳淞江錢塘江浦陽江也.' 吳地記云, '淞江東北行七十里得三江口, 東北入海爲婁江, 東南入海爲東江幷淞江爲三江.'(胡)
155) 委質於魏 : 臣復於魏.(新) 質 : 如字.(胡)
156) 奉辭 : 謂奉君主之正辭.(漢)

順流見可而進. 如此, 江南之地非復大王之有也." 吳遂絶魏, 專與漢連和.

○ 立張氏爲皇后,[157] 飛之女也.

▪ 後皇帝 上

在位四十年, 壽六十五.

⁋諱禪, 字公嗣, 昭烈帝太子.[158] 魏寇蜀, 後主禪, 輿櫬詣鄧艾軍門降.[159] 魏封故漢帝禪爲安樂公.⁋[160]

【甲辰(224) 建興二年161)】

○ 【魏主伐吳無功】

魏主伐吳無功 魏主丕大興軍伐吳, 留尙書僕射司馬懿鎭許昌.[162] 爲水軍, 親御龍舟.[163] 至廣陵.[164] 時江水盛長,[165]

157) 張氏 : 張飛的長女.(新)
158) 諱禪 … 昭烈帝太子 : 據(綱合)補.(◉)
159) 魏寇蜀 … 輿櫬詣鄧艾軍門降 : 據唐晋卷五'籌筆驛'張震註補.(◉)
160) 魏封故漢帝禪爲安樂公 : 據本書264年補.(◉)
161) 甲辰(224) 建興二年 : 魏黃初五年. 吳黃武三年.(春)
162) 尙書僕射 : 尙書令之副.(新)
163) 龍舟 : 飾龍形的大船. 專供皇帝乘御的船.(漢)
164) 廣陵 : 縣名. 縣治在今江蘇揚州市.(新)
165) 長 : 知兩翻.(胡)

丕臨望，歎曰，“魏雖有武騎千群，[166] 無所用之，未可圖也.” 丕御龍舟，會暴風漂蕩，幾至覆沒.[167] 乃旋師.

【乙巳(225) 建興三年[168]】

○【用兵攻心爲上】

用兵攻心爲上 丞相亮率衆討雍闓，參軍馬謖送之.[169] 亮曰，“雖共謀之歷年，今可更惠良規.” 謖曰，“南中恃其險遠，不服久矣. 雖今日破之，明日復反.[170] 夫用兵之道，攻心爲上，攻城爲下，心戰爲上，兵戰爲下，願公服其心而已.”[171] 亮納其言.

○【諸葛亮七縱七禽】

諸葛亮七縱七禽 七月，丞相亮至南中，所在戰捷，由越巂入，[172] 斬雍闓. 孟獲收闓餘衆以拒亮. 獲素爲夷漢所服，[173]

---

166) 騎 : 竒寄翻.(胡)
167) 幾 : 居希翻.(胡)
168) 乙巳(225) 建興三年 : 魏黃初六年. 吳黃武四年.(春)
169) 馬謖 : 190~228. 字幼常，襄陽宜城(今湖北宜城縣南)人，馬良之弟. 初爲荊州從事，隨劉備入蜀得益州後，爲綿竹成都令，又爲越巂太守. 後爲諸葛亮丞相府參軍，隨諸葛亮北伐，又街亭失利，被下獄誅死. 傳見三國志39.(新) 謖，所六翻.(胡)
170) 復 : 扶又翻，下同.(胡)
171) 願公服其心而已 : 此馬謖所以爲善論軍計也.(胡)
172) 巂 : 音髓.(胡)

亮募生致之,[174] 旣得, 使觀於營陳之間,[175] 問曰, “此軍何如?” 獲曰, “向者不知虛實,[176] 故敗. 今蒙賜觀營陳, 若秖如此,[177] 卽定易勝耳.”[178] 亮笑, 縱使更戰.[179] 七縱七禽而亮猶遣獲, 獲止不去曰,

公天威也 南人不復反矣

“公, 天威也,[180] 南人不復反矣!”[181] 自是終亮之世, 夷不復反.

○【長江限南北】

長江限南北

魏主臨江觀兵

八月, 魏主丕以舟師自譙循渦入淮.[182] 十月, 如廣陵,[183] 臨江觀兵,[184] 戎卒十餘萬, 旌旗數百里, 有渡江之志. 吳人嚴兵固守. 時大寒,[185] 冰, 舟不得入江. 丕見波濤洶湧,[186] 歎曰, “嗟乎, 固天所

---

173) 獲素爲夷漢所服 : 言夷漢人常畏服孟獲也.(綱合)
174) 募 : 廣泛徵求. 徵召.(漢字典)　生致 : 生擒.(和)
175) 陳 : 讀曰陣.(胡)
176) 向者 : 以前.(新)
177) 秖 : ① 但也.(要) ② 同‘祇’. 用作助詞.(漢)
178) 易 : 以豉翻.(胡)
179) 縱 : 釋放.(新)
180) 天威 : 猶言神威.(漢)
181) 復 : 扶又翻. 下同.(胡)
182) 譙 : 郡名. 治所譙縣, 在今安徽省亳州市.(新)　渦 : ① 水名. 卽今渦河. 上源名靑區河, 出河南通許縣東南, 南流經太康縣, 稱渦河, 東經安徽亳州市, 又東南流, 經渦陽蒙城, 至懷遠縣入淮.(新) ② 音戈.(胡)
183) 廣陵 : 卽蕪城, 在今江蘇江都縣境. 本戰國楚地, 秦漢置縣. 西漢吳王劉濞都於此, 築廣陵城. 南朝宋竟陵王劉誕據廣陵反, 兵敗而死, 城邑荒蕪, 鮑照因作蕪城賦, 故名蕪城.(新)
184) 觀兵 : 檢閱軍隊以顯示兵威.(新)
185) 大 : (資治)作‘天’, 魏志(卷2 文帝丕)作‘大’.(◉)

以限南北也!" ⁋遂歸.⁋

【丙午(226) 建興四年[187)]】

○【司馬懿受遺詔輔政】

司馬懿受遺詔輔政

五月, 魏主丕疾篤, 立叡爲太子. 丙辰,[188)] 召曹眞陳群司馬懿,[189)] 並受遺詔輔政. 丁巳,[190)] 丕殂.[191)] 太子°即皇帝位˙.[192)]

【丁未(227) 建興五年[193)]】

○【諸葛亮上出師表】

諸葛亮上出師表

三月, 丞相亮率諸軍北駐漢中,[194)] 使長史張裔參軍蔣琬統留府事. 臨發, 上疏曰, "先帝創業未半而中道崩殂. 今天下三分, 益州疲敝,[195)] 此誠危急

---

186) 洶 : 許拱翻.(胡)
187) 丙午(226) 建興四年 : 魏黃初七年. 吳黃武五年.(春)
188) 丙辰 : 五月十六日.(新)
189) 召曹眞陳群司馬懿 : 沈約志曰, '中軍將軍, 漢武帝以公孫敖爲之, 時爲雜號. 鎭軍撫軍, 皆始於此. 中鎭撫三號, 比四鎭.' 晉志 '諸大將軍開府位從公者, 爲武官公, 皆著武冠, 平上黑幘.'(胡)
190) 丁巳 : 五月十七日.(新)
191) 丕殂 : 年四十. 通鑑書法, 天子奄有四海者書'崩'. 分治者書'殂'. 惟東晉諸帝, 以先嘗混一書'崩'. 說文曰, '殂, 往死也.' 殂, 死亡.(新)
192) 即皇帝位 : (春)作'叡立', 據(資治)改'.(◉)
193) 丁未(227) 建興五年 : 魏明帝曹叡太和元年. 吳黃武六年.(春)
194) 漢中 : 郡名. 治所南鄭, 在今陝西漢中市.(新)
195) 疲敝 : 困乏.(新)

存亡之秋也. 然侍衛之臣不懈於內, 忠志之士忘身於外者, 蓋追先帝之殊遇,[196] 欲報之於陛下也. 誠宜開張聖聽,[197] 以光先帝遺德, 恢弘志士之氣,[198] 不宜妄自菲薄,[199] 引喩失義,[200] 以塞忠諫之路也.[201] 親賢臣, 遠小人, 此先漢所以興隆也, 親小人, 遠賢臣,[202] 此後漢所以傾頽也. 先帝在時, 每與臣論此事, 未嘗不歎息痛恨於桓靈也.[203] 臣本布衣,[204] 躬耕南陽,[205] 苟全性命於亂世, 不求聞達於諸侯. 先帝不以臣卑鄙,[206] 猥自枉屈,[207] 三顧臣於草廬之中, 諮臣以當世之事,[208] 由是感激, 遂許先帝驅馳.[209] 後値傾覆,[210] 受任於敗軍之際, 奉命於危

歎息痛恨於桓靈

苟全性命於亂世 不求聞達於諸侯

三顧臣於草廬之中

196) 追 : 懷念.(新) 殊遇 : 特殊的恩遇.(新)
197) 開張聖聽 : 聽取各種意見.(新)
198) 恢弘 : 發揚, 振作.(新)
199) 妄自菲薄 : 自輕自賊.(新) 薄 : 敷尾反, 微薄也.(新)
200) 引喩失義 : 援引比喩不恰當.(新)
201) 塞 : 悉則翻.(胡)
202) 遠 : 于願翻.(胡)
203) 桓靈 : 漢桓帝與靈帝, 指信任宦官, 政治腐敗.(新)
204) 布衣 : 平民百姓.(新)
205) 南陽 : 郡名. 治所宛縣, 在今河南南陽市. 諸葛亮早年在隆中躬耕, 雖距襄陽城西僅20里, 但在行政區劃中, 却屬南陽郡之鄧縣, 故諸葛亮就設躬耕南陽.(新)
206) 卑鄙 : 低微鄙陋.(新)
207) 猥自枉屈 : 謂委屈自己, 親身前往.(新) 猥 : 烏賄反.(春)
208) 臣以當世之事 : 事見六十五卷漢獻帝建安十二年.(胡)
209) 驅馳 : 奔走效勞.(新)
210) 傾覆 : 指漢獻帝建安十三年曹操下荊州, 劉備敗逃之事.(新)

難之間,[211] 爾來二十有一年矣.[212] 先帝知臣謹愼, 故臨崩寄臣以大事也.[213] 受命以來, 夙夜憂懼[214], 恐°託付˙不效,[215] 以傷先帝之明. 故五月渡瀘,[216] 深入不毛.[217] 今南方已定, 甲兵已足, 當奬率三軍,[218] 北定中原, 庶竭駑鈍,[219] 攘除奸凶,[220] 興復漢室, 還于舊都,[221] 此臣所以報先帝, 而忠陛下之職分也.[222] 至於斟酌損益, 進盡忠言, 則攸之禕允之任也. 願陛下托臣以討賊興復之效,[223] 不效, 則治臣之罪以告先帝之靈,[224] 責攸之禕允等之慢以彰其咎.[225] 陛下亦宜自謀, 以諮諏善道,[226] 察納雅

庶竭駑鈍 攘除奸凶 興復漢室 還于舊都

不效則治臣之罪以告先帝之靈

211) 奉命於危難之間 : 事見上卷文帝黃初四年. 難, 乃旦翻.(胡)
212) 爾來二十有一年 : 自建安十二年, 至是年凡二十一年.(胡)
213) 寄 : 托付.(新) 大事 : 指托孤之事.(新)
214) 夙夜 : 早晩.(新) 懼 : (資治)作'勤', 而其他書又作'歎'作'慮'有之.(◉)
215) 託付 : (春)作'付托', 據(資治)改.(◉)
216) 五月渡瀘 : 水經註 '犍爲朱提縣西八十里, 有瀘津水, 廣六七百步, 深十數丈, 多瘴氣, 鮮有行者. 益州記曰 瀘水兩峯有殺氣, 暑月舊不行, 故武侯以夏渡爲難.' 賢曰 '瀘水, 一名若水, 出旄牛徼外, 經朱提至僰道入江, 在今嶲州南. 特有瘴氣, 三月四月經之必死, 五月以後行者得無害. 故諸葛亮表云 '五月渡瀘', 言其艱苦也.'(胡) 瀘 : 卽今金沙江.(新)
217) 不毛 : 不生長草木莊稼之地, 卽謂荒凉之地.(新)
218) 奬 : 鼓勵.(新)
219) 庶 : 希望.(新) 駑鈍 : 駑, 劣馬. 鈍, 鈍刀. 用以比喩才能薄弱.(新) 駑 : 音奴.(胡)
220) 攘除 : 掃除.(新) 奸 : 同'姦'.(漢) 姦凶 : 指曹魏.(新)
221) 舊都 : 指東漢都城洛陽.(新)
222) 分 : 扶問翻.(胡)
223) 托 : 同'託'.(漢)
224) 治 : 直之翻.(胡)
225) 彰 : 章, 與'彰'通.(中) 章其咎 : 顯示他們的過失.(新) 咎 : 過也.(胡)
226) 諮諏 : 詢問.(新) 諏 : 遵須翻. 諮事爲諏.(胡)

言,[227] 深追先帝遺詔. 臣不勝受恩感激,[228] 今當遠離,[229] 臨表涕零,[230] 不知所言." 遂行.

○ 六月, 魏以司馬懿都督荊豫州諸軍事.[231]

【戊申(228) 建興六年[232]】

○【諸葛亮不用魏延計 出軍祈山】

諸葛亮不用魏延計出軍祈山

初, 魏以夏侯楙, 鎭長安, 至是丞相亮將伐魏, 與群下謀之, 魏延曰, "聞夏侯楙, 怯而無謀. 今假延精兵五千, 直從褒中出,[233] 循秦嶺而東,[234] 當子午而北,[235] 不過十日, 可到長安. 楙聞延奄至,[236]

---

227) 雅言 : 正言, 忠言.(新) 雅 : 正也.(胡)
228) 勝 : 音升.(胡)
229) 離 : 力智翻.(胡)
230) 臨表 : 面對表章.(漢)
231) 荊豫州 : 魏明帝時, 荊州刺史治所在宛, 在今河南南陽市. 豫州刺史治所在項, 在今河南沈丘縣.(新)
232) 戊申(228) 建興六年 : 魏太和二年. 吳黃武七年.(春)
233) 褒中 : ① 褒中縣, 屬漢中郡.(胡) ② 縣名. 現治在今陝西勉縣褒城鎭南.(新)
234) 秦嶺 : 山名. 橫亘於今川陝之間的大山脈, 東起於甘肅天水, 西至河南陝縣, 而通常又指今陝西西安市南之從南山一段爲秦嶺.(新)
235) 子午 : ① 子午道, 王莽所通, 事見三十六卷平帝元始五年. 安帝延光四年, 順帝罷子午道, 通褒斜路. 三秦記曰 '子午, 長安正南山名. 秦嶺谷, 一名樊川. 余按今洋川東百六十里有子午谷.' 縣志曰 '舊子午道在金州安康縣界, 梁將軍王神念以緣山避水, 橋梁百, 數多有毁壞, 乃別開乾路, 更名子午道, 則今路是也.'(胡) ② 子午, 卽子午道, 是古代關中和巴蜀的交通要道, 北口稱子, 卽今陝西西安市南秦嶺的一個谷口, 南口稱午, 在陝西洋縣東, 全長六百六十里.(新)
236) 奄 : 突然.(新)

必棄城逃走. 比東方相合,[237] 尙二十許日, 而公從斜谷來,[238] 亦足以達. 如此, 則一擧而咸陽以西可定矣."[239] 亮以°爲此˙危計,[240] 不如安從坦道, 可以平取隴右,[241] 十全必克而無虞,[242] 故不用延計.[243] 亮身率大軍攻祁山,[244] 戎陳整齊,[245] 號令明肅.[246]

亮身率大軍攻祁山

【魏主叡用致人之術】

魏主叡用致人之術

始, 魏以漢昭烈旣崩,[247] 數歲寂然無聞, 是以略無備豫,[248] 而卒聞亮出,[249] 朝野恐懼. 於是天水南安安定皆叛應亮,[250] 關中響震, 朝臣未知計所出.

---

237) 比 : 必寐翻.(胡)
238) 斜 : 余遮翻.(胡) 谷 : 音浴, 又古祿翻.(胡)
239) 咸陽 : 古都邑名. 爲秦朝之都城, 在今陝西咸陽市東.(新)
240) 爲此 : (春)作'此爲', 據(資治)改.(◉)
241) 隴右 : 地區名. 指隴山以西地區, 約相當於今甘肅六盤山以西黃河以東一帶.(新)
242) 十全 : 謂有十分把握.(漢)
243) 不用延計 : 由今觀之, 皆以亮不用延計爲怯. 凡兵之動, 知敵之主, 知敵之將. 亮之不用延計者, 知魏主之明略, 而司馬懿輩不可輕也. 亮欲平取隴右, 且不獲如志, 况欲乘險僥倖, 盡定咸陽以西邪.(胡)
244) 祁山 : 在今甘肅禮縣東南.(新)
245) 陳 : 讀曰陣.(胡)
246) 明肅 : 本傳云, "賞罰肅, 而號令明."(春)
247) 崩 : (資治)作'死'.(◉)
248) 無備豫 : 謂不豫之備也.(胡) 備豫 : 豫備.(新)
249) 卒 : 讀曰猝.(胡)
250) 天水 : 郡名. 曹魏改漢陽爲天水, 治所仍在冀縣, 在今甘肅甘谷縣東南.(新) 南安 : 郡名. 治所獂道, 在今甘肅隴西縣東南渭水東岸.(新) 安定 : 郡名. 治所臨涇, 在今甘肅鎭原縣東南.(新)

魏主叡曰,“亮阻山爲固, 今者自來, 正合兵書致人之術,[251] 破亮必也.” 乃勒兵馬步騎五萬,[252] 遣右將軍張郃督之,[253] 西拒亮.

○【泣斬馬謖】

泣斬馬謖

初, 越巂太守馬謖, 才器過人, 好論軍計, 諸葛亮深加器異.[254] 昭烈臨終謂亮曰,“馬謖言過其實, 不可大用, 君其察之!” 亮猶謂不然, 以謖爲參軍, 每引見談論, 自晝達夜.[255] 及出軍祁山, 亮不用舊將魏延吳懿等爲先鋒, 而以謖督諸軍在前, 與張郃戰于街亭.[256] 謖違亮節度, 擧措煩擾, 舍水上山,[257] 不下據城. 張郃絶其汲道, 擊, 大破之, 士卒離散. 亮進無所據, 乃拔西縣千餘家還漢中.[258]

馬謖言過其實不可大用

謖違亮節度擧措煩擾 舍水上山不下據城

251) 正合兵書致人之術 : 兵法曰, 善戰者致人. 帝姑以此言安朝野之心耳.(胡)
252) 勒 : 統率.(漢)
253) 郃 : 古合翻, 又曷閤翻.(胡)
254) 器異 : 特別器重.(新)
255) 自晝達夜 : 以孔明之明略, 所以待謖者如此, 亦足以見其善論軍計矣. 觀孔明南征之時, 謖陳攻心之論, 豈悠悠坐談者所能及哉.(胡)
256) 街亭 : ① 續漢志‘漢陽略陽縣有街泉亭, 前漢之街泉縣也, 省入略陽.’ 杜佑曰, ‘街泉亭在隴縣.’ 又曰, ‘平凉郡界有街泉亭, 馬謖爲張郃所敗處. 又考五代史志, 漢川郡西縣有街亭山嶓冢山漢水, 則隋之西縣, 蓋兼得隴西之豲道漢陽之西縣矣.’(胡) ② 地名. 在今甘肅秦安縣東北九十里的隴城鎭.(新)
257) 舍水上山 : 郃傳言謖依阻南山. 舍, 讀曰捨. 上, 時掌翻.(胡)
258) 西縣 : ① 續漢志“西縣, 前漢屬隴西郡, 後漢屬漢陽郡, 有嶓冢山西漢水.”(胡) ② 縣在治今甘肅天水市西南.(新)

漢賊不兩立 王業不偏安

坐而待亡 孰與伐之

收謖下獄,[259] 殺之. 亮自臨祭,[260] 爲之流涕,[261] 撫其遺孤,[262] 恩若平生.[263] 於是考微勞, 甄壯烈,[264] 引咎責躬, 布所失於境內, 厲兵講武,[265] 以爲後圖, 戎事簡練,[266] 民忘其敗矣.[267]

○【曹休石亭之敗】

曹休石亭之敗

吳王使鄱陽太守周魴,[268] 遣人賫牋以誘揚州牧曹休. 言欲以郡降, 休率步騎十萬以應魴. 與陸遜戰於石亭.[269] 大敗而還.

○【諸葛亮上後出師表】

諸葛亮上後出師表

丞相亮聞曹休敗, 欲出兵擊魏, 群臣多以爲疑.[270] 亮上言於帝曰, "先帝深慮以漢賊不兩立, 王業不偏安,[271] 故托臣以討賊. 以先帝之明, 量臣之才,

259) 下 : 遐稼翻.(胡)
260) 亮自臨祭 : 諸葛亮親自到靈堂祭奠.(楊白)
261) 爲 : 于僞翻.(胡)
262) 遺孤 : 死者遺留下來的孤兒.(漢)
263) 恩若平生 : 殺之者, 王法也, 恩之者, 故人之情不忘也.(胡)
264) 甄 : ①稽延翻, 察也, 別也.(胡) ②鑒別.(新)
265) 厲兵講武 : 準備武器, 訓練隊伍.(新)
266) 簡練 : 精選訓練.(新)
267) 民忘其敗矣 : 善敗者不亡, 此之謂也. 姜維之敗, 則不可復振矣.(胡)
268) 鄱陽 : 郡名. 治所鄱陽縣, 在今江西波陽縣東.(新)
269) 陸遜戰於石亭 : 時吳王在皖口, 遣遜等與休戰于石亭, 則其地當在今舒州懷寧桐城二縣之間.(胡) 石亭 : 地名. 在今安徽省潛山縣東北.(新)
270) 群臣多以爲疑 : 因祁山之敗, 疑魏不可伐.(胡)

固當知臣伐賊，才弱敵强，然不伐賊，王業亦亡，惟坐而待亡，孰與伐之![272] 是故托臣而不疑也.[273]

兵法乘勞

今賊適疲於西,[274] 又務於東,[275] 兵法乘勞，此進趨之時也. 高帝明並日月，謀臣淵深，然涉險被創,[276] 危然後安. 今陛下未及高帝，謀臣不如良平,[277] 而欲以長計取勝，坐定天下，此臣之未解也.[278]

曹操用兵 髣髴孫吳

曹操智計殊絶於人，其用兵也，髣髴孫吳,[279] 然困於南陽,[280] 險於烏巢,[281] 危於祁連,[282] 偪於黎陽,[283]

曹操殆死潼關 然後僞定一時

幾敗北山,[284] 殆死潼關,[285] 然後僞定一時耳,[286] 況

---

271) 王業不偏安 : 謂王業不可偏全於蜀都.(要)
272) 與 : 如也.(要)
273) 不 : ① (資治)作'弗'.(◉) ② 不，與'弗'通.(中)
274) 適疲於西 : 適，正. 疲於西，指曹操在郿縣祁山的軍隊剛與蜀漢交戰之後.(新)
275) 務於東 : 指指曹操在江陵東關石亭之軍隊正與孫吳對抗.(胡)
276) 被 : 皮義翻.(胡)　創 : ① 傷.(新) ② 初良翻.(胡)
277) 良平 : 指張良陳平，漢高帝劉邦之謀臣.(胡)
278) 未解 : ① 解，讀曰懈，言未敢懈怠也.(胡) ② 不敢懈怠.(中白・岳白) ③ 猶言未曉. 胡注，"解，讀曰懈，言未敢懈怠." 非也.(陳景雲 通鑑胡注擧正) ④ 解，讀曰懈曰曉，而此表多有諸葛亮自勉自任之語，則讀未懈爲勝矣. 讀以未曉，則諸葛亮以後主劉禪之政策爲不滿足之語，而不恭之意在焉.(◉)
279) 孫吳 : 指春秋時的孫武，戰國時的吳起.(新)
280) 困於南陽 : 指曹操在宛城被張繡所敗.(胡)
281) 險於烏巢 : 指官渡之戰中曹操破袁紹將淳於瓊於烏巢.(新)
282) 危於祁連 : 大概指曹操圍袁尙於祁山(在今河南安陽縣西)之事.(新)
283) 偪於黎陽 : 指曹操圍袁譚袁尙於黎陽.(胡)
284) 北山 : ① (資治)作'伯山'.(◉) ② 北山，卽伯山也.(古文眞寶大全，學民文化社，1992. 後出師表 注.)　幾敗伯山 : 大概指曹操北征烏桓，與烏桓戰於白狼山之事.(胡)　幾 : 居希翻.(胡)
285) 殆死潼關 : 指曹操與馬超初戰於潼關，幾乎不得渡河.(新)
286) 僞定一時 : 僞定者，言雖定一時之功，而有心於簒漢，故曰僞.(胡)

鞠躬盡力 死而後已

臣才弱，而欲以不危而定之.°˙，[287] 臣鞠躬盡力，死而後已，[288] 至於成敗利鈍，[289] 非臣之明所能逆睹也."[290] 十二月，亮引兵出散關，[291] 圍陳倉，陳倉已有備，亮不能克.[292]

○【張郃推知諸葛亮走】

張郃推知諸葛亮走

魏主叡召張郃於方城，[293] 使擊亮. 魏主叡問郃曰，"遲將軍到，[294] 亮得無已得陳倉乎!" 郃知亮深入無穀，屈指計曰，"比臣到，[295] 亮已走矣." 郃晨夜進道，未至，亮糧盡，引去. 將軍王雙追之，亮擊斬雙.

【己酉(229) 建興七年[296]】

○【吳稱帝】

287) °˙ : (春)有'哉'，當削.(◉)
288) 鞠躬盡力 死而後已 : 恭敬勤謹，盡心竭力工作，一直到死爲止.(漢)
289) 成敗利鈍 : 成功或失敗，順利或挫折. 謂事情的結果好壞.(漢)
290) 臣 … 逆睹也 : 自祁山之敗，亮益知魏人情僞，故其所言如此.(胡)
291) 散關 : 亦名大散關，在今陝西寶鷄市西南的大散岭上，形勢險要，故爲軍事重地.(新)
292) 亮不能克 : 曹眞使郝昭先守，故亮不能克. 此下申言昭守亮攻，客主相持之事，通鑑書法類如此.(胡)
293) 魏主叡召張郃於方城 : 時郃將兵伐吳，屯于方城. 續漢志曰 '葉縣南有長山曰方城，屈完所謂'楚國方城以爲城'者，卽此也.(胡)
294) 遲 : 直利翻，待也.(胡)
295) 比 : ① 等到.(新) ② 必寐翻.(胡)
296) 己酉(229) 建興七年 : 魏太和三年. 吳黃龍元年.(春)

吳稱帝 四月，吳王卽皇帝位，大赦，改元黃龍.[297] 追尊父堅爲武烈皇帝，兄策爲長沙桓王，立子登爲皇太子.

○【吳遷都建業】

吳遷都建業 九月，吳王遷都建業.[298]

【庚戌(230) 建興八年[299]】

○【蔣琬常足食兵】

蔣琬常足食兵 丞相亮以蔣琬爲長史.[300] 亮數外出,[301] 琬常足食兵，以相供給. 亮每言"公琰託志忠雅,[302] 當與吾共贊王業者也."

【辛亥(231) 建興九年[303]】

○【諸葛亮敗司馬懿於鹵城】

諸葛亮敗司馬懿於鹵城 二月，丞相亮率諸軍伐魏,[304] 圍祁山,[305] 以木牛

297) 改元黃龍 : 時夏口武昌並言黃龍見，權遂以改元.(胡)
298) 建業 : 縣名. 原名秣陵，孫權改稱建業，現治在今江蘇南京市.(新)
299) 庚戌(230) 建興八年 : 魏太和四年. 吳黃龍二年.(春)
300) 長史 : 卽丞相長史，爲丞相之主要屬官，職責是協助丞相，署理諸曹事.(新)
301) 數 : 所角翻.(胡)
302) 蔣琬 : 字公琰.(胡)
303) 辛亥(231) 建興九年 : 魏太和五年. 吳黃龍三年.(春)
304) 率 : ① (資治)作'帥'，(胡注)云，"讀曰率."(◉) ② 率，與'帥'同.(中)

運.[306] 魏遣司馬懿西屯長安, 督將軍張郃等以禦之.[307] 三月, 懿留⁍精兵四千,⁌ 守上邽,[308] 餘衆悉出, 西救祁山. 亮分兵留攻祁山, 自逆懿于上邽. ⁍郭淮費曜等徼亮,[309] 亮破之, 因大芟刈其麥,[310] 與懿遇於上邽⁌之東. 懿斂軍依險, 兵不得交, 亮引還. 懿等尋亮後至於鹵城.[311] 張郃曰, "彼遠來逆我, 請戰不得, 謂我利在不戰, 欲以長計制之也. 且祁山知大軍已在近, 人情自固, 可止屯於此, 分爲奇兵, 示出其後, 不宜進前而不敢偪, 坐失民望也. 今亮孤軍食少,[312] 亦行去矣." 懿不從, 故尋亮.[313] 旣至, 又登山掘營,[314] 不肯戰. 賈°

305) 祁山 : 在今甘肅禮縣南東.(新)
306) 木牛 : ① 亮集曰 '木牛者, 方腹曲頭, 一脚四足. 頭入領中, 舌著於腹, 載多而行少, 宜可大用, 不可少使. 特行者數十里, 羣行者二十里也. 曲者爲牛頭, 雙者爲牛脚, 橫者爲牛領, 轉者爲牛足, 覆者爲牛背, 方者爲牛腹, 垂者爲牛舌, 曲者爲牛肋, 刻者爲牛齒, 立者爲牛角, 細者爲牛鞅, 攝者爲牛鞦軸. 牛仰雙轅, 人行六尺, 牛行四步, 載一歲糧, 日行二十里, 而又不大勞.'(胡) ② 諸葛亮創制的運輸工具, 諸葛亮集雖有所描繪, 但具體形制仍不很淸楚, 有人認爲木牛卽後世所用的獨輪車.(新)
307) 郃 : 古合翻. 又曷閤翻.(胡)
308) 上邽 : 上邽縣, 前漢屬隴西郡, 後漢以來屬漢陽郡.(胡)
309) 徼 : 讀曰邀.(胡)
310) 芟刈 : 割取.(新) 芟 : 所銜翻.(胡)
311) 尋 : 尾隨其後.(新) 鹵城 : 按'鹵'爲'西'字之訛. 古'西'字作'卤', 遂誤爲'鹵'. 西縣城在今甘肅天水市西南.(新)
312) 少 : 詩沼翻.(胡)
313) 故尋亮 : 有意爲之曰故. 尋者, 隨而躡其後.(胡)
314) 掘 : 穿也.(目)

畏蜀如虎 栩˙魏平曰,[315] "公畏蜀如虎, 奈天下笑何!" 懿病之.[316] 諸將咸請戰. 五月, 懿使郃攻無當▸監何平於南圍◂,[317] 自案中道向亮.[318] 亮使魏延高翔吳班逆戰, 魏兵大敗, 漢人獲甲首三千,[319] 懿還保營.

【張郃中矢卒】

張郃中矢卒 六月, 亮以糧盡退軍, 懿遣張郃追之. 漢兵乘高布伏, 弓弩亂發, 飛矢中郃右膝而卒.[320]

【癸丑(233) 建興十一年[321]】

○【諸葛亮作木牛流馬】

諸葛亮作木牛流馬 丞相亮勸農講武, 作木牛流馬,[322] 運米集斜谷口,

---

315) 栩 : ① (春)作'詡', 誤.(◉) ② 栩, 況羽翻.(胡)
316) 懿病之 : 懿實畏亮, 又以張郃嘗再拒亮, 名著關右, 不欲從其計, 及進而不敢戰, 情見勢屈, 爲諸將所笑.(胡) 病 : 耻恨.(新)
317) 無當監 : 官名. 大概蜀軍軍營有以'無當'爲號之軍營, 意爲無敵能當的精勇軍隊. 監護無當營的官卽無當官.(新) 南圍 : 指蜀兵圍祁山之南屯.(新)
318) 案 : ① 通'按'.(漢) ② 按, 據也. 懿分道進兵, 欲以解祁山之圍, 自據中道, 與亮旗鼓相向也.(胡)
319) 甲首 : 甲士的首級.(漢)
320) 中 : 竹仲翻.(胡) 厀 : 與膝同.(胡) 卒 : 子恤翻.(胡)
321) 癸丑(233) 建興十一年 : 魏青龍元年. 吳嘉禾二年.(春)
322) 作木牛流馬 : 亮集曰, 流馬尺寸之數, 肋長三尺五寸, 廣三寸, 厚二寸二分, 左右同. 前軸孔分墨去頭四寸, 徑中二寸, 前脚孔分墨二寸去前軸孔四寸五分, 廣一寸. 前杠孔分墨去前脚孔分墨三寸七分, 孔長二寸, 廣一寸. 後軸孔去前杠孔分墨一尺五分, 大小與前同. 後脚孔分墨去後軸孔三寸五分, 大小與前同. 後杠孔去後脚孔分墨二寸七分, 後載剋去後杠孔分墨四寸五分. 前杠長一尺八寸, 廣二寸, 厚一寸五分, 後杠與等. 板方, 囊一板厚八分, 長二尺七寸, 高一尺六寸五分, 廣一尺六寸. 每枚受米二斛三斗, 從上杠孔去肋下七

治斜谷邸閣,[323] 息民休士, 三年而後用之.[324]

寸, 前後同. 上杠孔去下杠孔分墨一尺三寸, 孔長一寸五分, 廣七分. 八孔同. 前後四脚廣二寸, 厚一寸五分. 形制如象軒, 長四寸, 徑面四寸三分, 孔徑中二脚杠長二尺一寸, 廣二寸五分, 厚一寸四分, 同杠耳.(胡)

323) 邸閣 : 古代官府所設儲存糧食等物資的倉庫.(漢)

324) 三年而後用之 : 按明年亮卽出斜谷, 所謂'息民休士, 三年而後用之' 通自再攻祁山之後, 至是凡三年也.(胡)

通鑑節要增損校註 卷二十五

漢紀

後皇帝 下

附魏吳晉三僭國年紀

【甲寅(234) 建興十二年】[1]

○【丞相亮與吳同伐魏】

丞相亮與吳同伐魏

春，二月，丞相亮率大衆十萬由斜谷伐魏，遣使約吳同時大擧.

○【山陽公卒】

山陽公卒

⁋三月，庚寅，山陽公卒.⁋[2]

○【丞相亮屯田五丈原】

丞相亮屯田五丈原

夏四月，丞相亮至郿，[3] 軍於渭水之南．司馬懿引軍渡渭，背水爲壘以拒之，[4] 謂諸將曰，"亮若出武

---

1) 甲寅(234) 建興十二年 : 魏青龍二年. 吳嘉禾三年.(春)
2) 山陽公卒 : 獻帝自禪位至卒，十有四年，年五十四.(胡)　山陽公 : 魏曹丕降封漢獻帝劉協之爵位.(◉)
3) 郿 : 音媚，又音眉.(胡)

功,[5] 依山而東, 誠爲可憂, 若西°上˙五丈原,[6] 諸將無事矣." 亮果屯五丈原. 亮以前者數出,[7] 皆以運糧不繼, 使己志不伸, 乃分兵屯田爲久駐之基, 耕者雜於渭濱居民之間, 而百姓安堵, 軍無私焉.

○【司馬懿受巾幗之辱】

司馬懿受巾幗之辱 八月, 懿與亮相守百餘日, 亮數挑戰,[8] 懿不出. 亮乃遺懿巾幗婦人之服,[9] 懿怒, 上表請戰, 魏主叡使衛尉辛毗杖節爲軍師以制之.[10] 護軍姜維謂亮曰, "辛佐治杖節而到,[11] 賊不復出矣."[12] 亮曰, "彼本無戰情, 所以固請戰者, 以示武於其衆耳."

【孔明食少事煩】

孔明食少事煩 亮遣使者至懿軍, 懿問其寢食及事之煩簡, 不問戎

---

4) 背 : 蒲妹翻.(胡)
5) 武功 : 縣名. 屬右扶風.(要)
6) 若西上五丈原 : 水經注 '五丈原在郿縣西, 渭水逕其北.' 又與步隲書曰 '原在武功西十里.'(胡) 上 : ① 春作'止', 據(資治)改.(◉) ② 時掌翻.(胡) 五丈原 : 地名. 在當時郿縣之西, 渭水之南. 郿縣縣治在今陝西郿縣東北.(新)
7) 數 : 所角翻. 下同.(胡)
8) 挑 : 徒了翻.(胡)
9) 遺 : ① 于季翻.(胡) ② 贈與.(新) 巾幗 : ① 婦女的頭巾.(新) ② 字書, '幗, 古獲翻. 婦人喪冠也, 又古對翻.' 據劉昭注補輿服志 '公卿列侯夫人紺繒幗. 蓋婦人首飾之稱, 不特喪冠也'.(胡)
10) 衛尉 : 官名. 列卿之一, 掌宮門警衛及宮中巡邏.(新) 軍師 : 官名. 軍隊的高級參謀.(新)
11) 佐治 : 辛毗字.(要)
12) 復 : 扶又翻.(胡)

事.[13] 使者對曰, "諸葛公夙興夜寐,[14] 罰二十已上,[15] 皆親覽焉,[16] 所噉食不至數升."[17] 懿告人曰, "諸葛孔明食少事煩,[18] 其能久乎!" 亮病篤, 帝使尚書僕射李福省侍,[19] 因諮以國家大計. 亮曰, "公所問者, 公琰其宜也."[20] 福復請蔣琬之後, 誰可任. 亮曰, "文偉可以繼之."[21] 又問其次, 亮不答.[22]

【死諸葛走生仲達】

死諸葛走生仲達

是月, 亮卒於軍中.[23] 長史楊儀整軍而出.[24] 百姓犇告司馬懿, 懿追之, 姜維令儀反旗鳴鼓, 若將向懿者, 懿斂軍退, 不敢偪.[25] 於是儀結陳而去,[26] 入

13) 不問戎事 : 懿所憚者亮也, 問其寢食及事之煩簡, 以覘壽命之久近耳, 戎事何必問邪.(胡)
14) 夙興夜寐 : 很朝即起, 深夜方睡.(新)
15) 已 : 以.(胡)
16) 罰二十已上 皆親覽焉 : 言罰杖罪二十以上者, 亮必親臨也.(綱合)
17) 噉 : ① 徒濫翻.(胡) ② 食也, 與'啖''啗'同.(中) 數升 : ① 此據三國志蜀書諸葛亮傳注引魏氏春秋晉書宣帝記作'三四升'.(新) ② 古升小, 故曰數升.(要)
18) 少 : 詩沼翻.(胡)
19) 省 : 悉景翻.(胡) 省侍 : 探望, 侍奉.(漢)
20) 公琰 : 蔣琬字公琰.(新)
21) 文偉 : 費禕字文偉.(新)
22) 亮不答 : 亮不荅繼禕之人, 非高帝'此後亦非乃所知'之意, 蓋亦見蜀之人士無足以繼禕者矣. 嗚呼.(胡)
23) 亮卒於軍中 : 諸葛卒於五丈原.(關中勝蹟圖志 卷22 古蹟)
24) 楊儀 : 字公威, 襄陽人. 建安中投歸關羽, 後爲蜀漢尚書丞相府參軍長史等. 後因怨望誹謗, 被廢自殺. 傳見三國志卷40.(新)
25) 不敢偪 : 猶恐亮未死也.(胡)
26) 結陳 : 結陣. 列成隊形. 結成陣勢.(漢) 陳 : 讀曰陣.(胡)

吾能料生 不能料死 天下奇才

谷然後發喪.[27] 百姓爲之諺曰, "死諸葛走生仲達.[28] 懿聞之, 笑曰, "吾能料生, 不能料死故也."[29] 懿按行亮之營壘處所,[30] 歎曰, "天下奇才也!"[31] 追至赤岸,[32] 不及而還.

○【魏延歎恨已才用之不盡】

魏延歎恨已才用之不盡 魏延常謂亮爲怯

初, 前軍師魏延,[33] 勇猛過人, 善養士卒. 每隨亮出, 輒欲請兵萬人, 與亮異道會于潼關,[34] 如韓信故事,[35] 亮制而不許. 延常謂亮爲怯, 歎恨已才用之不盡.

○【諡諸葛亮曰忠武侯】

諡諸葛亮曰忠武侯

諸軍還成都, 諡諸葛亮曰, 忠武侯. 丞相長史張裔常稱亮曰, "公賞不遺遠, 罰不阿近,[36] 爵不可

27) 入谷 : 入斜谷也.(胡) 發喪 : 公布喪事於衆.(新)
28) 死諸葛走生仲達 : 司馬懿, 字仲達. 以當時百姓之諺觀之, 時人之於孔明何如也.(胡)
29) 吾能料生 不能料死故也 : 這是我能豫料活人, 而不能豫料死人的緣故.(岳白)
30) 按行 : 巡行.(漢) 行 : 下孟翻.(胡)
31) 笑曰, "吾能料生 … 天下奇才也 : 方亮之出也, 懿以爲若西上五丈原, 諸將無事矣. 及亮旣死退軍, 懿案行其營壘處所, 以爲天下奇才. 觀此, 則知懿已料亮之必屯五丈原, 而力能制, 姑爲此言以安諸將之心耳.(胡)
32) 赤岸 : 地名. 又稱赤涯, 在今陝西漢中市西北.(新)
33) 前軍師 : 官名. 蜀漢置有中軍師前軍師後軍師, 皆參謀軍事.(新)
34) 潼關 : 關名. 在今陝西潼關北.(新)
35) 韓信故事 : 漢高帝二年, 命韓信曹參等攻擊魏王豹. 魏地攻下後, 韓信使人向劉邦請兵三萬, 北攻燕趙, 東擊齊, 南絶楚糧道, 劉邦也同意了. 見漢書高帝記上.(新)
36) 阿 : 偏袒.(新)

賞不遺遠 罰不阿近

以無功取，刑不可以貴勢免，此賢愚之所以僉忘其身者也!"[37]

○【廖立聞亮卒垂泣 李平發病死】

廖立亮卒垂泣李平發病死

初，長水校尉廖立，[38] 自謂才名宜爲諸葛亮之副，嘗以職位游散，[39] 怏怏怨謗無已，[40] 亮廢立爲民，徙之汶山．[41] 及亮卒，立垂泣曰，"吾終爲左衽矣!"[42] 李平聞之，亦發病死．平常冀亮復收己，得自補復，[43] 策後人不能故也．[44]

○【蔣琬出類拔萃】

蔣琬出類拔萃

帝以丞相長史蔣琬爲尙書令，摠統國事，[45] 時新喪元帥，[46] 遠近危悚，琬出類拔萃，[47] 處群僚之右，[48]

---

37) 僉 : 皆，都.(新)
38) 長水校尉 : 官名．中領軍所統五校尉之一，掌禁兵.(新) 廖立 : ① 廖，力弔翻，姓也．裴松之音理救翻．姓譜，'廖姓，周文王子伯廖之後，後漢有廖湛.' 風浴通曰 '古有廖叔安，左傳作飂，蓋其後也.'(胡) ② 字公淵，武陵臨沅(今湖南常德)人．初爲劉備荊州牧從事，隨劉備入蜀後，爲巴郡太守．後主劉禪時爲長水校尉，後因驕傲自大，被貶爲民，游徙汶山郡．傳見三國志卷41.(新)
39) 遊散 : 謂作沒有重要職權的散官.(新) 散 : 悉亶翻.(胡)
40) 怏怏 : 不服氣或悶悶不樂的神情.(漢)
41) 徙之汶山 : 據立傳，廢徙汶山，後主初立之時也．汶山，漢武帝開爲郡，宣帝地節三年，合於蜀郡，蜀又分置汶山郡，唐爲茂州汶山縣．汶，音問.(胡)
42) 左袵 : ① 前衣襟向左．古代少數民族的衣服，前襟向左，汶山郡卽少數民族居地，故廖立有此言.(新) ② 謂衣襟向左，夷狄之俗也．與左衽同.(中)
43) 得自補復 : 得以自補過失.(岳白) 復 : 扶又翻.(胡)
44) 策後人不能故也 : 策，料也．策料後之人，必不能收錄我也.(要)
45) 摠 : ① (資治)作'總'.(◉) ② 總，與'摠'同.(中)

既無戚容，又無喜色，神守擧止，[49] 有如平日，由是衆望漸服.[50]

【乙卯(235) 建興十三年】[51]

○ 正月，魏以大將軍司馬懿爲太尉.

○ 四月，以蔣琬爲大將軍錄尙書事，[52] 費禕爲尙書令.

【丙辰(236) 建興十四年】[53]

○ 【王昶欲使子姪顧名思義 不敢違越】

王昶欲使子姪顧名思義 不敢違越

魏詔公卿擧才德兼備者各一人，司馬懿以兖州刺史王昶應選.[54] 昶爲人謹厚，名其兄子曰默，曰沈，名其子曰渾，曰深，爲書戒之曰，“吾以四者爲名，欲使汝曹顧名思義，不敢違越也．夫物速

---

46) 喪 : 息浪翻.(胡)
47) 拔萃 : ① 猶出衆.(漢) ② 類，倫也．萃，聚也.(胡)
48) 處 : 昌呂翻.(胡)　右 : 上也.(中)
49) 神守 : 猶神情.(漢)
50) 衆望 : 衆人的希望.(漢)
51) 乙卯(235) 建興十三年 : 魏青龍三年，吳嘉禾四年.(春)
52) 錄尙書事 : 官名．始領尙書事，東漢改稱錄尙書事，自和帝以後，每少主立，則置太傅錄尙書事，猶古冢宰總己之義．隋以後無.(中)
53) 丙辰(236) 建興十四年 : 魏青龍四年，吳嘉和五年.(春)
54) 兖州 : 兖州統陳留東郡濟陰任城東平濟北泰山.(胡)　王昶 : 字文舒，太原晉陽(今山西太原市西南)人．魏文帝時兖州刺史．後官至司空，奉京陵侯．傳見三國志卷27.(新)　昶 : 丑兩翻.(胡)

速成疾亡 晩就善終

成則疾亡，晩就而善終，朝華之草，[55] 夕而零落，松柏之茂，隆寒不衰，是以君子戒於闕黨也.[56] 夫能屈以爲伸，讓以爲得，弱以爲彊，[57] 鮮不遂矣.[58]

毁譽者愛惡之原而禍福之機

夫毁譽者，[59] 愛惡之原而禍福之機也.[60] 孔子曰，'吾之於人，誰毁誰譽.[61]'以聖人之德猶尙如此，况庸庸之徒而輕毁譽哉![62] 人或毁己，當退而求之於身. 若己有可毁之行，則彼言當矣，[63] 若己無可毁之行，則彼言妄矣. 當則無怨於彼，妄則無害於身，又何反報焉![64] 諺曰，'救寒莫如重裘，[65] 止

謗莫如自修

謗莫如自修.' 斯言信矣."[66]

55) 朝華 : 早上開花.(新)
56) 君子戒於闕黨 : 論語"闕黨童子將命，或問之曰，'益者歟."' 孔子曰，"吾見居其於位也，見其與先生幷行也，非求益者也，欲速成者也."(胡)　闕黨 : 春秋時地名. 卽孔子所居之地. 論語憲問記載.(新)
57) 彊 : 同'强'.(漢)
58) 鮮 : 息淺翻.(胡)　遂 : 成功.(新)
59) 譽 : 音余.(胡)
60) 惡 : 烏路翻.(胡)　機 : 關鍵.(新)
61) 吾之於人，誰毁誰. : 我對於別人，詆毁了誰，稱讚了誰. 語見論語衛靈公.(胡)
62) 庸庸 : 昏庸.(漢)
63) 當 : 丁浪翻.(胡)
64) 反報 : 謂報復仇怨.(漢)
65) 重 : 直龍翻.(胡)
66) 斯言信矣 : 昶之所以戒子姪如此. 然高貴鄕公之難，王沈陷於不忠，平吳之役，王渾與王濬爭功. 馬伏波萬里還書以戒兄子，固無益於兄子也.(胡)

【丁巳(237) 建興十五年】[67]

○【劉邵作考課法】

劉邵作考課法

魏主叡詔散騎常侍劉邵作考課法.[68] 邵作都官考課法七十二條,[69] 詔下百官議.[70] 崔林曰, "考課之法存乎其人, 若大臣能任其職,[71] 式是百辟,[72] 則孰敢不肅, 烏在考課哉!" 杜恕曰, "明試以功,[73] 三考黜陟,[74] 誠帝王之盛制也. 然歷六代而考績之法不著,[75] 關七聖而課試之文不垂,[76] 語曰, '世有亂人而無亂法', 若使法可專任, 則唐虞可不須稷契之佐,[77] 殷周無貴伊呂之輔矣.[78] ⁋今奏考功者, 陳周漢之云爲,[79] 綴京房之本旨,[80] 可謂明考課之

世有亂人無亂法

67) 丁巳(237) 建興十五年 : 魏景初元年, 吳嘉禾六年.(春)
68) 考課法 : 考核鑑別官吏優劣的法令.(漢)
69) 都官 : 官名. 主軍事刑獄.(中)
70) 下 : 遐稼翻.(胡)
71) 若大臣能任其職 : 烝民曰, "王命仲山甫, 式百辟. 註云"汝施行法度於是百君."(胡)
72) 式是百辟 : 詩經大雅蒸民, '王命仲山甫, 式是百辟.' 意思說, 王命仲山甫施行法度於百國諸侯.(新) 式 : 法.(詩經 大雅 蒸民 集傳) 百辟 : 諸侯.(漢)
73) 明試以功 : ① 言唐虞之治也.(胡) ② 語出書舜典.(◉)
74) 三考黜陟 : 語出書舜典.(今)
75) 六代 : 唐虞夏殷周漢.(胡)
76) 七聖 : 堯舜禹湯文武周公.(胡) 關 : 通也.(胡)
77) 稷契 : 卽后稷與契. 后稷在堯舜時爲農官. 契助禹治水有功, 舜命爲司徒.(新) 契 : 息列翻.(胡)
78) 伊呂 : 伊尹與呂尙. 伊尹助商湯, 呂尙助周文王武王.(新)
79) 云爲 : 說法與作法.(新)
80) 綴 : 連結.(新) 京房 : 西漢經學家, 撰有考功課吏法.(新)

要矣."◖ 議久◗之◖不決, 事竟不行.

○【爲治之要 莫先於用人】

爲治之要 莫先於用人

溫公曰, 爲治之要,[81] 莫先於用人, 而知人之道, 聖賢所難也.[82] 是故求之於毁譽,[83] 則愛憎競進而善惡渾殽,[84] 考之於功狀,[85] 則巧詐橫生而眞僞相冒.[86] 要之, ◗其◖本在於至公至明而已矣. 爲人上者至公至明, 則群下之能否焯然形於目中,[87] 無所復逃矣.[88] 苟爲不公不明, 則考課之法, 適足以爲曲私欺罔之資也. 或曰, 考績之法, 唐虞所爲, 京房劉邵述而修之耳, 烏可廢哉? 曰, 唐虞之官, 其居位也久, 其受任也專, 其立法也寬, 其責成也遠. 故鯀之治水, 九載績用不成, 然後治其罪,[89] 禹之治水, 九州攸同,[90] 四隩旣宅,[91] 然後賞其功,[92]

---

81) 治 : 直吏翻.(胡)
82) 聖賢所難也 : 書皐陶曰, "在知人, 在安民." 禹曰, "吁! 咸若時, 惟帝其難之."(胡)
83) 譽 : 音余.(胡)
84) 渾 : 戶本翻.(胡)
85) 功狀 : 記錄官吏的功績的行狀.(新)
86) 眞僞相冒 : 眞假不明.(中白)
87) 焯然 : 明顯地.(新) 焯 : 職略翻. 明也.(胡)
88) 復 : 扶又翻.(胡)
89) 治其罪 : ① 唐堯時洪水泛濫, 命鯀治水, 經九年而無成效. 舜繼堯位後, 遂誅鯀於雨山. 見史記夏本紀.(新) ② 事見尙書 '治其罪, 謂殛鯀於羽山也.'(胡) 治 : 直之翻, 下同.(胡)
90) 攸 : 是.(新)

非若京房劉邵之法, 校其米鹽之課,[93] 責其旦夕之效也. 事固有名同而實異者, 不可不察也. 考績非可行於唐虞而不可行於漢魏, 由京房劉邵不得其本而犇趨其末故也.[94]

七月, 皇后張氏崩.[95]

【己未(239) 延熙二年】[96]

○【魏主叡以後事屬司馬懿】

魏主叡以後事屬司馬懿

春, 正月, 魏主叡寢疾,[97] 司馬懿入見,[98] 魏主執其手曰, "吾以後事屬君,[99] 君與曹爽輔少子.[100] 是日, 立齊王芳爲皇太子.[101] 叡尋殂.[102]

---

91) 四隩既宅 : 謂四方之宅可以居住. 隩, 可定居之宅.(新) 隩 : 於六翻.(胡)

92) 賞其功 : ① 鯀治水失敗後, 舜又命鯀子禹治水, 禹經過十三年, 三過家門而不入, 終於治理了洪水, 舜遂賜禹玄圭以賞其功.(新) ② 事亦見尚書, 賞其功, 謂錫禹以玄珪也.(胡)

93) 校其米鹽之課 : 考校人們的瑣碎事務.(岳白) 米鹽 : 喩繁雜瑣碎.(漢)

94) 趨 : 七喩翻.(胡)

95) 皇后張氏崩 : 此(綱目)之記事也, 正統在蜀, 故曰崩. 而(資治)作'漢張后殂', 則此天下分治者書殂也.(◉)

96) 己未(239) 延熙二年 : 魏景初三年. 吳赤烏二年.(春)

97) 寢 : 益也.(要)

98) 見 : 賢遍翻.(胡)

99) 屬 : 之欲翻.(胡)

100) 少子 : 幼子.(中白) 少 : 詩照翻.(胡)

101) 齊王芳 : 明帝無子, 養爲太子, 不知所來. 或曰, 任城王楷之子.(要)

102) 叡尋殂. : 陳壽曰 年三十六. 裴松之曰 按魏武以建安九年七月定鄴, 文帝始納甄后, 明帝應以十年生, 至於是年正月, 整三十四年耳. 時改正朔, 以故年十二月爲元年正月, 可强名三十五, 年不得三十六也.(胡)

○ **魏主芳嗣位，年八歲．加曹爽司馬懿侍中，都督中外諸軍錄尙書事．**[103)]

【辛酉(241) 延熙四年】[104)]

○ **【鄧艾屯田揚豫】**

鄧艾屯田揚豫 魏欲廣田畜穀於揚豫之間，[105)] 鄧艾以爲"昔太祖破黃巾，[106)] 因爲屯田，積穀許都以制四方．[107)] 今三隅已定，事在淮南．[108)] 每大軍出征，運兵過半，功費巨億．[109)] 陳蔡之間，土下田良，[110)] 可省許昌左右諸稻田，幷水東下，[111)] 令淮北屯二萬人，[112)] 淮南屯

103) 都督中外諸軍錄尙書事 : 晉職官志曰,"持節都督無定員．前漢遣使始有持節．光武建武初，征伐四方，始權時置督軍御史，事竟罷．建安中，魏武爲相，始遣大將軍督之，二十一年，征孫權還，遣夏侯惇督二十六軍是也．文帝黃初三年，始置都督諸州軍事，或領刺史．又上軍大將軍曹眞都督中外諸軍事，假黃鉞，則總統內外諸軍矣．錄尙書事，漢東都諸公之重任也．今爽懿旣督中外諸軍，又錄尙書事，則文武大權，盡歸之矣．自此迄于六朝，凡權臣豈是專制國命．(胡) 都督中外諸軍 : ① 魏晉南北朝時期的最高武職，掌全國軍事大權，總統中外諸軍．(新) ② 官名．魏文帝始置都督諸州軍事，或領刺史，而都督中外諸軍，乃大都督，權任尤重，歷代因之．(中) 錄尙書事 : 魏晉南北朝時期的最高文職，總攬朝廷大權，凡重權大臣每兼此職．(新)

104) 辛酉(241) 延熙四年 : 魏主曹芳正始二年．吳赤烏四年．(春)

105) 畜 : 讀曰'蓄'．(今)

106) 鄧艾 : 197～264．字士載，本義陽棘陽(今河南新野縣東北)人，曹操破荊州，時徙居汝南，爲人養牛，後爲典農功曹，後司馬懿重視，召辟爲掾屬，又爲尙書郎．後爲征西將軍，奉鄧侯，奉命與鍾會等征蜀，破蜀後，因鍾會等人的誣詔而被殺．傳見三國志卷28．(新) 太祖 : 曹操．(◉)

107) 積穀許都以制四方 : 事見62卷漢獻帝建安元年．(胡)

108) 事 : 軍事行動．(中白)

109) 功費 : 工費．工程所需的費用．(漢) 巨億 : 數以億計，極言其多．(漢)

110) 土下 : 謂土勢低下，土下則沃 故其田良．(今)

111) 幷水東下 : 汝水潁水濆蕩渠水渦水皆經陳蔡之間，而東入淮．(胡)

三萬人，十二分休，[113] 常有四萬人且田且守，益開河渠，[114] 以增溉灌，通漕運．計除衆費，歲°完˙五百萬斛以爲軍資，[115] 六七年間，可積三千萬斛於淮上，[116] 此則十萬之衆五年食也．以此乘吳，[117] 無不克矣．”太傅懿善之．是歲，始開廣漕渠，每東南有事，大興軍衆，汎舟而下，達于江淮，資食有儲而無水害．[118]

【癸亥(243) 延熙六年】[119]

○ 十一月，帝以費禕爲大將軍錄尙書事．

○ 【曹冏欲彊幹弱枝 備萬一之虞】

曹冏欲彊幹弱枝 備萬一之虞

魏宗室曹冏上書曰[120]，“古之王者，必建同姓以明親親，[121] 必樹異姓以明賢賢．[122] 親疏并用，[123] 故能

---

112) 屯 : (資治)無‘屯’字，三國志(鄧艾傳)有‘屯’字.(◉)

113) 十二分休 : 十人之中，以二人分番休息，五萬人屯戍，以其什二分休，則是以一萬人更番休息，而屯戍者常有四萬人.(今) 十 : ① (資治)作‘什’.(胡) ② 十，通‘什’.(漢)

114) 河渠 : 河流與渠道，泛指水道.(漢)

115) 完 : 春本作‘定’，據(資治)改.(◉)

116) 三 : 章，甲十六行本 ‘二’作‘三’，乙十一行本同，孔本同，熊校同.(胡)

117) 乘 : 伐也.(綱合)

118) 資食 … 水害 : 史究言鄧艾興屯田之利.(胡) 儲 : (資治)作‘餘’，三國志(鄧艾傳)作‘儲’.(◉)

119) 癸亥(243) 延熙六年 : 魏正始四年．吳赤烏六年.(春)

120) 曹冏 : ① 裴松之曰，冏，中常侍兄興之後，少帝之族祖也.(胡) ② 字元首，少帝曹芳之族祖，作六代論，欲感悟曹冏不能采納．曾爲弘農太守．見昭明文選李善注引魏氏春秋.(新)

121) 親親 : 親愛親族.(新)

保其社稷. ◗大魏之興, 于今二十有四年矣[124], 觀五代之存亡而不用其長策,[125] 覩前車之傾覆而不改於轍迹.[126] 子弟王空虛之地,[127] 君有不使之民,[128] 宗室竄於閭閻, 不聞邦國之政, 權均匹夫, 勢齊凡庶. 內無深根不拔之固, 外無盤石宗盟之助,[129] 非所以安社稷, 爲萬世之業也. 且◖今之州牧郡守,[130] ◗古之方伯諸侯,◖ 皆跨有千里◗之土,◖[131] 兼軍武之任, 或比國數人,[132] 或兄弟並據, 而宗室子弟°˙曾無一人間厠其間,◖[133] 與相維制,[134] 非所以彊幹弱枝,[135] 備萬一之虞也.[136] 語曰, '百足之蟲,[137] 至死不僵',[138] 以其扶之者衆也. 此言雖

百足之蟲 至死不僵

122) 賢賢 : 尊重賢才.(新)
123) 親疎 : 皇族和非皇族.(中白)
124) 今二十有四年 : 自黃初受禪至是二十四年.(胡)
125) 五代 : 指夏商周秦漢五代.(新) 長策 : 謂建同姓諸侯以爲王室藩衛.(今)
126) 不改於轍迹 : 謂仍蹈王室孤危之故轍.(今)
127) 空虛之地 : 謂只有封國之名, 而實無封國之地.(新) 王 : 于況翻.(胡)
128) 君有不使之民 : 言宗室諸侯空有封國之名, 雖君有其民, 而實不能使之.(今)
129) 盤石 : 大石也, 以其堅重不可轉易也.(胡) 宗盟 : 謂同姓諸侯盟會者也.(胡)
130) 守 : 式又翻.(胡)
131) 跨有 : 據有.(漢)
132) 比 : 毗必翻, 又毗至翻.(胡)
133) °˙ : (春)有'王空虛之地, 君不使之民.'之句, 而此句已出於'宗室竄於閭閻'之上, 則在此者錯簡耳.(◉) 間厠 : 夾雜, 參雜.(漢) 間 : 古莧翻.(胡) 厠 : 置.(新)
134) 與相維制 : 與他們互相牽制.(中白)
135) 加强本幹 : 亦作'彊幹弱枝.' 加强本幹, 削弱枝葉. 喩加强中央的力量, 削弱地方的勢力.(漢)
136) 虞 : 憂患.(新)
137) 百足 : 虫名. 又名馬陸, 馬蚿. 長一寸左右, 体如圓管. 有很多环節和腿足, 切斷後仍能蠕

小，可以譬大．◖是以聖王安不忘危，存不忘亡，故天下有變而無傾危之患矣．◗ 冏欲以此論感寤曹爽，[139] 爽不能用．

【乙丑(245) 延熙八年】[140]

○【陸遜卒 其子抗代領其衆】

陸遜卒其子抗代領其衆

吳丞相陸遜卒．其子抗爲建武校尉，代領其衆．

○ 八月，皇太后吳氏崩．[141]

○【黃皓操弄威柄 終以覆國】

黃皓操弄威柄終以覆國

十°二˙月，大司馬琬尙書令董允皆卒，以尙書呂乂爲尙書令．董允秉心公亮，[142] 獻可替否，[143] 帝甚憚之．宦人黃皓，便僻佞慧，[144] 帝愛之．皓畏允，不敢爲非，終允之世，皓位不過黃門丞．[145] 費禕

動不倒.(新)

138) 僵 ： 倒.(新)

139) 寤 ： ①(資治'作'悟'.(◉) ② 作，與'寤'通.(中)

140) 丙寅(246) 延熙九年 ： 魏正始六年．吳赤烏八年.(春)

141) 皇太后吳氏 ： 先主穆皇后，陳留人也．兄吳壹少孤，壹父素與劉焉有舊，是以擧家隨焉入蜀．焉有異志，而聞善相者相后當大貴．焉時將子瑁自隨，遂爲瑁納后．瑁死，后寡居．先主旣定益州，而孫夫人還吳．羣下勸先主聘后．先主 … 納后爲夫人.(蜀志 卷4 先主穆后)

142) 公亮 ： 公正忠誠.(新) 亮 ： 信也.(要)

143) 獻可替否 ： 君所謂可而有否焉，臣獻其否以成其可，君所謂否而有可焉，臣獻其可以替其否也.(要)

144) 便僻佞慧 ： 逢迎諂媚，奸詐機智.(新) 便 ： 毗連翻.(胡)

以陳祗代允爲侍中,[146] 祗與皓相表裏, 皓始預政, 累遷至中常侍, 操弄威柄, 終以覆國.

【丙寅(246) 延熙九年】[147]

○ 秋九月, 以姜維爲衛將軍, 與費禕幷錄尙書事.[148]

【丁卯(247) 延熙十年】[149]

○ 【司馬懿與曹爽有隙 不與政事】

司馬懿與曹爽有隙不與政事

魏大將軍爽用何晏鄧颺丁謐之謀,[150] 遷太后于永寧宮,[151] 專擅朝政, 多樹親黨, 屢改制度. 太傅懿不能禁, 與爽有隙.[152] 稱疾, 不與政事.[153]

---

145) 黃門丞 : 續漢志黃門令丞一人以宦者爲之.(胡)
146) 陳祗 : 字奉宗. 官至侍中, 守尙書令. 傳見三國志 卷39.(新)
147) 丙寅(246) 延熙九年 : 魏正始七年. 吳赤烏九年.(春)
148) 費禕 : 費, 父沸翻.(胡)
149) 丁卯(247) 延熙十年 : 魏正始八年. 吳赤烏十年.(春)
150) 何晏 : ① 字平叔, 何進之孫. 其母被曹操納爲妾, 故何晏長于宮中, 又娶公主. 曹爽輔政後爲尙書, 主選擧. 後被司馬懿所殺.(新239年) ② 190~249. 美姿容, 面白, 人稱"傅粉何郎". 好老莊, 援老入儒, 其說以貴無爲本. 事淸談, 形成一時風氣. 撰有論語集解等.(人) 鄧颺 : 字玄茂, 鄧禹之後. 魏明帝時歷任尙書郞, 洛陽令, 中書郞等官, 傳見三國志卷9.(新) 丁謐 : 字彦靖. 魏明帝時爲度支中郞. 曹爽輔政, 拔爲散騎常侍, 尙書. 傳見三國志卷9.(新) 謐 : 音密.(要)
151) 遷太后于永寧宮 : 據後魏起永寧寺於銅駝街西, 意卽前魏永寧殿故處也. 又據陳壽志, 太后稱永寧宮, 非徙也. 意者晉諸臣欲增曹爽之惡, 以遷字加之耳. 晉書五行志曰, 爽遷太后於永寧宮, 太后與帝相泣而別. 蓋亦承晉諸臣所記也.(胡) 太后 : 明帝后郭氏也.(要)
152) 隙 : 矛盾.(新)
153) 不與政事 : 爲司馬懿誅曹爽等張本. 與, 讀曰預.(胡)

【戊辰(248) 延熙十一年】[154]

○【費禕當國功名】

費禕當國功名

五月，費禕出屯漢中.[155] 自蔣琬及禕，雖身居於外，慶賞°刑威,˙[156] 皆遙先諮斷,[157] 然後乃行. 禕雅性謙素,[158] 當國功名，略與琬比.[159]

○【司馬懿謀誅曹爽】

司馬懿殺曹爽

十°二˙月,[160] 魏太傅懿陰與其子中護軍師散騎常侍昭謀誅曹爽.[161]

【己巳(249) 延熙十二年】[162]

○【司馬懿殺曹爽】

司馬懿謀誅曹爽

魏太傅懿以皇太后令,[163] 閉諸城門，勒兵據武庫，

---

154) 戊辰(248) 延熙十一年 : 魏正始九年. 吳赤烏十一年.(春)
155) 漢中 : 郡名. 郡治南鄭(今陝西漢中市).(新)
156) 刑威 : (春)作'威刑', 三國志(蜀志 費禕傳)亦作'威刑', 而(資治)作'刑威', 與'慶賞'爲對偶, 故採擇之.(◉)
157) 諮斷 : 斷, 丁亂翻. 諮斷者, 諮之使斷決也.(胡)
158) 雅性 : 素性. 本性.(漢) 雅 : 素也.(要) 謙素 : 謙恭恬淡.(漢)
159) 當國功名 略與琬比 : 言禕身當國之重任, 其功名略與琬等.(今) 當國功名 : 在國中的勸力和聲望.(新) 當國 : 執政. 主持國事.(漢)
160) 二 : (春)作'一', 誤.(◉)
161) 師 : 名也.(要) 師昭 : 皆懿之子.(要)
162) 己巳(249) 延熙十二年 : 魏嘉平元年, 吳赤烏十二年.(春)
163) 以 : 以者, 非眞有此令也.(要)

奏"爽與何晏鄧颺丁謐畢軌等陰謀反逆." 於是收爽羲訓晏颺謐軌勝皆下獄,[164] 劾以大逆不道, 夷三族.[165]

○【管輅前知何鄧之敗】

管輅前知何鄧之敗

筋不束骨

魏管輅之舅謂輅曰, "爾前何以知何鄧之敗." 輅曰, "鄧之行步, 筋不束骨,[166] 脈不制肉, 起立傾倚, 若無手足, 此爲鬼躁,[167] 何之視候,[168] 則魂不守宅,[169] 血不華色, 精爽烟浮,[170] 容若槁木, 此爲鬼幽.[171] 二者皆非遐福之象也.[172]

○【何晏淸談】

何晏淸談

粉白不去手

魏何晏性自喜,[173] 粉白不去手,[174] 行步顧影.[175] 尤好老莊之書, 與夏侯玄荀粲及王弼之徒,[176] 競爲

魂不守宅

羲訓 : 二人, 曹爽弟也.(春) 勝 : 李勝也.(春)
夷三族 : 滅棹三族.(新)
166) 束骨 : 謂制約或聚集骨骼.(漢)
167) 鬼躁 : 相書上的述語, 指筋骨輕浮軟弱.(新)
168) 候 : 氣也.(要)
169) 宅 : 軀體.(岳白)
170) 精爽烟浮 : 精氣上飄如烟.(新) 精爽 : 精神.(漢)
171) 鬼幽 : ① 無血色無生氣之狀也.(中) ② 相書上的述語, 指容顔枯槁無神.(新)
172) 二者皆非遐福之象也 : 管輅之與何鄧言也, 其陳義近於古人, 至答其舅論何鄧之所以敗, 則相者之說耳, 何前後之相戾也.(胡) 遐福 : 久遠之福.(漢)
173) 自喜 : 以貌自喜.(綱鑑)
174) 粉白不去手 : ① 以自塗澤也.(胡) ② 不去手, 不離手, 指好擦臙脂抹粉.(新)
175) 行步顧影 : 走路也顧影自憐.(中白)

六經爲聖人糟粕 清談,[177] 祖尙虛無, 謂六經爲聖人糟粕.[178] 由是天下士大夫爭慕效之, 遂成風流,[179] 不可復制焉.[180]

○ 魏以太傅懿爲丞相, 加九錫, 懿固辭不受.

○ 秋, 姜維伐魏攻雍州, 鄧艾禦之, 維軍遂還.

【庚午(250) 延熙十三年】[181]

○ 吳主立少子亮爲太子.[182]

【辛未(251) 延熙十四年】[183]

○【司馬師爲撫軍大將軍】

司馬師爲撫軍大將軍 八月, 魏司馬懿卒. 以其子師爲撫軍大將軍, 錄

176) 王弼 : 226~249. 字輔嗣. 山陽人. 曾任魏尙書郎. 注周易時融進老莊, 開後世玄學之風. 別著有周易略例老子注老子指略(新)
177) 淸談 : 魏何晏夏侯玄王弼等祖述老莊, 崇尙無爲之說, 排棄世務, 專談玄理, 時人謂之淸談. 後進慕效, 寖成風氣, 至晉王衍輩, 此風益盛. 後人以爲晉祚之亡, 實爲淸談所誤云.(中)
178) 六經爲聖人糟粕 : 莊子曰, 桓公讀書於堂上. 輪扁斲輪於堂下, 釋椎鑿而上. 問桓公曰, 敢問公所讀者何言邪, 公曰, 聖人之言也. 曰聖人在乎. 公曰, 已死矣, 曰然則君之所讀者, 古人之糟粕已矣, 古之人與其不可傳者死矣. 糟, 酒滓也. 司馬云, 爛食曰粕. 又云, 糟爛爲粕. 許愼曰, 粕, 已漉粗糟也. 音匹各翻, 又普白翻.(胡) 糟粕 : 高誘曰, "糟, 酒滓也. 粕, 已漉之精也." 喩精華已去, 所存者但廢料耳!(今)
179) 風流 : 蔚成風尙而流行於當世.(今)
180) 不可復制焉 : 淸談之禍始此(胡)
181) 庚午(250) 延熙十三年 : 魏嘉平二年. 吳赤烏十三年.(春)
182) 立少子亮爲太子 : 此時吳已立太子孫和, 廢爲庶人, 而孫亮是潘夫人所生, 吳主愛之, 故立之.(◉)
183) 辛未(251) 延熙十四年 : 魏嘉平三年. 吳大元元年.(春)

尙書事.[184]

○ 十°二˙月,[185] 費禕北屯漢壽,[186] 以陳祗守尙書令.[187]

【壬申(252) 延熙十五年】[188]

○ 四月, 吳主殂. 諡曰, 大皇帝. 太子亮卽位.°☞˙

◗【癸酉(253) 延熙十六年】◖[189]

○ 【姜維伐魏】

姜維伐魏 ◖ 姜維負其才武,[190] 每欲興軍大擧, 費禕常裁制不從, 與其兵不過萬人曰, "吾等不如丞相亦已遠矣,[191] 丞相猶不能定中夏,[192] 況吾等乎! 不如且保國治民,[193] 謹守社稷, 如其功業,[194] 以俟能者." 及禕死, 維得行其志,[195] 乃將數萬人出石營,[196] 伐

184) 錄尙書事 : 魏晉之制, 驃騎車騎衛將軍, 伏波撫軍都護鎭軍中軍四征四鎭龍驤典軍上軍輔國等大將軍, 位皆從公, 至錄尙書事, 則專制朝政矣.(胡)
185) 二 : (春)作'一', 誤.(◉)
186) 漢壽 : 縣名.(要)
187) 陳祗守尙書令 : 祗爲尙書令, 黃皓自此愈用事矣.(胡) 守 : 猶攝. 暫時署理職務. 多指官階低而署理較高的官職.(漢)
188) 壬申(252) 延熙十五年 : 魏嘉平四年, 吳主孫亮建興元年.(春)
189) 癸酉(253) 延熙十六年 : 魏嘉平五年, 吳建興二年.(綱鑑)
190) 才武 : 才幹武略.(今)
191) 丞相 : 謂諸葛亮.(胡)
192) 中夏 : 中原, 指曹魏.(新)
193) 治 : 直之翻.(胡)
194) 如其功業 : 保守其功業使如丞相在世之時.(今)

魏圍狄道.[197] ◗

【甲戌(254) 延熙十七年】[198]

○ 夏, 姜維伐魏.

○ 【司馬師廢立其主】

司馬師廢立其主 九月, 魏大將軍師廢其主芳, 迎高貴鄕公髦, 卽皇帝位.

【乙亥(255) 延熙十八年】[199]

○ 【司馬昭爲大將軍】

司馬昭爲大將軍 魏司馬師卒, 詔以弟昭爲大將軍, 錄尙書事.

【丙子(256) 延熙十九年】[200]

○ 春正月, 以姜維爲大將軍.[201]

○ 魏賜大將軍昭袞冕之服,[202] 赤舃副焉.[203]

---

195) 及禕死 維得行其志 : 胡三省曰, "費禕死, 蜀諸臣皆出維下, 故不能裁制之." 出維下者, 言蜀諸臣位望才武, 皆不及維.(今)

196) 石營 : 石營在董亭西南, 維蓋自武都出石營也.(胡)

197) 狄道 : 狄道縣屬隴西郡, 爲維以勞民亡蜀張本.(胡)

198) 甲戌(254) 延熙十七年 : 魏主趙髦正元元年, 吳五鳳元年.(春)

199) 乙亥(255) 延熙十八年 : 魏正元二年, 吳五鳳二年.(春)

200) 丙子(256) 延熙十九年 : 魏甘露元年, 吳太平元年.(春)

201) 大將軍 : 加給最高權臣的稱號, 位在三公之上.(新)

【丁丑(257) 延熙二十年】[204]

○【譙周作仇國論】

譙周作仇國論 °十二月˙,[205] 姜維聞魏分關中兵以赴淮南, 率數萬人出駱谷,[206] 安西將軍鄧艾進兵據之, 以拒維. 是時, 維數出兵, 蜀人愁苦. 譙周作仇國論以諷之.[207]

【戊寅(258) 景耀元年】[208]

○ 五月, 魏詔以司馬昭爲相國,[209] 封晉公, 加九錫.[210]

○ 吳孫綝廢吳主爲會稽王,[211] 迎立瑯邪王休.[212]

---

202) 袞冕 : ① 龍袍, 皇冠.(新) ② 龍服也. 龍首袞然蟠曲, 故曰袞. 三公所命服. 冕, 大夫以上冠也.(要)
203) 赤潟副 : 重底曰潟, 單底曰履. 天子諸侯冕服用潟, 他服用履. 副, 后夫人祭服之首飾, 編髮爲之者.(要) 赤潟 : 赤色靴.(新) 副 : 與之配套.(新)
204) 丁丑(257) 延熙二十年 : 魏甘露二年, 吳太平二年.(春)
205) 十二 : (春)作'九', 誤.(◉)
206) 駱谷 : 在今陝西周至縣西南, 谷長四百餘里, 爲關中與漢中的交通要塞.(新)
207) 譙周 : 字允南, 蜀國的謀臣. 傳見三國志卷42.(新) 仇國論 : 書名, 蜀譙周撰, 論軍旅之利害者.(中)
208) 戊寅(258) 景耀元年 : 魏甘露三年, 吳景帝孫休永安元年.(春)
209) 相國 : 權位高于丞相, 爲執掌國家行政的首輔大臣.(新)
210) 九錫 : 皇帝賞賜大臣的九種東西, 卽車馬衣服樂則朱戶納陛虎賁弓矢鈇鉞秬鬯.(新)
211) 吳主 : ① 權之少子也.(要) ② 名, 亮. 史稱廢帝.(◉)
212) 瑯邪王休 : 孫休, 字子烈, 孫權的第六子. 傳見三國志卷48.(新)

【庚辰(260) 景耀三年】[213]

○【魏主髦被創 殞于車下】

魏主髦被創殞于車下

°四月˙,[214] 魏主髦見威權日去, 不勝其忿曰,[215] “司馬昭之心, 路人所知也.[216] 吾不能坐受廢辱, 今日當自出討之.” 遂拔劍升輦, 率殿中宿衛蒼頭官僮,[217] 鼓譟而出.[218] 中護軍賈充自外入,[219] 逆與髦戰於南闕下,[220] 太子舍人成濟抽戈▸前◂刺髦,[221] 殞于車下.

司馬昭之心路人所知

太后下令 罪狀高貴鄉公

太后下令, 罪狀高貴鄉公,[222] 廢爲庶人, 使中護軍司馬炎迎常道鄉公璜於鄴,[223] 以爲明帝嗣. 炎, 昭之子也. ▸昭上言, 成濟兄弟大逆不道, 夷其族.◂ 六月, 常道鄉公, 卽皇帝位.

---

213) 庚辰(260) 景耀三年 : 魏景帝曹奐景元元年, 吳永安三年.(春)
214) 四月 : (春)作‘正’, 誤.(◉)
215) 不勝 : 無法克制.(新) 勝 : 音升.(胡)
216) 路人所知也 : 言路人亦知其將簒.(胡)
217) 蒼頭 : ① 奴僕.(新) ② 長大有膂力者之號. 又魏兵卒之號. 漢名奴爲蒼頭者, 服純墨而別於良人也.(要) 官僮 : 僕役.(新)
218) 率殿中宿衛蒼頭官僮鼓譟而出 : 率領殿中守衛的兵士奴僕侍從, 擊鼓吶喊而出.(岳白)
219) 賈充 : 惠帝賈后父也.(要)
220) 逆 : 迎面.(新) 南闕 : 卽宮殿正門.(新)
221) 太子舍人 : 太子的侍從人員. 當時曹髦未立太子, 因成濟是司馬昭的親信, 故授以此官.(新) 成濟 : 髦自用劍, 衆欲退, 成濟問於充而抽戈前斬.(要) 刺 : 七亦翻.(胡) 髦 : 時年二十.(胡)
222) 罪狀 : 用如動詞, 卽宣布其罪狀.(新)
223) 璜 : 武帝孫燕王宇之子也.(要)

【壬午(262) 景耀五年】[224]

○ °十˙月,[225] 大將軍姜維, 伐魏洮陽,[226] 鄧艾與戰破之.

○ 【竹林七賢 崇尙虛無】

竹林七賢 崇尙虛無

魏譙郡嵇康,[227] 文辭壯麗, 好言老莊而尙奇任俠,[228] 與陳留阮籍籍兄子咸河內山濤河南向秀瑯邪王戎沛人劉伶特相友善,[229] 號竹林七賢.[230] 皆崇尙虛無, 輕蔑禮法, 縱酒昏酣,[231] 遺落世事.[232] 阮籍爲步兵校尉,[233] 其母卒, 籍方與人圍碁, 對者求止, 籍留與決賭.[234] 旣而飮酒二斗,[235] 擧聲一號,[236] 吐

224) 壬午(262) 景耀五年 : 魏景元三年, 吳永安五年.(春)
225) 十 : (春)作'八', 誤.(◉)
226) 洮陽 : 洮水之陽也. 洮水之陰, 魏不置郡縣, 維渡洮而攻之也.(目) 洮 : 土刀翻.(胡)
227) 嵇康 : ① 姓嵇名康. 晉書嵇康云, 康之先姓奚, 會稽上虞人, 以避怨徙譙郡銍縣, 銍有嵇山, 家於其側, 因以命氏.(今) ② 字叔夜, 爲中散大夫. 崇尙老莊, 爲竹林七賢之一. 有嵇中散集, 傳見三國志卷21(新)
228) 尙奇任俠 : ① 行爲奇特, 豪爽而愛抱打不平.(新) ② 尙奇, 崇尙奇巧也. 任俠, 謂行俠義之事也. 相與信爲任, 同是非爲俠.(中)
229) 阮籍 : ① 姓譜, 殷有阮國, 在岐渭之間. 周詩有侵阮徂共之辭, 子孫以國爲姓. 後漢有已吾令阮敦.(胡) ② 字嗣宗, 官至步兵校尉. 性崇老莊, 曠達不羈, 蔑視禮孝, 常縱酒昏睡, 以此保全自己. 能詩善文, 爲竹林七賢之一. 傳見三國志卷21.(新) 向秀王戎劉伶 : 都是竹林七賢成員.(新) 向 : 式亮翻.(胡)
230) 林七賢 : 七人集於竹林之下 肆意酣暢 故世謂竹林七賢.(中)
231) 昏酣 : 昏醉不醒.(新)
232) 遺落世事 : ① 不以世間俗事爲意(今) ② 不關心現實政事.(新)
233) 步兵校尉 : 官名. 漢置八校尉之一, 掌上林園門屯兵, 秩二千石. 魏阮籍嘗爲之, 世稱阮步兵. 唐以後廢.(中)

阮籍居喪飮酒 劉伶攜酒荷鍤 死便埋我

血數升，毁瘠骨立.[237] 居喪，飮酒無異平日．劉伶嗜酒，常乘鹿車,[238] 攜一壺酒，使人荷鍤隨之,[239] 曰，“死便埋我.” 當時士大夫皆以爲賢，爭慕效之，謂之放達.[240] 鍾會方有寵於司馬昭，聞嵇康名而造之,[241] 康箕踞而鍛,[242] 不爲之禮．會將去，康曰，“何所聞而來，何所見而去.” 會曰，“聞所聞而來，見所見而去.” 遂深銜之.[243]

嵇康箕踞而鍛 聞所聞而來見所見而去

○【鍾會勸伐蜀】

鍾會勸伐蜀

魏司馬昭患姜維數北伐，欲大擧入寇，朝臣多以爲不可，獨司隸校尉鍾會勸之.[244] 昭諭衆曰，“自定壽春以來,[245] 息役六年，治兵繕甲以擬二虜.[246]

---

234) 留與決賭 ： 留他接着下，要與他決出這一般的勝負.(新) 與決賭 ： 與決勝負也.(胡)
235) 旣 ： 過後，指下完棋.(新)
236) 號 ： 戶刀翻.(胡)
237) 毁瘠骨立 ： 病瘦得骨立如架.(新) 骨立 ： 言其瘠甚，身肉俱消，唯骨立也.(胡)
238) 鹿車 ： 言其小僅可容鹿也.(胡)
239) 荷鍤 ： ① 扛着鐵鍬.(新) ② 荷，下可翻．鍤，側洽翻，鍫也.(胡)
240) 放達 ： 謂放誕豁達也.(春)
241) 造之 ： 上門拜訪.(新)
242) 箕踞 ： ① 箕踞，傲坐，伸兩足，以手按膝，其形如箕也(春) ② 兩腿直伸，像箇簸箕似的坐着.(新) 鍛 ： 小冶．以鐵入火，鑠而椎之，是謂小冶，異於鎔鑄也.(今)
243) 深銜 ： 內心裏記恨.(新) 銜 ： 恨也．鍾會恨嵇康之無禮.(要)
244) 勸 ： 鼓勵，贊同.(新)
245) 定壽春 ： 指平定文欽諸葛誕的反叛，見甘露三年.(新)
246) 治 ： 直之翻.(胡) 擬 ： 猶言謀也.(輯) 二虜 ： 指東吳和蜀漢.(新)

今吳地廣大而下溼, 攻之用功°差˙難,[247] 不如先定巴蜀, 三年之後, 因順流之勢, 水陸并進, 此滅虢取虞之勢.[248] 今絆姜維於沓中,[249] 使不得東顧,[250] 直指駱谷,[251] 出其空虛之地以襲漢中, 以劉禪之闇,[252] 而邊城外破, 士女內震,[253] 其亡可知也." 乃以鍾會爲鎭西將軍, 都督關中.

【黃皓寢姜維備邊表】

黃皓寢姜維備邊表

姜維表帝"聞鍾會治兵關中, 欲規進取,[254] 宜并遣左右車騎張翼廖化,[255] 督諸軍分護陽安關口及陰平之橋頭,[256] 以防未然." 黃皓信巫鬼, 謂敵終不自致,[257] 啓帝寢其事,[258] 群臣莫知.

---

247) 差 : (春)作'最', 誤.(◉) 差難 : 較爲困難.(新)

248) 滅虢取虞 : ① 春秋僖公二年, 晋假道於虞 以伐虢滅之, 師還舘于虞, 遂襲虞滅之, 以此喩滅蜀 可乘勢以滅吳.(春) ② 春秋時晋獻公先滅了虢國, 而後乘勢滅了虞國.(新)

249) 絆 : 縶足曰絆, 牽制之意.(今)

250) 東顧 : 顧及東面.(新)

251) 駱谷 : 在今陝西周至西南, 谷長四百餘里, 爲關中與漢中的交通要道.(新)

252) 闇 : 昏庸.(新)

253) 士女 : 此士女泛言蜀之國人.(今) 內震 : 在內地震恐不安.(新)

254) 規 : 謀劃.(新) 進取 : 謂努力前進, 有所取求, 志在必得也.(中)

255) 左右車騎 : 時張翼爲左車騎將軍, 廖化爲右車騎將軍.(胡)

256) 分護 : 分別把守.(新) 陽安關口 : 卽陽平關. 在今陝西勉縣西.(新) 陰平之橋頭 : 陰平橋頭, 在文州界.(胡) 陰平 : 在今甘肅文縣西北. 陽平關及陰平道地勢十分險惡.(新)

257) 謂敵終不自致 : 致, 至也, 詣也. 言陰平道險, 敵終不自致險地.(今) 謂 : 認爲.(新) 不自致 : 不會自己到險地送死.(新)

258) 寢 : 置之不理.(新)

【癸未(263) 炎興元年】[259]

○【魏鄧艾鍾會伐蜀】

魏鄧艾鍾會伐蜀

°五月˙,[260] 魏欲大擧兵, 入寇漢中, 遣鄧艾督三萬餘人, 自狄道趣甘松沓中,[261] 以連綴姜維,[262] 諸葛緖督三萬餘人, 自祁山趣武街橋頭,[263] 絶維歸路. 鍾會統十°餘萬˙衆,[264] 分從斜谷駱谷子午谷,[265] 趣漢中.[266] 以廷尉衛瓘持節監艾會軍事.[267]

○【劉寔豫言鍾鄧破蜀而不還】

劉寔豫言鍾鄧破蜀而不還

或以問劉寔曰, "鍾鄧其平蜀乎?"[268] 寔曰, "破蜀必矣, 而皆不還."[269] 客問其故, 寔笑而不答.[270]

---

259) 癸未(263) 炎興元年 : 魏景元四. 吳永安六年. 是歲漢亡.(春)
260) 五月 : (春)作'秋', 誤.(◉)
261) 狄道 : 今甘肅臨洮縣.(新) 趣 : 音趨. 下同.(春) 甘松 : 在今甘肅迭部縣東南.(新) 沓中 : 在今甘肅宕昌縣西, 與甘松鄰近.(新)
262) 連綴 : 猶曰牽制.(今)
263) 祁山 : 在今甘肅禮縣東北.(新) 武街 : 武都郡治下辨, 今甘肅成縣西北.(新)
264) 餘萬 : (春)作'萬餘', 據(資治)改.(◉)
265) 斜谷 : 在今陝西五丈原西南, 夾在武功水和褒水之間, 是連接關中與漢中的交通要道.(新) 子午谷 : 從關中到漢中的南北通道. 北口在今陝西長安縣西南, 南口在今陝西漢陰縣西.(新)
266) 漢中 : 郡名. 郡治南鄭(今陝西漢中), 當時屬蜀.(新)
267) 衛瓘 : 字伯玉. 魏晋之交的權奸.(新)
268) 其平蜀乎 : 不能平定蜀國嗎.(新)
269) 皆不還 : 都不能活着回來.(新)
270) 寔笑而不答 : 鍾鄧之禍, 識者固知之矣.(胡)

○【姜維等合兵守劍閣】

姜維等合兵守劍閣

八月，魏軍發洛陽，長驅而前，[271] 維聞鍾會諸軍已寇漢中，引兵與廖化張翼董厥等，合兵守劍閣以拒會.[272]

○【鄧艾入蜀】

鄧艾入蜀

姜維列營守°險˙，[273] 會攻之不能克，糧道險遠，欲引還．鄧艾上言，"漢兵摧折，[274] 宜遂乘之．若從陰平由邪徑，經漢德陽亭趣涪，[275] 出劍閣西百里，去成都三百餘里，奇兵衝其腹心，[276] 出其不意，劍閣之守必還赴涪，則會方軌而進，[277] 劍閣之軍不還，則應涪之兵寡矣."[278] 遂自陰平行無人之地七百餘里，鑿山通道，造作橋閣.[279] 山高谷深，[280]

---

271) 長驅而前 : 長驅，謂無禦之者，猶言直進也.(春)

272) 劍閣 : 四川省劍閣縣北，大小劍山之間，有棧道絶險，名曰劍閣，亦曰劍門關．華陽國志曰，諸葛亮相蜀，鑿石架空，始爲飛閣以通行道．酈道元曰，小劍戍西去大劍山三十里，連山絶險，飛閣通衢，故謂之劒閣．太平寰宇記曰，綿州巴西縣大劒鎭在劍閣口，一人荷戟，萬夫莫向，魏時蜀將姜維拒鍾會如此.(今)

273) 險 : (春)作'劍閣'，據(資治)改.(◉)

274) 漢 : (資治)作'賊'．(資治)正統在魏，故指蜀漢爲'賊'.(◉)

275) 邪徑 : 小路.(新)　德陽亭 : 城名．故城在今四川梓桐縣北部.(新)　涪 : ① 卽涪縣．縣治在今四川綿陽縣城東.(新) ② 音浮.(胡)

276) 腹心 : 比喩近中心的重要地區.(漢)

277) 方軌 : ① 軌，車轍也，方軌，言竝轍而進也．爾雅云，方舟者，倂兩舟，則此軌亦兩也.(春) ② 幷車．方軌而進指平鋪向前，無人敢擋的樣子.(新)

278) 應 : 接應救援.(新)

艾以氈自裹 推轉而下 魚貫而進

至爲艱險，又糧運將匱，瀕於危殆.[281] 艾以氈自裹，推轉而下.[282] 將士皆攀木緣崖，魚貫而進.[283] 先登至江油,[284] 蜀守將馬邈降.[285]

【諸葛瞻父子死節】

諸葛瞻父子死節

諸葛瞻督諸軍拒艾，⁋艾以書誘瞻曰，"若降者，必表爲琅邪王."[286] 瞻怒，斬艾使,[287] 列陳以待艾.[288] 艾遣子惠唐亭侯忠出其右，司馬師纂等出其左．忠纂戰不利，並引還曰，"賊未可擊!" 艾怒曰，"存亡之分，在此一擧，何不可之有!" 叱忠纂等，將斬之．忠纂馳還更戰，大破,⁋[289] 斬瞻．⁋瞻子尙策馬冒陳而死.⁋[290]

---

279) 遂自陰平 … 造作橋閣 : 今隆慶府陰平縣北六十里有馬閣山，峻峭崚嶒，極爲艱險，鄧艾軍行至此，路不得通，乃懸車束馬，造作棧閣，始通江油，因名馬閣．又自文州靑塘嶺至龍州百五十里，自北而南者右肩不得易所負，謂之左擔路，亦艾伐蜀路也．據鍾會傳，艾自漢德陽亭入江油左擔道，則德陽亭蓋當馬閣山之路.(今) 橋閣 : 橋梁棧道.(新)
280) 高谷 : (資治)作'谷高'.(◉)
281) 瀕 : 際也．古'濱'字，近也.(要)
282) 推轉 : ① 推墮而流轉也.(目) ② 猶言翻滚.(新) 推 : 吐雷翻.(胡)
283) 魚貫而進 : ① 謂若魚貫之連接而進也.(春) ② 山崖險陿，單行相繼而進，如貫魚然.(胡) 魚貫 : 用繩子串魚，卽一個挨一個的樣子.(新)
284) 先登至江油 : 先頭部隊到達江油.(岳白) 江油 : 今龍州江油縣地，南至綿州二百餘里．綿州，古涪城也.(胡)
285) 降 : 戶江翻.(胡)
286) 必表爲琅邪王 : 諸葛氏，本琅邪人，故以此誘之.(胡)
287) 使 : 疏吏翻.(胡)
288) 陳 : 讀曰陣．下同.(胡)
289) 大破 : (春)作'艾大破之'，據(資治)改.(◉)

○【後皇帝劉禪降魏】

後皇帝劉禪降魏

漢人不意魏兵卒至,[291] 不爲城守調度,[292] 聞艾已入平土, 百姓擾擾,[293] 皆迸山野,[294] 不可禁制. 譙周請降, ◖帝◗乃遣°張紹等˙奉璽綬詣艾降.[295] 北地王諶怒曰,[296] "若理窮力屈,[297] 禍敗將及, 便當父子君臣背城一戰,[298] 同死社稷, 以見先帝可也, 奈何降乎!" 帝不聽. 諶哭於昭烈之廟,[299] 先殺妻子而後自殺.[300] 艾至成都城北, 帝率太子諸王及群臣, 面縛輿櫬詣軍門降.[301] 姜維得帝敕命, 乃與廖化張翼董厥等同詣會降.

劉諶先殺妻子而後自殺

---

290) … 瞻子尙策馬冒陳而死 : 諸葛瞻父子獨能冒犯鋒刃, 視死如歸, 雖其資質有過人者, 亦家法之淵源有自也, 孔明可謂有子有孫矣.(綱合 徐氏評)

291) 卒 : 讀曰猝.(胡)

292) 不爲城守調度 : 意謂從來沒有調兵守城的准備.(新) 調度 : 調度賦調用度也.(春) 調 : 徒弔翻.(胡)

293) 擾擾 : 惶恐浮動的樣子.(新)

294) 迸 : ① 逃散.(新) ② 北孟翻.(胡) 野 : (資治)作'澤', 三國志蜀志(譙周傳)作'野'.(◉)

295) 張紹等 : (春)作'使', 據(資治)改.(◉) 璽綬 : ① 璽, 斯氏翻. 綬, 音受.(胡) ② 古代印璽上所繫的彩色絲帶. 借指印璽.(漢)

296) 北地王諶 : 卽劉諶, 劉禪子, 被封爲北地王. 傳見三國志卷33.(新) 諶 : 時壬翻.(胡)

297) 若理窮力屈 : 如果力量耗盡.(岳白)

298) 背城 : 背靠自己的城墻. 多指作最後決戰.(漢)

299) 昭烈之廟 : 先主劉備的祠廟.(新)

300) 殺妻子而後自殺 : 曾謂庸禪有子如此乎.(胡)

301) 面縛 : 縛手於背, 而面向前也.(春) 輿櫬 : 輿, 共擧也. 櫬, 空棺也. 棺輿從之者, 皆示其君將受死也.(春)

右漢昭烈及後皇帝禪, 共四十三年.

○【張悌豫言司馬氏得政 將克蜀 而爲吳憂】

張悌豫言司馬氏得政將克蜀而爲吳憂

曹操功蓋中夏

彼之得志 我之憂

魏之攻蜀也,[302] 吳人或謂襄陽張悌曰,[303] "司馬氏得政以來, 大難屢作,[304] 百姓未服, 今又勞力遠征, 敗於不暇,[305] 何以能克!" 悌曰, "不然. 曹操雖功蓋中夏,[306] 民畏其威而不懷其德也. 丕叡承之,[307] 刑繁役重.[308] 司馬懿父子, 除其煩苛而布其平惠,[309] 爲之謀主而救其疾苦.[310] 淮南三叛,[311] 而腹心不擾,[312] 曹髦之死, 四方不動. 任賢使能, 各盡其心, 其根本固矣,[313] 奸計立矣.[314] 今蜀閹宦專朝,[315] 國無政令, 因危而伐, 殆無不克. 噫. 彼之

302) 攻 : (資治)作'伐'.(◉)
303) 張悌 : 吳國將領. 字巨先, 時爲屯騎校尉.(新)
304) 大難 : 指王淩毌丘儉諸葛誕的叛變, 以及夏侯玄被殺, 曹芳曹髦被廢被殺等.(新)
305) 敗於不暇 : 意謂光顧失敗還來不及.(新)
306) 中夏 : 中原地區.(新) 夏 : 戶雅翻.(胡)
307) 丕叡 : 魏文帝與明帝之諱.(◉)
308) 刑繁 : 指法網密懲罰多.(新)
309) 布其平惠 : 實行平和有恩於百姓的政策.(新)
310) 爲之謀主 : 指司馬氏成爲魏國的決策者.(新)
311) 淮南三叛 : 指嘉平元年的王淩叛變, 正元元年的毌丘儉叛變, 甘露二年的諸葛誕叛變.(新)
312) 腹心不擾 : 謂國中安定, 無離叛之象.(今) 腹心 : 指京都地帶.(新)
313) 根本 : (資治)作'本根'.(◉)
314) 奸 : 同'姦'.(漢)
315) 閹宦專朝 : 指宦官黃皓專擅朝政.(新)

得志, 我之憂也." 吳人笑其言, 至是乃服.

○【鄧艾乘勝欲取吳】

鄧艾乘勝欲取吳
兵有先聲而後實

鄧艾以書言於晉公昭曰, "兵有先聲而後實者,[316] 今因平蜀之勢以乘吳,[317] 吳人震恐, 席卷之時也.[318] 然大擧之後,[319] 將士疲勞, 不可便用,[320] 且徐緩之. 留隴右兵二萬人蜀兵二萬人, 煮鹽興冶,[321] 爲軍農要用,[322] 並作舟船, 預爲順流之事.[323] 然後發使告以利害, 吳必歸化,[324] 可不征而定也. 今宜厚劉禪以致孫休,[325] 封禪爲扶風王,[326] 以顯歸命之寵."[327] 昭使監軍衛瓘喩艾,[328] "事當須報,[329] 不宜輒行."[330] 艾重言曰,[331] "春秋之義,[332] '大夫出疆,

---

316) 兵有先聲而後實者 : 漢初李左車嘗以是說韓信, 見漢書韓信傳, 艾蓋祖其說以說司馬文王. 先聲而後實者, 謂務以聲勢屈敵而不尙戰爭, 所謂攻心戰術.(今)
317) 乘吳 : 乘勢攻擊東吳.(新)
318) 席卷 : 喩事之易也. 亦作'席捲'. 席捲, 席收捲也.(中)
319) 大擧 : 謂大興軍旅.(漢)
320) 便用 : 立卽使用.(新)
321) 塩 : '鹽'之俗字.(中) 煮鹽興冶 : 蜀有鹽井, 朱提出銀, 嚴道邛都出銅, 武陽南安臨邛沔陽皆出鐵, 漢置鹽官鐵官, 艾欲復其利.(胡) 冶 : 謂冶鑄.(今)
322) 軍農要用 : 軍隊和屯墾的重要費用.(新)
323) 順流之事 : 指順江而下攻打東吳.(新)
324) 歸化 : 歸順. 歸附.(漢)
325) 厚劉禪以致孫休 : 謂厚劉禪以誘孫休使降魏.(今) 致 : 招.(新) 孫休 : 吳主姓名.(要)
326) 扶風 : 郡名. 郡治槐里(今陝西興平縣東南).(新)
327) 歸命 : 歸順. 投誠.(漢)
328) 監軍 : 卽前文所說的軍司. 最高統治者派到軍中去的特派員.(新)
329) 當須 : 必須.(漢) 須報 : 等待回示.(新)

有可以°安˙社稷利國家,[333] 專之可也.' 今吳未賓,勢與蜀連,不可拘常,[334] 以失事機."

【鍾會密白艾有反狀】

鍾會密白艾有反狀

鍾會內有異志,[335] 乃與瓘密白艾有反狀.[336]

【甲申(264)】 [337]

○【鍾會謀反以被殺 姜維欲立故漢帝以被殺 鄧艾亦被殺】

鍾會謀反以被殺 姜維欲立故漢帝以被殺 鄧艾亦被殺

正月,魏詔以檻車徵艾赴京師.[338] 會所憚惟艾,艾父子既禽,會獨統大衆,威震西土,遂決意謀反.丁丑,[339] 矯太后遺詔,使會起兵廢司馬昭,姜維欲使會盡殺北來諸將,[340] 已因殺會,[341] 盡坑魏兵,

---

330) 輒行 : 立即就做.(新)
331) 重言 : 大聲地說,動氣的樣子.(新) 重 : ① 猶難也.(要) ② 直用翻.(胡)
332) 春秋之義 : ① 以下數語見春秋公羊傳.(新) ② 載公羊傳莊公十九年.(◉)
333) 安 : (春)作'寧',據(資治)改.(◉)
334) 拘常 : 拘泥於常理.(新)
335) 異志 : 二心.叛離之心.(漢)
336) 反狀 : 謀反的情況.(漢)
337) 甲申(264) : 魏咸熙元年.吳主孫皓元興元年.凡二國.(春)
338) 魏詔以檻車徵艾赴京師 : 丙子,會至成都,送艾赴京師.(胡) 檻車 : 用柵欄封閉的車.用於囚禁犯人或裝載猛獸.(漢)
339) 丁丑 : 正月16日.(新)
340) 北來諸將 : 從中原地區帶來的曹魏的將領.(新)
341) 已因殺會 : 自己再乘機誅殺鍾會.(新)

復立故漢帝,[342] 會衆兵作亂, 格斬姜維,[343] 爭前殺會,[344] 鄧艾本營將士追出艾於檻車, 迎還,[345] 衛瓘遣兵襲艾, 斬艾父子.

○【劉禪爲安樂公】

劉禪爲安樂公 魏封故漢帝禪爲安樂公.

○ 吳主休殂, 皓卽皇帝位.[346]

○ 晉王立炎爲世子.

【乙酉(265)】[347]

○ 八月, 魏晉王昭卒, 太子炎嗣爲相國晉王.[348]

○ 冬, 吳主徙都武昌.

○【司馬炎簒魏 魏主爲陳留王】

司馬炎簒魏 魏主爲陳留王 十二月, 魏主禪位于晉王, 王卽皇帝位, 奉魏主

342) 復立故漢帝 : (資治)作'復立漢主'. 漢帝與漢主皆謂蜀漢後主劉禪也.(◉)
343) 會衆兵作亂 格斬姜維 : 衆格斬維.(胡) 格斬 : 擊殺.(漢)
344) 爭前 : 又爭相向前.(中白)
345) 迎還 : 指接回成都.(新)
346) 皓 : 權之孫和之子也.(要)
347) 乙酉(265) : 魏咸熙二年. 晉世祖司馬炎泰始元年. 吳甘露元年. 是歲魏亡晉代, 凡二國.(春)
348) 太子 : 卽司馬炎.(新)

爲陳留王.

右魏五主, 共四十六年.

○【晉主欲矯以仁儉】

晉主欲矯以仁儉 時晉主承魏氏刻薄奢侈之後, 欲矯以仁儉,[349] 有

青麻代青絲 司言御牛靑絲紖斷,[350] 詔以靑麻代之.[351]

○【晉初置諫官】

晉初置諫官 晉初置諫官,[352] 以傅玄爲之.[353] 玄以魏末士風頹敝,[354] 上疏曰, "臣聞先王之御天下, 教化隆於上,[355] 淸議行於下.[356] 近者魏武好法術而天下貴刑名,[357] 魏文慕通達而天下賤守節,[358] 其後綱維不攝,[359] 放

349) 欲 : (資治)無'欲'字.(◉) 矯 : ① 改正改行.(新) ② 矯以爲矯正其曲也.(春)
350) 御牛 : 皇帝祭祀使用的牛.(新) 靑絲紖 : ① 靑絲做的繮繩.(新) ② 著牛鼻繩, 所以牽牛者, 以靑絲爲之.(春) 紖 : 索, 牛系. 禮少儀, '牛則執紖.' 又祭統, '及迎牲, 君執紖. 注, 紖, 所以牽牲也.'疏, '紖, 牛鼻繩, 君子執之, 入繫於碑.'(今)
351) 以靑麻代之 : 以見其儉省.(新)
352) 諫官 : 秦漢以來有諫大夫, 鄭昌所謂官以諫爲名者也. 東漢有諫議大夫, 魏不復置. 晉以散騎常侍拾遺補闕, 卽諫官職也.(胡)
353) 傅玄 : 字休奕. 官至御使中丞, 性剛直, 上疏切論時事, 常能反映社會實情. 傳見晉書卷47.(新)
354) 頹敝 : 墮落.(新)
355) 隆 : 昌盛.(新)
356) 淸議 : 公正的評論.(新)
357) 貴刑名 : 重視刑罰.(新)

誕盈朝,[360] 遂使天下無復淸議.[361] 陛下龍興受禪,[362] 弘堯舜之化, 惟未擧淸遠有禮之臣以敦風節,[363] 未退虛鄙之士以懲不恪,[364] 臣是以猶敢有言.” 晉主嘉納其言, 然亦不能革.

【丙戌(266)】[365]

○【吳還都建業】

吳還都建業

吳主居武昌,[366] 揚州之民泝流供給,[367] 甚苦之. 陸凱上疏曰, “武昌土地危險瘠确,[368] 非王者之都, 且童謠云, ‘寧飮建業水, 不食武昌魚, 寧還建業死, 不止武昌居.’[369] 以此觀之, 足明民心與天意

寧還建業死不止武昌居

358) 賤守節 : 不重視操守名節.(新)
359) 綱維不攝 : 指禮義廉恥的倫理崩潰.(新) 攝 : 整也.(胡)
360) 放誕 : ① 指荒唐放肆的人, 如何晏阮籍等.(新) ② 放縱誕妄. 晉書何曾傳, ‘阮籍負才放誕, 居喪無禮.’(今)
361) 遂使天下無復淸議 : 于是使得天下不再有公平的評論.(岳白)
362) 龍興 : 卽稱帝卽位.(新)
363) 淸遠有禮 : 見識遠大, 行爲有禮.(新) 風節 : 風化節操.(岳白)
364) 虛鄙 : 虛浮鄙陋.(新) 不恪 : 不恭敬不謹愼.(新)
365) 丙戌(266) : 晉泰始二年. 吳寶鼎元年.(春)
366) 武昌 : 孫晧的首都, 卽今湖北鄂城市.(新)
367) 揚州 : 州治建業, 下屬丹陽宣城毗陵吳興會稽東陽新都臨海建安豫章臨川鄱陽廬陵等郡, 都在武昌(鄂城)的下游.(新) 泝流 : 逆長江而上.(新)
368) 危險 : 指地勢險要.(新) 瘠 : (自治)作‘塉’. (漢)云, “塉, 秦昔切. (土地)貧瘠. 亦指貧瘠的土地.” 又云, “瘠, 秦昔切. 磽薄. 不肥沃.” 則塉與瘠同音同義也.(◉) 塉确 : ① 指土壤貧瘠.(新) ② 塉, 秦昔翻, 土薄也. 确, 克角翻, 山多大石也.(胡)
369) 寧飮 … 武昌居 : 此苦於泝流供給而爲是謠也.(胡)

矣." 十二月, 吳主還都建業.

▶【丁亥(267)】◀[370]

○【李密以祖母老 固辭洗馬】

李密以祖母老固辭洗馬

晉以李憙爲太子太傅, 徵犍爲李密爲太子洗馬.[371] 密以祖母老, 固辭, 許之.[372] 密與人交, 每公議其得失而切責之.[373] 常言, "吾獨立於世, 顧影無儔,[374]

李密無彼此於人

然而不懼者, 以無彼此於人故也."[375]

【戊子(268)】[376]

○【杜預爲黜陟之課】

杜預爲黜陟之課

晉主詔河南尹杜預爲黜陟之課,[377] 預奏 "古者黜陟, 擬議於心,[378] 不泥於法, 末世不能紀遠而專求°密微˙,[379] 疑心而信耳目,[380] 疑耳目而信簡書.[381]

370) 丁亥(267) : 晉泰始三年. 吳寶鼎二年.(◉)
371) 洗馬 : 自漢以來有之. 晉職官志, 太子洗馬, 職爲〔如〕謁者祕書, 掌圖書, 釋奠講經則掌其事, 出則直者前驅, 導威儀. '洗', 漢書作'先'. 如淳曰, 先, 前驅也. 國語越王句踐親爲夫差先馬. 先, 一作洗, 音悉薦翻.(胡)
372) 固辭 許之 : 密所以辭者, 以旁無兼侍, 祖母與孫相依爲命故也.(胡)
373) 每公議其得失 : 往往公然論議其得失優劣.(中白)
374) 顧影無儔 : 自顧其影而沒有伴侶.(中白)
375) 無彼此於人 : 對任何人都一樣看待.(新)
376) 戊子(268) : 晉泰始四年. 五寶鼎三年.(春)
377) 黜陟之課 : 官員升降的考核條例.(新)
378) 擬議 : 思考, 拿主意.(新)

簡書愈繁, 官方愈僞.[382] 魏氏考課,[383] 卽京房之遺意,[384] 其文可謂至密, 然失於苛細以違本體, 故歷代不能通也.[385] 豈若申唐堯之舊制, 取大捨小, 去密就簡, 俾之易從也.[386] 夫曲盡物理,[387] 神而明之,[388] 存乎其人,[389] 去人而任法, 則以文傷理.[390] 莫若委任達官,[391] 各考所統,[392] 其有優劣徇情, 不叶公論者,[393] 當委監司隨而彈之.[394] 若令上下公相容過,[395] 此爲淸議大頹,[396] 雖有考課之法, 亦無益也." 事竟不行.

取大捨小去密就簡

379) 紀遠 : 卽作長遠打算.(新) 密微 : ① 細微末節.(新) ② (春)作'微密', 據(資治)改.(◉)
380) 疑心 : 懷疑自己的良知.(新) 耳目 : 指所聞所見.(新)
381) 簡書 : 卽報告公文.(新)
382) 官方 : ① 爲官之術.(新) ② 居官者應守之禮法.(今)
383) 魏氏考課 : 魏散騎常侍劉劭曾作考課法, 其略見本書(資治通鑑)卷73景初元年.(新)
384) 京房 : 字君明, 西漢重要的陰陽五行家. 曾奏進考功課吏法.(新)
385) 通 : 實行.(新)
386) 俾 : 使.(新)
387) 曲盡物理 : 了解各種事物的原委.(新)
388) 神而明之 : 通過個人的聰明才智把事情弄淸楚.(新)
389) 存乎其人 : 一切全在于人的主觀作用.(新)
390) 文 : 法律條文.(新)
391) 達官 : ① 通曉事理的官員.(新) ② 顯官也. 居一官之長, 其事得專達於上.(胡)
392) 所統 : 自己下屬的部門.(新)
393) 不叶公論 : 與大家的公論不一致. 叶, 通協, 諧合.(新) 叶 : 古協字.(今)
394) 監司 : ① 監, 古銜翻. 監司, 御史司隸, 又諸州刺史也.(胡) ② 負責監察的部門.(新)
彈 : 彈劾.(新)
395) 公相容過 : 公開互相包庇.(新)
396) 淸議 : 社會名流的評議.(新) 大頹 : 徹底衰敗.(新)

【己丑(269)】[397]

○【羊祜輕裘緩帶 身不被甲】

羊祜輕裘緩帶身不被甲 羊祜得江漢之心

晉主有滅吳之志，以尚書左僕射羊祜都督荊州諸軍事，鎭襄陽，祜綏懷遠近，[398] 甚得江漢之心，[399] 與吳人開布大信，[400] 降者欲去，[401] 皆聽之，減戍邏之卒，[402] 以墾田八百餘頃.[403] 其始至也，軍無百日之糧，及其季年，[404] 乃有十年之積. 祜在軍，常輕裘緩帶，身不被甲，[405] 鈴閤之下，[406] 侍衛不過十數人.

【庚寅(270)】[407]

○【陸抗陳時宜十七條】

397) 己丑(269) : 晉泰始五年. 吳建衡元年.(春)
398) 綏懷 : 安撫感化.(新)
399) 江漢 : 長江漢水流經的地帶，這裏指湖北一帶地區.(新)
400) 開布大信 : 卽講求信義，說話算話.(新)
401) 降 : 戶江翻.(胡)
402) 戍邏 : 防守巡邏.(新)
403) 以墾田 : 讓裁減下來的士卒開墾農田.(新)
404) 季年 : 在任的最後幾年.(新)
405) 被 : ① 皮義翻.(胡) ② 同披.(新)
406) 鈴閤之下 侍衛不過十數人 : 鈴下卒及閤下威儀也. 鈴下者，有使令則掣鈴以呼之，因以爲名. 閤下威儀，掌出入贊導及納謁受事.(胡) 鈴閤之下 : 指羊祜辦公的地方. 鈴下，指將帥有令就搖鈴呼士卒. 閤下，指堂前的侍從人員.(新)
407) 庚寅(270) : 晉泰始六年. 吳建衡二年.(春)

陸抗陳時宜十七條
衆者勝寡 安者制危

四月，吳以鎭軍大將軍陸抗都督西陵夷道樂鄕公安諸軍事.[408] 抗以吳主政事多闕，上疏曰，"臣聞德均則衆者勝寡,[409] 力侔則安者制危,[410] 此六國所以竝於秦，西楚所以屈於漢也.[411] 今敵之所據，非◤特◥關右之地,[412] 鴻溝以西,[413] 而國家外無連衡之援,[414] 內非西楚之彊,[415] 議者所恃，徒以長江峻山限帶封域,[416] 此乃守國之末事,[417] 非智者之所先也. 臣每念及此，中夜撫枕，臨餐忘食. 謹陳時宜十七條以聞."[418] 吳主不納.°☞˙

◤【辛卯(271)】◥ [419]

○【吳主信讖文】

408) 西陵 ： 今湖北宜昌市故城.(新) 夷道 ： 今湖北宜都縣.(新) 樂鄕 ： 今湖北松滋縣東北.(新) 公安 ： 今湖北公安縣北.(新)
409) 德均 ： 指兩國君主的道德水准與受人擁護的程度差不多.(新) 衆者勝寡 ： 人口多的一方戰勝人口少的一方.(新)
410) 力侔 ： 力量相等.(新) 侔 ： 齊等.(今)
411) 竝 ： 與'並'同.(中) 西楚 ： 指西楚霸王項羽.(新)
412) 非特關右 ： 不只是占有函谷關之西，當年劉邦就是以關右爲依據打敗項羽的.(新)
413) 鴻溝以西 ： 鴻溝是水道名，卽後代所說的汴河，從河南榮陽北由黃河分出，流經今中牟縣北，開封市北東南入潁水. 楚漢相爭時，劉邦項羽曾一度劃鴻溝爲界，鴻溝以西屬劉邦.(新)
414) 連衡 ： 指同盟國結成聯盟.(新)
415) 彊 ： 同'强'.(漢)
416) 限帶封域 ： 山限帶水以爲界域.(今)
417) 末事 ： 指作用不大.(新)
418) 時宜 ： 對時勢合宜.(新) 十七條 ： 十七條失本不載.(胡)
419) 辛卯(271) ： 晉泰始七年. 吳建衡三年.(春)

吳主信讖文

黃旗紫蓋見於東南

若遇敵便當倒戈

◖ 吳人刁玄詐增讖文云,[420] “黃旗紫蓋, 見於東南, 終有天下者, 荊揚之君.”[421] 吳主信之. 大擧兵出華里.[422] 行遇大雪, 兵士寒凍殆死,[423] 皆曰, “若遇敵, 便當倒戈.”[424] 吳主聞之, 乃還.[425] ◗

○ 十°二˙月,[426] ◗是歲◖晉安樂公劉禪卒, 諡曰思.[427]

【壬辰(272)】[428]

○ 【王濬作戰艦 吾彦爲鐵鎖橫斷江路】

王濬作戰艦吾彦爲鐵鎖橫斷江路

晉王濬爲益州刺史. 初, 濬爲羊祜參軍,[429] 祜深知之. 時晉主與羊祜陰謀伐吳, 祜以爲伐吳宜藉上流之勢,[430] 密表留濬復爲益州刺史, 使治水軍.

---

420) 詐增讖文 : 江表傳曰, 玄使蜀得司馬徽論運命曆數事, 因詐增其文, 以誑吳人.(今) 讖文 : 漢代以來一些別有用心者編造的一種豫決吉凶的隱語.(新)

421) 荊揚之君 : 卽指東關君主孫皓, 據江表傳, 刁玄曾出使蜀漢, 得到司馬徽著的論命運曆殘篇, 於是加上這幾句話, 用以討孫皓歡心, 博取富貴.(新)

422) 華里 : ① 在今南京市西.(新) ② 在建業西.(胡)

423) 寒凍殆死 : 把人幾乎凍死.(新)

424) 倒戈 : ① 紂發兵與周武王會戰于牧野, 前徒倒戈攻其後以北.(胡) ② 倒, 丁老反. 戈, 平頭戟. 倒戈謂倒以戈兵授人而反自攻其後也. 今喩人自攻其黨曰倒戈, 書武成前徒倒戈攻于後以北.(春)

425) 還 : 從宣翻, 又如字.(胡)

426) 二 : (春)作‘一’, 誤.(◉)

427) 安樂公劉禪 諡曰思 : 劉禪死時年六十五歲. 安樂公是其封號, 思字是諡.(新)

428) 壬辰(272) : 晉泰始八年. 吳鳳凰元年.(春)

429) 參軍 : 晉制, 諸位從公爲持節都督, 參軍六人.(胡)

430) 藉 : 憑借借助.(新)

木柹 蔽江

大作戰艦.[431] 時作船木柹,[432] 蔽江而下, 吳建平太守吾彦取流柹以自吳主曰,[433] "晉必有攻吳之計, 宜增建平兵以塞其衝要."[434] 吳主不從. 彦乃爲鐵鎖橫斷江路.[435]

○【吳主志益張大 不修德政】

吳主志益張大不修德政

八月, 吳主徵西陵督步闡. 闡世在西陵,[436] 猝被徵, 自懼有讒,[437] ⁌九月⁍, 據城降晉. 晉以闡爲都督西陵諸軍,[438] ⁌十月⁍, 吳陸抗討之. 晉主遣羊祜救之不克. ⁌十二月⁍, 抗遂拔西陵, 誅闡. 吳主旣克西陵, 自謂得天助, 志益張大,[439] 不修德政, 專爲兼并之計.

○【羊祜與陸抗對境 使命常通】

---

431) 戰艦 : (資治)作'舟艦'.(◉)
432) 木柹 : ① 柹, 芳廢翻. 削木札樸也. 字本作柹, 詳見辨誤.(胡) ② 鋸下來的碎木塊.(新)
433) 建平 : 郡名, 郡治巫縣(今四川巫山縣北).(新)　吾彦 : 人名, 姓吾名彦.(新)　流柹 : 江上漂流的碎木.(新)
434) 塞其衝要 : 堵住晋軍出川的咽喉.(新)　塞 : 悉則翻.(胡)
435) 橫斷江路 : 爲後王濬燒斷鐵鎖張本.(胡)　斷 : 丁管翻.(胡)
436) 世在西陵 : ① 自吳主權用步隲督西陵, 隲卒, 子協繼之. 闡, 協弟也.(胡) ② 步闡的父親步騭在吳主孫權時任西陵督, 步騭去世後, 步闡之兄步協繼位, 今步闡又接任.(新)
437) 懼有讒 : 懼怕有人在孫晧跟前進讒言.(新)
438) 晉 : (資治)作'詔'.(◉)
439) 張 : 去聲, 心自侈大也.(春)

羊祜與陸抗對境使命常通

羊祜德信懷吳

晉羊祜歸自江陵,[440] 務修德信以懷吳人. 每交兵, 刻日方戰,[441] 不爲掩襲之計. 將帥有欲進譎計者,[442] 輒飮以醇酒,[443] 使不得言. 祜出軍行吳境, 刈穀爲粮,[444] 皆計所侵,[445] 送絹償之. 每會衆江沔游獵,[446] 常止晉地,[447] 若禽獸先爲吳人所傷而爲晉兵所得者, 皆送還之. 於是吳邊人皆悅服.[448] 祜與陸抗對境, 使命常通.[449] 抗遺祜酒, 祜飮之不疑, 抗疾, 求藥於祜, 祜以成藥與之,[450] 抗卽服之. 人多諫抗, 抗曰, "豈有酖人羊叔子哉!"[451] 抗告其邊戍曰, "彼專爲德, 我專爲暴, 是不戰而自服也. 各保分界而已,[452] 無求細利."

豈有酖人羊叔子

彼專爲德我專爲暴

---

440) 歸自江陵 : 從江陵回到襄陽(今湖北襄樊市).(新)
441) 刻日 : ① 約定好日期.(新) ② 限定時日.(今)
442) 譎計 : 詭詐的計謀.(新) 譎 : 古穴翻.(胡)
443) 飮 : 於鴆翻.(胡)
444) 粮 : 與'糧'同.(中)
445) 計所侵 : 計算所取的數量.(新)
446) 江沔 : 長江沔水. 沔水是漢水的上游.(新)
447) 止晉地 : 指到晉國邊境爲止, 不越境.(新)
448) 邊人皆悅服 : 成伐吳之計者, 祜也, 凡其所爲, 皆豢吳也. 正以陸抗對境, 無間可乘, 故爲是耳. 若曰務修德信, 則吾不知也.(胡)
449) 使命 : 奉使者受命而行, 簡言之則曰使命.(中)
450) 成藥 : 藥料加工調製完成的藥物.(華典)
451) 豈有酖人羊叔子哉 : 怎麽會有用毒酒害人的羊祜. 叔子, 羊祜的字.(新)
452) 分 : 扶問翻.(胡)

○ 【王夷甫敗俗傷化】

王夷甫敗俗傷化

晉羊祜不附結中朝權貴,[453] 荀勗馮紞之徒皆惡之. 從甥王衍詣祜°陳˙事,[454] 辭甚清辯,[455] 祜不然之, 衍拂衣去. 祜顧謂賓客曰, "王夷甫方當以盛名處大位, 然敗俗傷化, 必此人也."[456]

【甲午(274)】[457]

○ 【山公啓事】

山公啓事

晉以山濤爲吏部尙書. 濤典選十餘年,[458] 甄拔人物,[459] 各爲題目而奏之,[460] 時稱"山公啓事."[461]

○ 【陸抗上疏 請守備】

陸抗上疏 請守備

吳大司馬陸抗疾病,[462] 上疏曰, "西陵建平, 國之

453) 附結 : 巴結.(新) 中朝 : 朝中.(新)
454) 從甥堂姐妹的兒子.(漢) 王衍 : 字夷甫, 羊祜的堂外甥, 賈充的戚黨, 喜談老莊. 所議義理, 隨時更改, 時人稱爲口中雌黃, 是一個誤國害民的家夥.(新) 陳 : (春)作'論', 據(資治)改.(◉)
455) 淸辯 : 聲音好聽, 條理淸楚.(新)
456) 王夷甫 … 必此人也 : 史言羊祜知人之鑒, 爲懷帝時王衍誤國亡身張本. 九甫, 衍字也. 敗, 補內翻. 處, 昌呂翻.(胡)
457) 甲午(274) : 晉泰始十年. 吳鳳凰三年.(春)
458) 濤典選十餘年 : 帝受禪, 濤自吏部郞遷尙書, 居母喪, 復奪情起典選. 選, 息絹翻.(胡)
459) 甄拔 : 選拔.(新) 甄 : 稽延翻, 明也, 察也, 別也.(胡)
460) 題目 : 簡短的介紹和評語.(新)
461) 山公啓事 : 晉山濤甄拔人物的啓奏.(漢)
462) 疾病 : 疾有加而無瘳曰病.(要)

蕃表,[463] 旣處上流, 受敵二境.[464] 若敵汎舟順流, 星犇電邁,[465] 非可恃援他郡以救倒縣也.[466] 臣父遜, 昔在西陲上言,[467] '西陵國之西門, 雖云易守, 亦復易失. 若有不守, 非但失一郡, 荊州非°吳˙有也.[468] 臣死之後, 乞以西方爲屬."[469] ◖及卒, 吳主使其子晏景玄機雲分將其兵.◗[470]

【丙申(276)】[471]

○【羊祜上疏請伐吳】

羊祜上疏請伐吳

十月, 晉羊祜請伐吳曰,[472] "先帝西平巴蜀,[473] 南和吳會,[474] 庶幾海內得以休息,[475] 而吳復背信,[476]

---

463) 蕃表 : ① 外部的藩籬屛障.(新) ② 蕃, 籬也. 表, 外也. 謂二郡爲蕃籬於外也.(胡)
464) 受敵二境 : ① 指其西北兩面都鄰近晉國.(新) ② 謂二郡之境, 西距巴夔, 北接魏興上庸, 二面皆受敵也. 處, 昌呂翻.(胡)
465) 星奔電邁 : 如流星電閃一樣迅速. 邁, 馳.(新) 犇 : '奔'之古字.(中)
466) 倒縣 : 指極危難之處境. 縣, 同懸.(新)
467) 西垂 : 西部邊境. 垂, 同陲.(新)
468) 吳 : (春)作'吾', 據(資治)改.(◉)
469) 乞以西方爲屬 : 陸抗固知吳將亡, 特就職分上言之耳.(胡) 屬 : ① 同矚, 注意力的集中點.(新) ② 之欲翻.(胡) ③ 猶云屬目, 警戒.(今)
470) 將 卽亮翻.(胡)
471) 丙申(276) : 晉咸寧二年. 吳天璽元年.(春)
472) 羊祜請伐吳 : 陸抗沒, 羊祜始抗疏請伐吳. 上, 時掌翻.(胡)
473) 先帝西平巴蜀 : ① 指司馬昭平定蜀漢事.(新) ② 事見炎興元年(263).(◉)
474) 吳會 : 吳郡會稽郡, 代指東吳.(新)
475) 庶幾 : 幾乎.(新) 幾 : 居希翻.(胡)
476) 背信 : 事見本書(資治通鑑)卷78泰始元年.(新) 背 : 蒲妹翻.(胡)

使邊事更興. 夫期運雖天所授,[477] 而功業必因人而成, 不一大擧掃滅, 則兵役無時得息也. 蜀平之時, 天下皆謂吳當并亡,[478] 自是以來, 十有三年矣.[479] 夫謀之雖多, 決之欲獨.[480] 凡以險阻得全者, 謂其勢勻力敵耳.[481] 若輕重不齊, 强弱異勢, 雖有險阻, 不可保也. 蜀之爲國, 非不險也, 皆云一夫荷戟,[482] 千人莫當. 及進兵之日, 曾無藩籬之限,[483] 乘勝席卷, 徑至成都. 今江淮之險不如劍閣, 孫皓之暴過於劉禪, 吳人之困甚於巴蜀, 而大晉兵力盛於往時. 不於此際平一四海,[484] 而更阻兵相守,[485] 使天下困於征戍, 經歷盛衰,[486] 不可長久也. 今若引梁益之兵水陸俱下,[487] 荊楚之衆進臨江陵,[488] 平南豫州直指夏口,[489] 徐揚青兗

謀之雖多 決之欲獨

一夫荷戟 千人莫當

477) 期運 : 時機, 運數.(新)
478) 并亡 : 一起滅亡.(新)
479) 十有三年 : ① 從景元四年蜀漢滅亡至今已是十三年.(新) ② 景元四年蜀亡, 至是十三年.(胡)
480) 決之欲獨 : 最後拍板作決定的還得靠一個人.(新)
481) 勻 : ① (資治)作'均'.(◉) ② 勻, 與'均'同.(中)
482) 荷 : 下可翻.(胡)
483) 藩籬 : 竹條荊棘編織的籬笆.(新)
484) 一 : ① (資治)作'壹'.(◉) ② 一, 與'壹'通.(中) 平壹 : 平定統一.(新)
485) 阻兵 : 這裏卽指屯兵擁兵.(新) 相守 : 相持, 雙方對陣.(新)
486) 經歷盛衰 : 謂兵將以盛壯之年出戍, 經歷營陳, 至於衰老.(今)
487) 梁益之兵 : 當時王濬任都督梁益諸軍事.(新) 梁益 : 王濬唐彬所統.(要)

並會秣陵,[490] 以一隅之吳當天下之衆,[491] 勢分形散, 所備皆急. 巴°漢˙奇兵出其空虛,[492] 一處傾壞, 則上下震蕩, 雖有智者不能爲吳謀矣.[493] 孫皓恣情任意, 與下多忌, 其俗急速不能持久,[494] 弓弩戟楯不如中國,[495] 唯有水戰是其所便, 一入其境, 則長江非復所保, 還趣城池,[496] 去長入短, 非吾敵也. 如此, 軍不踰時,[497] 克可必矣." 晉主深納之. 而朝議方以秦凉爲憂,[498] 祜復表曰, "吳平則胡自定, 但當速濟大功耳."[499] 議者多有不同, 賈充荀勗馮紞尤以伐吳爲不可. 祜歎曰, "天下不如意事十常居°七八˙.[500] 天與不取, 豈非更事者恨

天下不如意事十常居七八

---

488) 荊楚之衆 : 當時羊祜任都督荊州諸軍事, 駐兵襄陽.(新) 荊楚 : 羊祜所統.(要)

489) 平南豫州直指夏口 : 胡奮爲平南將軍, 王戎爲豫州刺史.(胡) 平南 : 指平南將軍胡奮率領的軍隊.(新) 夏口 : 又稱沔口魯口, 卽今武漢市.(新)

490) 徐揚 : ① 指王渾所統領的徐州揚州的軍隊.(新) ② 王渾所統.(胡) 青兗 : ① 指司馬伷所統師的青州兗州的軍隊.(新) ② 琅邪王伷所統.(胡) 秣陵 : 古縣名, 治所卽今南京.(新)

491) 一隅 : 一角, 極言其小.(新)

492) 漢 : (春)作'蜀', 據(資治)改.(◉) 巴漢奇兵 : 卽上述的梁益之兵.(新)

493) 不能爲吳謀矣 : 其後平吳皆如祜所規.(胡)

494) 急速 : 指患於草草完成, 沒有長性.(新)

495) 中國 : 指地處中原的晉王朝.(新)

496) 趣 : 同趨, 奔向.(新)

497) 不踰時 : 用不了多久.(新)

498) 朝 : 直遙翻.(胡) 以秦凉爲憂 : ① 當時禿發樹機能勢力正盛, 威脇秦凉二州. 秦州州治冀縣, 在今甘肅谷縣東. 凉州州治卽今甘肅武威.(新) ② 謂樹機能未平也.(胡)

499) 速濟 : 速戰速決.(新)

500) 七八 : (春)作'八九.', 據(資治)改.(◉)

於後時哉!"[501] 唯度支尙書杜預中書令張華與晉主意合,[502] 贊成其計.

【戊戌(278)】[503]

○【晉主欲使羊祜臥護諸將】

晉主欲使羊祜臥護諸將

°六˙月,[504] 晉羊祜面陳伐吳之計, 晉主善之. 以祜°病˙,[505] 不宜數入,[506] 更遣張華就問籌策.[507] 祜曰, "孫皓暴虐已甚, 於今可不戰而克. 若皓不幸而沒,

吳更立令主 長江未可窺

吳人更立令主,[508] 雖有百萬之衆, 長江未可窺也, 將爲後患矣!" 華深然之.

成吾志者子也

祜曰, "成吾志者, 子也." 晉主欲使祜臥護諸將,[509] 祜曰, "取吳不必臣行, 但旣平之後, 當勞聖慮耳.[510]

功名之際 臣不敢居

功名之際, 臣不敢居. 若事了, 當有所付授,[511] 願審擇其人也."[512]

---

501) 豈非更事者恨於後時哉 : 言吳可取而不取, 機會一失, 經見其事者, 豈不有後時之恨. 更, 工衡翻.(胡) 更事者 : 經曆過這件事的人.(新) 後時 : 錯過時機.(新)
502) 度支尙書 : ① 掌管全國財賦統計和支調的官.(新) ② 魏制度支尙書. 度, 徒洛翻.(胡)
503) 戊戌(278) : 晉咸寧四年. 吳天紀二年.(春)
504) 六 : (春)作'正', 誤.(◉)
505) 病 : (春)作'疾', 據(資治)改.(◉)
506) 數入 : 屢次入見.(新) 數 : 所角翻.(胡)
507) 就問籌策 : 去羊祜家里請敎謀略.(新)
508) 令主 : 賢明的君主.(新)
509) 臥護 : 猶臥治. 謂在臥病中監軍.(漢)
510) 勞聖慮 : 猶言得讓您多操心.(新)
511) 有所付授 : 指委派誰去鎭撫東南地區.(新)
512) 審擇其人 : 以東南壤界闊遠, 當得人以鎭撫之.(胡)

○【衛瓘欲陳啓太子昏愚而未敢發】

衛瓘欲陳啓太子昏愚而未敢發

十月，晉以衛瓘爲尙書令．是時，朝野咸知太子昏愚，不堪爲嗣，[513] 瓘每欲陳啓而未敢發，會侍宴°陵˙雲臺，[514] 瓘陽醉，[515] 跪晉主牀前曰，“臣欲有所啓．”晉主曰，“公所言何耶？”[516] 瓘欲言而止者三，因以手撫牀曰，[517] “此座可惜！”晉主意悟，[518] 因謬曰，[519] “公眞大醉耶？”瓘於此不復有言．

此座可惜

○【晉主焚雉頭裘】

晉主焚雉頭裘

十一月，晉太醫司馬程據獻雉頭裘，[520] 晉主焚之於殿前．敕內外敢有獻奇技異服者，罪之．[521]

○【羊祜擧杜預自代】

羊祜擧杜預自代

晉羊祜疾篤，擧杜預自代．[522] 乃以預爲鎭南大將

---

513) 不堪爲嗣 : 不能當接班人.(新)
514) 陵 : (春)作'淩', 誤.(◉) 陵雲臺 : 魏文帝所築.(胡)
515) 陽醉 : 假裝喝醉了酒.(新)
516) 耶 : 疑問助語, 又語勢助詞. 與'邪'同.(中)
517) 牀 : 晉主所坐牀也.(綱鑑)
518) 意悟 : 悟其爲太子不肖也.(綱合)
519) 謬 : 故意打岔.(新)
520) 太醫 : 屬宗正.(胡) 雉頭裘 : 用野雞頭上的羽毛制成的衣服.(新)
521) 敢有獻奇技異服者 罪之 : 禮紀王制, 作淫聲異服奇技奇器以疑衆, 殺. 司馬炎早年的表現甚有作爲.(新)
522) 自代 : 代替自己的官職.(新)

軍都督荊州諸軍事. 祜卒, 晉主哭之甚哀. 南州民聞祜卒,[523] 爲之罷市,[524] 巷哭聲相接. 吳守邊將士亦爲之泣.

【羊祜好遊峴山 襄陽人建墮淚碑】

羊祜好遊峴山襄陽人建墮淚碑

祜好遊峴山,[525] 襄陽人建碑立廟於其地, 歲時祭祀,[526] 望其碑者無不流涕, 因謂之墮淚碑.[527]

【己亥(279】[528]

【劉淵恥隨陸絳灌】

劉淵恥隨陸絳灌

初, 魏曹操分南匈奴爲五部,[529] 以左賢王豹爲左部帥.[530] 豹子淵,[531] 幼而雋異,[532] 博習經史. 嘗謂同門生曰, "吾常恥隨陸無武,[533] 絳灌無文.[534] 隨

523) 南州 : 謂荊州也.(胡)
524) 爲 : 于僞翻.(胡)
525) 峴山 : 又名硯首山, 在湖北襄陽南九里.(新)
526) 歲時 : 每年一定的季節或時間.(漢)
527) 墮淚碑 : 晉羊祜都督荊州諸軍事, 駐襄陽. 死後, 其部屬在峴山祜生前游息之地建碑立廟, 每年祭祀. 見碑者莫不流淚. 杜預因稱此碑爲墮淚碑.(漢)
528) 己亥(279 : 晉咸寧五年. 吳天紀三年.(春)
529) 南 : (資治)無'南'字.(◉) 魏曹操分南匈奴爲五部 : ① 及魏武帝分匈奴爲五部.(胡) ② 五部見上卷泰始六年.(胡)
530) 帥 : 所類翻.(胡)
531) 豹子淵 : 卽劉淵, 字元海, 匈奴人, 後來創建了前越政權.(新)
532) 雋異 : 才能出衆.(新)
533) 隨陸 : 隨何陸賈皆事漢高惠.(春)
534) 絳灌 : ① 絳, 周勃也, 封絳侯. 灌, 灌嬰也, 共立漢文帝.(春) ② 指絳侯周勃與潁陽侯灌

陸遇高帝而不能建封侯之業,[535] 絳灌遇文帝而不能興庠序之敎,[536] 豈不惜哉!" 於是兼學武事. 及長,[537] 猨臂善射,[538] 膂力過人. 爲侍子在洛陽,[539] 王渾重之. 齊王攸言於晉主曰, "陛下不除劉淵, 臣恐幷州不得久安." 王渾曰, "大晉方以信懷殊俗,[540] 奈何以無形之疑殺人侍子乎?"[541] 晉主曰, "渾言是也." 會豹卒, 以淵代爲左部帥.

○◗【吳主孫皓剝面鑿眼】

吳主孫皓剝面鑿眼

吳主每宴群臣, 咸令沈醉.[542] 又置黃門郞十人爲司過,[543] 宴罷之後, 各奏其闕失, 迕視謬言,[544] 罔有不擧,[545] 大者卽加刑戮, 小者記錄爲罪, 或剝人面,

---

嬰, 都是西漢的開國元勳, 又在平定呂氏之亂中立有大功. 事迹分別見史記絳侯世家與樊酈滕灌列傳. 劉邦曾說周勃厚重少文.(新)

535) 隨陸 : 指隨何陸賈. 都是劉邦的謀士, 以口才聞名. 隨何曾奉劉邦命趙淮南, 說淮南王英布歸漢. 陸賈曾奉命出使南越, 說服南越王趙佗歸服漢王朝. 隨何事見史記黥布列傳, 陸賈事見酈生陸賈列傳.(新)

536) 興庠序之敎 : 卽建立學校, 振興文化敎育, 庠序都是古代的學校名.(新)

537) 長 : 知兩翻.(胡)

538) 猨臂 : 手臂像猿猴一樣長而靈活.(新)

539) 侍子 : ① 作爲人質的子弟.(新) ② 古代屬國之王或諸侯遣子入朝陪侍天子, 學習文化, 所遣之子稱侍子.(漢) ③ (資治)作'任子'. 晉書(劉元海傳)作'侍子'.(◉) 任子 : 人質.(新)

540) 以信懷殊俗 : 用信義感化異族.(新)

541) 以無形之疑 : 沒影兒的疑心.(新)

542) 沈 : 持林翻.(胡)

543) 司過 : 專門尋找群臣的過失.(新)

544) 迕視 : 用不服氣的眼光看了一眼.(新) 迕 : 五故翻, 逆也.(胡) 謬言 : 說錯了話.(新)

或鑿人眼. 由是上下離心, 莫爲盡力.[546]◖

○【王濬與杜預請伐吳】

王濬與杜預請伐吳

晉益州刺史王濬上疏曰, "孫皓荒淫凶逆, 宜速征伐, 若一旦皓死, 更立賢主, 則彊敵也.[547] 臣作船七年,[548] 日有朽敗, 臣年七十, 死亡無日.[549] 三者一乖,[550] 則難圖也. 誠願陛下無失事機." 帝於是決意伐吳. 議明年出師. 杜預上表曰, "羊祜不先博謀於朝臣,[551] 而密與陛下共施此計, 故令朝臣多異同之議. 凡事當以利害相校,[552] 今此擧之利十有八九, 而其害一二, 止於無功耳.[553] 必使朝臣言破敗之形, 亦不可得, 直是計不出己,[554] 功不在身,[555] 各恥其前言之失而固守之也.[556] 晉主◗方◖

545) 罔有不擧 : 沒有不檢擧的.(新)
546) 爲 : 于僞翻.(胡)
547) 彊 : 同'强'.(漢)
548) 作船七年 : 泰始八年, 濬始作船, 至是蓋七期年矣.(胡)
549) 死亡無日 : 離死沒幾天了.(新)
550) 三者一乖 : 三個條件有一個失誤. 三者, 指東吳立賢主船朽敗王濬死.(新)
551) 博謀 : 廣泛和大臣商議謀劃.(新)
552) 校 : 比較.(新)
553) 止 : 最差結果.(新)
554) 直 : 只是.(新) 計不出己 : 主意不是由他出的.(新)
555) 功不在身 : 有了功勞也輪不到他頭上.(新)
556) 恥其前言之失 : 此言指出賈充荀勗馮紞等肺腑.(胡) 固守 : 頑固地堅持.(新)

與張華圍碁,[557] 預表適至, 華推枰斂手曰,[558] “陛下聖武, 國富兵彊,[559] 吳主淫虐, 誅殺賢能. 當今討之, 可不勞而定, 願勿以爲疑.” 晉主乃許之.

【釋吳爲外懼 豈非算】

釋吳爲外懼豈非算

山濤退而告人曰, “自非聖人,[560] 外寧必有內憂,[561] 今釋吳爲外懼,[562] 豈非算乎!”[563]

○【晉大擧伐吳】

晉大擧伐吳

十一月, 大擧伐吳, 遣琅琊王伷出涂中,[564] 王渾出江西,[565] 王戎出武昌, 胡奮出夏口, 杜預出江陵, 王濬出巴東唐彬出巴蜀,[566] 東西凡二十餘萬.

---

557) 圍碁 : ① 下圍棋.(新) ② 堯造圍碁, 以教子丹朱. 或曰, 舜以子商均愚, 故作圍碁以教之, 其法非智莫能也.(胡)

558) 枰 : 棋盤.(新) 斂手 : 拱手.(新)

559) 彊 : 同‘强’.(漢)

560) 自非 : 除非.(新)

561) 外寧必有內憂 : ① 左傳晉大夫范文子之言.(胡) ② 外部無敵, 則內部矛盾興起. 此語見左傳成公16년. 後柳宗元敵戒亦有所謂敵存滅禍敵去召過之語.(新)

562) 釋吳爲外懼 : 留着吳國, 在那裏經常提醒我們還有敵人存在. 懼是警告提醒的意思.(新)

563) 豈非算乎 : 山濤身爲大臣, 不昌言於朝而退以告人, 蓋求合於賈充者也.(胡)

564) 伷 : 音胄.(胡) 涂中 : 吳主權作堂邑, 涂塘卽其地. 蓋從今滁州取眞州路. 涂, 讀曰滁.(胡)

565) 江西 : 今和州出橫江渡路.(胡)

566) 出巴蜀 : (資治)作‘下巴蜀’.(◉)

〔附 錄〕

主要記事一覽表

後漢紀

▪ 世祖光武皇帝 ：在位 33年

▪ 顯宗孝明皇帝 : 在位 18年

▪ 孝順皇帝：在位 19年

▪ 孝冲皇帝：在位 1年

▪ 孝質皇帝：在位 1年

▪ 孝桓皇帝：在位 21年

通鑑節要增損校註 三

編著者 社團法人 時習學舍

主編	李忠九	韓國教員大學校 講師
校閱	李斗熙	永同大學校 湖西文化研究所 研究員
	李根澤	前)國史編纂委員會 編史研究室長
	權奇甲	雪峰書院 講師
編纂	韓允淑	韓國書家協會 常任理事
	黃容默	서울明德女子中學校 教師
	黃鳳德	成均館大學校 漢文學專攻 文學博士
	宣美賢	成均館大學校 漢文學科 博士課程
	金奎璇	鮮文大學校 教授
	朴鎬京	檀國大學校 漢文教育科 卒
	徐銀善	江南大學校 人文科學研究所 研究員
	金甫省	成均館大學校 大東文化研究院 責任研究員

通鑑節要增損校註 三

2016年 12月 05日 初版1刷 印刷
2016年 12月 15日 初版1刷 發行

原著者 | 江贄
編著者 | 社團法人 時習學舍
發行人 | 金榮煥
發行處 | 圖書出版 다운샘[多韻泉]

05661 서울특별시 송파구 중대로27길 1(오금동)
전화 02-449-9172 팩스 02-431-4151
E-mail : dusbook@naver.com
등록 제17 - 111호(1993. 8. 26)

ISBN 978-89-5817-363-2 94910
ISBN 978-89-5817-308-3 (세트)

값 32,000원